BILLIE HOLIDAY

Pour mon amour, la seul qui chant pour
mes oreilles (sauf Billie).
Ton Amour
XO

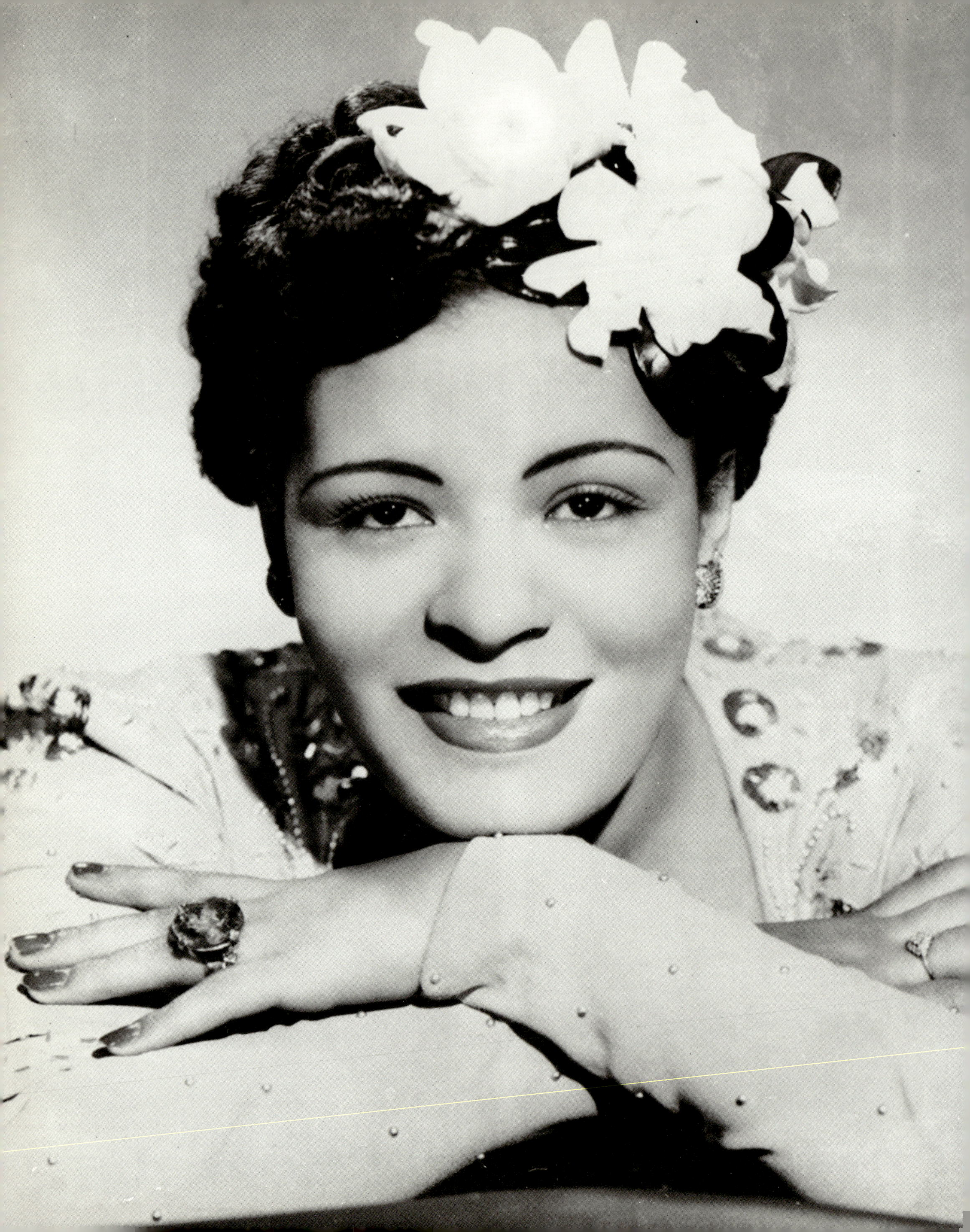

BILLIE HOLIDAY

Les multiples facettes de Lady Day

Traduit de l'américain par Isabelle Barbé

Produit par Toby Byron/Multiprises

Robert O'Meally

Denoël

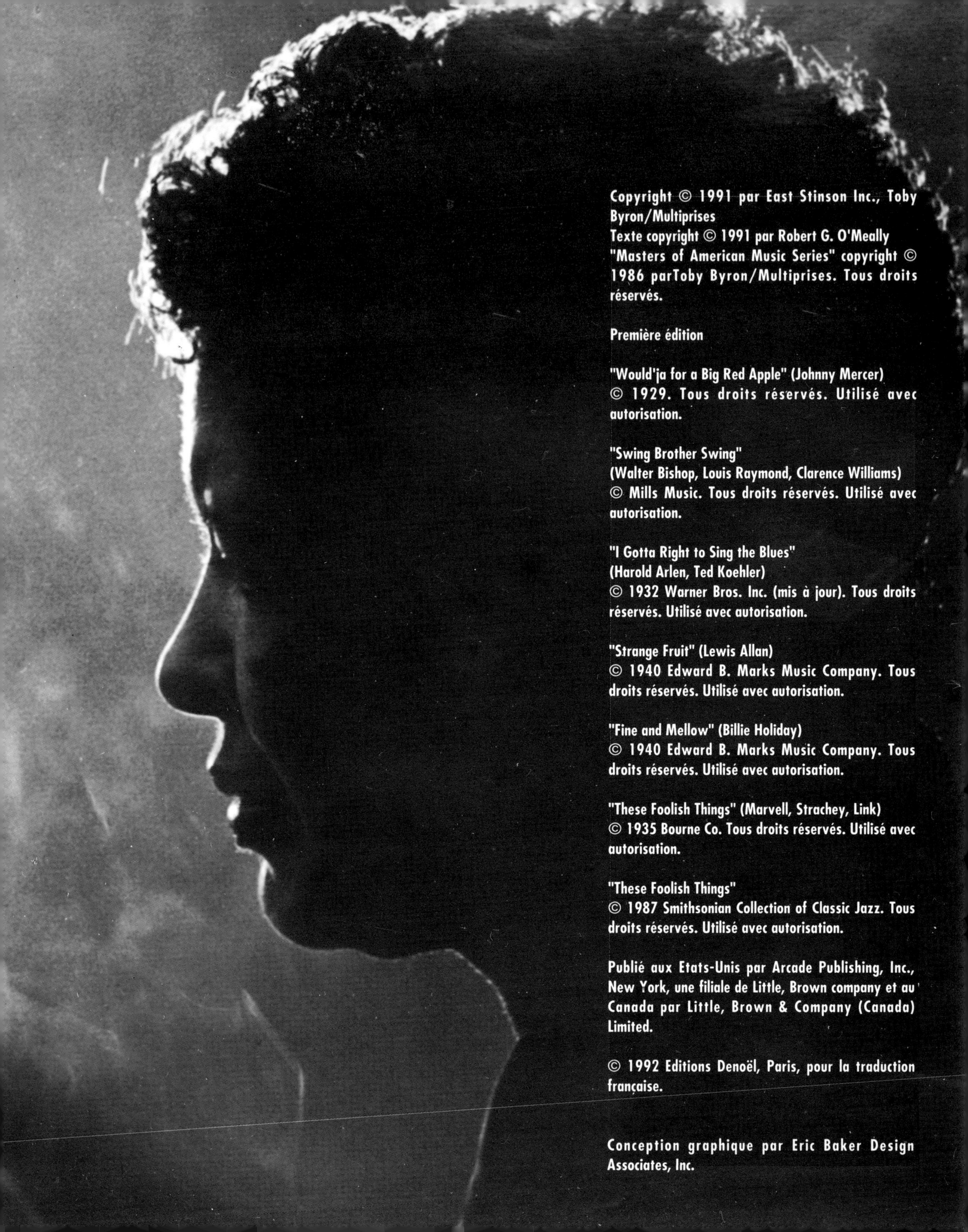

Première édition

Publié aux Etats-Unis par Arcade Publishing, Inc., New York, une filiale de Little, Brown company et au Canada par Little, Brown & Company (Canada) Limited.

Conception graphique par Eric Baker Design Associates, Inc.

Pour Jacqui, Conni et Sharon

• • •

Toute notre reconnaissance pour les efforts
de Linda Lipnack Kuehl, dont les recherches inspirées se sont
montrées inestimables pour la réalisation de ce livre.

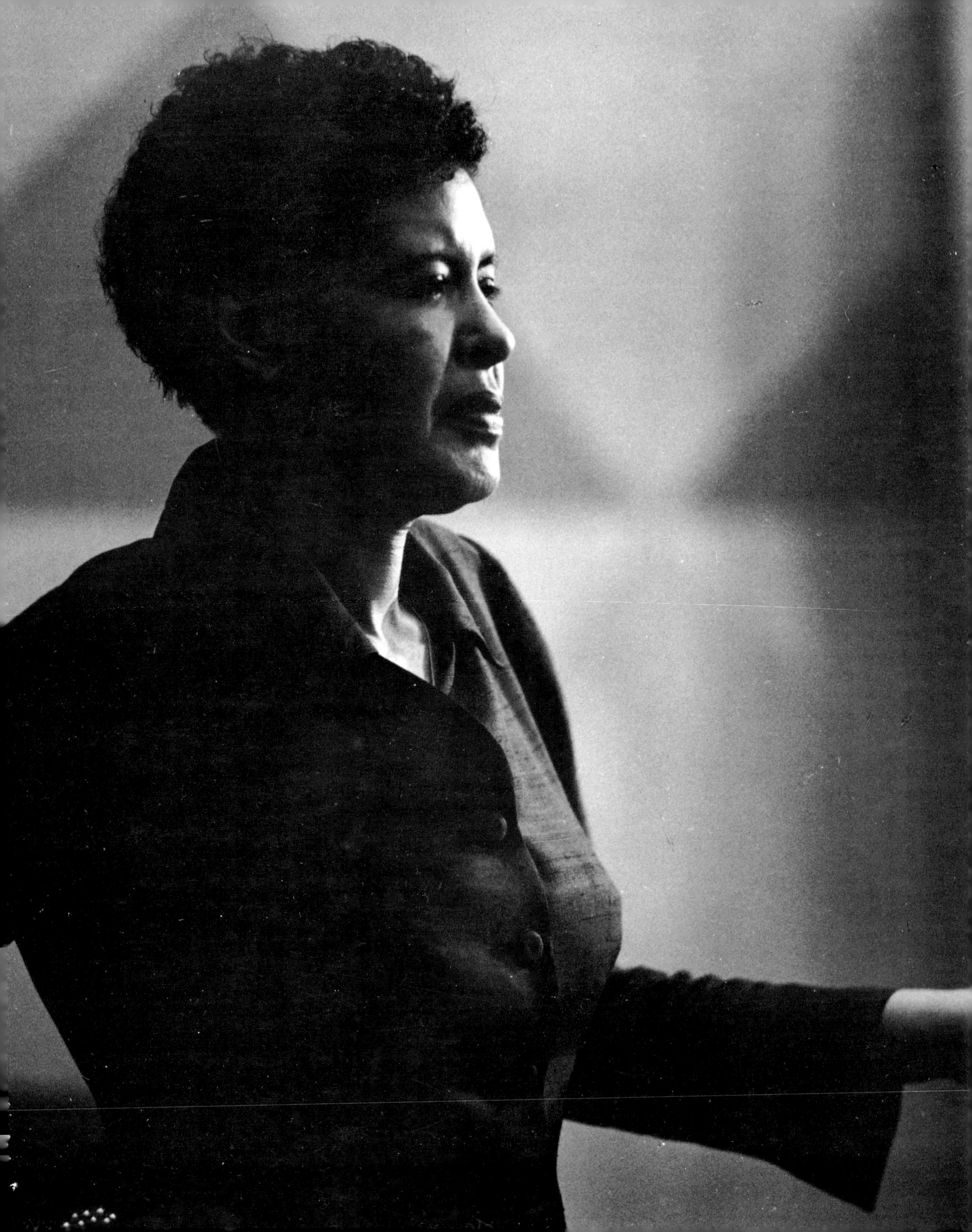

SOMMAIRE

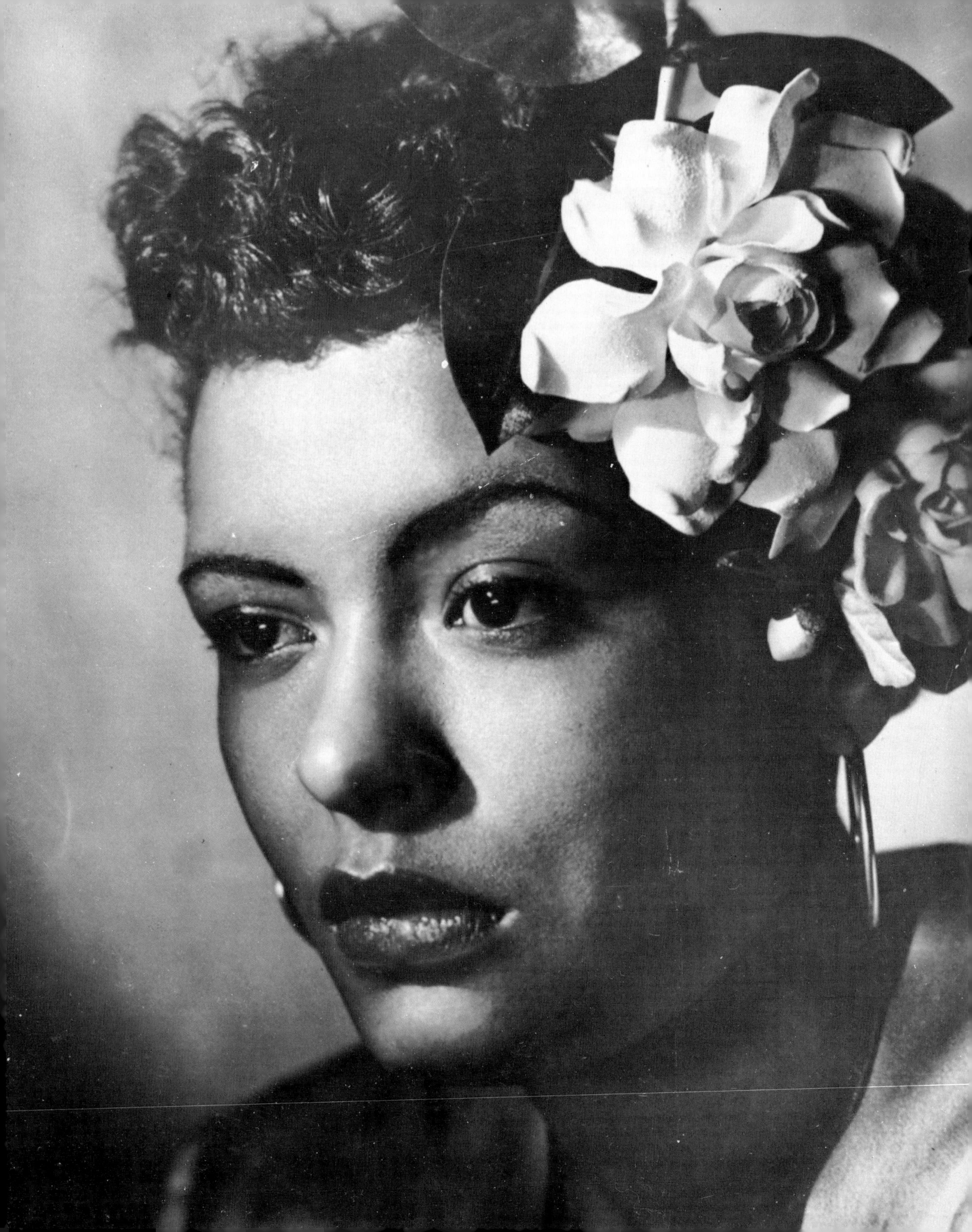

INTRODUCTION

Voici un livre sur la plus grande chanteuse de jazz de l'histoire ; il porte sur l'ascension de Billie Holiday, non pas comme phénomène social mais comme artiste, et fournit des éléments d'analyse de sa musique. Elle débuta dans la tradition de Bessie Smith et de Louis Armstrong, s'appropriant avec audace toutes les musiques qu'elle rencontrait. A vingt-deux ans, elle avait déjà enregistré un recueil de chansons qui comprenait « What a Little Moonlight Can Do », « Miss Brown to You », « It's Like Reaching for the Moon », « I Cried for You », « Billie's Blues », « I'll Get By », et bien d'autres titres que nous n'associons à personne d'autre qu'elle.

En 1939, l'enregistrement de « Strange Fruit », cette mélancolique chanson de protestation contre le lynchage, marque le début de sa deuxième période. A côté des ballades et des « rhythm songs » (comme Teddy Wilson les appelait) de ses premières années, elle commença à interpréter des chansons d'amour tragiques – les « torch songs » –, autant d'œuvres de Holiday qui font autorité : « Yesterdays », « Some Other Spring », « My Man » (la version Decca), « Lover Man » et « Deep Song ». Elle offrit aussi pendant ces années fécondes une stupéfiante suite d'enregistrements en l'honneur de son mentor Bessie Smith : « Ain't Nobody's Business » et « Pigfoot and a Bootle of Beer » étant parmi ses œuvres majeures.

De 1952 à 1959, Holiday enregistra des dizaines de titres pour Verve Records. En ces dernières années, sa voix n'était plus ce qu'elle avait été. Son registre s'était restreint et approfondi ; beaucoup de l'éclat et de l'entrain avait disparu. Mais elle continua à évoluer en tant qu'artiste et, dans les années 50, elle reprit la plupart de ses succès antérieurs avec une voix d'une telle intensité émotionnelle qu'elle semblait surnaturelle. Ses interprétations étaient plus nuancées et évocatrices que les

Holiday, 1945. La plus célèbre des photos de Holiday fut prise par Robin Carson dans son studio à New York. Pour cette séance, elle se rendit à la requête du photographe et chanta "Strange Fruit" *a capella*. "Ce fut l'une des plus incroyable soirées de toute ma vie", dit Carson à quelqu'un juste après la prise. "Je suis certain d'avoir pris quelques photos superbes."

originaux. Comme le démontre admirablement le spectacle filmé *Fine and Mellow* (1957), elle était prodigieuse lorsqu'elle était assez en forme pour donner toute sa dimension artistique. Selon moi, contrairement à l'opinion admise, ses dernières années furent ses plus grandes.

Ce n'est pas une biographie complète ; il n'y aurait pas la place pour le récit minutieux d'une vie aussi variée et complexe. C'est un essai biographique qui n'est pas centré sur les détails de la vie de Holiday, si fascinants ou instructifs qu'ils puissent être. Ce qui importe en fait, c'est que d'une manière ou d'une autre, en dehors de ce que pouvait être son histoire personnelle, elle était capable de s'inventer une brillante identité d'artiste. Nous avons été tellement fascinés par le récit des malheurs personnels de cette chanteuse que nous en avons perdu de vue la véritable raison pour laquelle l'histoire s'est intéressée à elle ; le charme et l'ardeur de sa voix, sa façon de tourner de mauvaises chansons en de bonnes, et même en de grandes chansons, et sa manière de métamorphoser celles qui resteront à jamais les dernières, les versions définitives, en musique et poésie.

Certains historiens musicaux ont été terriblement troublés par l'artiste et ils se sont obstinés à présenter l'art de Holiday comme une simple donnée d'un profil psychologique et sociologique. Pour appuyer leurs arguments, ils citent la chanteuse

Holiday, en 1935 et fin des années 40.

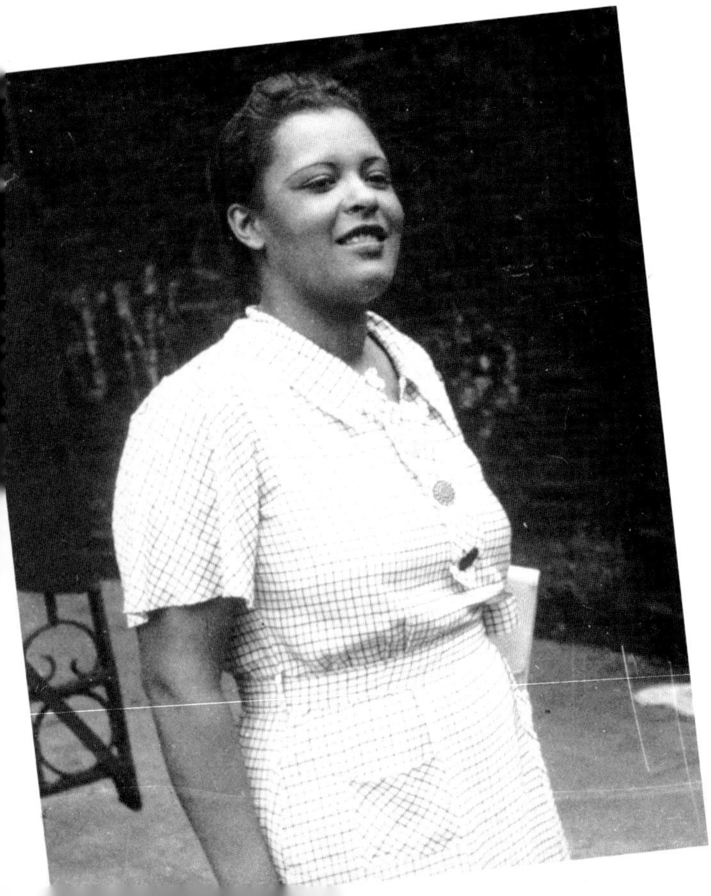

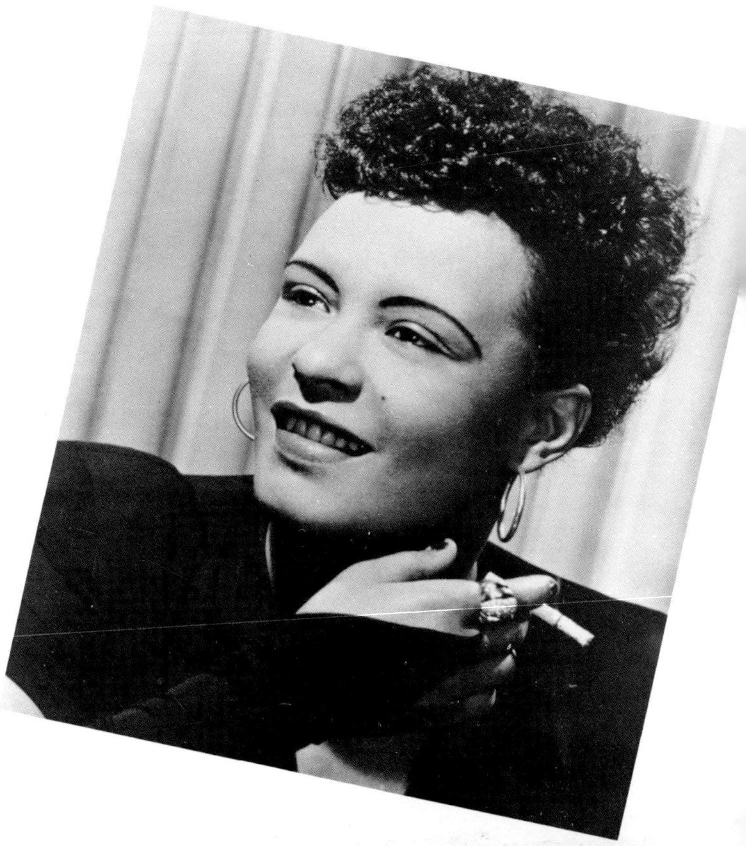

elle-même : « Quoi que je chante, c'est une partie de ma vie » ; les musiciens qui la connaissaient bien : « Billie n'a jamais chanté une note qu'elle n'a pas vécue » ou « Il y a une vie entière dans cette voix. » Holiday et ses confrères ont raison de dire que son art est riche d'expérience vécue, palpable et dramatique. Elle a toujours su, parfois avec une intimité douloureuse, ce qu'elle chantait.

Mais la plupart des analyses s'arrêtent là : elle avait le blues dans le sang ; elle chantait sa vie. Puis ils se hâtent de raconter encore la douloureuse époque dans « le ghetto », en prison ou dans d'autres lieux qui l'entraînèrent vers les drogues, et non pas sa formation de chanteuse, ses sources d'inspiration, ou bien ses techniques ou ses styles vocaux. Qui, sinon Billie Holiday, semblent demander ces critiques, est la meilleure candidate à la place de victime noire la plus pitoyable des États-Unis, si ce n'est du monde ?

Qu'y a-t-il à dire des autres parties de sa vie – l'immense solitude, l'attraction fatale vers les drogues et les hommes monstrueux, les arrestations ? L'essentiel est que son talent ne dérive pas – comme beaucoup de gens semblent le croire – de son passé de droguée et de femme maltraitée, car elle était bien d'autres choses aussi. Les musiciens qui la connaissaient ont dit qu'elle adorait rire aux éclats, ce qui fut le cas lors de nombreuses séances d'enregistrement, des années 30 aux

Holiday, fin des années 40 et milieu des années 50.

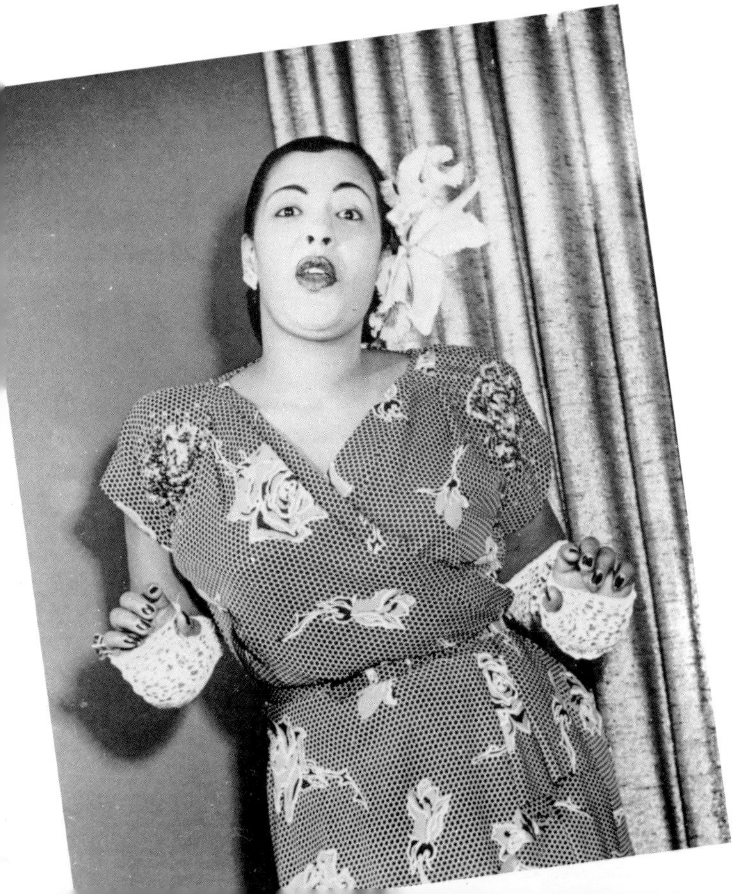

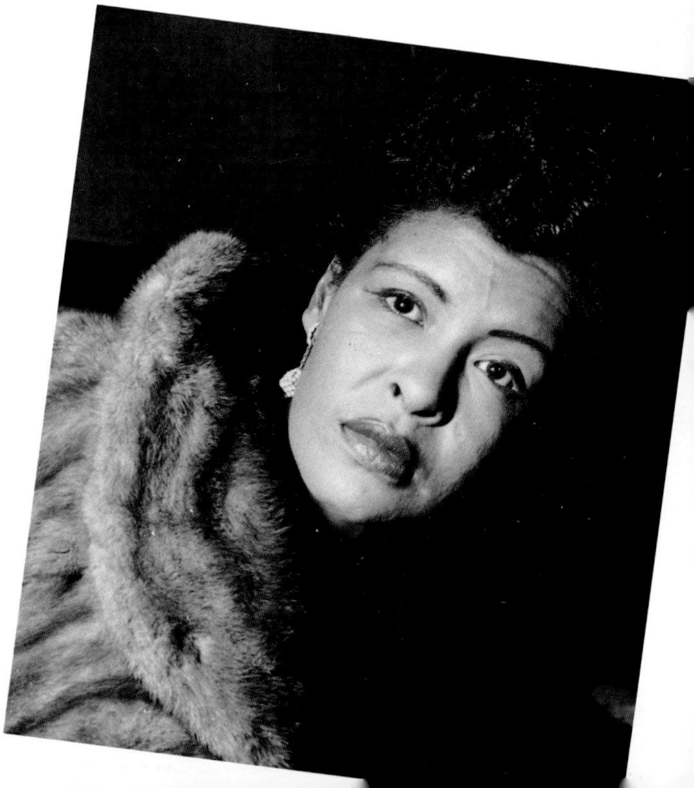

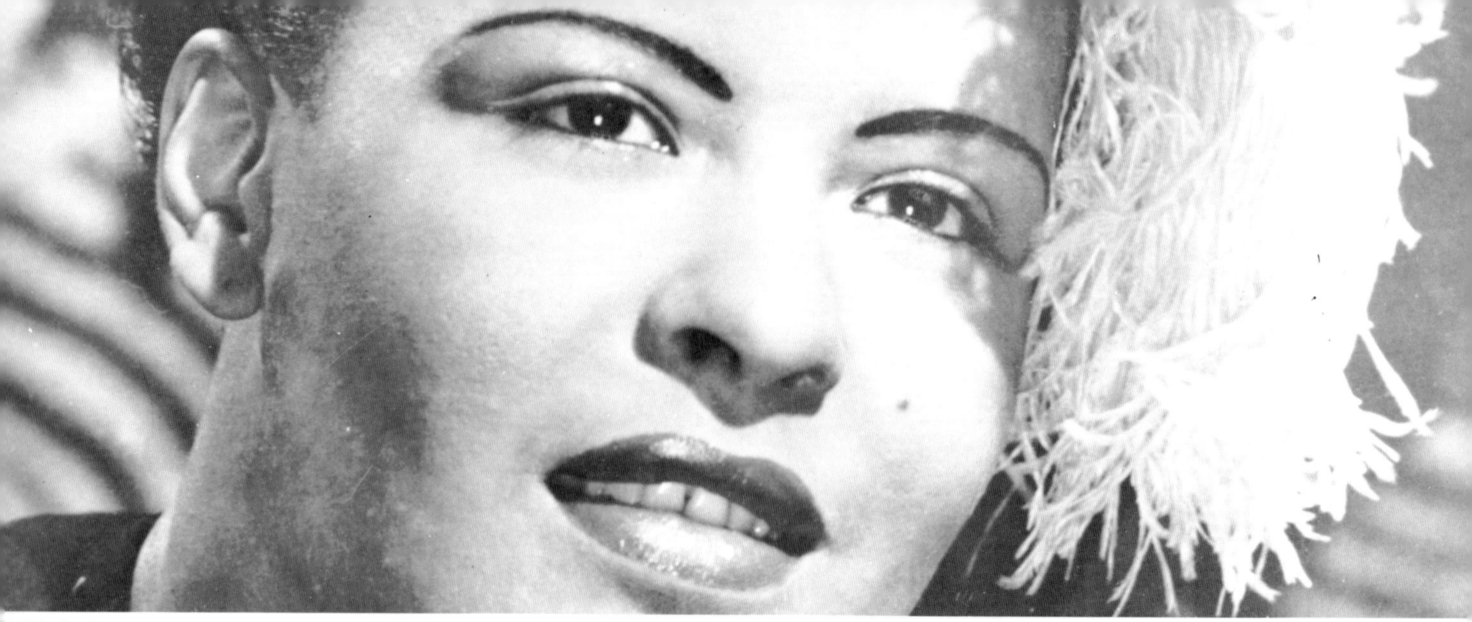
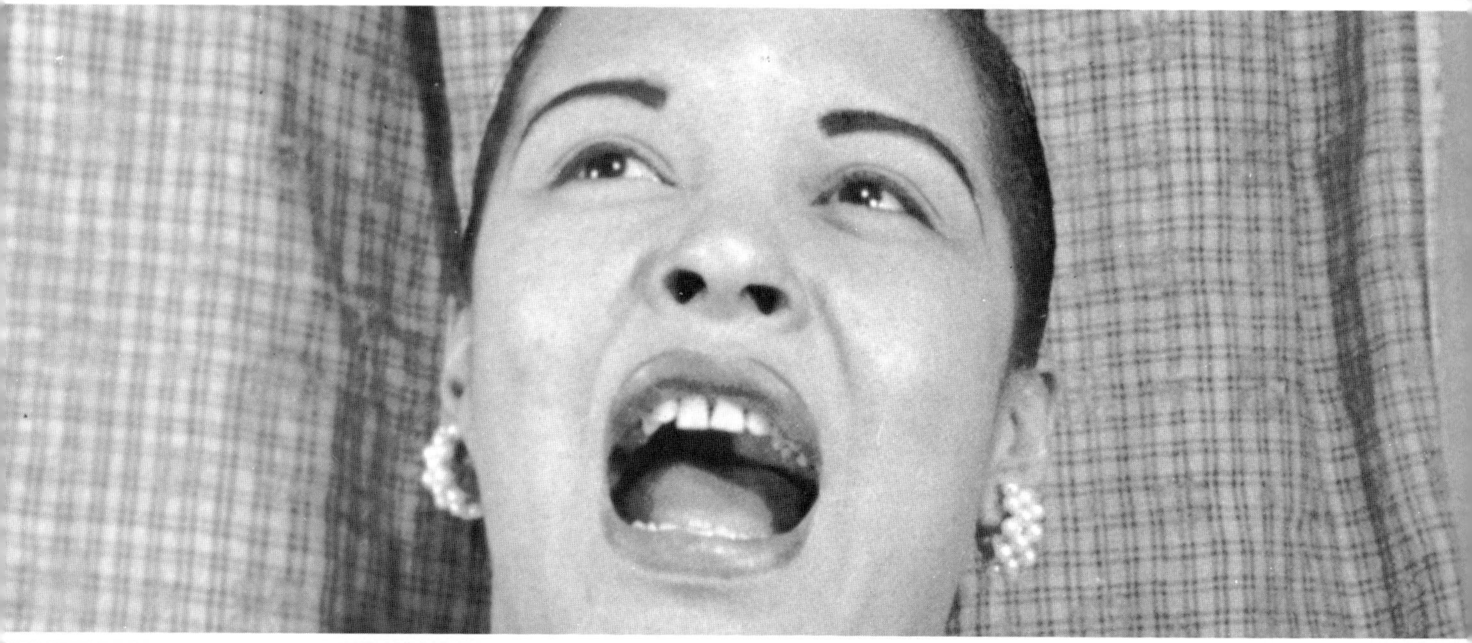
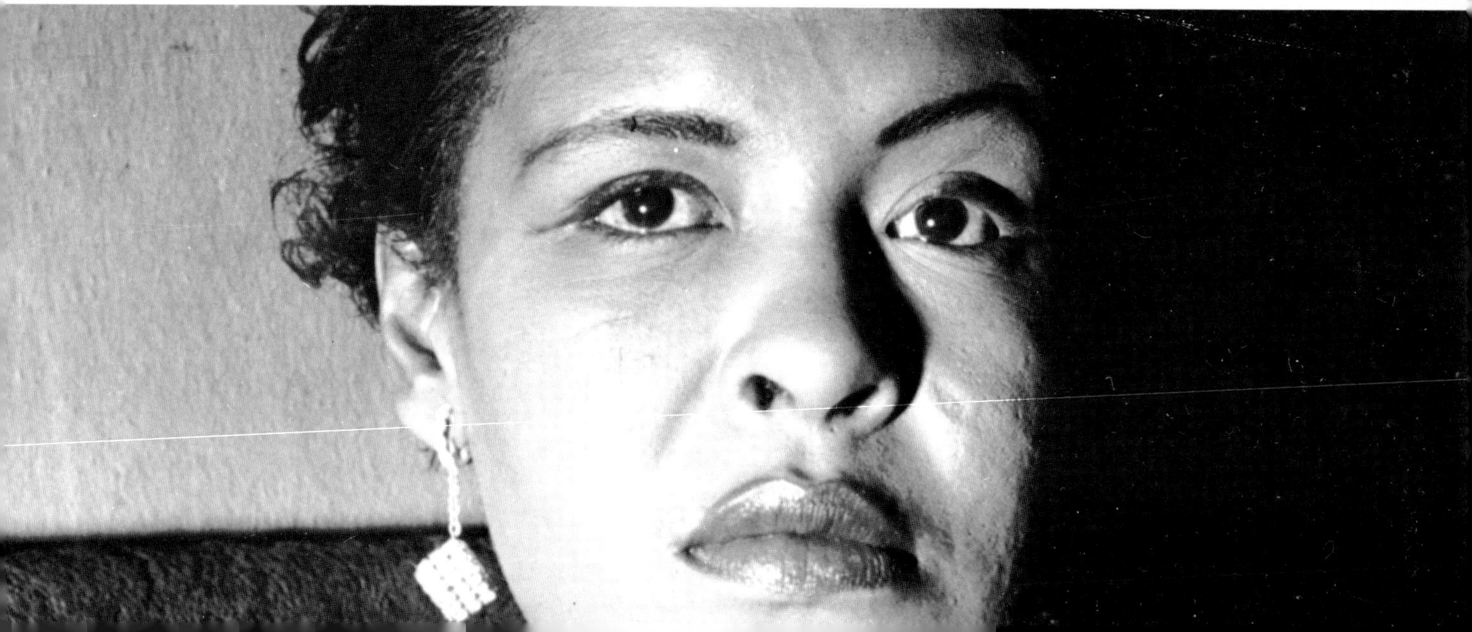

années 50 ; elle aimait être avec des amis et improviser avec eux une musique superbe. Elle n'était pas la femme assise sur le rebord du tabouret, un verre de gin à la main, abattue et douloureuse ; ou elle n'était pas *seulement* cette silhouette, même à la fin. Comme n'importe quelle véritable artiste, elle métamorphosait en un chant d'or pur ce qu'elle pouvait utiliser de ses peines. Elle devint une artiste non pas à cause de ses ennuis (il faut plus qu'un cœur triste pour chanter d'une manière intense une chanson triste), mais parce qu'elle travailla dur pour parfaire sa voix d'artiste et maîtriser le timbre, le phrasé, le rythme, et des centaines d'autres subtilités qui firent d'elle une chanteuse dont les disques se vendent toujours.

L'objet de ce livre est de montrer les multiples facettes de Billie Holiday musicienne. Son principal centre d'intérêt est sa réussite comme chanteuse de jazz et les voies qu'elle emprunta pour développer son talent. Pour commencer, elle était la fille de Clarence Holiday, l'exceptionnel guitariste rythmique de l'orchestre de Fletcher Henderson à un moment où le groupe était envié par tout le monde du jazz, même par Duke Ellington. Billie Holiday grandit à Baltimore pendant les années 20, alors que cette ville était l'une des plus riches du pays dans le domaine du jazz. Eubie Blake, Chick Webb, Elmer Snowden et Clarence Holiday étaient parmi les jazzmen les plus connus de Baltimore. Dans les « after-hours », les clubs clandestins appelés aussi les « good-time houses » (la version baltimoréenne des bouges du Sud profond), ces musiciens et d'autres qui n'avaient jamais quitté la ville traînaient, nuit après nuit. C'est dans de tels lieux, dans des soirées privées et dans des bordels du côté des quais, que Billie Holiday alors âgée de treize, quatorze ans (et connue sous les noms d'Eleanora Fagan ou Eleanora Gough) fit la première partie de son apprentissage d'interprète en chantant avec les disques de Bessie Smith ou Louis Armstrong et reprenant les refrains avec les pianistes.

La mère de la jeune Billie Holiday, Sadie Fagan, qui était partie pour New York à la recherche d'un meilleur emploi, fit venir à son tour Billie. Si la vie nocturne de Baltimore fournit à Holiday l'équivalent des durs revers du lycée (elle quitta l'école à l'âge de quinze ans), le Harlem des années 30 lui donna ses diplômes et sa formation. Elle n'a jamais appris à lire la musique (aux musiciens qui lui demandaient le ton, elle répondait habituellement de l'écouter simplement et de la suivre), mais nuit après nuit à New York, parfois en compagnie de son père, elle était une active participante sur l'une des scènes de jazz les plus vibrantes du monde. Avec d'autres musiciens de haut niveau qui avaient atterri, à cette époque, dans cette ville, elle se pressait dans les boîtes clandestines et allait de club en club, travaillant au pourboire. Parfois elle accompagnait le pianiste maison en chantant ;

elle travailla aussi dans des clubs comme membre d'un groupe d'artistes comprenant ses propres accompagnateurs. En 1933, elle avait déjà bien rempli les dix-huit années de sa vie. Ce fut l'année où l'héritier Vanderbilt, John Hammond, la remarqua et lui fit enregistrer son premier disque où elle chanta sous la direction de Benny Goodman, alors au bord de la gloire. Deux ans plus tard, elle fit non seulement un film comme chanteuse avec le groupe de Duke Ellington, mais elle commença la monumentale série des sept années d'enregistrements avec Teddy Wilson, qui font date dans l'histoire.

La vie de Billie Holiday fut une tragique mais interminable quête du pouvoir. Elle rechercha celui de se libérer du choix restreint d'espérances offert à une pauvre fille noire, rejetée par sa famille comme « bâtarde ». Adolescente, elle arpenta les rues de Baltimore et choisit une famille à laquelle elle pourrait s'identifier. Les prostituées et les autres habitués des lieux clandestins avaient au moins le mérite d'admirer son talent musical et de lui offrir des occasions d'entendre et, tôt ou tard, de chanter avec d'excellents musiciens. A treize ans, elle avait ravagé toutes les routes conduisant à la classe moyenne et posa fermement ses pieds sur d'autres chemins, bien plus durs.

Elle ne savait pas alors qu'elle voulait devenir une chanteuse professionnelle. Elle savait qu'elle aimait chanter et y gagnait un certain prestige auprès de ses amis

Holiday avec Ray Ellid, l'arrangeur des séances de *Lady in Satin (à gauche)* et en Europe avec Carl Drinkard et d'autres *(à droite)*.

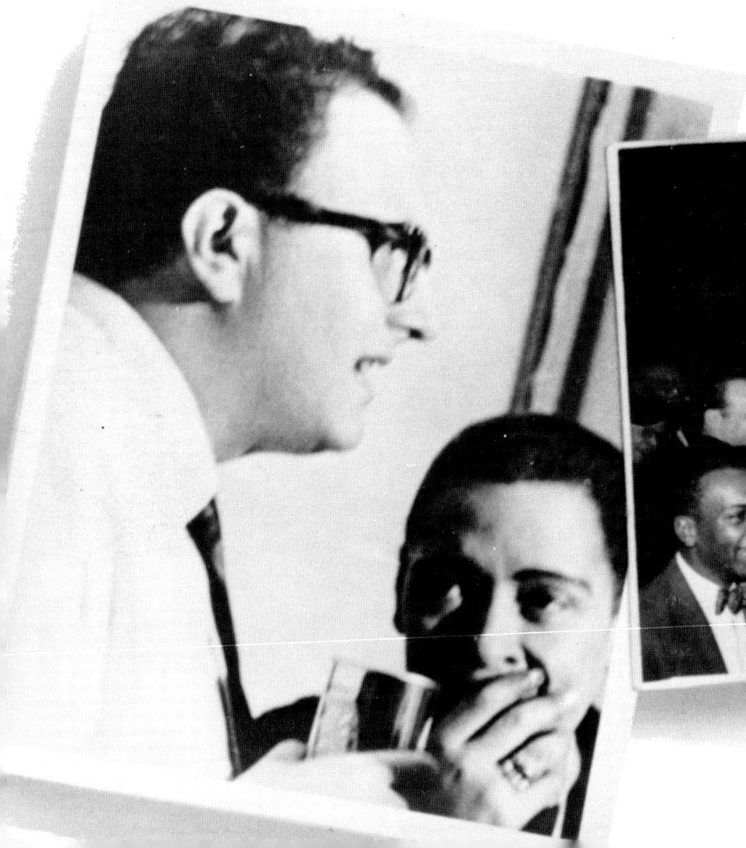

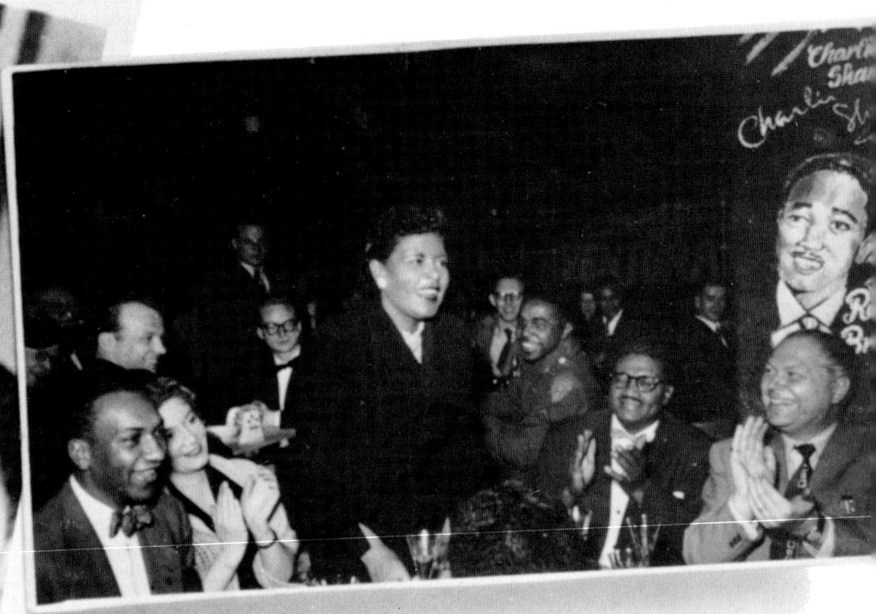

plus âgés. Elle découvrit aussi que chanter la rendait heureuse et lui procurait un pouvoir que ses amis non musiciens étaient incapables de comprendre. Celui que les poètes ont chanté pendant un millénaire : le pouvoir de refaire le monde et d'y graver sa signature. Ses quarante-quatre années de vie furent trop courtes (bien qu'elle les ait remplies intensément), mais son art était si puissant qu'il s'imposa pour longtemps.

Pourquoi choisit-elle comme amants des sales types comme Louis McKay et John Levy ? Pourquoi détruisit-elle son corps avec l'héroïne et le whisky ? Ces questions, malgré l'esprit de ce livre, hantent mon analyse. La question de la drogue est l'une des plus faciles. Comme l'a expliqué Albert Murray, les drogues étaient, dans le monde où elle vivait, un risque du métier. Elle commença à priser de l'héroïne non pas parce qu'elle se haïssait ou parce que son premier mari, Jimmy Monroe, l'y contraignit. Cela, je crois, appartient aux légendes populaires qui prolifèrent autour de cette femme fascinante. Monroe fut le plus bienveillant de ses amants, celui qui dura le plus longtemps – un play-boy international et un imprésario qui fit preuve de plus d'enthousiasme pour aider la jeune femme à s'habiller et à se comporter comme une star, que dans la perspective de la dominer. Il semble qu'elle ait essayé en premier l'héroïne parce qu'elle pensait que c'était seulement un autre moyen, un peu plus fort que la marijuana, de se procurer des

Holiday avec Willie Smith et une amie au Downbeat Club, New York, fin 1953.

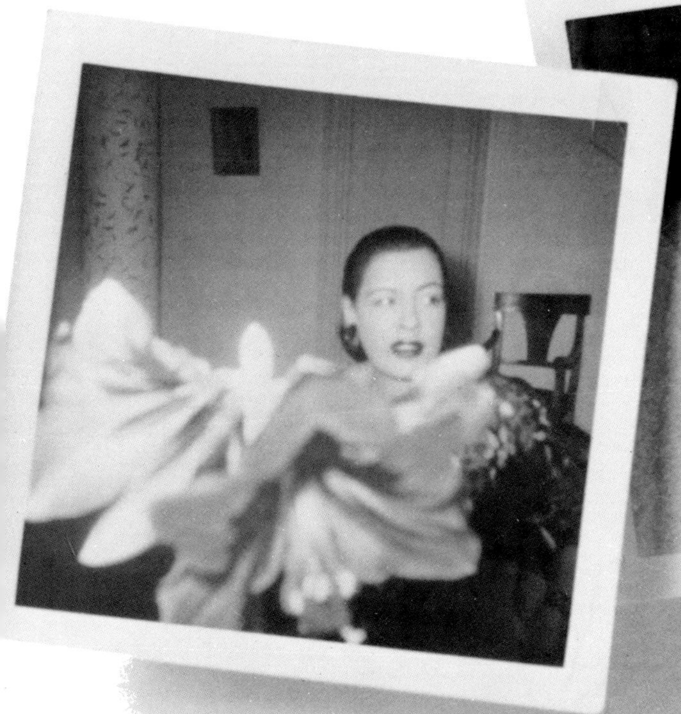

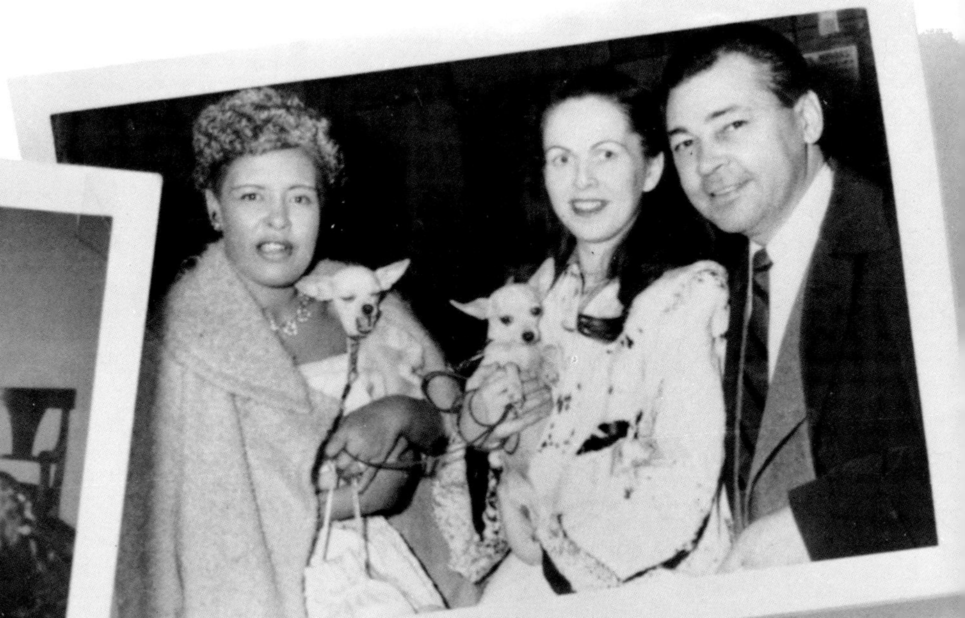

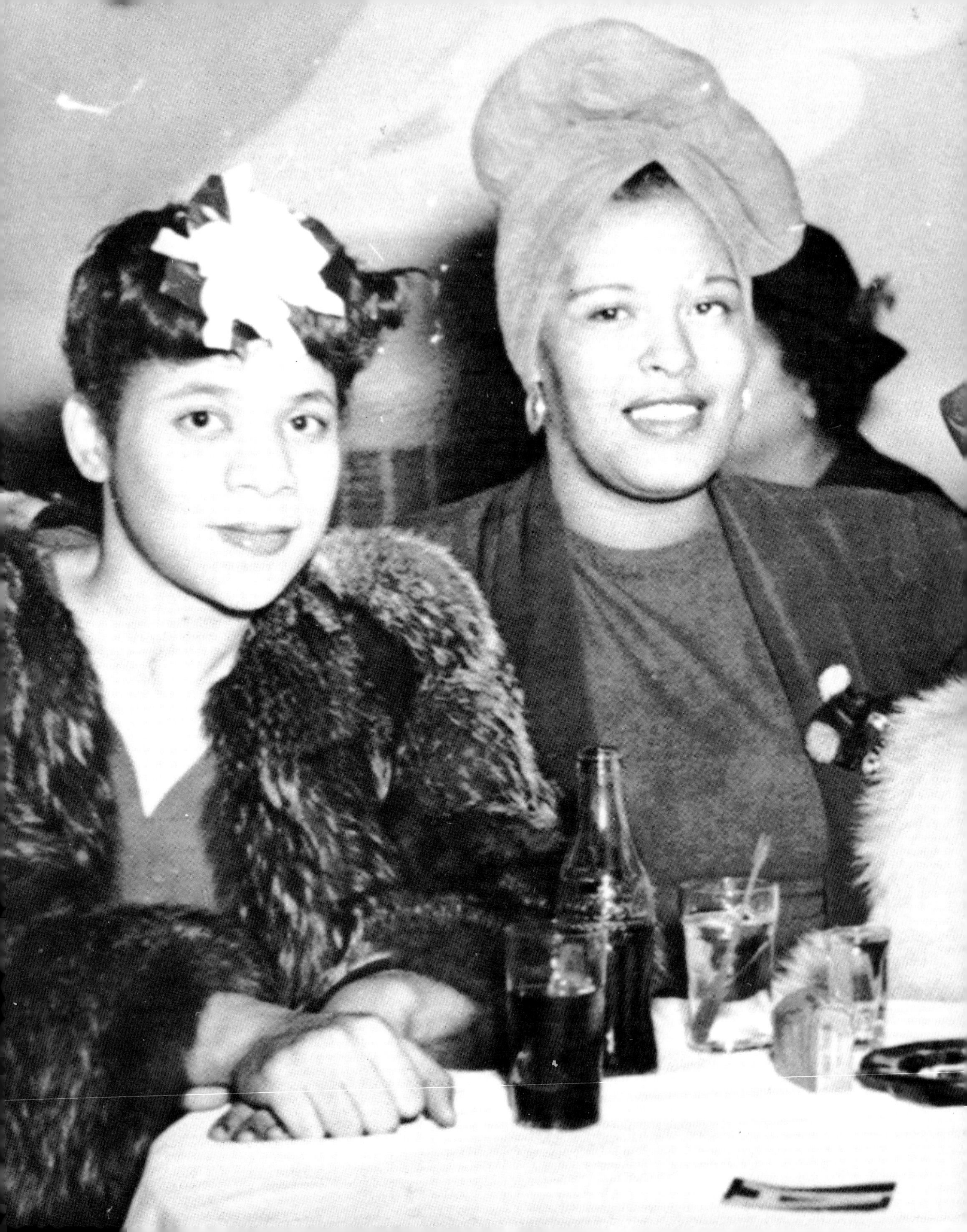

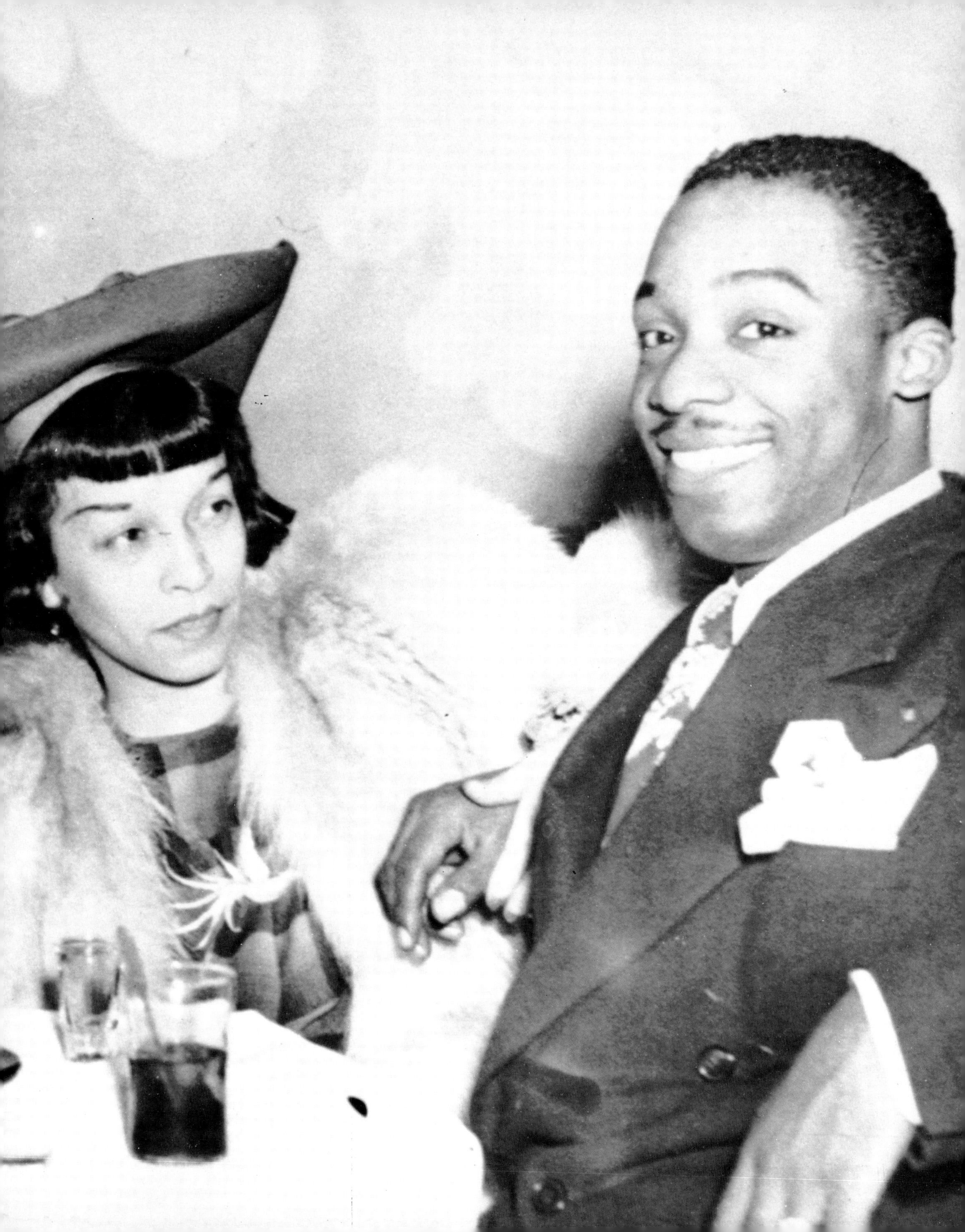

sensations fortes. Comme un grand nombre d'héroïnomanes, jamais elle n'imagina qu'elle serait incapable de se désintoxiquer.

La question des vauriens de Billie est beaucoup plus complexe. Son choix se portant sur des durs, la plupart d'entre eux musiciens, a certainement un rapport avec l'exemple de son père. Elle vit sans aucun doute en eux quelque chose de l'insouciance romantique du play-boy Clarence Holiday, du voyageur à l'éclat aristocratique. Peut-être, comme l'ont suggéré beaucoup de gens qui la connurent, continua-t-elle de choisir de façon obsessionnelle des hommes qui reproduisaient l'abandon de son père. Elle appelait ses amis et ses maris « Daddy » et sans doute éprouvait-elle une certaine satisfaction d'être avec un homme de fer qui prenait pour elle les décisions et qui, face au monde turbulent dans lequel elle se mouvait, pouvait offrir des moments de clarté et de simplicité. Billie Holiday tira un certain plaisir de la douleur d'être physiquement punie par les hommes qui étaient près d'elle, probablement à cause des souvenirs marquants de son enfance catholique – elle se reprochait peut-être le malheur de sa mère et la brouille définitive avec la famille Fagan provoquée par sa naissance ; également la mort de sa grand-mère, sans parler du dernier « crime » : celui de chanter du blues dans les tripots.

Je pense qu'il est essentiel de se rappeler qu'au début elle choisit pour amants des souteneurs, dans l'intention à peine consciente de gagner l'accès au monde nocturne, qu'elle percevait comme la seule véritable échappatoire au monde ordinaire représenté par sa mère et sa famille. En d'autres termes, les hommes faisaient partie intégrante de son projet d'accroître son indépendance et sa liberté de redéfinir les valeurs de sa vie ; ils faisaient partie d'un plan pour développer son pouvoir individuel. Avec un dur derrière elle, elle pouvait passer la nuit dehors et être protégée contre toute agression qu'elle n'aurait pu affronter avec ses poings ou le rasoir qu'elle portait dans son bas. Quand les hommes échouaient dans leur rôle de protecteur, comme ce fut semble-t-il le cas de Jimmy Monroe, elle s'en débarrassait. Elle supportait leur comportement arrogant et leur cupidité, mais ils devaient tenir jusqu'au bout leur part du marché ou bien ils le perdaient.

Les drogues la rendirent chaque jour plus désespérée, et souvent malade. C'est alors que le marché fragile qu'elle avait passé avec « ses hommes » s'effondra. Ceux qu'elle avait engagés pour la libérer et la protéger commencèrent à la tyranniser, à la réduire en esclavage.

Billie Holiday suscita tellement de mythes que tout effort pour éclaircir le cas de sa vie et de son art, ne fait que l'embrouiller. Même son autobiographie n'est pas une source d'informations fiables. Rassemblant des entretiens accordés au fil des

Holiday au Café Society, 1944. *De gauche à droite :* Dorothy Donegan, Holiday, Irene Kitchings *(pages précédentes).*

Publicité, fin 1940. Joe Glaser, l'agent de Holiday, trouva à la chanteuse d'excellents emplois avec de telles réclames. Le texte comporte une information erronée à propos de l'endroit où elle commença sa carrière de chanteuse – elle avait chanté à Baltimore et ensuite à travers tout Harlem avant de commencer au Jerry Preston – mais il est clair qu'elle était une star qui s'attendait à être très bien payée *(page ci-contre).*

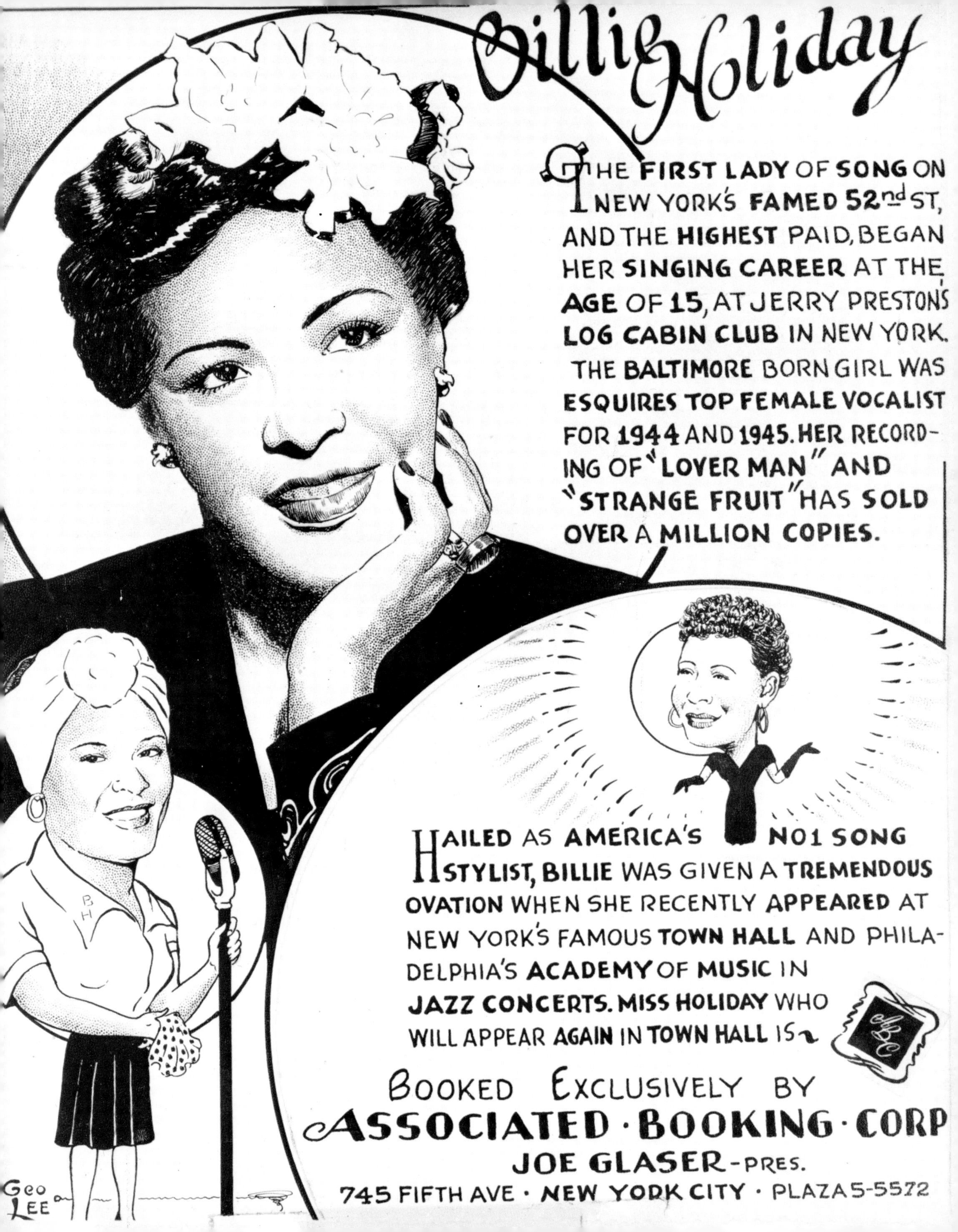
Billie Holiday
THE FIRST LADY OF SONG ON NEW YORK'S FAMED 52nd ST, AND THE HIGHEST PAID, BEGAN HER SINGING CAREER AT THE AGE OF 15, AT JERRY PRESTON'S LOG CABIN CLUB IN NEW YORK.
THE BALTIMORE BORN GIRL WAS ESQUIRES TOP FEMALE VOCALIST FOR 1944 AND 1945. HER RECORDING OF "LOVER MAN" AND "STRANGE FRUIT" HAS SOLD OVER A MILLION COPIES.
HAILED AS AMERICA'S NO1 SONG STYLIST, BILLIE WAS GIVEN A TREMENDOUS OVATION WHEN SHE RECENTLY APPEARED AT NEW YORK'S FAMOUS TOWN HALL AND PHILADELPHIA'S ACADEMY OF MUSIC IN JAZZ CONCERTS. MISS HOLIDAY WHO WILL APPEAR AGAIN IN TOWN HALL IS
BH
ABC
BOOKED EXCLUSIVELY BY
ASSOCIATED · BOOKING · CORP
JOE GLASER - PRES.
745 FIFTH AVE · NEW YORK CITY · PLAZA 5-5572
Geo LEE

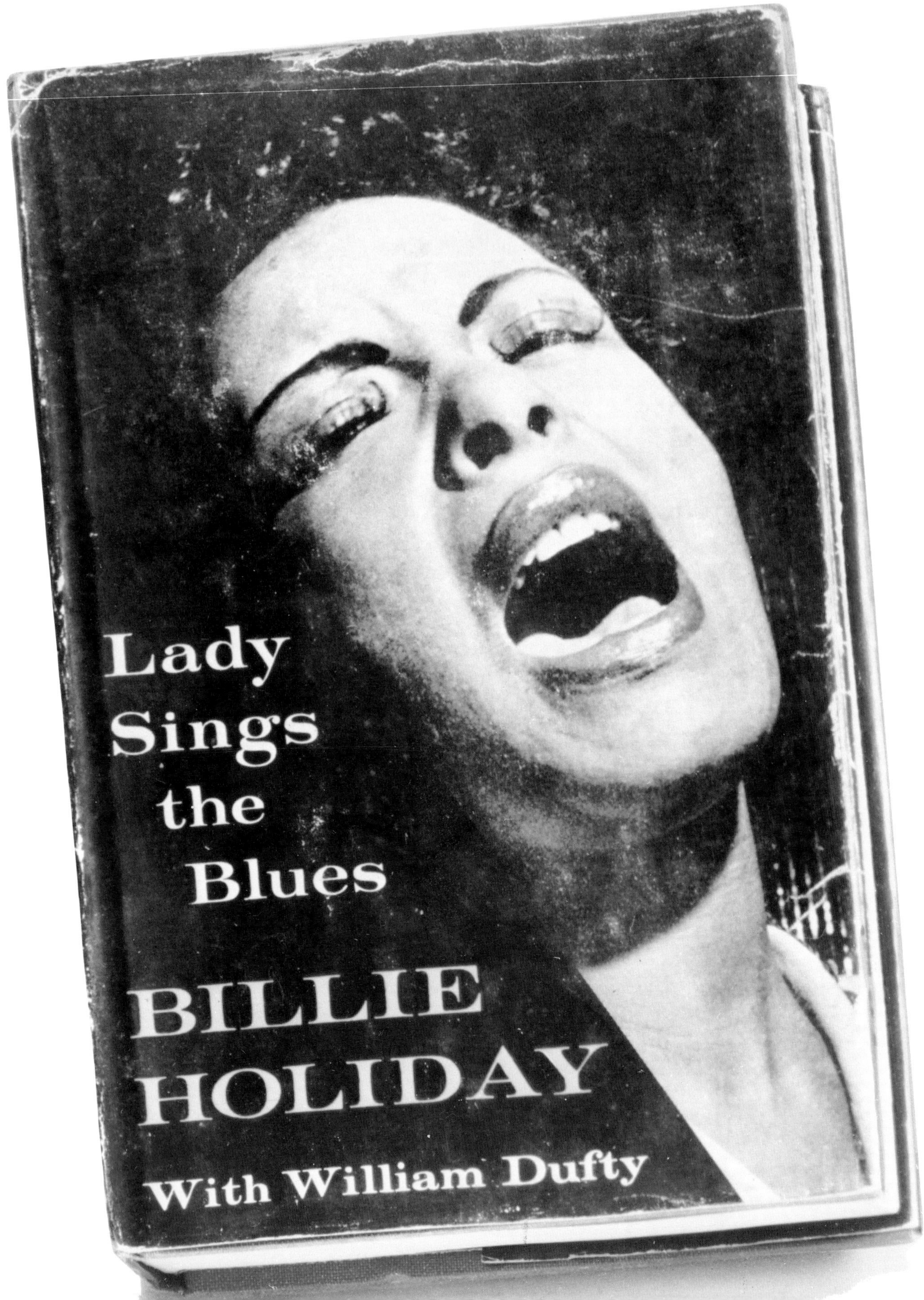
Lady
Sings
the
Blues
BILLIE
HOLIDAY
With William Dufty

années et des conversations entre l'auteur, William Dufty, et Holiday elle-même, ce livre est plutôt considéré comme un ouvrage de rêve, une collection des désirs et des mensonges de la chanteuse. Ce livre n'est pas sans valeur, mais il doit être sujet à interprétations, comme les autres livres de rêve ou de souhaits. Billie Holiday elle-même paraissait considérer certains de ses récits principalement comme une source de revenus ou de publicité.

L'histoire dont elle se souciait se trouvait dans sa musique ; c'est celle pour laquelle elle se battait. C'est cette histoire que ce livre essaie de lire.

Ce qui nous amène aux titre et sous-titre du livre. Leur but est de suggérer qu'il y avait plusieurs Billie Holiday, plus que nous n'en prenons en compte généralement. Elle présenta au monde plusieurs visages différents. Elle fut la chanteuse dont la voix changea de manière dramatique au cours des années, la « Lady » de l'autobiographie rêvée et d'autres textes fondés en grande partie sur le précédent, y compris plusieurs pièces et un film. Elle fut une femme de contradictions : une victime qui pouvait se brimer cruellement ; une femme forte que beaucoup de gens trouvèrent d'une vulnérabilité pathétique ; la splendide « Lady Day » ; la « Lady in Satin » qui proférait un chapelet de jurons et, si elle était en colère, pouvait se battre comme un homme. N'importe quel choix de photos suggère cette femme aux multiples facettes. Et chacune était Billie Holiday.

Ce qui m'intéresse le plus dans *Les Multiples Facettes de Lady Day*, le sous-titre, c'est l'idée que ses visages furent fabriqués, inventés ; ils faisaient partie de ses compositions. En réalité, ses chansons étaient aussi des affrontements. Dans les rôles qu'elle créa à travers sa musique, elle affronta le monde non en victime mais en héroïne. A travers sa musique, avec son élégance et son talent subtilement dynamique, elle fit face à un monde rempli d'ennuis. Et d'une certaine façon, dans ces rencontres impertinentes avec les ennuis, elle réussit par ces superbes chansons à préserver le pouvoir qu'elle avait recherché désespérément. En effet, elle découvrit un pouvoir plus rare et plus complexe que ceux dont elle avait jamais rêvé : celui de créer et, avec ses créations, de capturer et garder l'attention profonde du public. Elle trouva dans l'art le pouvoir de changer le monde.

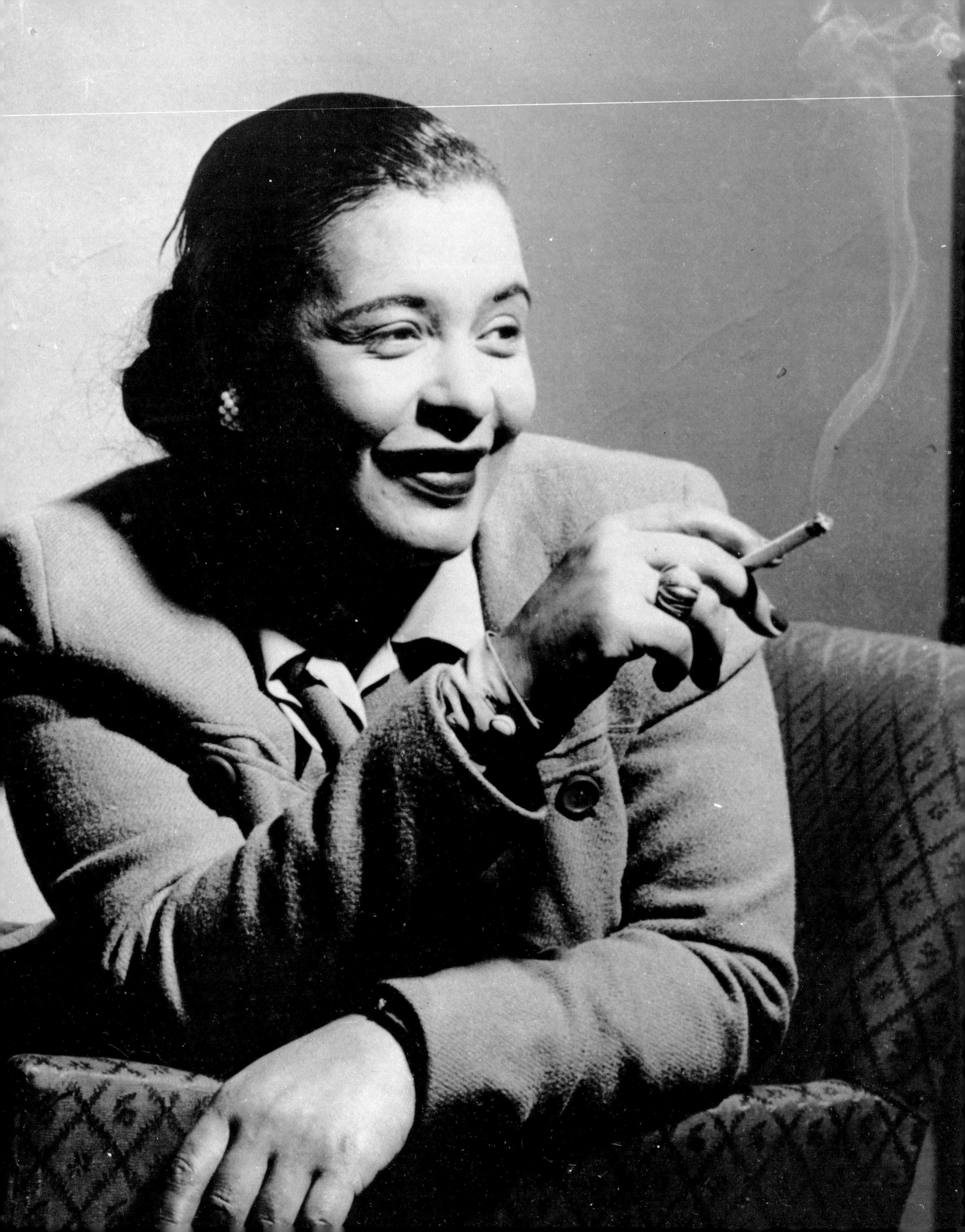

À L'ÉCOUTE DE BILLIE

Bobby Henderson avait quitté le lycée en 1931 pour jouer du piano dans des soirées à Harlem pour sept dollars la nuit – ce qui n'était pas négligeable pendant la Dépression. Il se rappelle sa première rencontre avec Billie Holiday cette année-là au Brownie's Basement où elle était la chanteuse vedette. Le Brownie's était un club clandestin plutôt bien dissimulé dans un sous-sol sur la 133ᵉ Rue Ouest, au cœur de ce que tout le monde appelait Jungle Alley, la piste la plus animée de New York pour la musique swing quand le Harlem nocturne et secret était en vogue. Dot Hill était la pianiste du Brownie's et la seule accompagnatrice de Holiday ; elle possédait un swing à deux temps qui fit dire à Henderson qu'elle « jouait comme un homme ». En découvrant que celui-ci était aussi pianiste, Dot Hill l'invita à jouer un air. Il refusa tout d'abord puis finit par se frayer un chemin jusqu'au piano et s'y installa.

Holiday se tenait à sa gauche. Quelqu'un les présenta. Elle n'était pas habillée de façon tapageuse – comme ce serait le cas plus tard. Elle avait seulement seize ans, mais déjà une allure si mûre et raffinée que Henderson fut persuadé qu'elle était plus âgée. « J'ai vu cette fille bien bâtie là-bas », dit-il plus tard à mon interviewer. « C'était une femme. Parce que Billie, mon vieux, elle était très soignée ; elle était une *femme*, une de celles que l'on admirait. On pouvait même dire qu'elle était sculpturale. »

Ce qui était remarquable chez elle, note Henderson, c'est qu'elle ne lui demanda pas de jouer n'importe quoi qu'elle pût interpréter. Elle dit seulement : « Bien, qu'est-ce que tu vas jouer, Bobby ? »

« Sweet Sue », dit-il, nommant un air connu du moment. Et il interpréta une version gonflée du morceau dans ce lieu sombre où n'importe qui pouvait entrer à tout moment – son idole Fats Waller, le roi du rythme James P. Johnson, ou le redoutable « gladiateur » du piano Willie « The Lion » Smith. Henderson joua « Sweet Sue » dans un balancement à la Waller, calme et étincelant avec des arpèges aux fioritures recherchées. Au second refrain, il plaça une phrase rapide qu'il avait mise au point récemment. Il dit plus tard : « J'ai fait là quelques trucs qui étaient supposés être dans le vent à ce moment. Mais c'était tellement ringard, tellement m'as-tu-vu. »

« Hé », dit la jeune Holiday. « Refais-le.

– Quoi ? demanda Henderson dévisageant la femme-enfant.

– Ce que tu viens de faire. »

Alors Henderson reprit le second refrain, comme Fats Waller l'avait souvent fait pour lui quand il avait trouvé l'un de ses doigtés complexe, déroutant.

« C'est ça ! » dit-elle avec un sourire satisfait.

Avant même d'entendre Holiday chanter une note, Henderson pouvait dire qu'elle n'était pas seulement une chanteuse de plus. Elle se tenait derrière lui et écoutait pendant qu'il lui racontait son histoire sur le clavier. Il avait utilisé un air connu mais elle avait repéré ses variations personnelles. Elle écoutait la musique exactement de la même manière qu'un instrumentiste.

A deux heures du matin, la nuit était encore jeune. Henderson joua un morceau ou deux à la demande de Holiday. Personne ne se rappelle exactement ce qu'elle chanta, mais les titres devaient certainement appartenir au répertoire de Louis Armstrong. Nuit après nuit à Harlem, elle avait interprété des airs connus comme « When You're Smiling », « All of Me » ou « Georgia on My Mind », chansons sur lesquelles Armstrong avait exercé sa magie.

Henderson pensait que toutes les « filles qui chantaient » à Harlem imitaient les modulations hautes et claires d'Ethel Waters. Mais ici il y avait quelqu'un qui manifestement n'était *pas* une protégée de Waters. Holiday lui rappelait Armstrong, mais là encore elle avait son propre timbre – tantôt sombre comme le vin, tantôt étincelant comme un scalpel. Dès le début, Holiday et Henderson flirtèrent et échangèrent des mots d'esprit par l'entremise de leur musique.

Cette première nuit, ils traînèrent avec une bande de jeunes musiciens de cabaret en cabaret, du Brownie's au Dickie Wells' Clam House, également sur la 133e dans Jungle Alley, et puis dans d'autres lieux ouverts la nuit, peut-être dans le voisinage de Hot Cha ou de Yeah Man. En quelques jours, ils constituèrent une équipe, et ils jouèrent ensemble à travers tout Harlem après leurs engagements

Bessie Smith, 1929 ***(page ci-contre).***

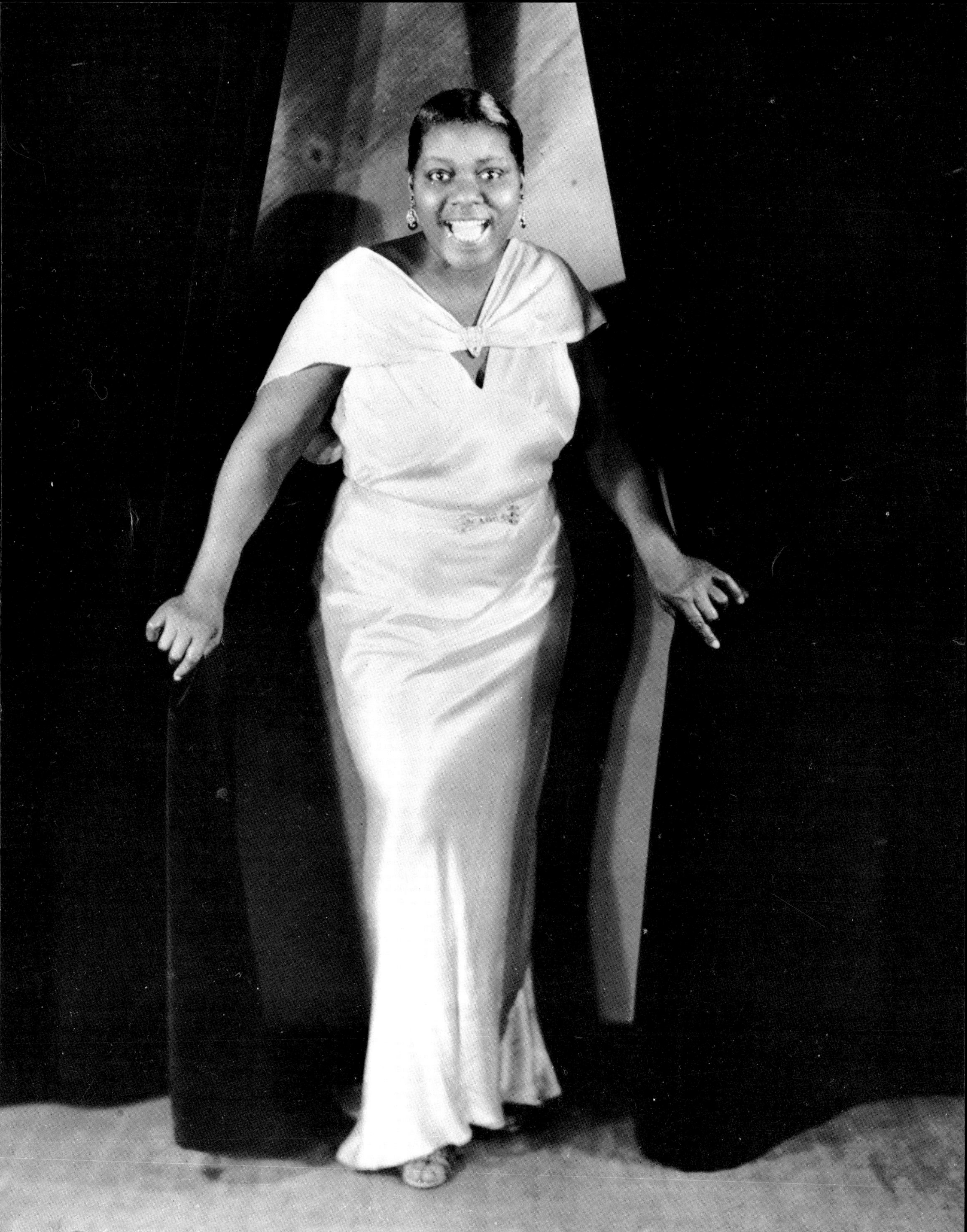

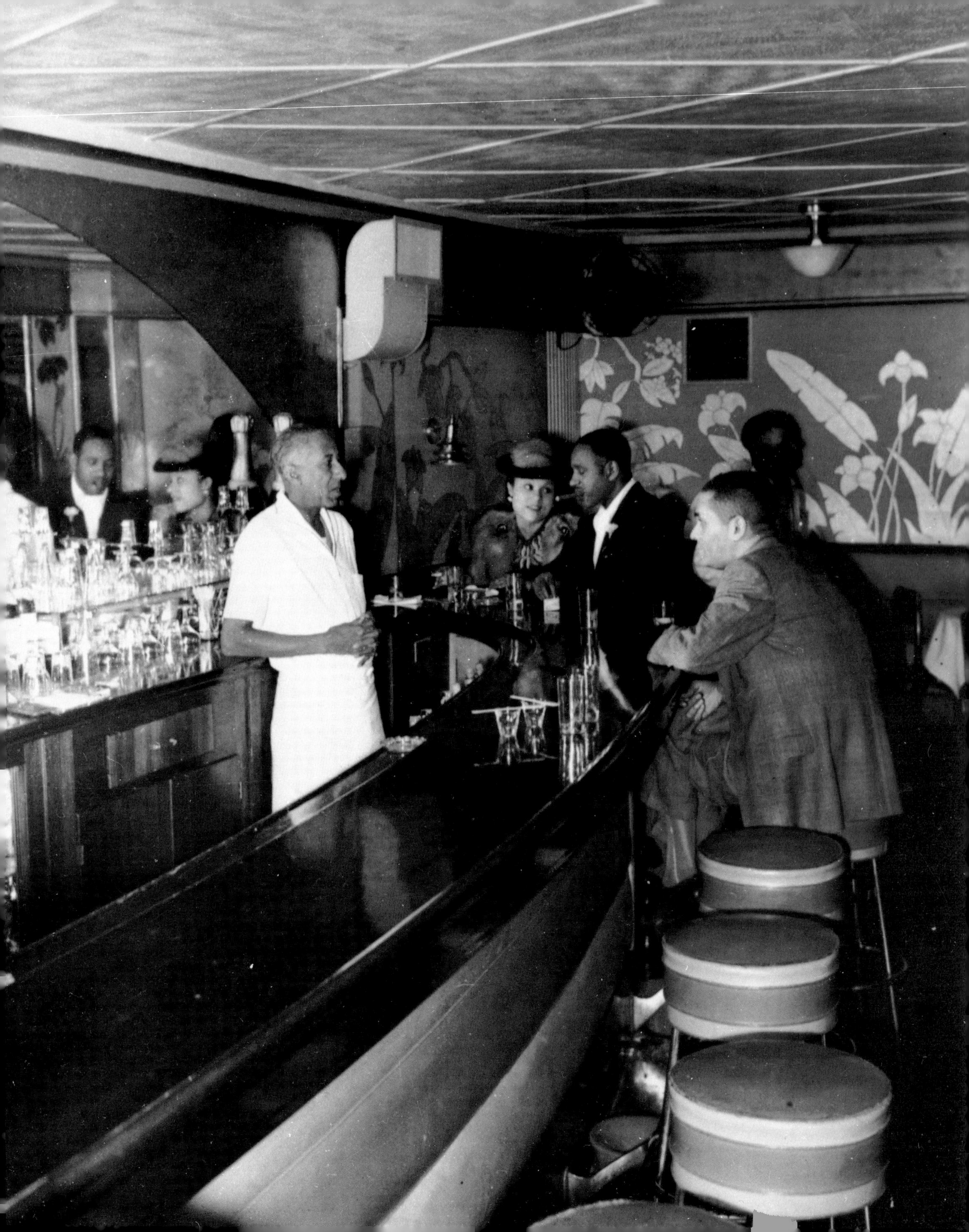

réguliers. Peu après avoir rencontré Holiday, Henderson décrocha un boulot au Pod's and Jerry's Log Cabin (168 Ouest 133e Rue), également appelé Pod's and Jerry's, le Log Cabin ou, officiellement, le Catagonia Club. Célèbre pour son poulet frit et ses pianistes, c'était un antre bien connu de Jungle Alley où Willie « The Lion » Smith (qui avait recommandé Henderson pour ce boulot) avait été le pianiste maison. Après leurs prestations dans ce club, Holiday et Henderson acceptaient dans la même nuit des boulots rémunérés à l'Alhambra Grill sur la Septième Avenue et même dans un endroit plus petit mais également plein d'animation, le Monette's. Au début des années 20, le Monette's était un bar clandestin fréquenté par John Hammond. Mais ceci est une autre histoire.

• • •

Deux ans avant que l'industrie du disque et du cinéma ne la « découvre », Billie Holiday possédait déjà son propre son et le sentiment d'être une musicienne populaire. L'épanouissement de son talent et une réputation bien méritée d'interprète battante lui attirèrent des fidèles parmi les connaisseurs de jazz et accélérèrent l'ascension de sa carrière.

Ses premiers disques, enregistrés en 1933 quand elle avait dix-huit ans, témoignent d'un style déjà considérablement formé. Même à cette époque, quelque chose dans le son de sa voix pouvait laisser le public bouche bée. Mais qu'est-ce qui rendit ses interprétations si fascinantes et inoubliables ? Selon des musiciens comme Henderson, ce qui était si intéressant chez Holiday, c'était qu'elle ne fonctionnait pas seulement comme une soliste projetant un « refrain vocal » isolé (pour utiliser une expression de l'industrie du disque de l'époque) mais comme un membre à part entière d'un ensemble de jazz. « Elle avait de l'oreille » – c'est-à-dire qu'elle comprenait intimement les autres musiciens. Quand venait son tour, elle improvisait des commentaires sur leur exposition, introduisant dans la structure d'un morceau ses rythmes et couleurs propres. Avec seulement un piano, une section rythmique comprenant une batterie, une basse et une guitare, ou avec des groupes plus importants de cuivres et d'instruments à anche, Holiday s'adaptait à la perfection aux concessions mutuelles des arrangements des ensembles de jazz.

On peut trouver dans tout le répertoire de Holiday des exemples de ses rapports étroits avec les autres musiciens. Écoutons le merveilleux « It's Like Reaching the Moon » où les notes de trente secondes à la clarinette de Harry Carney (surtout célèbre comme saxophone baryton dans l'orchestre de Duke Ellington)

Scènes de night-clubs à New York, vers 1930. Adolescente, Holiday fit son apparition dans les clubs de Harlem avec le bassiste George "Pops" Foster, le danseur Charles "Honi" Coles et le chanteur Laurence Jackson. Ils allaient de club en club et travaillaient au pourboire. Les jeunes Holiday et Jackson acquirent une expérience professionnelle de valeur *(page ci-contre et suivantes).*

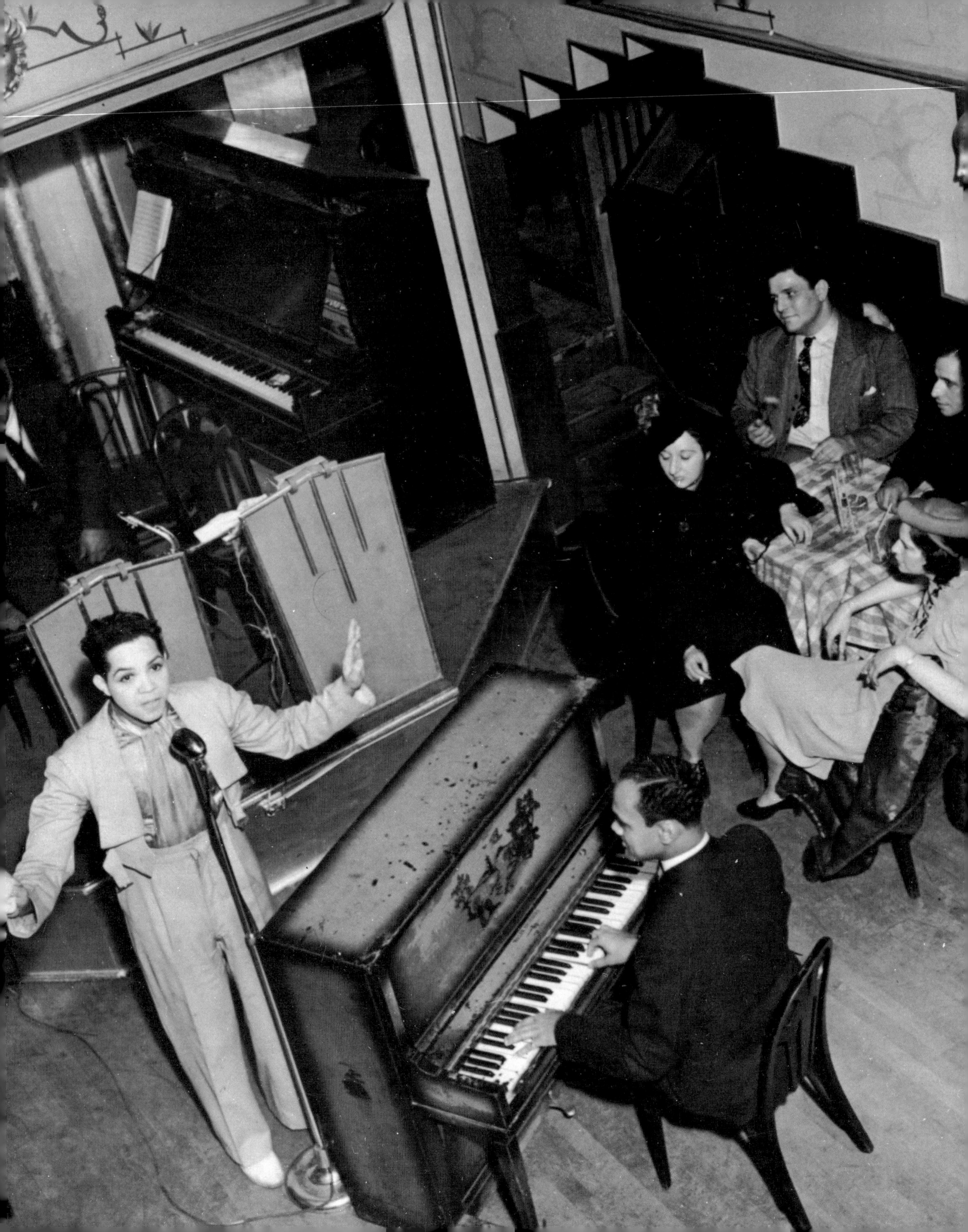

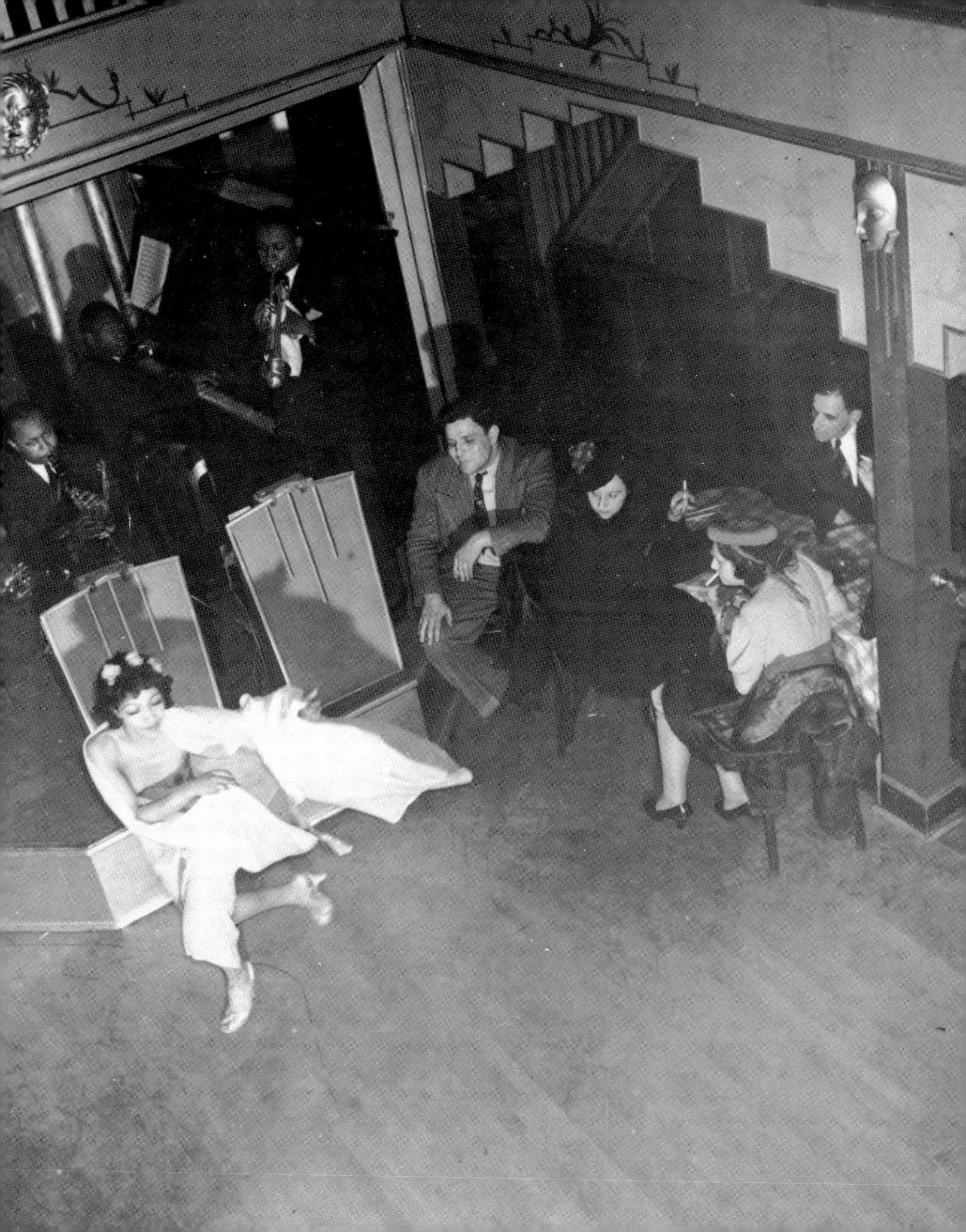

mettent idéalement en valeur les notes soutenues de Holiday. Ou la chanteuse de 1957 écoutant avec une concentration ravie ses amis musiciens dans *Fine and Mellow*, son interprétation remarquable dans l'émission de télévision « The Sound of Jazz ». Dans ces deux exemples, ce que nous observons de Holiday n'est pas un travail de soliste virtuose genre one-woman show, mais des séries de refrains qui s'accordent à la perfection aux expositions d'ensemble. Sa conception du jazz chanté était la même que celle des instrumentistes au sommet de leur art, et c'est ce qui fit d'elle une grande interprète. C'était un art fondamental dans lequel les relations – de musiciens à musiciens, et de musiciens aux spectateurs et danseurs – étaient des liens vitaux qui signifiaient plus qu'aucune manifestation de technique virtuose.

Une interprétation typique de Holiday était dépourvue d'exhibition ou de trucs – pas de sourire faux, de blagues superflues ni de baratin. Elle paraissait sur la scène, chantait, puis disparaissait, parfois à la fermeture du cabaret. Si les applaudissements le réclamaient (et si elle en avait envie), elle offrait des bis. Puis elle saluait et quittait la scène, cette fois jusqu'au prochain spectacle. Son image de concentration artistique et de dignité contraste avec les yeux écarquillés du style « minstrel* » que l'on voit dans les films de l'époque et les émissions radio. Ses interprétations avaient l'élégance de celles de Lena Horne, Duke Ellington, Jimmie Lunceford et Count Basie. Son style était à la fois précurseur du Miles Davis « décontracté » et de la période cool du jazz, et de l'intensité grave de John Coltrane quelques années plus tard.

L'art de Holiday relevait du minimalisme. L'auditoire des années 30, y compris les musiciens, raconte comme il était impressionnant de voir la très jeune Billie prendre place sur la scène d'un petit night-club avec juste un regard ironique,

* Troupes de chanteurs et de musiciens blancs déguisés en noirs (dont le répertoire était censé être d'origine nègre). *(N.d.T.)*

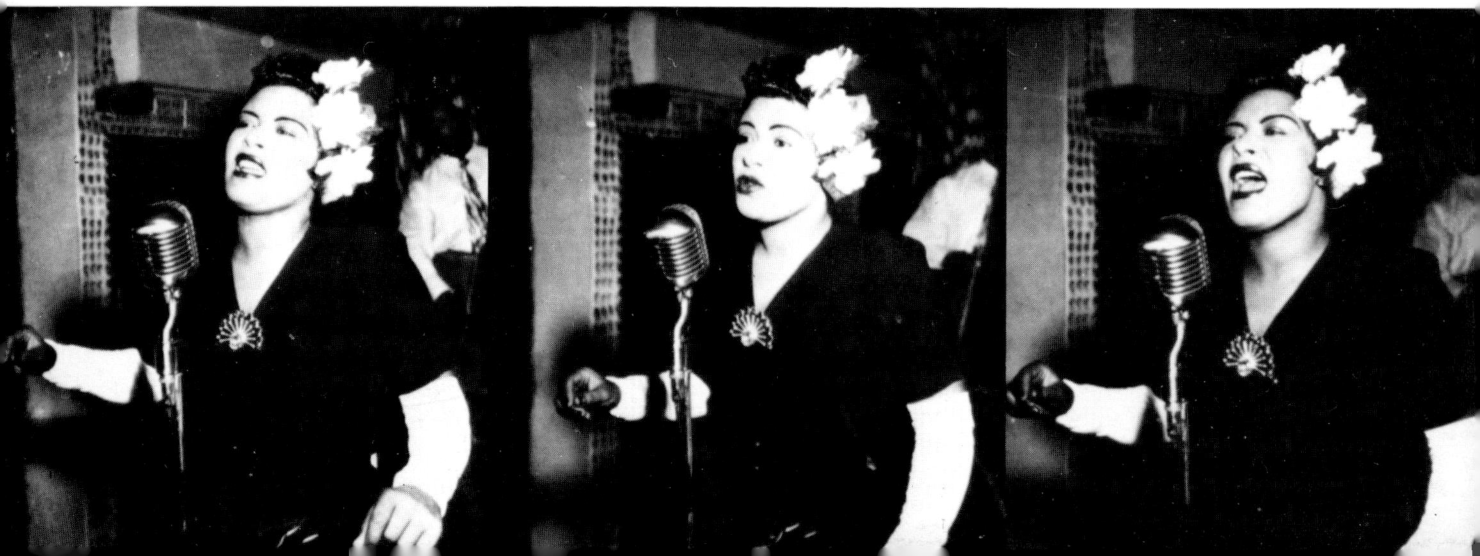

comme si elle attendait que toute l'attention se concentre sur elle. Quel choc alors, de contempler cette grande silhouette (elle mesurait seulement un mètre soixante-dix, mais son long buste la faisait paraître extrêmement grande, particulièrement sur une scène élevée), cette jeune femme bien balancée entonner une chanson de son minuscule timbre de voix. Même en ses toutes premières années d'enregistrement, quand son registre vocal était à son maximum, elle ne pouvait chanter confortablement qu'autour d'une octave. « A son apogée », écrit Gunther Schuller, son registre « pouvait s'étendre du *fa* trois lignes au-dessous de la portée jusqu'au *do* deux lignes au-dessus, mais en général elle se sentait plus à l'aise entre le *sol* grave et le *la* aigu. »

Elle ne fut jamais une bagarreuse comme son idole Bessie Smith, qui se faisait entendre en poussant des cris par-dessus les orchestres, sous les immenses tentes en plein air où les foules se comptaient parfois par milliers. Holiday était une chanteuse à microphone. Sa carrière artistique démarra à une époque et dans des endroits où elle n'avait pas besoin de crier mais plutôt de murmurer ses paroles en allant de table en table dans les bars clandestins. Elle était exceptionnellement bien préparée pour l'époque de la radio et du micro moderne. Que ce soit dans les clubs ou les enregistrements réputés, elle continuait de prononcer ses paroles comme en un tête-à-tête avec un ou deux auditeurs. Elle apprit rapidement que lorsqu'elle devait se projeter au-dessus du son de l'orchestre de Basie au Savoy Ballroom comble ou à l'Apollo Theater, l'idée n'était pas de beugler mais de chanter directement dans le micro. Même si elle n'utilisait pas le micro portatif sur scène pour projeter une chanson comme « un grand chuchotement » (c'était un de ces trucages faciles qu'elle avait en horreur), son chant demandait aux auditeurs d'adapter leur oreille à cet art de la miniature étudiée. C'était un jazz chanté d'une incroyable économie, sans fioritures. On a écrit de son style qu'il était « aussi concentré qu'une flamme oxyacétylénique ».

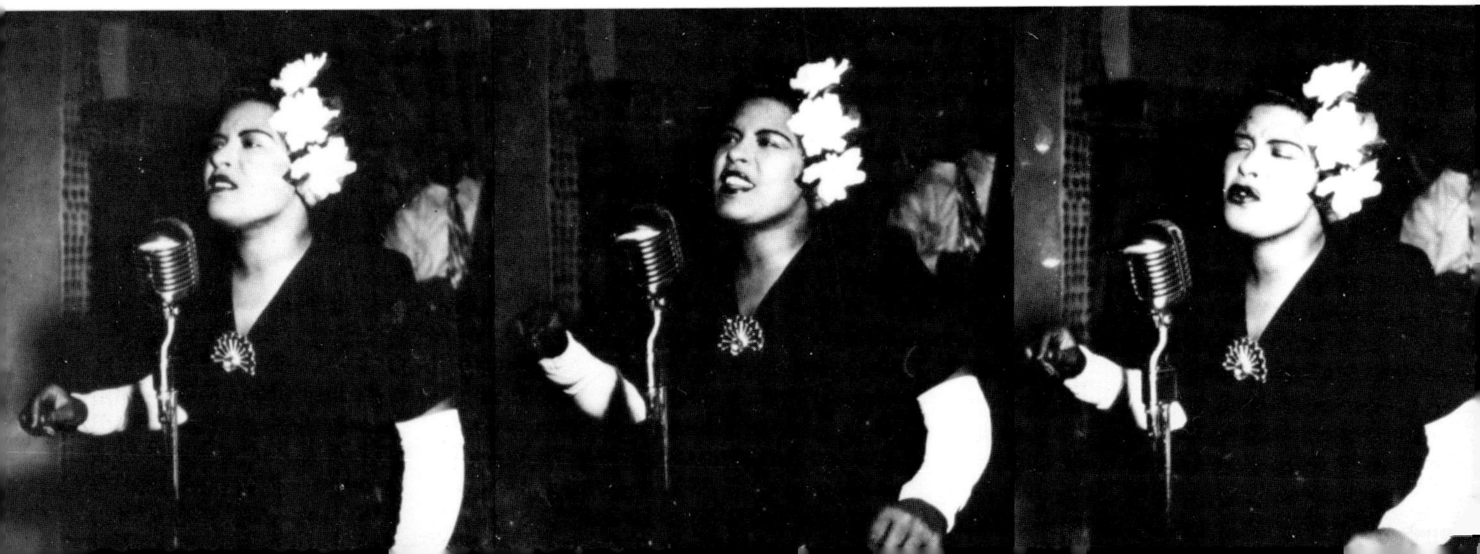

Le style intime de Holiday avait ses sceptiques. Certains l'accusèrent de ne pas être une chanteuse, de ne pas avoir de voix. Pour eux, une voix était soit « le coup de gueule » des divas du blues, soit le roucoulement des contraltos d'opéra. Ethel Waters était l'une de celles qui auraient dit de Holiday qu'elle n'était pas une chanteuse, qu'elle sonnait comme si ses chaussures étaient nouées trop serré. Et pourtant, ceux qui étaient venus pour railler, restaient pour la féliciter. « Vous n'aviez jamais entendu chanter avec une telle voix traînante », dit Ralph Cooper de l'Apollo. « Ce n'était pas du blues, je ne sais pas ce que c'était, mais il fallait l'entendre. »

A l'instar du poète William Carlos Williams, pour qui la norme dans la poésie moderne exigeait que chaque mot soit si bien placé que tout changement altérerait le sens du poème, chez Holiday quelques notes comptaient beaucoup. Chaque œuvre véritable de jazz peut être comparée au drame poétique, avec ses ensembles retentissant comme des refrains, et ses solos et duos comme des monologues et des dialogues dramatiques. En tant que poète/chanteuse minimaliste, Holiday afficha ses liens avec Bessie Smith. Bessie, également, avait un registre réduit – peut-être même plus – et elle parvint à maîtriser le blues dans les limites d'une quinte sans aucune sensation de contrainte. Il ne fait aucun doute que Billie Holiday admira avant tout « la simplicité directe et vigoureuse d'une telle approche économique, presque récitative ».

Dans les limites imposées par son registre, et autorisée par l'exemple de Bessie

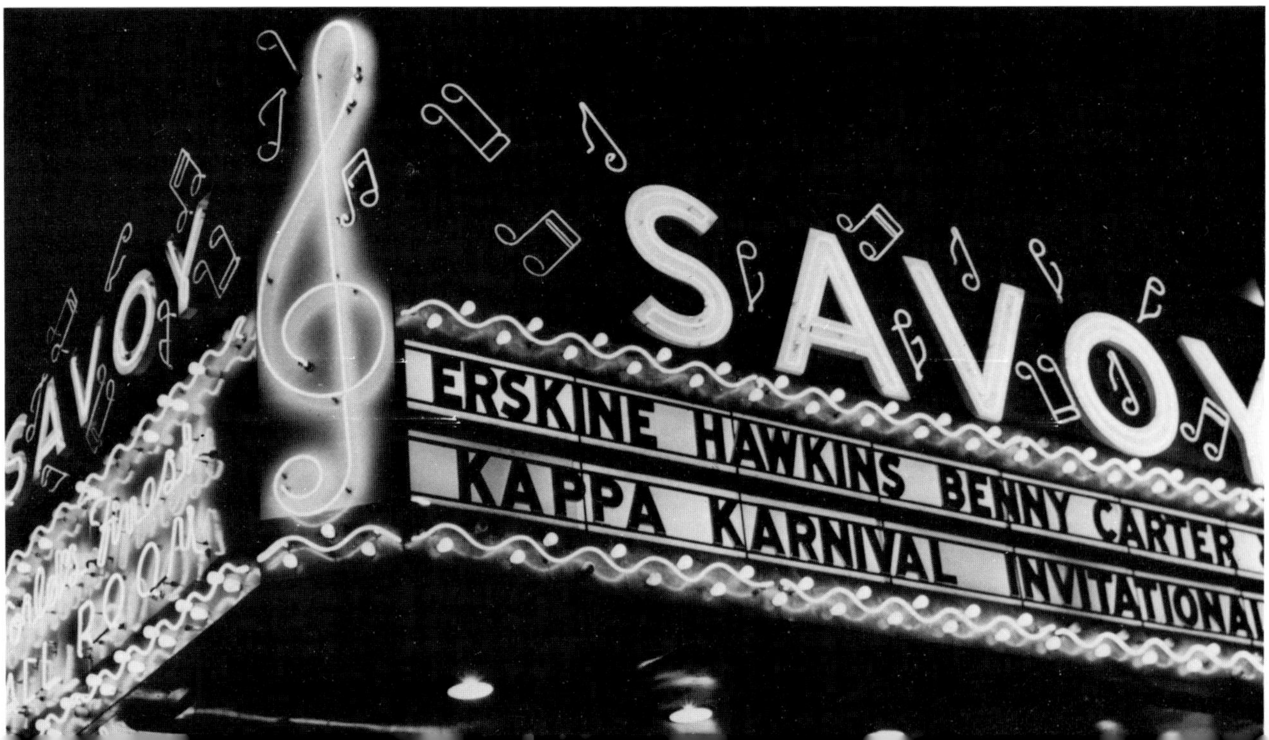

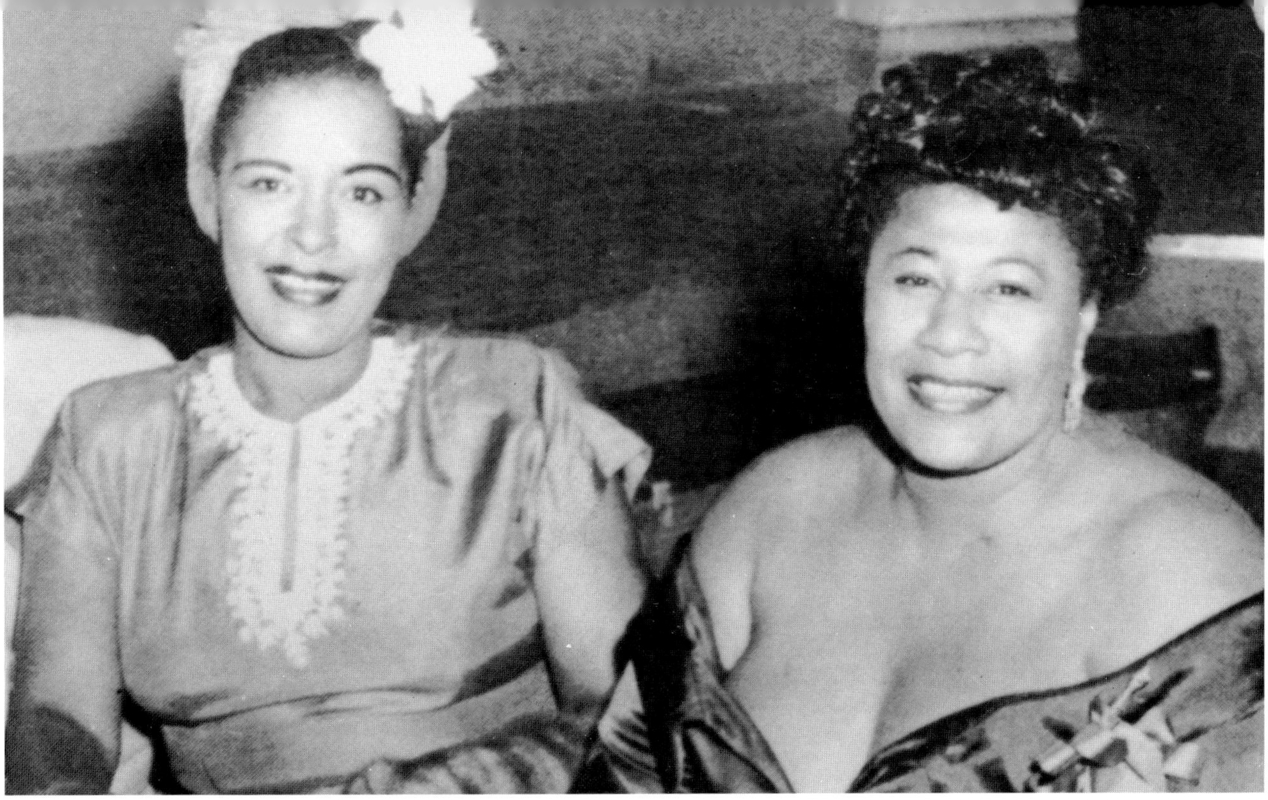

Smith, Holiday extrayait des chansons leur essence, n'utilisant parfois qu'une demi-douzaine de notes pour les reconstituer totalement. Travaillant à partir de matériaux artistiques aussi limités, et parvenant à un tel résultat, tel un peintre maîtrisant une esquisse avec une ou deux couleurs, Holiday attirait l'auditeur dans son orbite émotionnelle. Une fois qu'elle avait fixé le style d'une chanson, le moindre changement – un demi-ton au-dessus ou en dessous, ou une altération sur un mot ou une syllabe – pouvait vous couper le souffle. Il n'est pas étonnant qu'elle ait inspiré tant de poètes ; elle-même était, à sa façon, poète.

On oublie souvent que les paroles étaient, presque autant que les notes, le véhicule de Holiday. « Les paroles », dit Carmen McRae, « sont la chose la plus importante qu'un chanteur doive travailler, parce que l'air, eh bien, vous pouvez toujours improviser dessus jusqu'à ce que vous obteniez ce que vous désirez. Vos paroles sont vos outils. » Holiday n'avait rien d'une chanteuse de scat et elle ne fut absolument jamais comme Ella Fitzgerald, Sarah Vaughan et leurs imitatrices, pour qui parfois les paroles d'une chanson étaient des bruits dépourvus de sens auxquels accrocher des notes. Au contraire, sa diction impeccable faisait de Holiday une grande interprète, maniant subtilement destruction et reconstruction des textes. Avec un effet magnifique, elle livrait ses chansons à un niveau aussi bien viscéral qu'intellectuel ; chaque note exprimait une idée, et chaque idée était une remarque (si ce n'était un complément absolu) sur le sens de la chanson. Dans les meilleures

Holiday et Ella Fitzgerald s'admiraient mutuellement pour leur style différent. Fitzgerald se souvient : "Une fois, nous étions en train de jouer à l'Apollo, Holiday travaillait à un bloc de là, au Harlem Opera House. Nous sommes allés la surprendre entre deux shows, et ensuite on s'est retrouvés dans les coulisses. Alors j'ai fait quelque chose, et je ne sais toujours pas si j'ai eu raison – je lui ai demandé un autographe."

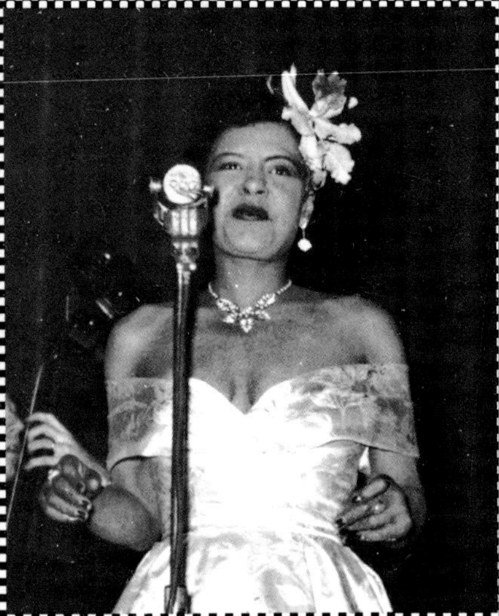

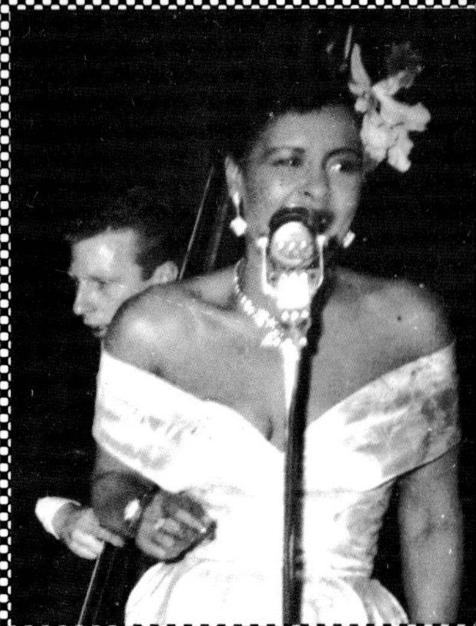

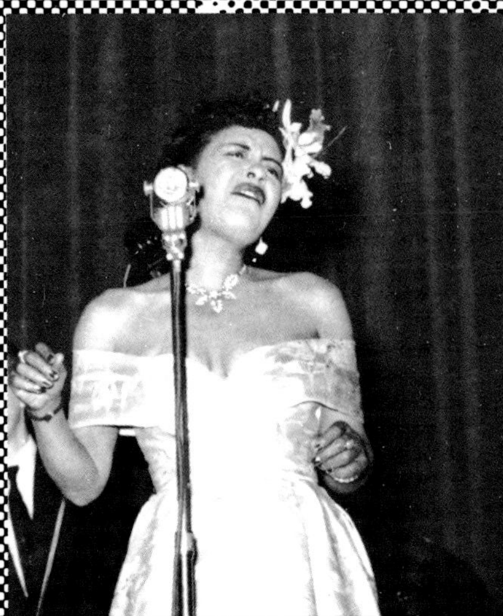

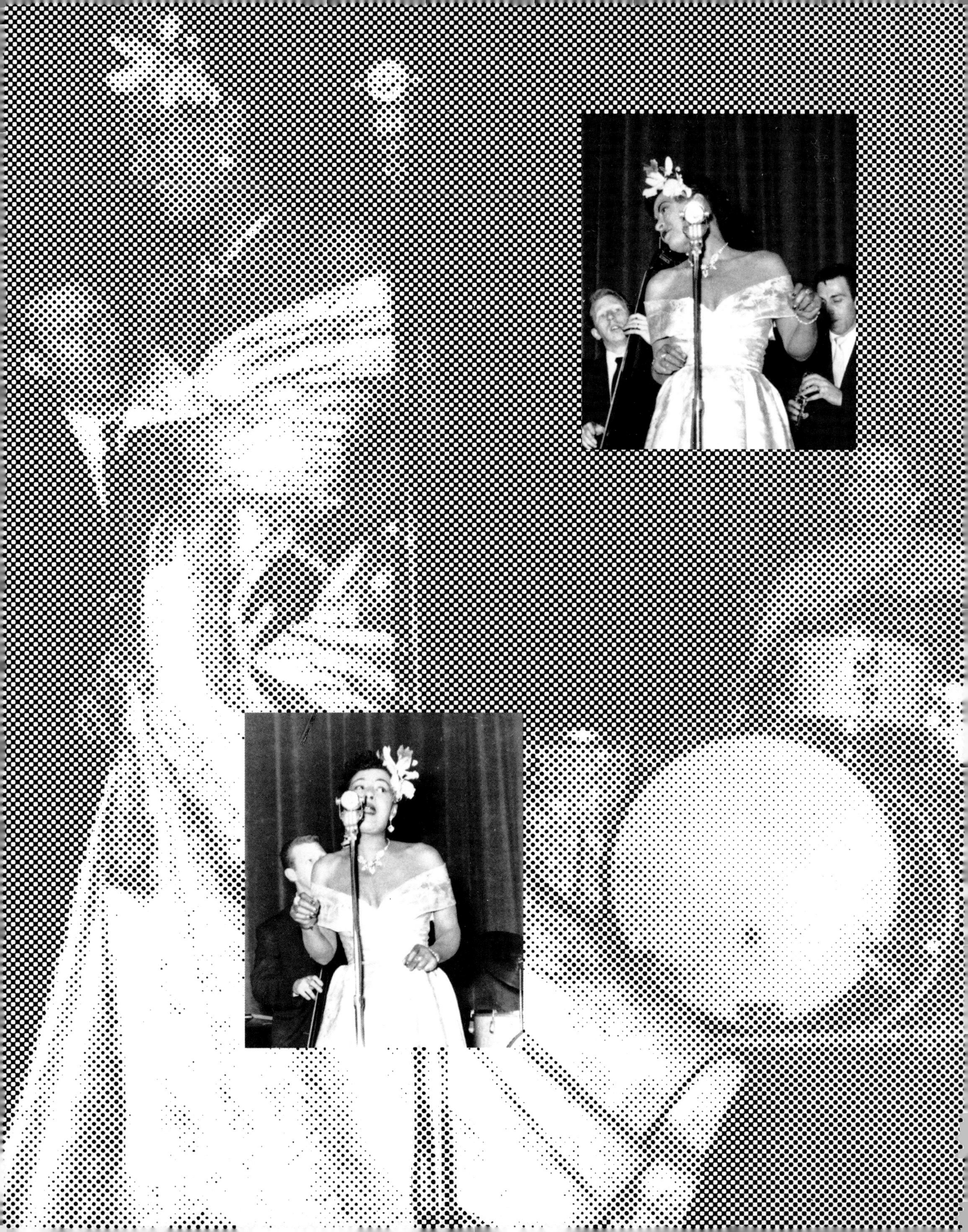

Holiday à Carnegie Hall, 1948. Son premier spectacle après une année passée en prison. Pour accueillir tout le monde, les organisateurs permirent aux admirateurs de s'asseoir sur la scène. Elle était en grande forme et le public devint fou, trépignant et hurlant jusqu'à ce qu'elle revienne pour six *bis*. Avec elle : *(de gauche à droite)* Bobby Tucker, Remo Palmieri, Denzil Best (dissimulé, à la batterie) et John Levy (le bassiste, et non son petit ami).

œuvres de Holiday, toutes les idées s'ajustent pour créer une splendide unité musicale : la mélodie soutient l'ambiance, l'émotion soutient le timbre de la voix.

Holiday n'était pas non plus une improvisatrice dans la veine de Fitzgerald et de Vaughan. Elle réglait à l'avance tous les détails de l'interprétation d'une chanson. Même si elle apportait quelques infimes modifications au fur et à mesure de son jeu, elle restait fidèle à son projet initial. Au cours des années, bien sûr, des changements progressifs ont donné à certaines chansons favorites une approche entièrement redéfinie. Il est intéressant d'écouter les différentes prises de Holiday pour une seule séance, car les variations musicales, presque toujours minimes, ne sont jamais insignifiantes.

De quels moyens musicaux disposa Holiday ? Quels facteurs firent d'elle ce que Barry Ulanov appela « la chanteuse de jazz moderne qui fait autorité, celle d'après qui les genres les plus importants depuis le swing ont été façonnés » ? Les musiciens et les amateurs éclairés ont choisi, plus qu'aucun autre aspect de son

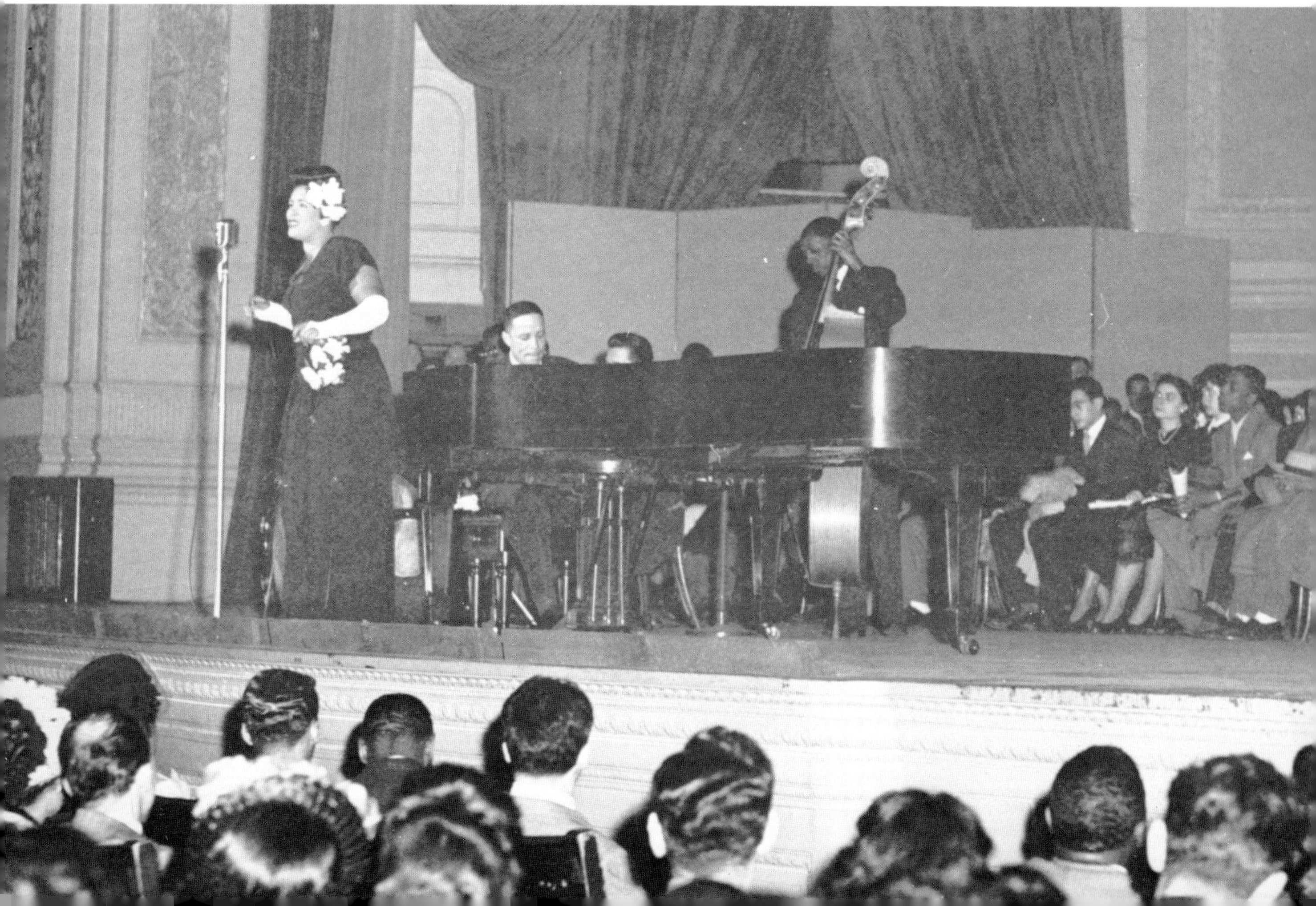

chant, le rythme inépuisable de Holiday comme la base superbe de ses chansons admirablement sculptées. Bobby Tucker, l'un de ses meilleurs accompagnateurs au piano, dit à un interviewer :

> *Une chose à propos de Lady, elle était la chanteuse la plus facile avec qui j'aie jamais joué. Vous savez, vous devez guider la plupart des chanteurs, les porter en avant – soit ils s'en remettent à vous, soit ils s'enfuient. Mais pas Billie Holiday. C'était enivrant de jouer pour elle. Elle avait la plus grande conception du rythme que j'aie jamais entendue. Peu importait la chanson qu'elle interprétait, vous pouviez prendre un métronome et elle était en mesure. Bon sang ! Avec Lady on était si détendu qu'on pouvait même en oublier l'air.*

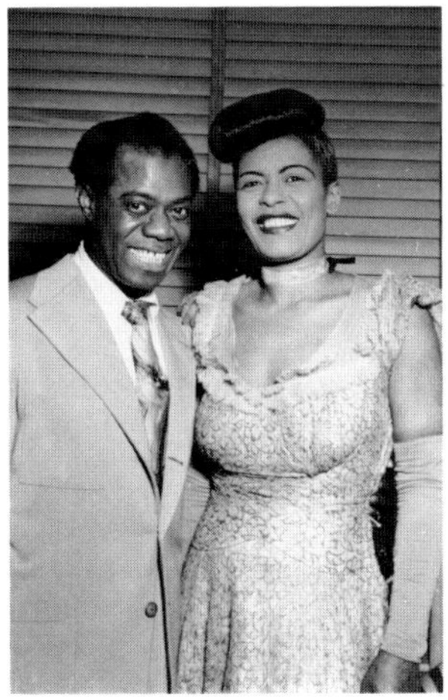

Holiday avec Louis Armstrong, 1947. Quand elle commença à chanter, elle ressemblait tellement à une "Louis Armstrong femelle" que son père déclara que jamais le public ne l'accepterait. A l'époque où elle enregistra son premier disque, à dix-huit ans, l'influence d'Armstrong était encore évidente, mais elle avait déjà son style personnel et unique.

Martin Williams se souvient avoir entendu Holiday à Carnegie Hall en 1956. Elle interprétait « I Cried for You » qui était alors depuis plus de vingt ans l'un des principaux titres de son répertoire. Dans la version originale de 1936, le tempo était vif et rapide, un tempo enlevé de deux-quatre. Dans les versions des années 40, elle le transformait parfois en une lente complainte magnifique, un cri de vengeance sardonique : « Maintenant c'est à votre tour de pleurer *sur moi !* » En insistant sur le sens, elle chantait ces derniers mots dans la plus grande émotion. Néanmoins, Williams rapporte qu'en 1956 « elle entama I Cried for You de façon rapide et avec une telle sûreté rythmique qu'elle semblait se jouer de ses accompagnateurs ». En gardienne du temps, elle avait les pieds aussi sûrs qu'un batteur ou un guitariste rythmique. De son expérience de chanteuse de tripot, Holiday gardait une incroyable assurance rythmique, car les danseurs tenaient à ce que la cadence soit irrésistible et ferme. Même si aucun danseur ne s'avançait sur la piste, la conduite et le jeu rythmé des musiciens étaient indispensables à l'action rituelle et à la poésie associées à ces endroits où on évoquait le bon temps, en narguant les lundis moroses, balayés derrière la porte à coups de pas de danse. Le rythme impeccable, imprévisible dans ses accents saccadés et toujours aussi ferme qu'un battement de cœur, était l'une des armes les plus sûres de Holiday contre le cafard. Lente ou rapide, chaque chanson de Billie Holiday avait du rythme.

Lorsque quelqu'un demande si Holiday était une élève sérieuse du style vocal de Louis Armstrong, il devrait vérifier les trente versions de « Between the Devil and the Deep Blue Sea » d'Armstrong, dans lesquelles les phrasés d'ouverture anticipent de façon hallucinante la sonorité de Holiday et son originalité ; les airs de Broadway et de Tin Pan Alley* pouvaient être comme le blues réinventés et joués. Holiday se réclamait également d'Armstrong l'instrumentiste. Selon les propos de Martin Williams : « De sa trompette, elle apprit le plus profond et le plus complexe véhicule de son art ; quels que fussent les formes de cet aspect de Louis Armstrong, elle prit ce dont elle avait besoin et se l'appropria. Elle puisa chez l'auguste mélodiste, en équilibre au-dessus du rythme, de son accompagnement et de son œuvre – mais aux racines affectives fermement implantées. » Comme Armstrong, elle ne laissait pas seulement le rythme aller, elle jouait aussi avec ou contre lui. Elle pouvait laisser sa voix flotter, comme la trompette d'Armstrong, au-dessus du rythme maintenu d'une manière plus évidente par les autres membres du groupe. A l'instar du maître, elle était une artiste extrêmement disciplinée dont les jeux avec la cadence donnaient au public un sentiment grisant de liberté diabolique à l'intérieur d'un arrangement d'une maîtrise surhumaine.

Si la diction claire, étincelante de Holiday fit d'elle une interprète irrésistible, elle lui donna aussi un puissant assortiment de sons rythmés avec lesquels elle entrelaçait ses airs. Il faut écouter « Swing, Brother, Swing » sur l'enregistrement public de 1937 du Savoy Ballroom de Harlem, pour comprendre l'affirmation de Carmen McRae à propos de Holiday qui pouvait « vous faire bouger même en mauvaise santé ». Sur ce morceau, le débit de Billie entraîne l'orchestre et, on le sent, les danseurs également. Il faut aussi écouter la version studio de « Miss Brown to You », au rythme plus léger et dynamique. Comme la Dépression avait rendu le marché du disque pratiquement inexistant, les premiers disques de Holiday furent enregistrés pour le marché naissant des juke-box. Mettre une pièce de cinq cents dans la machine, telle était l'idée : danser sur les chansons mystérieusement subtiles et aux tempos variés de Billie.

Un autre élément clé dans l'art de Holiday réside dans le timbre de sa voix : sa qualité tonale particulière, la manière dont elle rendait le *son* de ces notes au swing ferme et doux. Stanley Crouch a dit que dans son chant on entend un paradoxe évident : une inexpérience néanmoins cultivée. Leonard Feather déclara que sa voix, à son meilleur niveau, avait la saveur « du caviar et du gravier ». Les observateurs étaient parvenus à distinguer deux Holiday, terre à terre dans certaines circonstances, calme et raffinée dans d'autres. Pour Whitney Balliett : « Elle avait un contralto émouvant qui acceptait d'innombrables timbres : un son brun sombre, parfois tourmenté par des grognements et des enrouements, dans un registre

* L'industrie de la musique populaire. *(N.d.T.)*

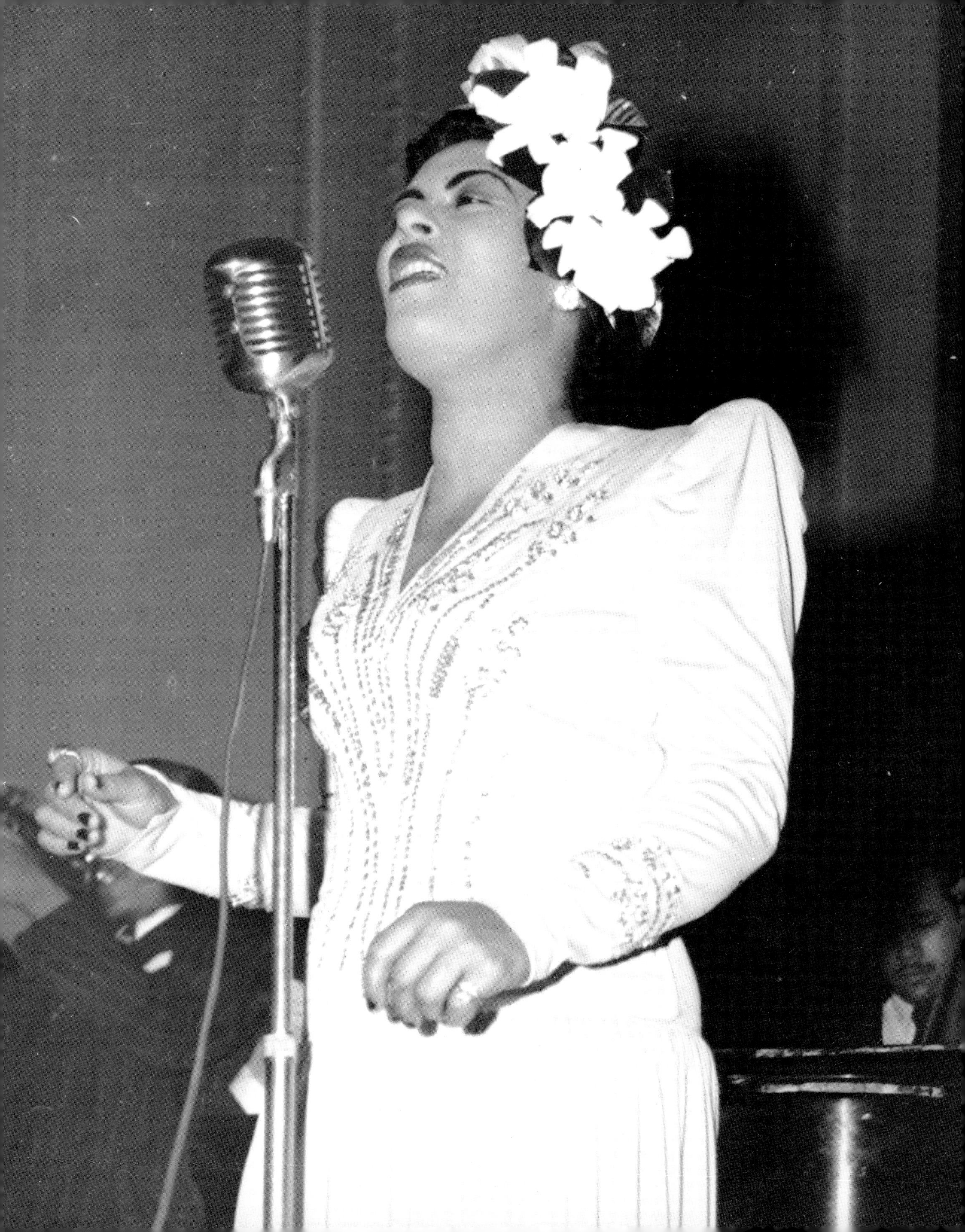

inférieur ; un ton de hautbois souple dans le registre supérieur ; et un alto de petite fille, clair, dynamique entre les deux. »

Selon la chanson et ce que Billie voulait en faire, sa voix pouvait être pétillante et étincelante ou voilée et sombre. « Getting Some Fun Out of Life » est une chanson réjouissante interprétée dans le contralto le plus frais avec un enthousiasme communicatif et un clin d'œil grivois du style « attrape-moi-si-tu-peux » alors qu'elle jubile : « Peut-être faisons-nous ce qui est bien, peut-être ce qui est mal. » Toujours lors de la même séance (le 13 septembre 1937), elle livra « Trav'lin' All Alone » – un morceau également rapide et dansant destiné au marché du juke-box – où sa voix est inquiète en dépit de la vivacité du tempo. Ici encore, la forme sert le sens. Elle aborde les thèmes de la solitude et de la dérive, cependant, à aucun moment, elle ne cède au côté larmoyant et autocomplaisant de la chanson, son traitement donne un caractère poignant qui va plus loin que les appels aux larmes d'une autre chanteuse. Crouch (qui se réfère à Albert Murray) appelle cette qualité la « double conscience », un élément crucial dans le jazz et l'un de ceux qui caractérisent le mieux l'interprétation de Holiday. C'est une chanson triste où le caractère poignant des paroles est admirablement rendu ; néanmoins ces sentiments tristes sont contrebalancés par un tempo et un traitement d'ensemble qui disent : *Oubliez vos ennuis, levez-vous et venez avec moi. Allez, dansez !*

Holiday avec le pianiste Bobby Tucker, vers 1947. Holiday aimait le jeu de Tucker et n'approuvait pas son travail avec d'autres chanteuses. Lorsqu'elle se retrouva en prison pendant un an, il refusa de travailler avec Ella Fitzgerald, Sarah Vaughan et Dinah Washington "pour ne pas laisser tomber Lady".

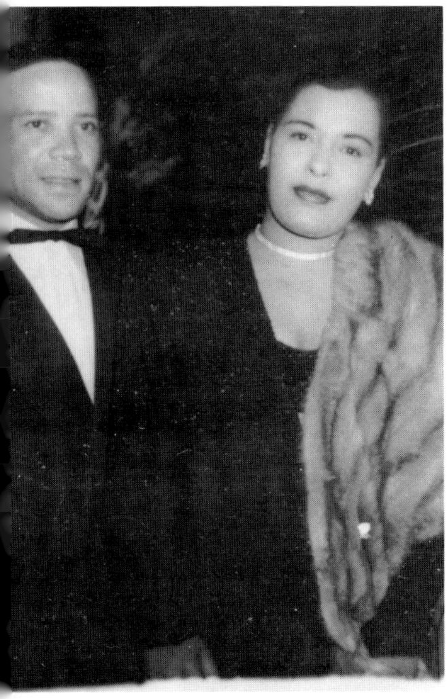

Dans « Trav'lin' All Alone », on compare l'interprétation de Holiday à celles de maîtres instrumentistes tels que Louis Armstrong, Lester Young et Buck Clayton, pas seulement à cause du plaisir de l'invention, du jeu ou du contre-jeu, mais à cause du timbre. Miles Davis fit remarquer une fois qu'il préférait « l'entendre avec [le pianiste] Bobby Tucker... Elle n'a pas besoin de cornets. Elle sonne comme l'un d'entre eux ». Holiday fit la même comparaison : « Je ne pense pas que je chante. J'ai l'impression de jouer du cornet. J'essaie d'improviser comme Lester Young, Louis Armstrong ou l'un de ceux que j'admire. Ce qui en sort, c'est ce que je ressens. Je déteste juste chanter l'air ; je dois le transformer à ma façon. »

Le jeu des influences est captivant. Elle essayait de résonner comme un cornet, et les musiciens qu'elle tentait d'imiter, quant à eux, essayaient de reproduire avec leur instrument la voix d'un chanteur. Quel cornet prolongeait mieux la voix humaine que celui d'Armstrong ou de Young ? Ce dernier affirma toujours que les instrumentistes de jazz, pour transmettre le sens d'une romance, devaient connaître les paroles de telle sorte qu'ils puissent les chanter en jouant à travers la cavité de leur instrument.

Lorsque Holiday commença à enregistrer, son timbre de voix ressemblait à

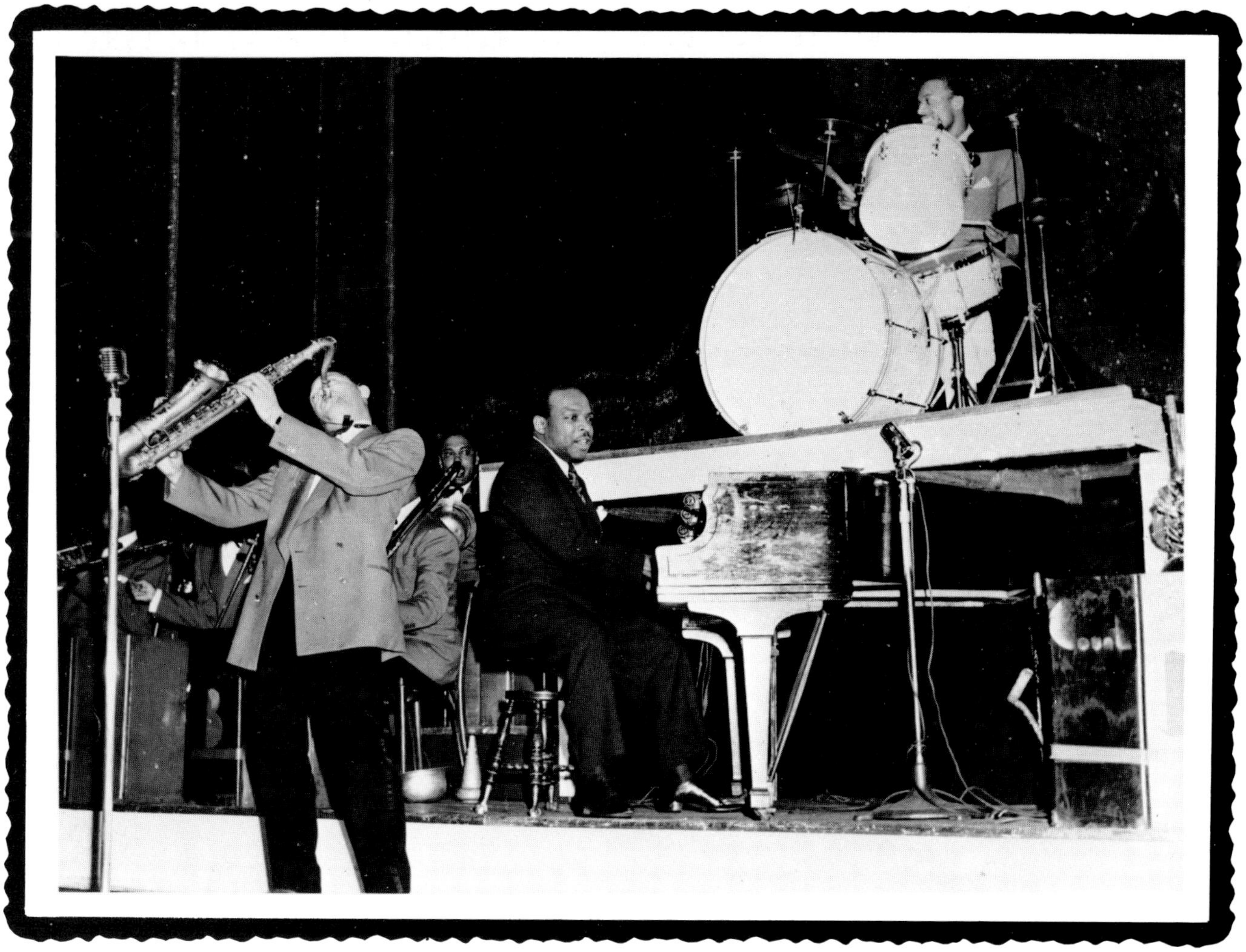

celui du cornet au son nasillard. Comme Gunther Schuller l'a remarqué, alors qu'elle n'avait que vingt et un ans « sa voix était devenue plus profonde, plus âpre, bien qu'elle pût encore la modifier et l'éclaircir apparemment à volonté ». Tantôt c'était un saxophone, plus précisément celui de Lester Young ; tantôt c'était la trompette d'Armstrong, s'élevant avec un lyrisme percutant ; parfois un cor anglais, sombre et clair ; d'autre fois un hautbois, faisant un signe triste d'une voix fluette et rauque. A travers toutes ces variétés de couleurs sonores, lesquelles ne se présentaient pas seulement d'une chanson à l'autre mais aussi d'une ligne à l'autre à l'intérieur de certaines chansons, sa voix était petite mais fermement pesée, et ses notes ressemblaient à des pendentifs en diamants parfaitement ciselés sur une simple chaîne en or.

De gauche à droite: **Lester Young, Ed Lewis, Count Basie, Jo Jones, à l'Apollo Theater, New York City, 1940.**

Jusqu'à la fin en fait, quand sa maîtrise vacillait parfois douloureusement,

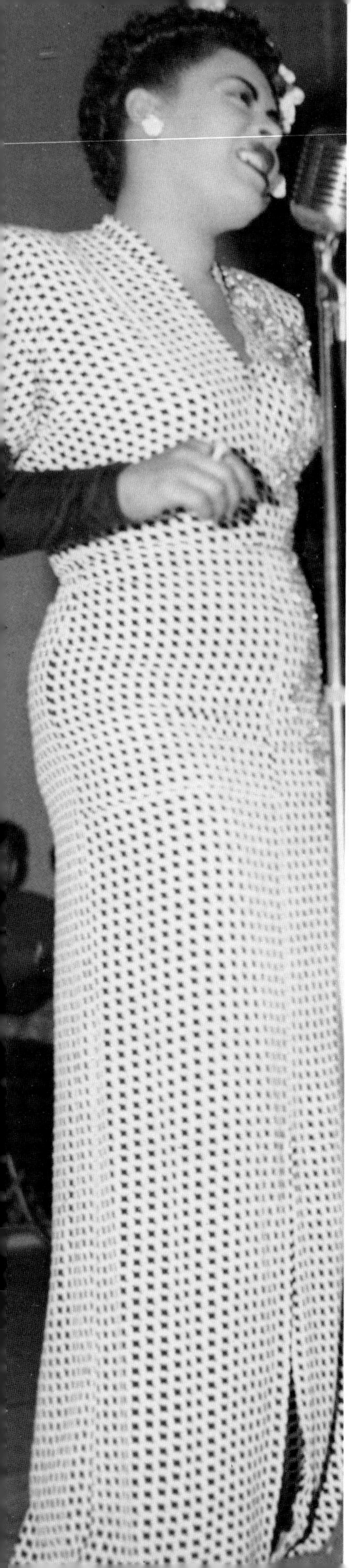

Holiday ne tournait pas autour de la note, elle l'atteignait du premier coup. Son intonation était parfaite. Elle ne trichait pas grâce au vibrato, comme d'autres chanteurs. Lorsqu'elle utilisait le vibrato, c'était pour accentuer un mot ou une syllabe (et une note ou deux) avec intensité et passion. On retrouve ici encore la poétesse minimaliste. En général, ses notes percutaient l'auditoire avec une force cinglante qui devançait le lyrisme discret de Miles Davis. Comme chaque aspect de son art, le vibrato de Holiday était l'une des couleurs qu'elle utilisait pour renforcer le sens et la puissance de sa musique. Dans un entretien publié en 1959, Holiday parle de ce vibrato : « Quand je suis entrée dans le show-business, il fallait avoir cette espèce de tremblement dans la voix. Si vous n'en aviez pas, vous étiez fichu. Je n'avais pas cette sorte de vibrato, et quand je chantais, les gens disaient : Qu'est-ce qu'elle fabrique ? Cet énorme vibrato s'adapte à peu de voix, mais celles qui l'ont en usent généralement trop. Je n'aime pas ça. Il faut s'en servir avec modération. Mais vous savez, la chose la plus dure, c'est de *ne pas* chanter avec ce tremblotement. »

L'art poétique de Holiday rend ce point crucial : pendant « que d'autres chanteuses exécutaient une chanson, Billie en créait une ». Holiday ne s'impliquait pas seulement dans des échanges dynamiques avec ses compagnons musiciens et les membres de l'assistance, elle avait la même relation avec ses chansons. Comme n'importe quelle autre chanteuse de ce siècle, Holiday avait vis-à-vis d'elles une attitude comparable à celle d'une grande actrice envers son texte et sa gestuelle. L'art de Holiday, écrit Martin Williams, « était toujours profondément théâtral ; elle avait le talent d'une grande actrice, parvenant à préserver une distance personnelle entre ses morceaux et leur interprétation, pour suggérer une critique sur son travail ».

« Elle vous permettait *d'imaginer* une chanson d'une façon si claire », dit Carmen McRae. Pour le producteur Milt Gabler, « elle se glisse *dans* une chanson ». Le critique musical Ned Rorem se souvient d'avoir entendu Holiday dans les années 40 et d'avoir été tellement emballé par son interprétation qu'il s'était demandé : « Si cette personne allait passer à travers cette chanson ?... Elle est si engagée... ses yeux fermés, sa tête en arrière. C'est du pur théâtre. Ce n'est pas la vie réelle... c'est un concentré de vie. » Promotrice fantastique de ses chansons, Holiday poursuivit sa tâche dans une voie remarquablement complexe. Connaissant son impulsion et son génie pour créer ses propres chansons à partir des matériaux des compositeurs, on pourrait être surpris d'apprendre que Holiday, fidèle à leurs désirs, présenta souvent des chansons d'amour (ses chansons « d'amour » relativement heureuses) avec sincérité et une candeur étonnante. Il n'y a pas de chansons d'amour plus radieuses que ses versions de « Easy Living », « On the Sunny Side

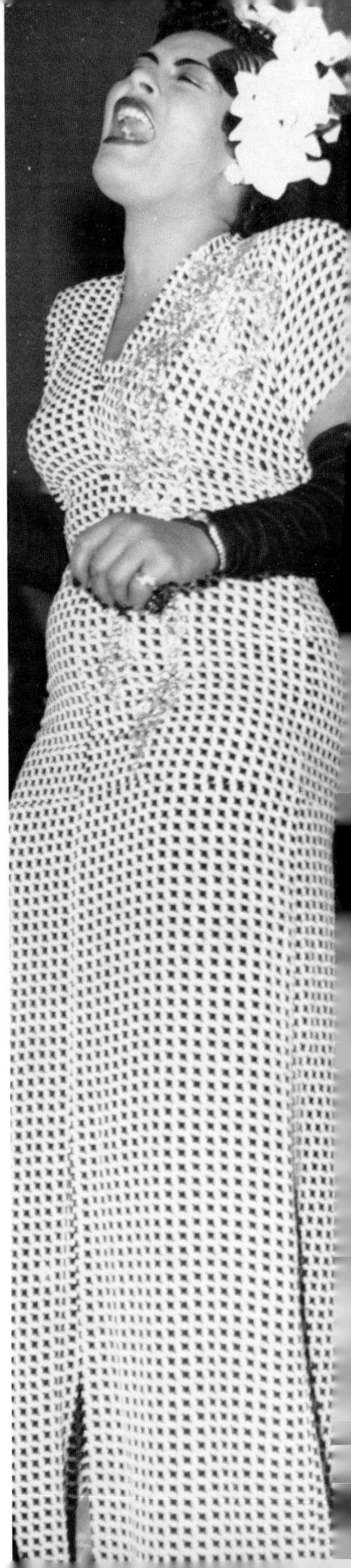

of the Street » et de « Me, Myself and I ». Dans les cas de « A Sailboat in the Moonlight (and You) » et de « What a Little Moonlight Can Do », elle prononce des paroles d'une sentimentalité exagérée avec tant de conviction qu'elle parvient à rendre l'espoir, la paix et la passion. A cette occasion, quelques critiques dirent que Holiday découvrit les éternelles valeurs humaines et les sentiments dans des chansons qui, interprétées par d'autres chanteuses, étaient des clichés à l'eau de rose. Ce qui rendit certaines de ses chansons si merveilleuses n'a rien à voir avec les paroles, même si Holiday la prestidigitatrice leur donne un rôle certain. Constructions musicales débordantes d'énergie et d'idées que Holiday tire de l'arrière-plan des morceaux ou des autres musiciens solistes, ces chansons transcendent le sens des paroles. Mais laissons à Holiday le soin de suivre ces deux voies : elle rend les chansons purement musicales et, on ne sait trop comment, elle parvient à nous faire croire à ce voilier, au « you » et même au « ooo-ooo-ooo » que peut provoquer un clair de lune ! Holiday n'offrait pas seulement une musique au style personnel, mais elle était aussi capable de métamorphoser les paroles en une poésie magnifique et neuve.

Ce qui surprend un peu, c'est la confusion qui régnait, même à cette époque, dans l'esprit de Holiday elle-même, pour savoir si elle était la véritable compositrice de certaines de ses chansons – elle prétendit souvent avoir écrit les paroles et la mélodie de « Strange Fruit » composées en fait par Lewis Allen. Il n'est même pas exact que cette chanson fût « spécialement écrite pour elle », comme elle l'a dit à maintes reprises aux journalistes et au public. En fait, elle ne fut composée pour aucune chanteuse en particulier, et elle fut interprétée un bon nombre de fois, pendant plus d'un an, avant que Holiday n'en prenne connaissance. Cette dernière se montra cependant inflexible sur le fait que personne d'autre qu'elle n'interpréterait « Strange Fruit ». Ainsi, le chanteur Josh White la rendit furieuse lorsqu'il donna cette chanson une nuit au Café Society. (Ils parvinrent finalement à un arrangement à l'amiable une fois que White l'eut persuadée qu'il n'avait pas l'intention de voler « sa chanson » mais seulement de la présenter d'une façon différente.) Toute cette confusion provient non seulement de ce que Holiday était une faiseuse de mythes, mais aussi de ce que, tandis que le nom d'Allen est avec raison sur la partition, la version de Holiday représente une transformation si radicale que cette chanson est devenue, d'une certaine façon, sa propre composition. N'importe quelle transcription de l'une de ses versions montrerait que son traitement de la mélodie et de l'harmonie ne doit plus grand-chose à Allen.

Le remarquable trombone Bennie Morton, qui enregistra souvent avec

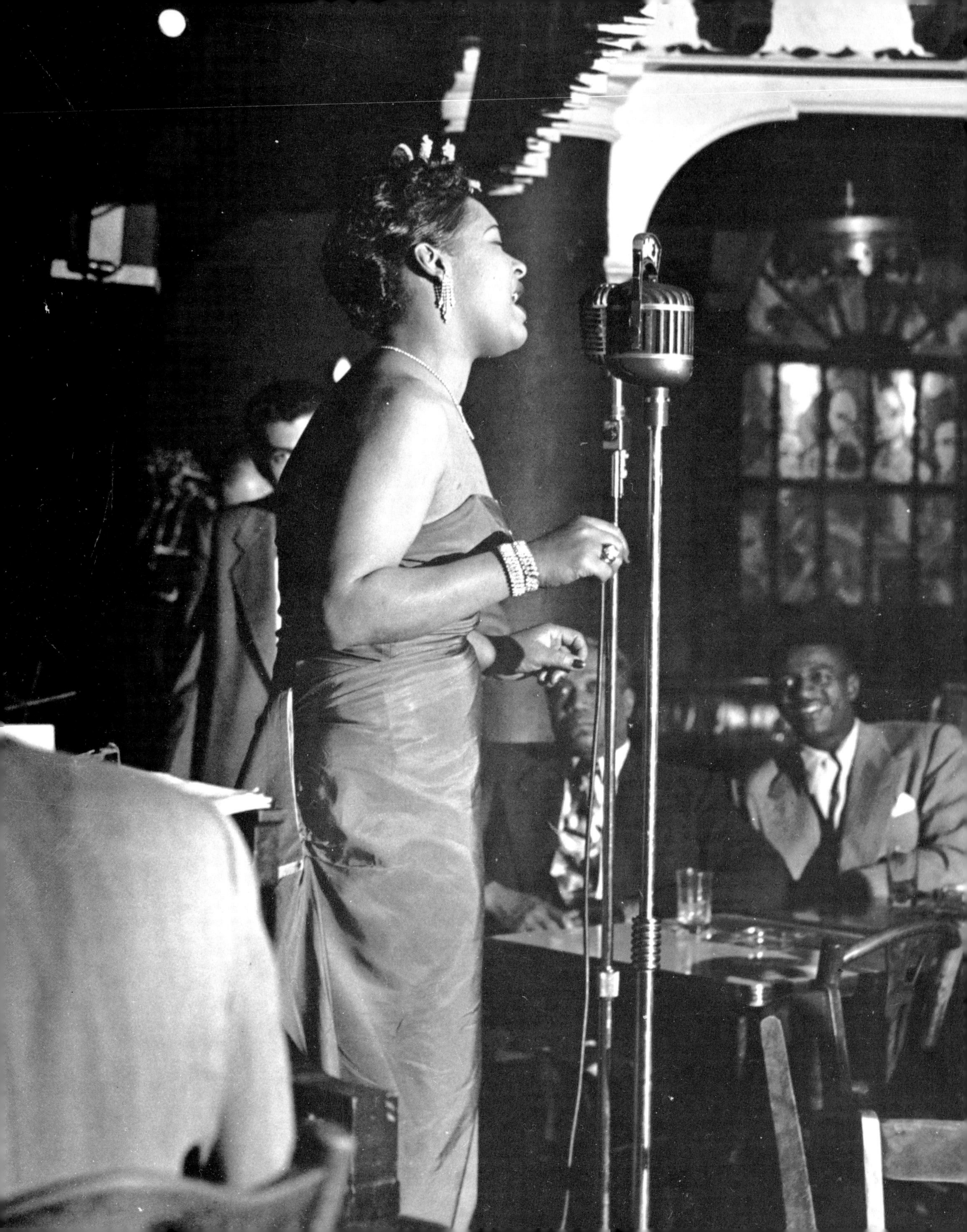

Holiday, dit : « J'ai vu Billie changer complètement la ligne mélodique parce que beaucoup de ces morceaux étaient écrits d'une manière assez insignifiante. » Le 11 mai 1937, Holiday fut confrontée au défi de « I'll Get By », un fox-trot à la guimauve s'il en est. Johnny Hodges, le saxo alto d'Ellington, précède Holiday avec une paire de chorus à la sonorité magnifique dans lesquels il joue les dix notes de la chanson avec un glissando qu'un écrivain a qualifié de « crémeux comme un yoghourt arrosé de cognac Napoléon ». Swinguant à sa manière apparemment facile, Hodges relâche la structure rythmique du morceau. Après un tel déploiement de maîtrise par l'homme qu'Ellington considérait comme le meilleur chanteur de son orchestre, que restait-il à Lady ? Imperturbable comme à l'accoutumée – elle semble stimulée par l'exemple de la descente de l'alto de Hodges – elle change « complètement la ligne mélodique » et rappelle à Mr. Hodges qui est le véritable chanteur à cette séance. Voici, ci-dessous, la lecture détaillée des chorus de Holiday sur « I'll Get By » par Humphrey Lyttelton :

> *Écrite en* fa *majeur, la chanson commence sur un* fa *grave et s'élève, dans ses deux phrases d'ouverture, jusqu'au* la *de l'octave supérieure. Billie Holiday commence son chorus sur ce* la, *et articule toute sa variation dessus, avec pour résultat qu'au lieu d'un essor, toutes les phrases retombent comme les branches d'un saule pleureur.*

Holiday n'improvise pas seulement la mélodie mais aussi la conception du battement rythmique de la chanson. Hodges dégèle la rigidité du « squelette » rythmique ; elle « s'en libère carrément ». Selon Lyttelton, « l'art de son phrasé exagérément décontracté réside dans le fait que l'auditeur ne doit pas détecter l'endroit où l'interprète rattrape la mesure habituelle. Celui qui attend que Billie se réoriente en se cramponnant au rythme, même pour quelques mesures, doit à jamais attendre ».

Ici encore, les modifications de Holiday servent le sens de la chanson, comme il est spécifié dans les paroles : « Je m'en sortirai aussi longtemps que je vous aurai. » Mais à côté du contenu sentimental il y a la voix de Holiday, brillante, inventive, sa présence calmement équilibrée, dont le message semble être : « Eh, mec, je m'en sortirai... *que tu sois là ou non !* » Sa voix est aussi tout à fait convaincante dans sa conscience du malheur du monde. Il faut noter ce vers, qui en 1937 n'était pas une simple vanité poétique, proclamant : « La pauvreté peut venir à moi, c'est vrai. »

Le traitement détourné et imperceptiblement orné de la chanson, contrastant

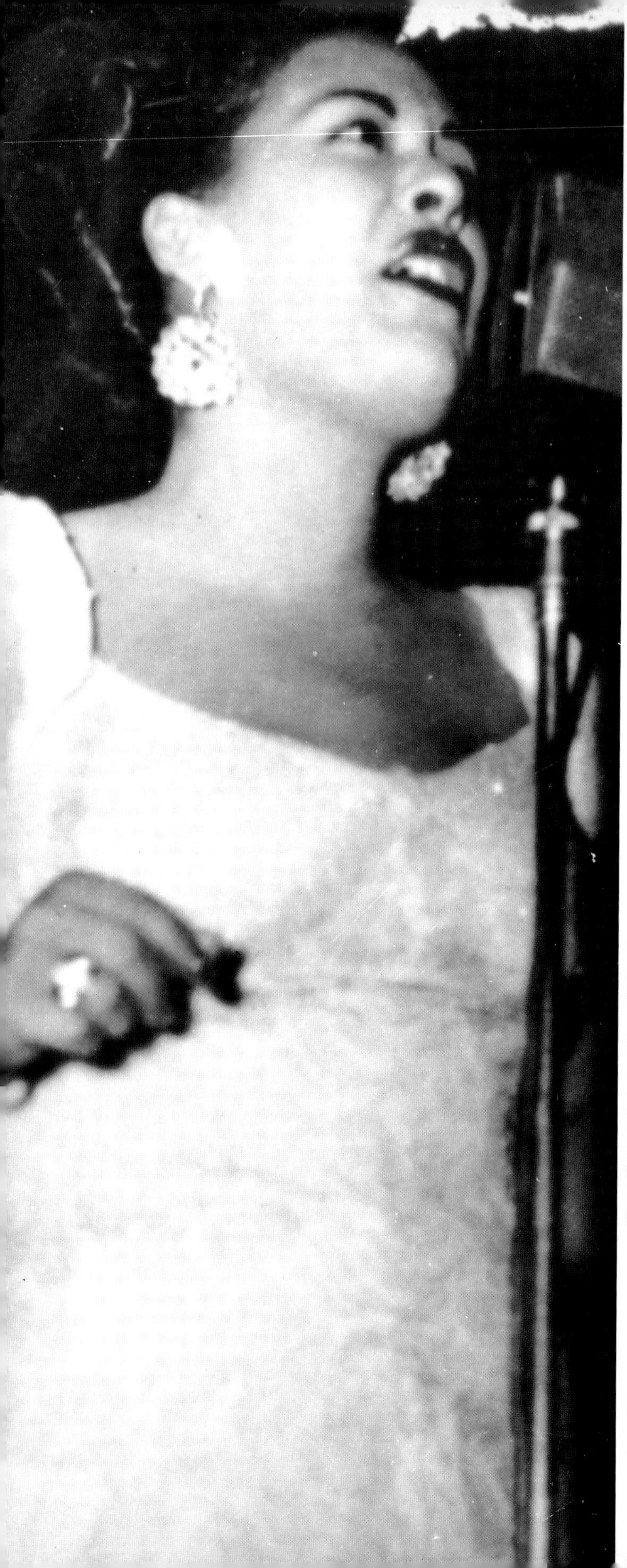
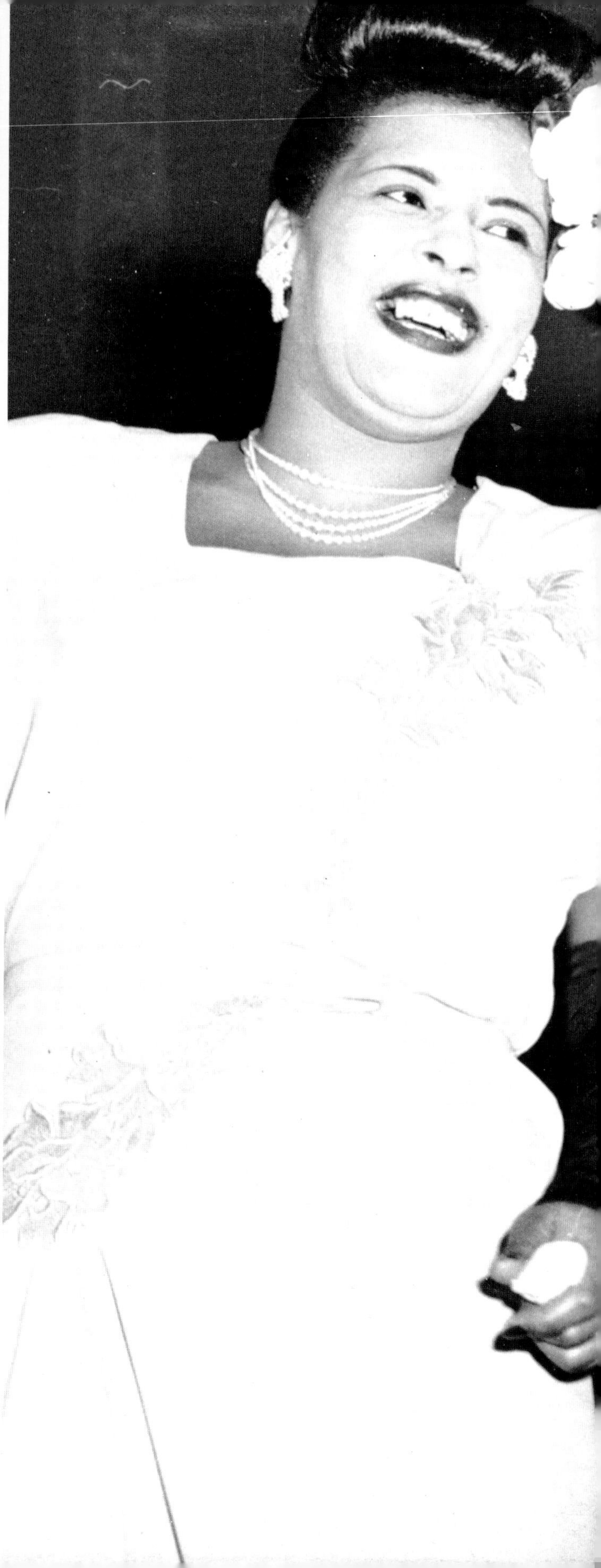

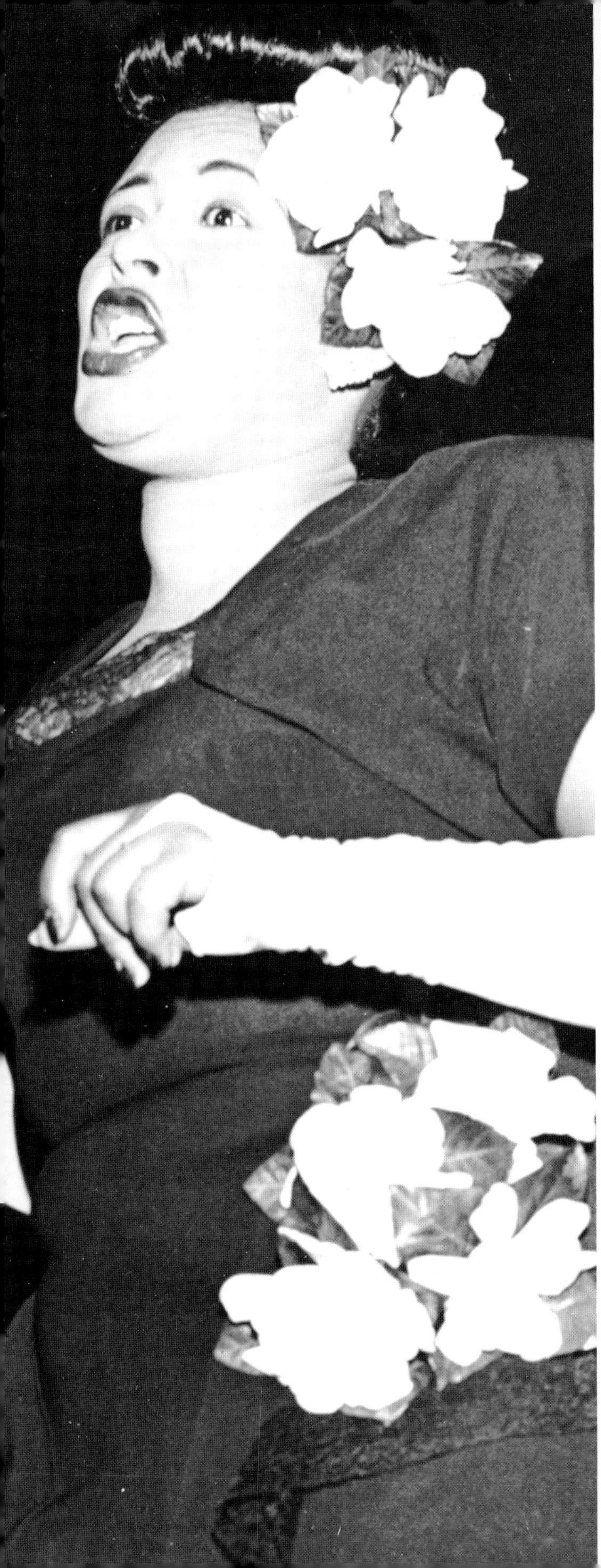
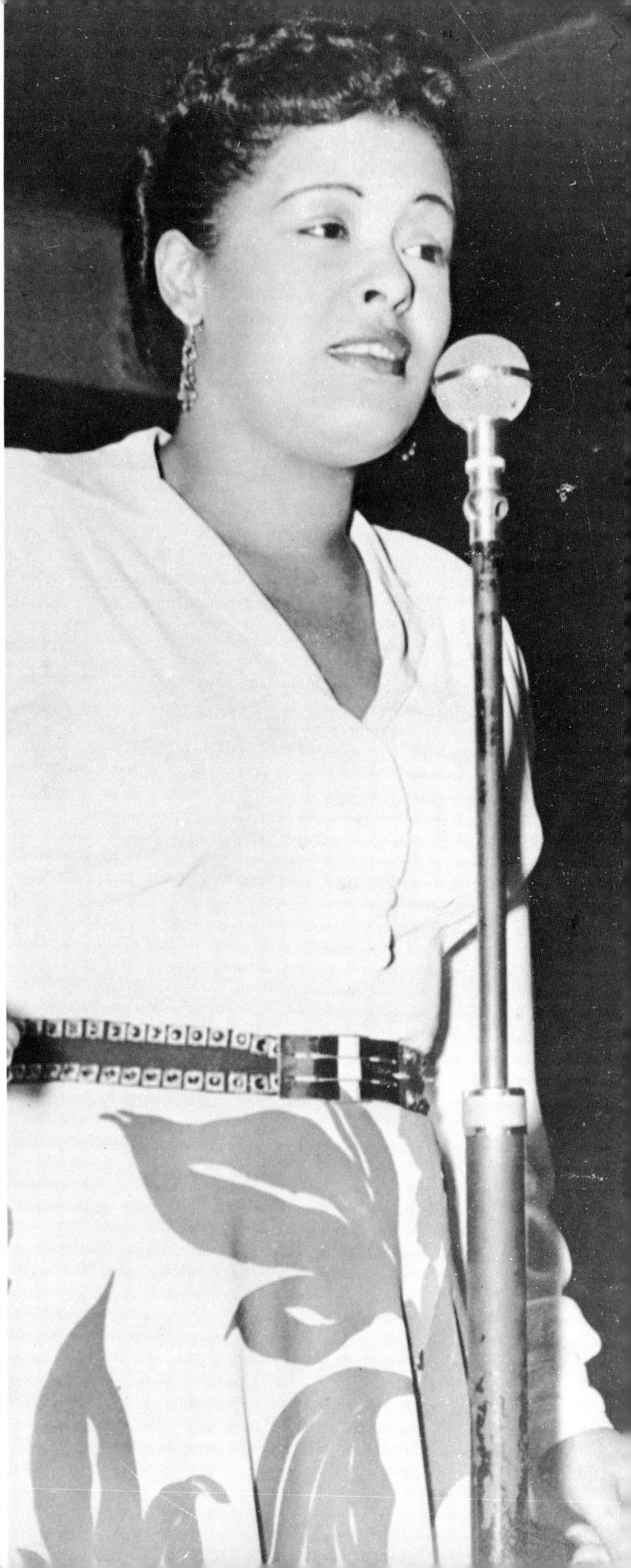

avec les « fioritures d'opéra » de Hodges, me paraît accentuer la légèreté de la voix de Holiday aussi bien que son éternelle ingéniosité. Musicalement plus audacieuse que le spectaculaire Hodges, sa voix *change complètement la chanson*. Une fois encore, c'est comme si nous voyions les armes subtiles de Holiday se retourner contre l'humeur mélancolique et désespérée. Avec elle, même des paroles niaises acquièrent quelque chose de la portée héroïque du blues. Son traitement souligne les vers « Qu'il y ait la pluie ou les ténèbres,/Je ne me plaindrai pas, je les traverserai en riant ». Sa voix dément toute interprétation facile de son « je les traverserai en riant ». Ce qui est suggéré, c'est un humour profond, à un pas du cynisme – ou comme le dit Bobby « Blue » Bland, « à deux pas du blues » –, une conscience que les choses ne marchent jamais vraiment, mais l'empressement d'affronter la vie de toute façon est sous-entendu. De cette manière, « Lady Day » injecte un peu de Tin Pan Alley comme une scorie dans l'or de l'expression « mi-tragique, comique » (une partie de la définition du blues selon Ralph Ellison).

Comme de nombreux critiques l'ont constaté, Holiday fit parfois plus que seulement accentuer le sens d'une chanson. Parfois, elle voulait utiliser ses aptitudes de compositrice à le modifier à l'opposé de ce que le compositeur d'origine avait en tête. Lyttelton cite le fascinant exemple de « Back in Your Own Backyard », dont les mots et la structure musicale expriment un optimisme sans équivoque. La vie est plutôt belle, dit la chanson, et la beauté est facilement disponible, marchez juste autour de la maison et jouissez tranquillement de la nature heureuse, « derrière dans votre propre jardin ». En remplaçant les brillantes arabesques d'origine par un flottement plus menaçant dans le phrasé, Billie jette le voile du doute sur le sentimentalisme des paroles. « Son approche est ici assez différente du démantèlement et du réarrangement auquel elle soumit I'll Get By », écrit Lyttelton. « La mélancolie délicate avec laquelle Billie investit les mélodies, communique ce message : nous devrions tirer le meilleur de la vie qui nous entoure, parce que c'est tout ce qu'il y a. » Sous la pression de la recomposition satirique de Holiday, le sens original des mots est détourné à l'opposé. Une fois que l'on entend la chanson de cette façon, le mot « couché » semble soutenir la nouvelle interprétation ironique de Billie : « Vous trouverez votre bonheur couché/ Juste sous vos yeux,/ Derrière dans votre propre jardin. »

Elle travaille aussi à renverser la mélodie et retourne complètement la langue sur l'air populaire de « Things Are Looking Up ». Au lieu de l'original, on trouve une chanson troublante dans laquelle la trêve avec la vision pessimiste de la vie est timide et instable. Là encore apparaît une Billie Holiday poignante, presque

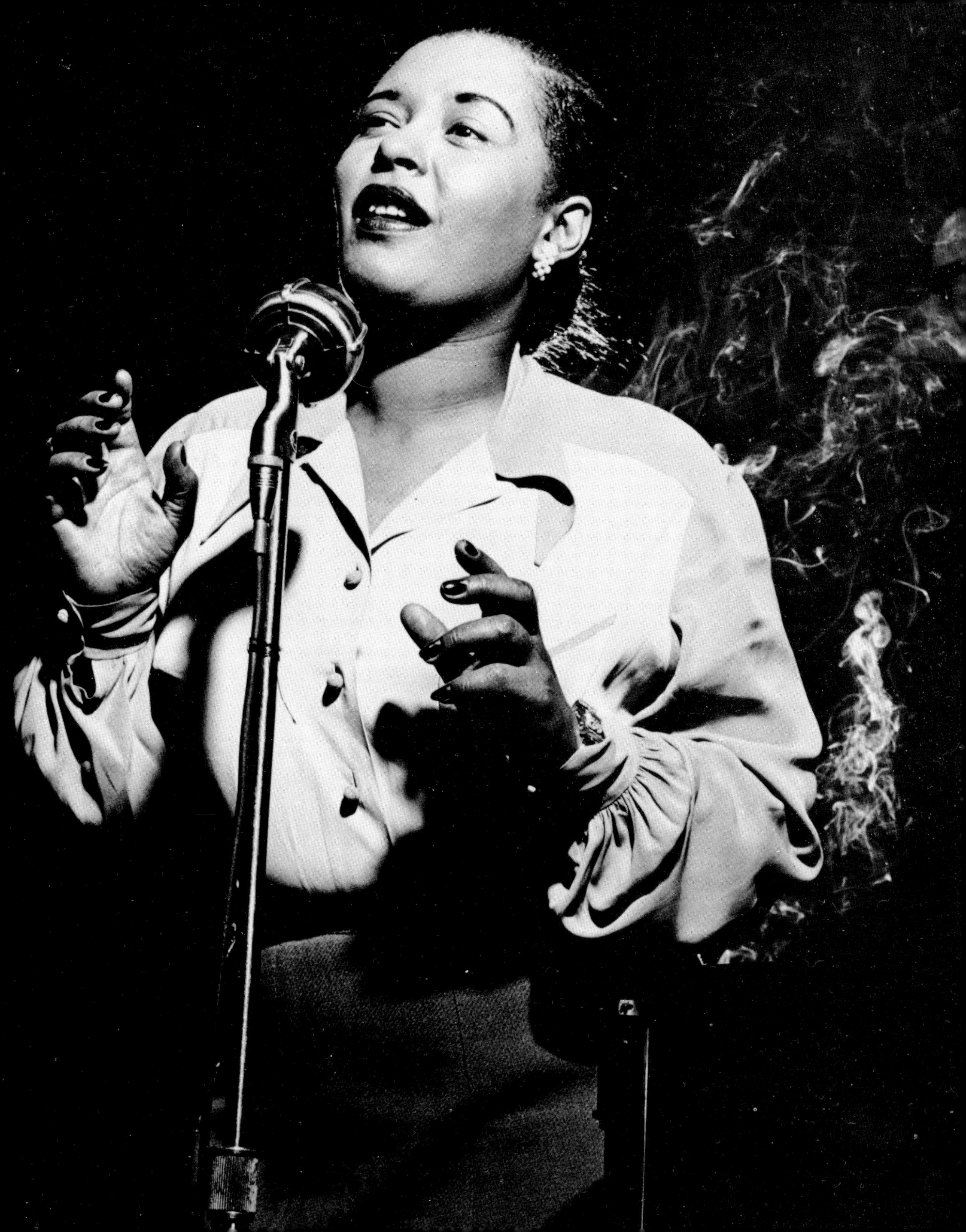

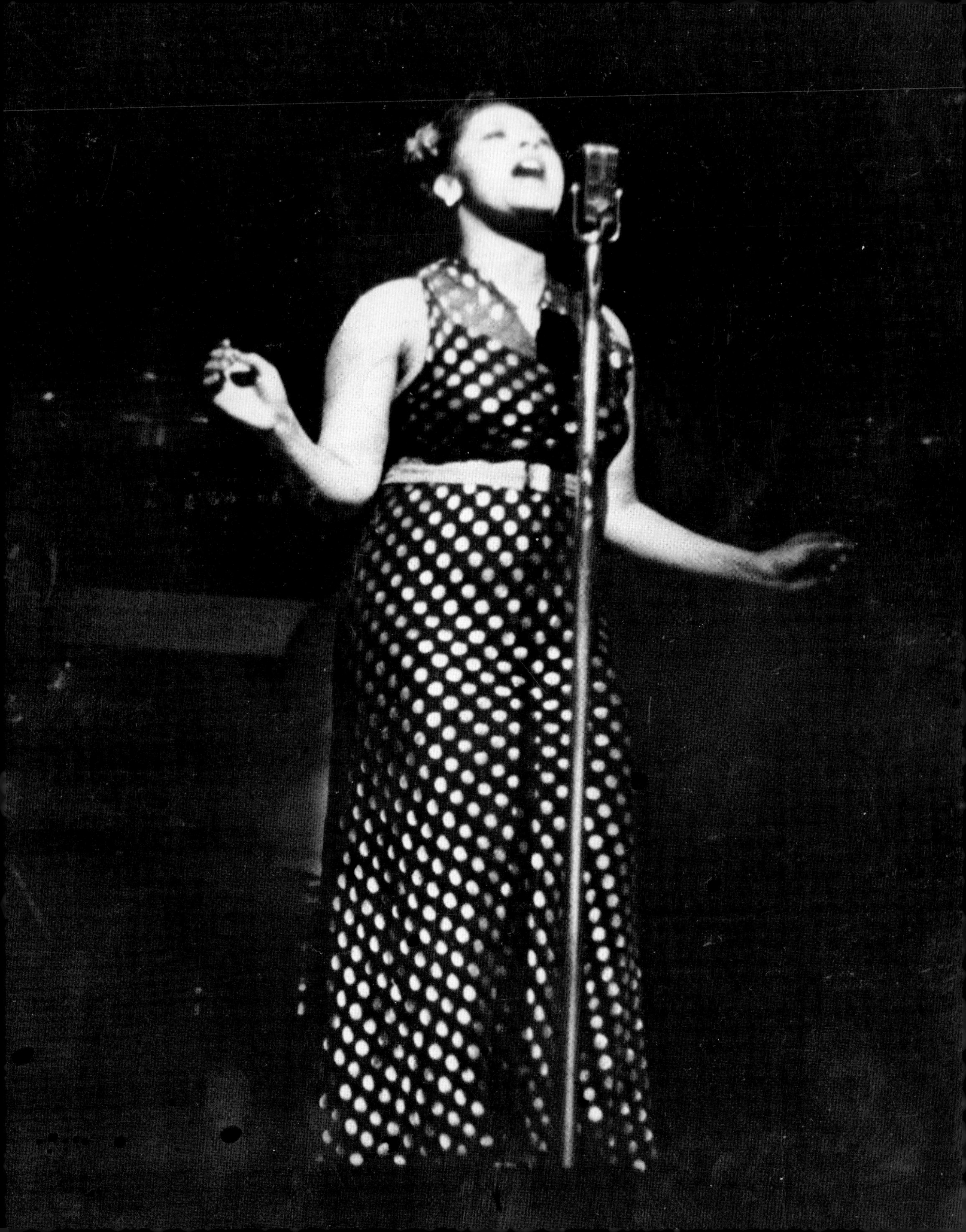

tragique, qui ébranle la simplicité de vers tendres. « Summertime » suit ce modèle ; plutôt qu'un hymne à la douce nostalgie, à la paix estivale, le « Summertime » de Holiday – s'éternisant dans les couleurs sombres – est devenu une fleur éclose la nuit, à la beauté inquiétante, qui appartient au moins autant à Holiday qu'à Gershwin.

Bobby Tucker, le pianiste de Billie de 1946 à 1949, se souvient que lorsqu'il commença à travailler avec elle, elle ne l'avait pas impressionné. En fait, ce qui rendait le travail agréable, c'était de jouer certains morceaux tirés notamment du recueil de Teddy Wilson – et qu'il considérait avant tout comme des airs de Teddy Wilson et non pas de Billie Holiday, car il interprétait là des partitions avec lesquelles il avait grandi en essayant de les jouer. Un soir, le clarinettiste du groupe, Tony Scott, s'avança vers Tucker tandis que le groupe se reposait entre deux représentations.

« Qu'est-ce que tu n'aimes pas en elle ? » demanda Scott. Tucker fut pris par surprise. « Il n'y a pas de son, dit-il. Je ne sais pas. C'est plat.

– Qui aimes-tu ?

– Ella, Sarah, d'autres chanteuses, des vraies chanteuses », répliqua Tucker. Et puis, poursuivant par la réplique classique du musicien de jazz : « De toute manière, je n'en aime *aucune* vraiment. J'attends juste de faire leur truc et puis je m'en vais.

– Ouais, fit Scott, quand une chanteuse comme Ella dit Mon homme m'a quittée , eh bien, tu penses que le type est sorti chercher du pain ou autre chose. Mais quand Lady dit, Mon homme est parti ou Mon homme m'a quittée , tu vois le mec sortir dans la rue. Ses bagages sont faits et il ne reviendra jamais plus. Je veux dire *jamais*. »

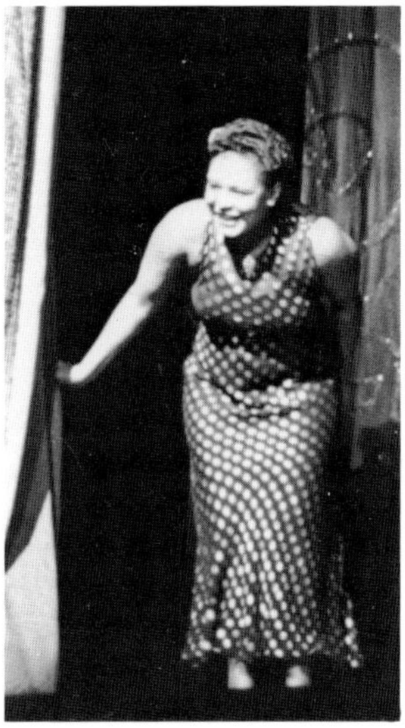

A l'Apollo Theater, New York, 1937.

« Et c'était vrai », se souvient Tucker. Ce fut cette nuit-là, pendant la deuxième partie, qu'il commença « à écouter *ce* qu'elle disait et *comment* elle le disait. Et une fois que vous aviez commencé, vous ne pouviez plus vous en libérer. »

Tucker a été d'ailleurs plus explicite sur l'effet que Holiday a eu sur lui : « On allait jouer un morceau comme Ole Devil Called Love . Il y a, vous savez, quelques lignes à propos de ... pierres dans mon cœur . Et quand elle vous touchait avec ces mots, vous vous disiez, *Mon Dieu, qu'est-ce qu'il doit être froid !* Elle pouvait littéralement vous faire pleurer avec la façon dont elle disait les paroles. Elle pouvait rentrer dans les paroles comme je ne l'ai encore jamais entendu chez aucune autre chanteuse. »

A quoi se résume toute la musique de Holiday ? Qu'est-ce qu'elle veut dire ?

Peut-être Stanley Crouch a-t-il raison, l'œuvre de Holiday consiste en une sorte de poème national :

> *Comment peut-on considérer ces enregistrements de Holiday ? Ils se lamentent, glorifient, philosophent, cajolent, séduisent, sont satiriques, protestent, interrogent, rient, pleurent, ou posent avec une grâce stoïque. Et depuis qu'ils énoncent les problèmes esthétiques à travers le médium de l'improvisation, ils suggèrent d'offrir à ce moment quelque chose qu'il n'a jamais eu – une consigne qui est la plus grande contribution du jazz : montrer à maintes reprises que le présent, la région de l'expérience la plus anarchique, peut être donné comme une forme perceptible.*

Minimaliste, Holiday condensait les chansons pour convenir à sa voix et, si Crouch a raison, à ses objectifs artistiques plutôt vastes. Elle attirait l'auditeur dans un monde dont elle était la seule déesse, la Lady Day.

Comment a-t-elle appris cet art irrésistible de la déclaration épique ? La plupart des critiques, même le brillant et convaincu Gunther Schuller, ont fait allusion à son talent inné. Whitney Balliett affirme d'un air narquois qu'elle « est sortie de nulle part ». Ce n'est jamais vrai d'un artiste, mais dans ce cas il est utile de répéter l'évidence suivante : plus le travail de l'artiste semble naturel, plus il paraît facile, plus l'art qui est derrière est élaboré et discipliné. Plusieurs accompagnateurs de Holiday ont dit qu'elle répétait rarement. Quand donc travaillait-elle son art ? Quel fut son apprentissage ? Comment apprit-elle son métier, avec une telle autorité et une telle assurance que les critiques se sont laissé duper en ayant recours à de piètres clichés ? Telles sont les questions du chapitre suivant.

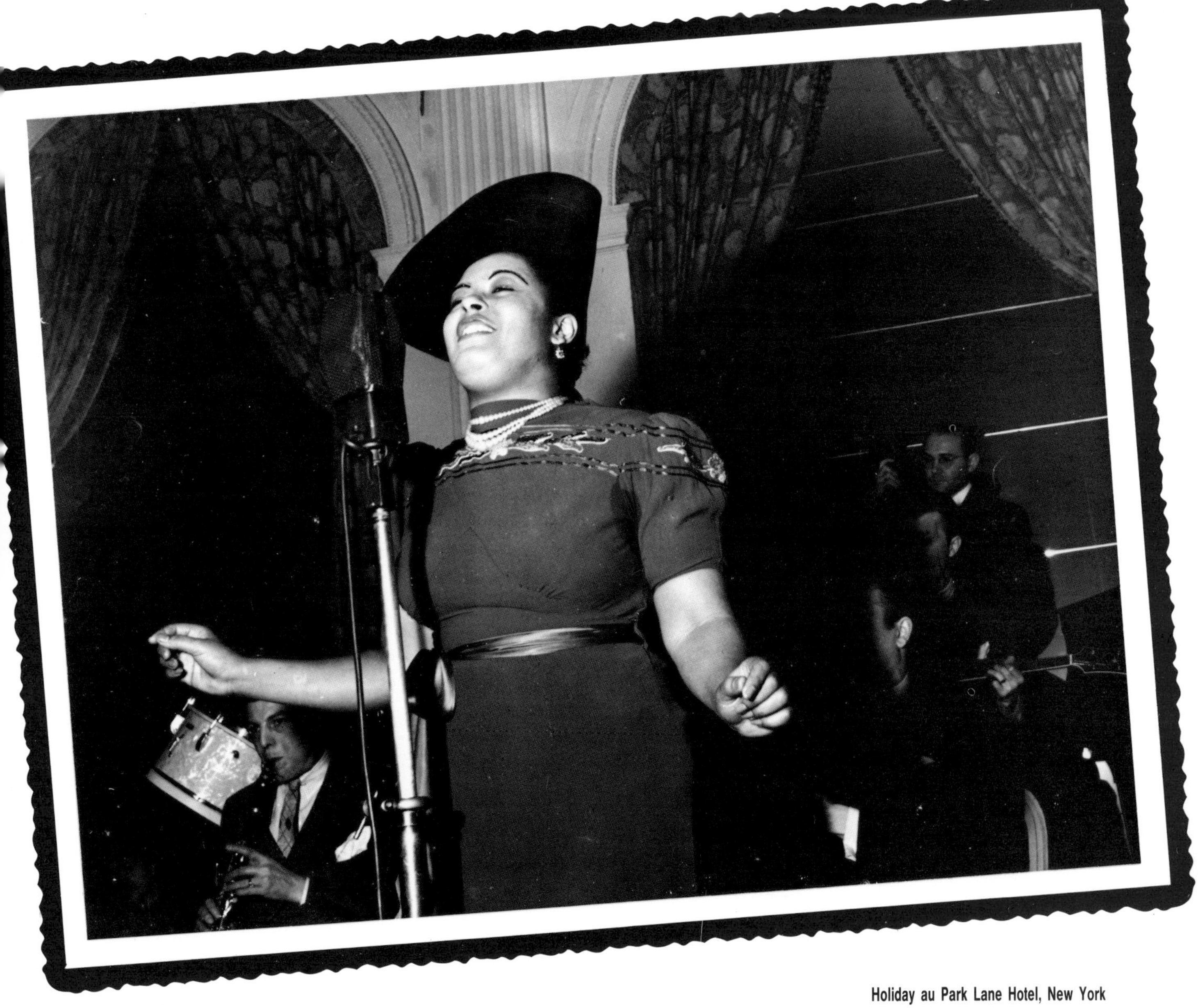

Holiday au Park Lane Hotel, New York City, 1939.

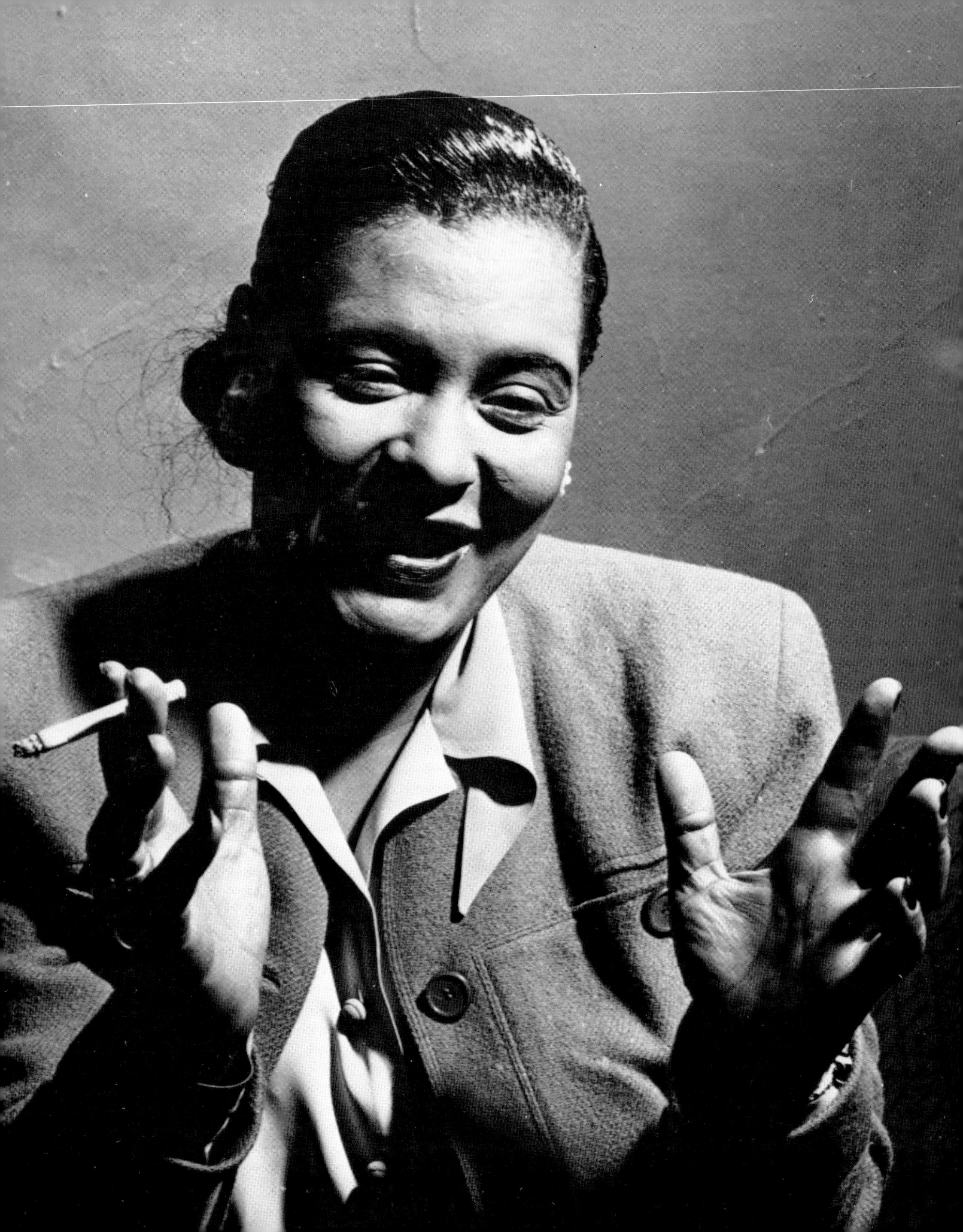

L'APPRENTISSAGE D'UNE CHANTEUSE DE JAZZ

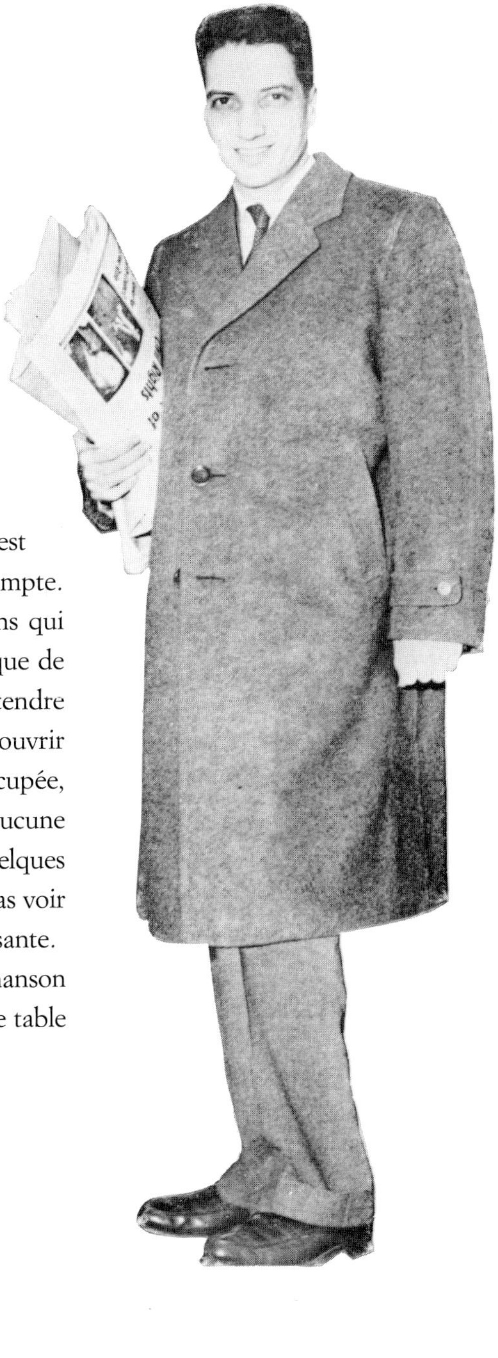

Le critique de jazz Humphrey Lyttelton a choisi un événement stupéfiant des premières années de Billie Holiday pour illustrer de manière générale tout ce qui lui arriva. Voici donc une anecdote qui est si lointaine que, sauf Lyttelton, aucun historien du jazz n'en a rendu compte.

En 1933, John Hammond, le clairvoyant millionnaire de vingt-deux ans qui avait quitté Yale pour s'intéresser plus particulièrement au jazz et à la politique de gauche, s'était retrouvé au Monette's à Harlem. Il était venu là pour entendre Monette Moore, la chanteuse de blues à la Ethel Waters qui venait juste d'ouvrir un nouveau club. A la grande déception de Hammond, Monette était trop occupée, cette première nuit, à accueillir ses nouveaux clients pour chanter. Sans aucune annonce officielle, la pianiste Dot Hill démarra le spectacle en improvisant quelques accords. Et tout à coup quelqu'un se mit à chanter ; Hammond ne pouvait pas voir qui c'était, mais la voix était douce et délicate tout en étant également puissante.

Le premier numéro de Billie Holiday, cette nuit-là, fut une attrayante chanson de Johnny Mercer intitulée « Would'ja for a Big Red Apple ? ». Marchant de table en table, elle chantait sans micro :

Would'ja for a big red apple ?
Would'ja for my peace of mind ?
Could'ja for a big red apple ?
Give me what I'm trying to find ?

Just imagine you're my teacher
Teachin' me the golden rule
If I had a big red apple
*Would'ja keep me after school** ?

A un moment, Holiday se trouva près de la table de Hammond ; elle chantait un refrain de « One O'Clock Blues » qui, pensa-t-il, ressemblait de façon saisissante à du Bessie Smith. Plus tard, elle interpréta « Hot Nuts », une chanson beaucoup plus leste, faisant balancer ses hanches amples et étinceler ses yeux sombres tandis qu'elle chantait dans un tempo rapide et léger. Et là encore, il pensa que la voix était *merveilleuse*.

Au moment de la pause, il invita Holiday à prendre un verre. Elle s'installa, et sans doute le jugea aussitôt vieux jeu. Mais il était amical et très flatteur. « Quand j'ai entendu la première fois Billie chanter chez Monette Moore », dit-il plus tard à un interviewer, « c'était quelque chose de totalement nouveau, de frais – le phrasé, le son d'un instrumentiste. » Sa façon de chanter lui rappelait celle de Bessie Smith, sa chanteuse de blues favorite, mais elle était plus moderne et plus effrontée dans son invention du swing. Sa voix était plus petite, mais elle avait quelque chose du phrasé de Smith et une certaine vivacité. Elle avait aussi quelque chose de la raucité artistique de Smith, la sensation, quand elle chantait, que n'importe quoi pouvait arriver.

« Qui est cette nouvelle fille ? » demanda Hammond à Moore. « Elle a un sacré talent. »

« C'est juste Billie Halliday », répondit Moore. « C'est la fille de Clarence Holiday, mais elle veut se faire appeler Halliday pour cette raison. Tu n'as rien entendu sur elle ? Elle est pas mal. » Moore ne parvint pas à dissimuler une pointe de jalousie. Hammond était là pour l'aider *elle* et non pas quelque jeune génisse s'appelant Billie Qui-que-ce-soit.

Hammond revint au Monette's chaque nuit pendant trois semaines, se précipitant pour entendre cette excitante jeune chanteuse. Puis le Monette's,

* Voudrais-tu pour une grosse pomme rouge ?
Voudrais-tu pour la paix de mon esprit ?
Pourrais-tu pour une grosse pomme rouge ?
Me donner ce que j'essaie de trouver ?

Imagine un moment que tu es mon professeur
M'apprenant la règle d'or
Si j'avais une grosse pomme rouge
Voudrais-tu me garder après l'école ? *(N.d.T.)*

John Hammond, vers 1935 *(page précédente).*

Holiday, août 1935. Elle posa dans la ruelle derrière l'Apollo Theater avec *(de gauche à droite)* Ben Webster, Ram Ramirez *(à genoux)*, un homme connu sous le seul nom de Shoebrush et Johnny Russel *(page ci-contre).*

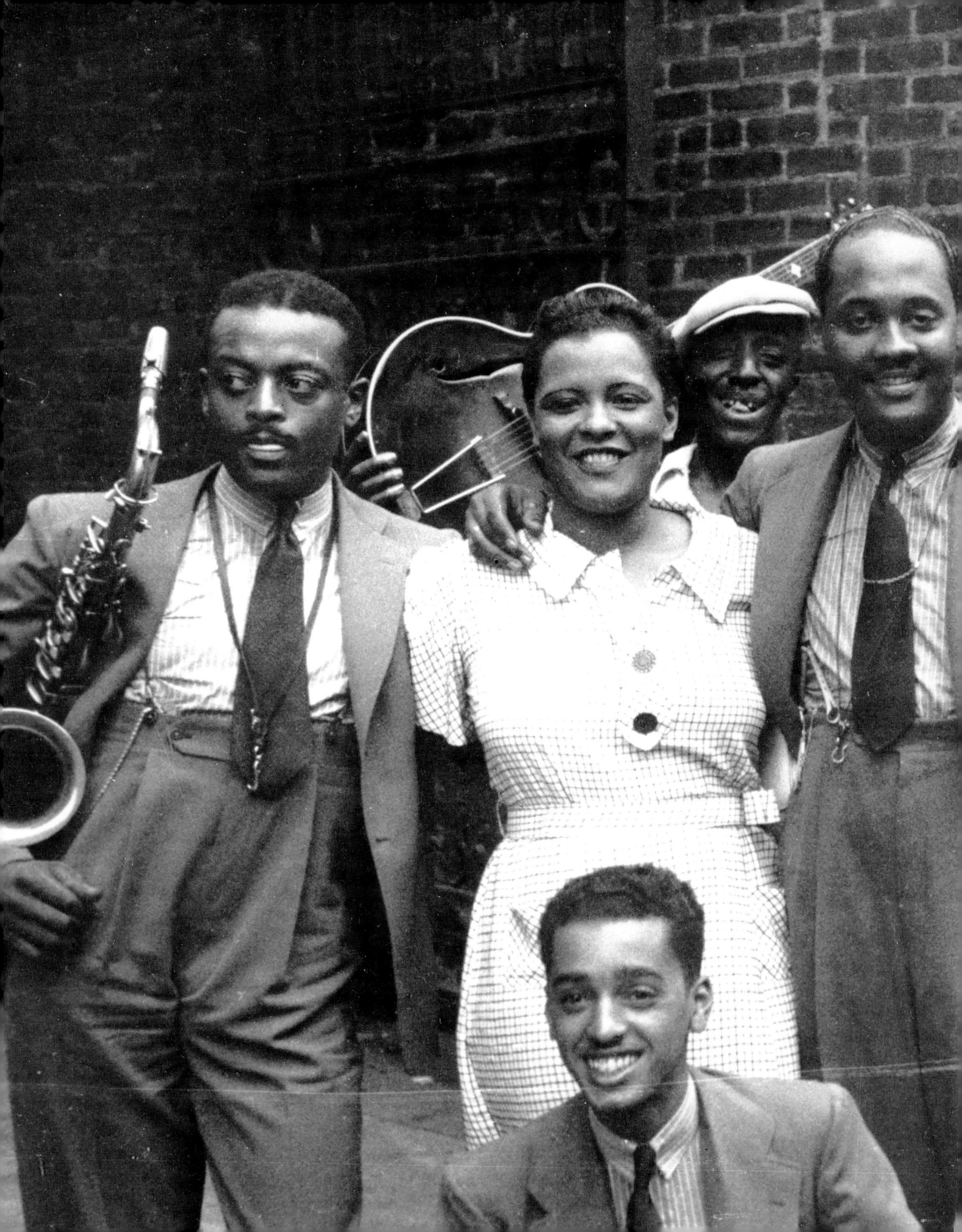

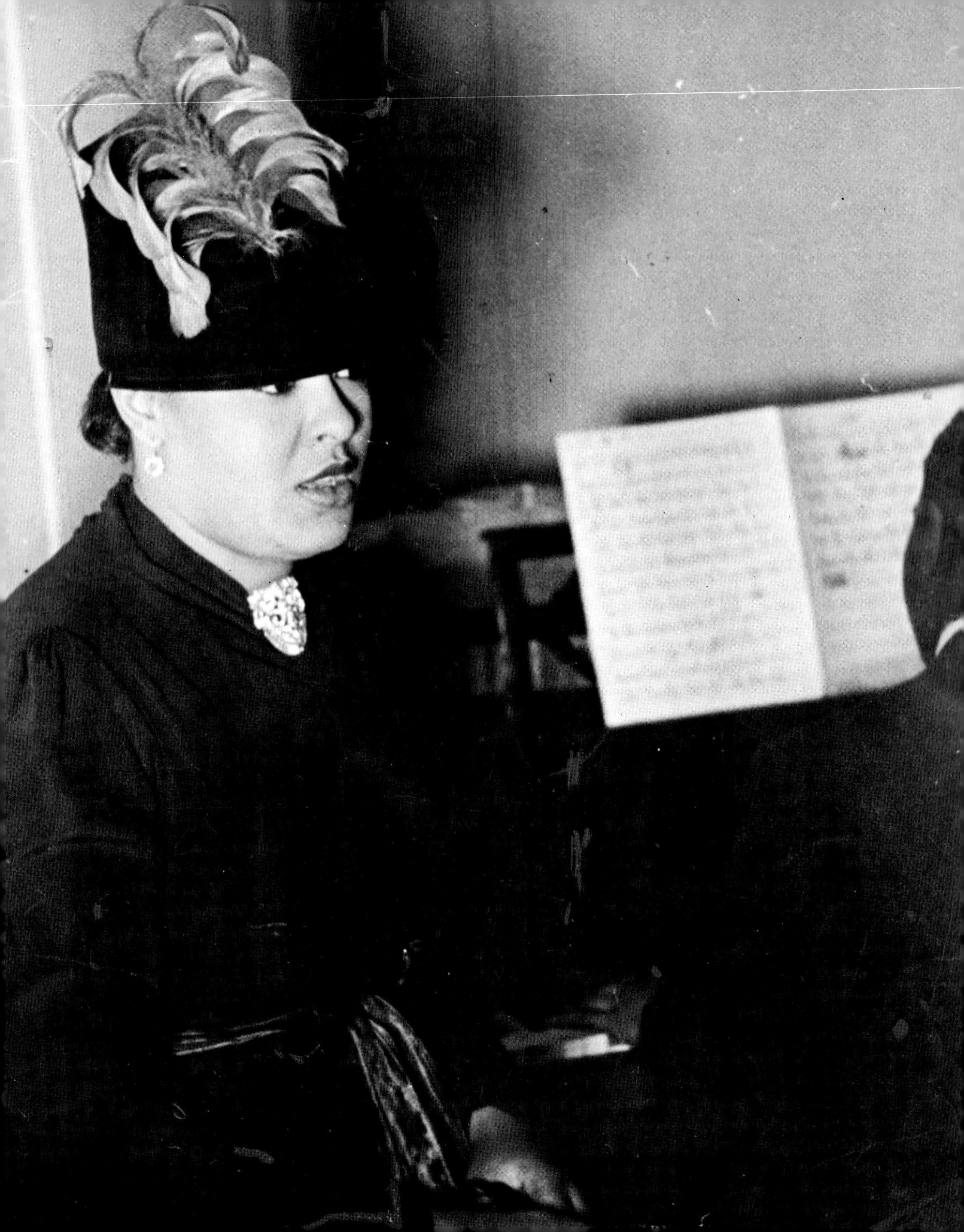

comme bien d'autres clubs, fut fermé par la loi. Hammond voulut que Holiday prît en considération l'idée d'enregistrer la chanson entendue la première nuit « Would'ja for a Big Red Apple ? » et peut-être quelques blues. Elle dut le regarder avec méfiance, se demandant ce qu'il lui voulait au juste, troublée par ce garçon riche et brillant. Était-ce de la charité ? Essayait-il de l'impressionner en ne prenant même pas une bouffée de marijuana ou un verre de gin ? Qui *était* vraiment ce type ?

Bien que Holiday ne l'ait probablement jamais lu, Hammond fit passer un communiqué à son sujet dans le numéro d'avril 1933 de *Melody Maker* : « Il y a eu ce mois-ci une véritable trouvaille en la personne de la chanteuse Billie Halliday. Âgée seulement de dix-huit ans, elle pèse plus de quatre-vingt-dix kilos, est incroyablement belle, et chante comme je n'ai encore entendu personne le faire. »

C'est pendant ce court passage au Monette's que Hammond présenta Holiday à Benny Goodman. A ce moment, Goodman n'avait pas encore sa propre formation, mais il était le musicien le plus recherché dans les orchestres de studio.

« Benny, voici Billie Halliday », dit Hammond. « Nous pourrions peut-être décider d'une date pour faire un enregistrement avec elle. » Goodman rougit et put à peine parler. Comme la plupart des musiciens que Hammond aidait, Goodman souhaitait souvent que celui-ci s'occupât de ses propres affaires. Enregistrer avec des Noirs posait certains problèmes. Goodman avait auparavant participé à des bœufs mais, à part quelques remplissages à peine audibles sur une chanson de Bessie Smith, il n'avait jamais fait de disque avec eux. « Il avait peur de perdre son boulot dans les studios », se souvient Hammond. Celui-ci essaya de le convaincre que « tout se passerait bien » et lui promit que Shirley Clay, un trompettiste noir que Goodman admirait, se joindrait à eux. De son côté, Holiday considérait Goodman comme un clarinettiste qui se débrouillait pas trop mal pour un Blanc.

« Nous allons voir ce que ça donne », dit Goodman. Elle n'avait pas l'air d'être tout ce que Hammond prétendait, mais elle avait quelque chose. Et Dieu, pensa-t-il, qu'est-ce que cette fille de couleur était *sexy*.

Hammond suscita avec cette séance un événement important dans l'histoire du jazz. Soixante-douze heures après que Bessie Smith eut enregistré ses derniers disques, sous les auspices de Hammond et dans le même studio, Billie enregistra ses premiers disques. Le 24 novembre 1933, l'inlassable Hammond avait convaincu Smith de quitter Philadelphie pour venir à Manhattan faire son premier enregistrement depuis deux ans. Elle était « pratiquement sans un sou et complètement déprimée. Bessie travaillait alors dans une misérable petite fabrique de gin... comme hôtesse chantant, pour des pourboires, des chansons pornographiques » :

Holiday, fin des années 30.

> *Tout espoir d'un come-back l'avait abandonnée, et elle buvait plus que jamais. J'ai réussi à convaincre les fonctionnaires timorés de la compagnie American Columbia, alors en faillite, d'arranger une séance avec Bessie pour leur label Okay « race ». Elle fut d'accord pour venir à New York, mais refusa net d'enregistrer ce type de blues qui l'avait rendue célèbre. Elle avait dans l'idée que les gens ne voulaient pas être déprimés par le blues, ils voulaient quelque chose dans la veine jazz.*

Pour cinquante dollars par morceau (un cinquième de son salaire dans ses beaux jours), Smith enregistra quatre chansons – « Do Your Duty », « Gimme a Pigfoot », « Take Me for a Buggy Ride » et « Down in the Dumps » – toutes écrites dans un style plus jazz que vraiment blues par ses amis Coot Grant et Sock Wilson. Utilisant un groupe instrumental au style swing du nom de Buck et son Orchestre, l'ensemble comprenait les modernistes noirs Chu Berry et Frankie Newton, ainsi que les joueurs blancs Jack Teagarden et (sur une face) Benny Goodman. Avec de nouvelles chansons, une nouvelle instrumentation, et une voix toujours aussi puissante qu'un trombone, Smith improvisa une admirable séance qui représenta une innovation audacieuse par rapport à son blues habituel.

Benny Goodman et Artie Shaw.

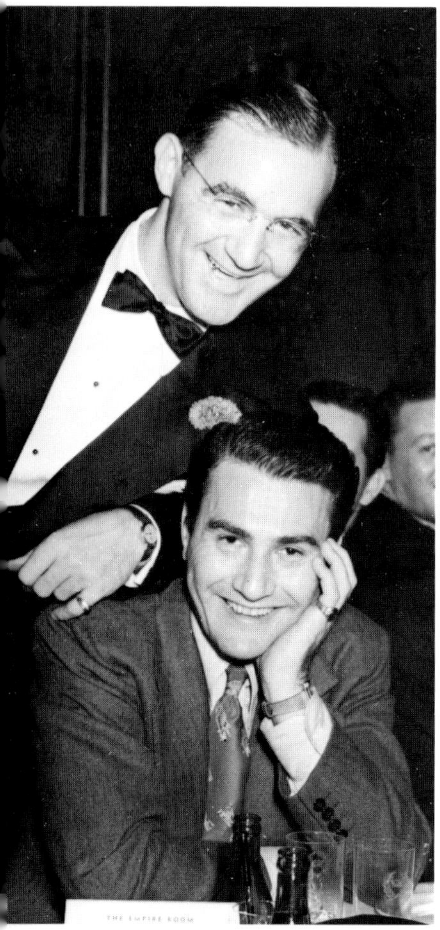

Pour la séance de Holiday, Hammond – considéré par quelques reporters comme un « militant intégrationniste » – utilisa encore un groupe mixte, une première pour la formation de Benny Goodman. Celle-ci comprenait Gene Krupa à la batterie, les frères Teagarden au trombone et à la clarinette, et à leur côté des musiciens noirs tels que le trompettiste Shirley Clay et le pianiste Buck Washington (de la célèbre équipe Buck and Bubbles). C'était la première fois que Holiday se trouvait dans un studio d'enregistrement, et elle était visiblement nerveuse. Pour rendre les choses plus difficiles, la morne Ethel Waters qui enregistrait également avec Goodman ce jour-là, traînait dans les parages afin de voir cette nouvelle « miss Halliday » en action.

Les instrumentistes rassemblés se tenaient devant des partitions rédigées à leur intention, même à celle de Buck Washington qui, comme Holiday le savait parfaitement, « n'était pas capable de lire une note ». Elle était contente que Washington fût là. Devinant sa nervosité, il se pencha vers elle et lui chuchota :

« Tu ne vas pas laisser ces gens penser que tu es ringarde, n'est-ce pas ? Allez, chante ! »

Ce ne fut certes pas un grand début. Les rythmes indigestes de Krupa se trouvaient emprisonnés dans une chanson déjà affaiblie par des paroles de variétés

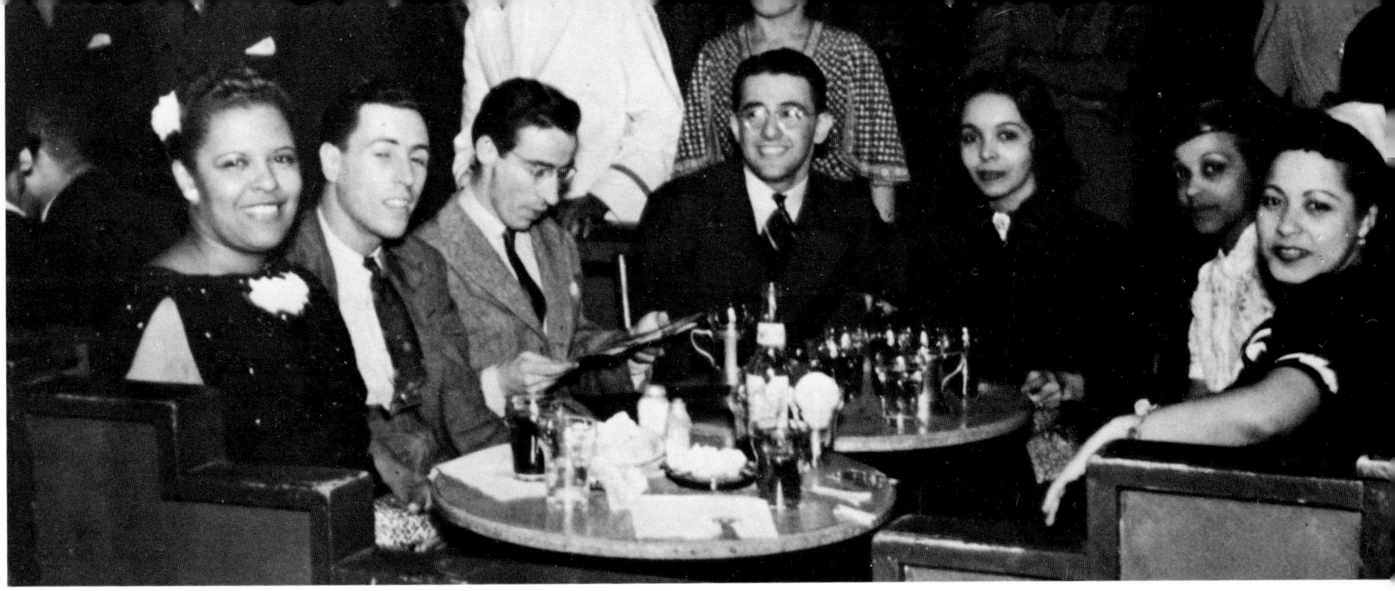

niaises et une ligne mélodique qui poussait le strident au-dessus des limites du registre de Holiday. Interrogée sur cet enregistrement en 1957, Holiday fit bonne figure : « J'ai échappé à un grand coup dans My Mother's Son-in-Law . Ça sonne comme si je jouais la *comédie. (Rires.)* Ma voix était si drôle et si haute là-dessus ; c'était comme si j'avais trois ans. Mais... pour être honnête avec vous, je n'aime aucun de mes disques. Parce que c'est toujours quelque chose que vous *auriez dû* donner, ou que vous auriez dû phraser – bon, vous savez ce que c'est. » Quels que fussent les défauts de ces disques, ils inaugurèrent malgré tout une nouvelle ère dans le jazz chanté. Ce qui allait suivre ne devrait pas tant à Bessie Smith ou Louis Armstrong qu'à la grande Billie Holiday.

« Riffin' the Scotch » (également enregistrée en 1933 avec l'orchestre du studio dirigé par Goodman) et « The Saddest Tale », un superbe morceau de blues (avec l'orchestre de Duke Ellington, pour le remarquable film de 1935, *Symphony in Black*), sont avec « My Mother's Son-in-Law » les premières œuvres précédant le travail de collaboration avec Teddy Wilson (qui commença en juillet 1935), que beaucoup de fans de Holiday considèrent comme son meilleur travail.

Du Monette's, elle se trouva brusquement propulsée sur le chemin du studio. Mais d'où venait Billie Holiday ? Les stéréotypes du nègre, naturellement doué par sa race, ont contribué au mythe de la chanteuse qui « apparut juste comme ça ». C'était, dans une nouvelle version, le conte américain de Horatio Alger et de ses enfants courageux. Selon ce mythe, les nègres avaient besoin non pas de talent ou de pratique mais d'une pause afin d'aller audacieusement de l'avant et se découvrir eux-mêmes. Est-ce ce qui arriva à la jeune et courageuse miss Billie ?

Personne ne nourrit autant le feu de la machine mythique de Holiday que la chanteuse elle-même. En 1945, elle fut longuement interviewée par Franck Harriott,

Holiday au Harlem's Savoy Ballroom, janvier 1938. Cette nuit-là, Count Basie et Benny Goodman se battirent pour savoir qui était le véritable roi du jazz. Holiday, qui chantait avec Basie, ressemble à la gagnante. Dave Tough est le troisième à partir de la gauche.

Holiday, 1939, avec John Williams et Frankie Newton, leader de l'orchestre du Café Society et de ses premières séances pour les disques Commodore ***(pages suivantes).***

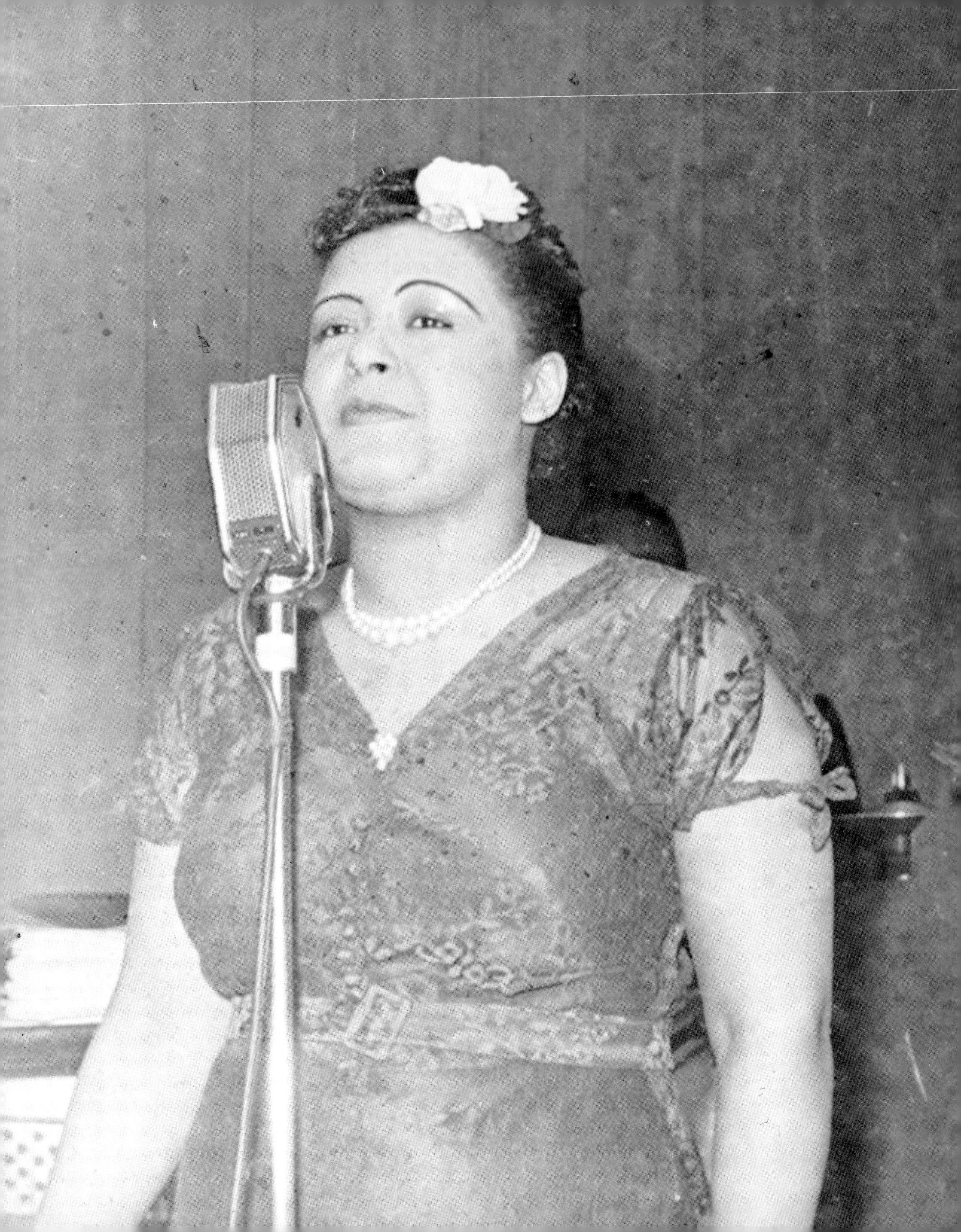

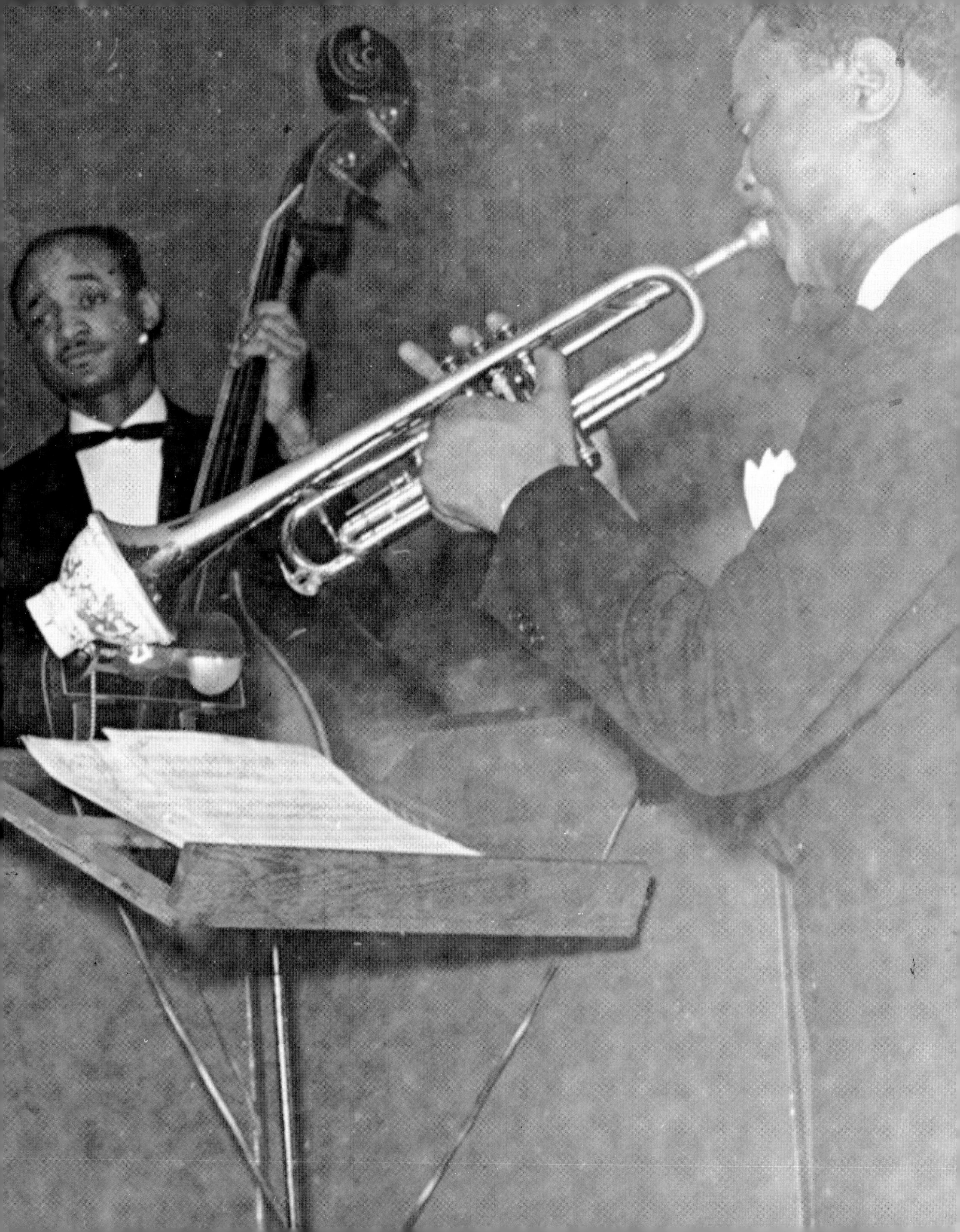

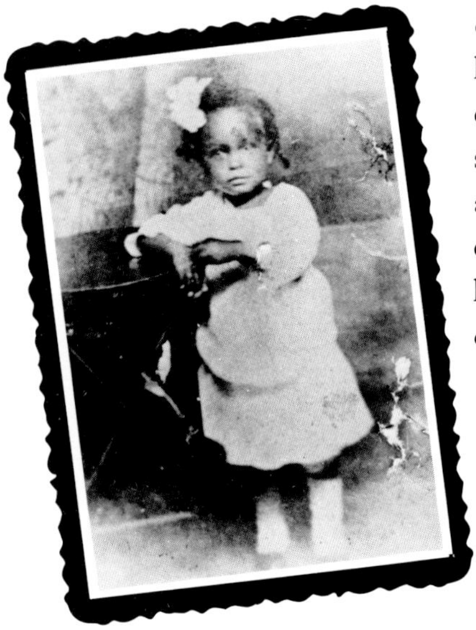

du quotidien des spectacles new-yorkais *PM*. Dans cet entretien, elle raconta pour la première fois l'histoire qui allait être tellement répétée qu'elle semble plus croyable que la réalité. Elle évoqua son premier voyage dans le Nord pour rejoindre sa mère, Sadie Fagan, alors journalière à Long Island (ce qui est vrai si l'on s'en tient aux faits). Puis elle trouva un boulot comme domestique (aucun témoignage ne confirme cette information), mais l'argent se faisait rare (on peut assez facilement le croire en 1930). Une moitié de vérité conduisit à un quart de vérité et c'est ainsi que le mythe prit place :

> *Après ça, j'ai trouvé mon premier boulot dans le show-business. J'avais quatorze ans, Maman était malade et je devais trouver quelque chose qui paie un peu plus. Je suis allée au Log Cabin Club de Jerry Preston à Harlem et je leur ai dit que j'étais danseuse. Ils m'ont fait passer une audition mais ça a été une catastrophe. J'ai dansé le même pas pendant quinze refrains. Ils allaient me jeter dehors mais j'ai supplié d'avoir un boulot. A la fin, le pianiste a eu pitié de moi. Il a écrasé sa cigarette, m'a regardée et a dit : « Ma fille, est-ce que tu peux chanter ? » Je ne savais pas quoi dire. J'avais chanté toute ma vie mais je n'avais jamais pensé que je pourrais gagner de l'argent avec. De toute façon, je lui ai dit que je savais. Et j'ai chanté « Trav'lin' All Alone ». Je ne pouvais pas y croire mais je les avais fait pleurer dans leur bière.*

Holiday à deux ans. Remarquer la fleur. Ni la robe et les chaussures raffinées ni la raideur de la pose ne peuvent empêcher cette petite fille d'apparaître calme et assurée.

Elle fut engagée « à deux dollars la nuit, six nuits par semaine », et elle et Maman furent sauvées.

Le fait qu'elle ait *chanté toute sa vie* était la seule note véridique dans cette déclaration. Eleanora Fagan, connue plus tard dans le monde entier sous le nom de Billie Holiday, est née le 7 avril 1915. La date de l'accouchement se rapprochant, et pour échapper au regard de censeur de sa famille, la mère de Holiday trouva à Philadelphie un emploi de domestique où elle était logée et nourrie. Elle avait prévu d'échanger ses services contre l'assurance que son bébé naîtrait dans un hôpital, serait baptisé et convenablement soigné ; et cet arrangement fonctionna (même s'il n'est pas certain que l'enfant de Sadie fût baptisé à ce moment). Contrairement au conte deux fois raconté, Eleanora Fagan n'est pas née à Baltimore mais à Philadelphie. Ramenée à Baltimore alors qu'elle était encore enfant, elle grandit effectivement dans cette ville. Sadie et sa fille déménagèrent souvent pendant les premières années de la vie d'Eleanora. Parfois elles emménageaient avec des cousins ; parfois

Holiday à seize ou dix-sept ans, à la plage. C'est l'une des seules photos montrant l'adolescente pendant un moment de loisir. Un an plus tard, elle allait commencer sa carrière discographique *(page ci-contre).*

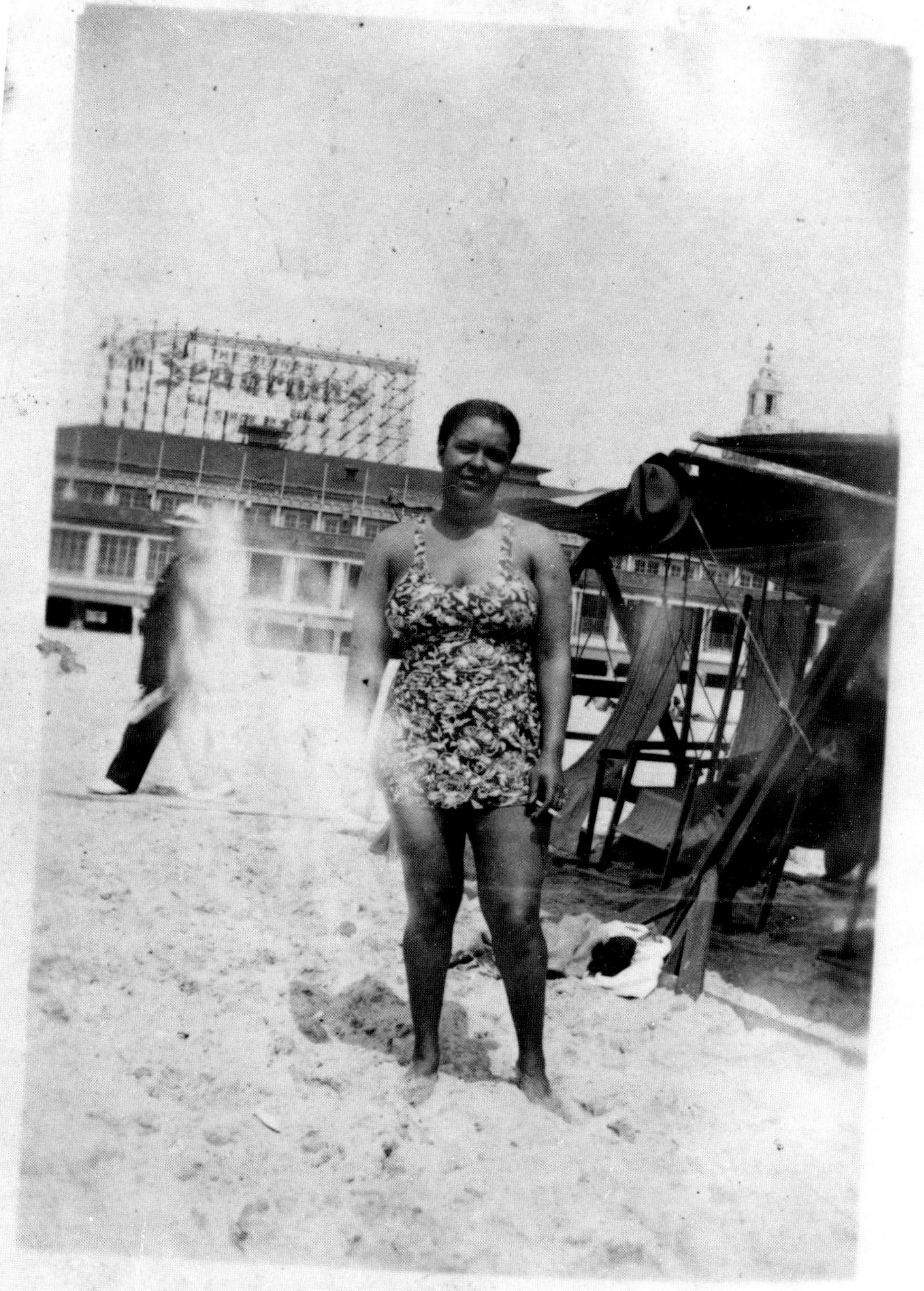

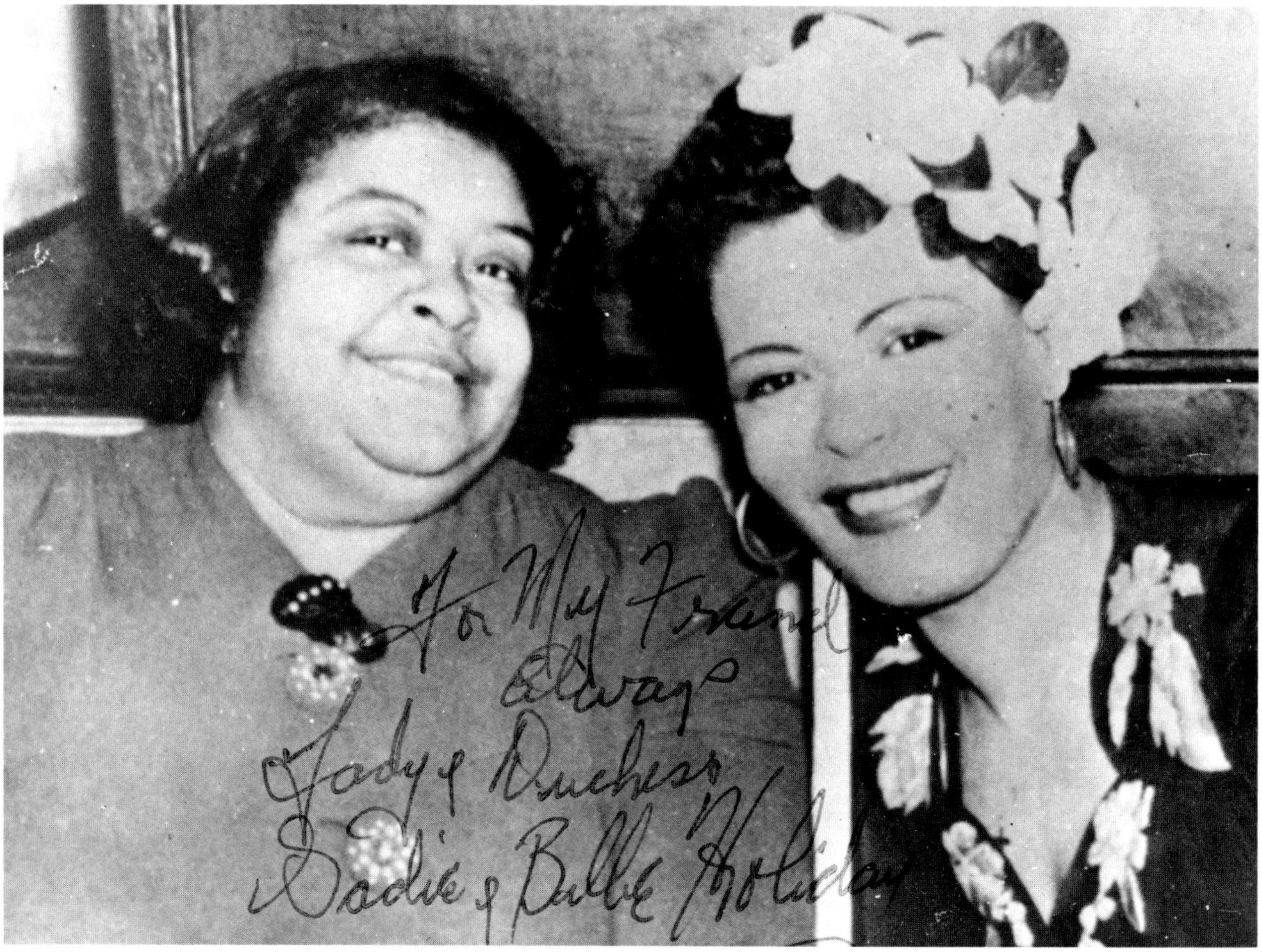

Holiday et sa mère, Sadie Fagan, 1944. Holiday signa des surnoms que leur avait d'abord donnés Lester Young : elle était "Duchesse" et sa mère "Lady".

elles louaient une pièce dans la maison d'un voisin. Pendant deux ans, elles vécurent à Bond Street, dans une pièce au troisième étage de la maison de Mrs. Viola Green et de son fils Freddie. Selon Freddie Green qui avait un an de plus qu'Eleanora, elle n'était pas particulièrement obsédée par la musique. Elle préférait faire du patin à roulettes avec ses copains et était la seule fille lanceur de l'équipe de base-ball.

Eleanora avait huit ou neuf ans quand, selon sa mère, elle « avait l'habitude d'agacer une tante avec qui elle vivait par ses chansons... du blues à propos de mon homme-ci, mon homme-là . Billie était une enfant, et on lui dit qu'elle n'avait pas à chanter de telles choses. Mais la première chanson qu'elle ait jamais chantée, c'était My Mammy , et elle me la chantait *tout* le temps ! ». Bien que personne n'y prêtât attention à cette époque, se souvient Green, Eleanora aimait écouter, à douze, treize ans, les disques de Bessie Smith sur le gramophone de sa mère. Elle chantait d'un bout à l'autre avec Smith et essayait de l'égaler ton sur ton. « Ouais, dit-il. J'avais l'habitude d'écouter tous ces concerts gratuits, Billie Holiday accompagnant Bessie Smith, et je ne savais même pas ce que j'étais en train d'entendre. J'aimerais vraiment le revivre. »

Eleanora avait onze, douze ans lorsque Sadie emménagea avec William Hill, que ses amis surnommaient « Wee Wee ». Ils vécurent tous les trois au 219 Durham Street, à côté de la mère de Hill. Interviewé en 1971, Hill se rappela qu'Eleanora chantait tout le temps, « toutes les chansons de l'époque. Quand elle nettoyait les marches ou dans la salle de bains. Elle avait une jolie voix ». Parfois aussi, elle accompagnait la radio familiale ou l'électrophone qu'ils possédaient. Comme beaucoup d'artistes de jazz du XXe siècle, y compris Lester Young et Charlie Parker, une grande partie de l'éducation musicale de Holiday se fit par l'intermédiaire des disques. Elle n'avait que douze ans, elle n'avait jamais quitté Baltimore mais elle avait déjà attentivement écouté et étudié les grands jazzmen du monde.

En ce qui concerne la mythique Billie Holiday, le livre clé reste *Lady Sings the Blues* (1956), l'autobiographie de la chanteuse sous la forme d'un long entretien avec le journaliste William Dufty. Carl Drinkard, l'un des pianistes de Holiday dans les années 50 et l'un de ses proches, considérait qu'elle avait laissé faire Dufty par besoin d'argent. En dépit des photos publicitaires montrant Billie portant des lunettes et tapant à la machine – deux choses qu'elle n'a jamais faites avant ni après la séance photo –, elle ne travailla pas personnellement sur ce livre. Elle ne l'a même probablement jamais lu, dit Drinkard. Ce livre la dépeint comme une victime pitoyable de la vie et de la société, ce qui ne correspond pas vraiment au souvenir qu'en gardent ses amis et parents. Par exemple, la chanteuse Carmen McRae, qui était dans les années 40 l'amie et la voisine de Holiday, me raconta dans une interview filmée que les hommes de Holiday la battaient mais que, à cette époque, elle était très rapide à réagir et à rendre les coups. Néanmoins, les nombreuses exagérations de ce livre – découlant des interviews accordées sur plusieurs décennies par la chanteuse – offrent une vérité émotionnelle unique. Elles révèlent l'image que Holiday avait d'elle, ses valeurs et son sens de la vie. Et quand elle parlait de musique et du monde des musiciens, elle était généralement fidèle, parfois même avec éloquence.

Reprenant l'entretien du *PM* de 1945, Dufty écrivit ces fameuses premières lignes de l'autobiographie : « Maman et Papa étaient tout juste des mômes quand

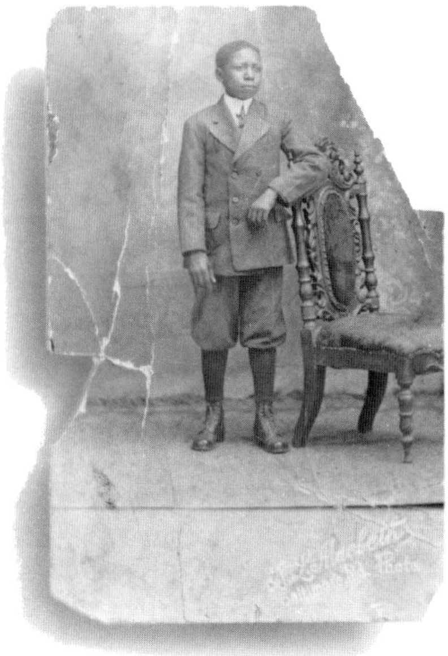

Le père de Holiday, Clarence Holiday. A Baltimore, où il est né, Clarence était connu comme un joueur de guitare et de banjo de premier ordre.

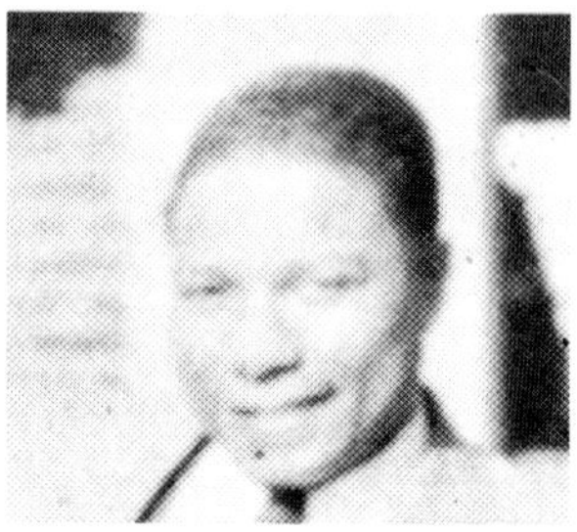

Quand Holiday arriva à New York vers 1930, Clarence était là. Il l'emmena dans les endroits où traînaient les musiciens.

ils se sont mariés. Il avait dix-huit ans, elle seize et moi trois. » La vérité, telle qu'elle est établie par des documents officiels, va à l'encontre de ces lignes. A la naissance d'Eleanora, sa mère avait dix-neuf ans et son père, Clarence Holiday, dix-sept.

Les premiers mots de l'autobiographie parviennent d'un coup à exagérer les débuts de Holiday et à les idéaliser. Elle rend « Papa » un peu plus vieux que « Maman », elle les rend plus jeunes tous les deux, plus innocents qu'ils ne l'étaient certainement. Ce qui est plus significatif, elle les imagine mariés ; alors qu'en fait ils ne l'ont jamais été et n'ont même jamais vécu ensemble.

Laissons l'imaginative Holiday donner libre cours aux ruses de la mémoire et du mythe. Son père était vraiment Clarence Hol(l)iday (au début épelé avec deux *l* et ensuite avec un seul) et, malgré son sens plutôt désinvolte (certains diraient même sans cœur) des responsabilités paternelles, il exerça une énorme influence sur sa fille. Né en 1898, Clarence grandit dans l'est de Baltimore. En 1914, quand il rencontra Sadie Fagan, une gosse de l'East Side, c'était un élève médiocre au collège de garçons appelé la Tin Factory (l'école destinée aux enfants de couleur était une ancienne fabrique reconvertie, où l'étain était fondu et façonné en bidons et caisses). Jouer du banjo et parler aux jolies filles étaient les activités préférées de Clarence. C'était un garçon rondelet, aimable, avec une peau brun noisette, des yeux sombres et très enfoncés, et un don de conversation ad lib qui lui valut le surnom de « Lib Lab ».

Dans les années 10 et 20, Baltimore était une ville riche en musique. Il y en avait dans les églises, non seulement des chœurs accompagnés au piano ou à l'orgue, mais aussi des orchestres avec des harmonicas, des trombones, des guitares et des tambours. Des formations jouaient dans toute la ville, pour toutes sortes d'occasions ; il y avait des spectacles en plein air et des carnavals ; des pique-niques et des défilés aux flambeaux le vendredi soir du côté de la gare ou des docks ; des voyages en bateau et en train – avec des concerts et de la danse – jusqu'à Washington, D.C., ou Philadelphie. Les pianistes travaillaient dans les théâtres qui passaient des films, improvisant des airs et des figures mélodiques pour accompagner les images : « The Night », « True Love », « A Storm ». Il y avait aussi des quartettes des rues interprétant les chansons des « minstrels » et les airs populaires du moment comme « In the Gloaming », « Camptown Races » et « Beautiful Dreamer ».

Elmer Snowdow, joueur de guitare et de banjo célèbre pour avoir fréquenté de bonne heure le groupe de Duke Ellington, alla également à la Tin Factory et considérait Clarence comme un excellent musicien. Il se souvient avoir vu Clarence, encore en culottes courtes, jouant avec une troupe de troubadours qui chantaient et jouaient tous du banjo. A quatorze ans, il gagnait en pourboires cinquante cents par engagement, cinquante cents de plus s'il faisait des heures supplémentaires, et soixante-quinze cents s'il travaillait en dehors de la ville.

La nuit, les musiciens jouaient souvent dans des soirées privées où le piano était le centre de l'attention. Le jeune Duke Ellington et Otto Hardwicke faisaient souvent le voyage de Washington pour venir jouer et entendre les musiciens de Baltimore, le pianiste Joe Turner ou le batteur Chick Webb. Les groupes jouaient également dans les bals publics – au Mary Casino sur Preston Street ou sur une grande place accidentée appelée Galilee Fishner's Hall, dans la partie est de Baltimore. Certains d'entre eux travaillaient dans des music-halls, des théâtres comiques ou dans des petits clubs appelés « fast houses » ou « good-time houses », où les Noirs de Baltimore venaient manger, boire, danser, et dans certains cas payaient un dollar supplémentaire pour passer un moment d'intimité dans une des pièces avec leur propre compagne ou une prostituée. Eubie Blake, le premier musicien de Baltimore de cette époque, avait fait ses débuts adolescent en jouant dans les bars et les maisons closes ; il y avait tellement de chahut dans la plupart de ces endroits qu'on pouvait à peine entendre le piano. Baltimore était une ville portuaire, où les marins venaient à terre avec des billets flambant neufs et un grand appétit de plaisirs. Clarence Holiday grandit là en connaissant tous les lieux, des autels d'église aux « fast houses » et ce que Eubie Blake préférait appeler les « hookshops* ».

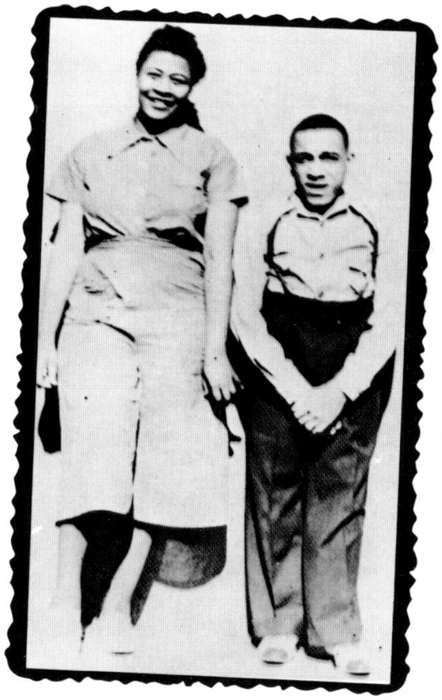

Ella Fitzgerald et Chick Webb, de Baltimore, vers 1938. Les admirateurs se demandent encore si Holiday et Basie ont "balayé" Fitzgerald et Webb au Harlem's Savoy Ballroom en 1937. John Hammond – dont le groupe favori de tous les temps était celui de Basie – a toujours affirmé que Basie était le vainqueur mais que l'agence de location avait payé les journaux pour se déclarer en faveur de Webb.

Clarence rencontra Sadie après un engagement pour un carnaval. Leur romance s'enflamma rapidement, et puis s'éteignit. Il avait quand même dix-sept ans quand Sadie lui annonça qu'elle était enceinte de leur enfant. Elle voulait se marier aussitôt. Il travaillait assez régulièrement dans les soirées ; il pouvait quitter l'école, et ils pouvaient s'établir ensemble. Elle était une jolie fille de dix-huit ans à la peau cuivrée, petite et bien en chair. Elle n'était pas une femme de la nuit mais une jeunette chaleureuse et spirituelle, originaire d'une famille qui travaillait dur et était fière de sa respectabilité. Son père, Charles, avait une peau très pâle (la plupart des gens le prenaient pour un Blanc) et travaillait comme chef cuisinier dans un hôtel du centre-ville. Ayant plus d'argent que la plupart des Noirs à Baltimore, il était très admiré mais également très jalousé. Sadie ne désirait pas le choquer et l'embarrasser avec un petit-fils « bâtard ».

Sadie était née Sara Harris, fille illégitime de Charles Fagan et d'une femme

* Les « boutiques à appâts », où l'on fait le tapin. *(N.d.T.)*

L'orchestre de Fletcher Henderson sur la promenade d'Atlantic City, été 1932. De gauche à droite : Russell Procope, Coleman Hawkins, Edgar Sampson, Clarence Holiday, Walter Johnson, John Kirby, Fletcher Henderson, Russell Smith, Bobby Stark, Rex Stewart, J.C. Higginbotham et Sandy Williams.

dont le nom était Harris et le prénom inconnu. Selon Linda Keuhl, « quelle que fût cette femme, Sadie ne paraît pas l'avoir prise comme alliée. Elle s'attacha plutôt à son père ; adoptant son nom de famille et s'identifiant totalement à lui. Elle se convertit à sa religion, assista à la messe du dimanche et possédait des objets religieux chez elle ». Sa belle-mère était une femme dont le prénom commençait par un M – seule cette lettre est lisible sur le certificat de décès de Charles, attesté par M. M était une catholique fervente qui avait converti Charles à sa foi et refusait d'avoir affaire à sa famille méthodiste, ne l'accompagnant jamais lorsqu'il rendait visite à ses parents de l'East Side. M n'appréciait pas d'avoir Sadie à la maison. Pourquoi cette grande fille ne se trouvait-elle pas un emploi et un endroit à elle ? Ce dont Sara Harris – elle utilisait le nom de Sadie Fagan pour elle-même (et donna à sa fille le nom de Fagan) – avait le moins besoin au monde, c'était d'annoncer qu'elle avait eu une aventure avec un séducteur joueur de guitare qui portait encore des culottes courtes et qu'elle allait, sans projet de mariage en vue, avoir son enfant.

Clarence venait de passer une audition pour un numéro dans l'orchestre

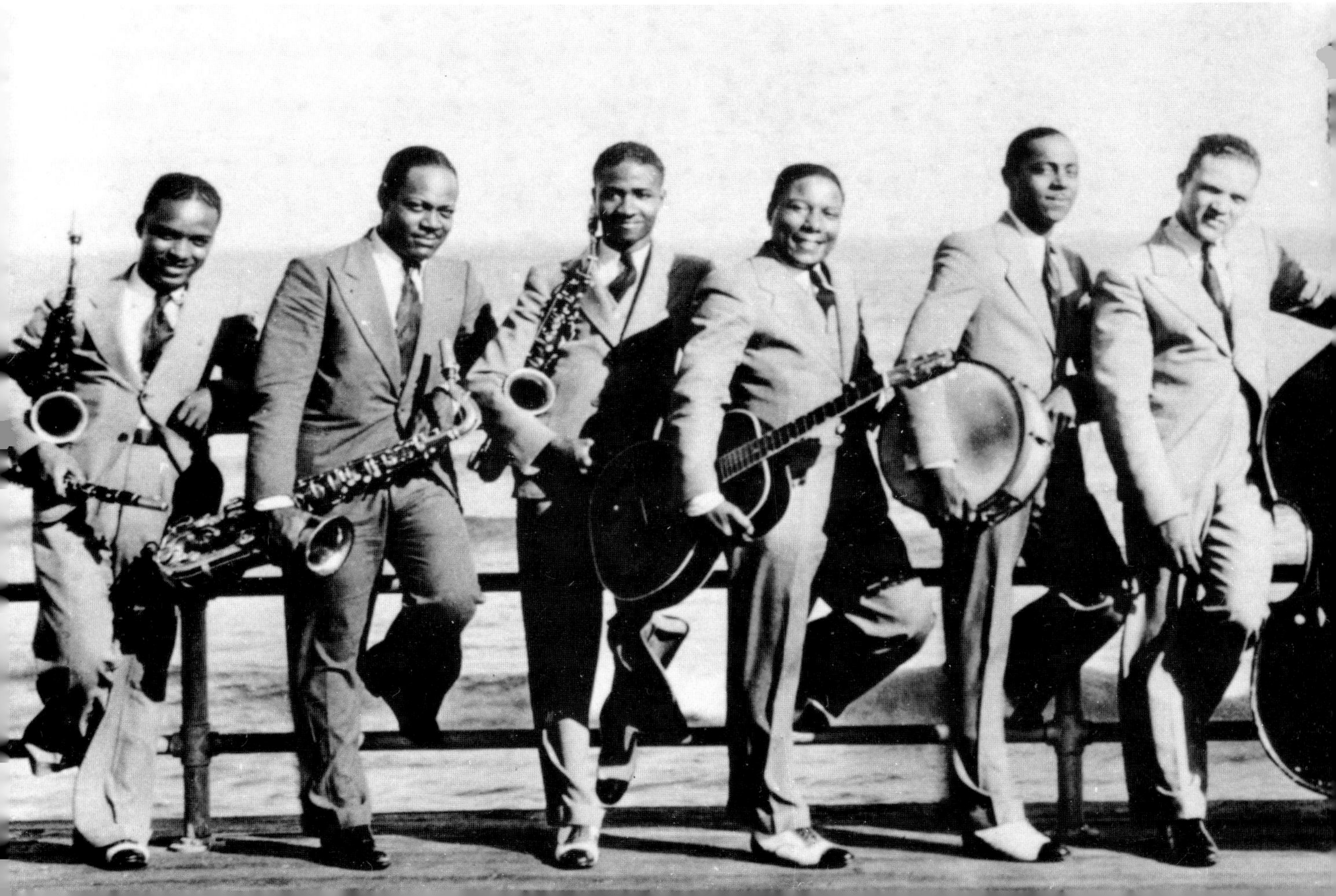

d'Eubie Blake et on lui avait offert le boulot à l'essai. Mais quand Blake découvrit que le garçon ne lisait pas la musique, la place revint à Elmer Snowden. C'est peut-être pour cette raison que Clarence commença à prendre des leçons particulières avec un nommé « Toomer », le chef d'un groupe de troubadours avec lesquels il travaillait. Probablement sous le charme du géant James Reese Europe – innovateur du pré-jazz, avec ses orchestres à cordes extrêmement percutants –, Toomer enseignait à Clarence et à d'autres jeunes musiciens à jouer non seulement de la guitare et du banjo mais aussi de la mandoline. Si Clarence voulait atteindre le premier plan, il avait encore beaucoup de travail. Sadie n'avait pas de place dans ses projets et l'idée d'être père ne l'enchantait guère. Il lui annonça donc qu'il ne voulait pas s'installer avec elles, et qu'il n'était vraiment pas question de penser au mariage.

L'absence paternelle de Clarence Holiday eut sur Eleanora des conséquences très complexes et destructrices. Pendant sa petite enfance, il n'était jamais là à l'exception de quelques rares apparitions entre deux engagements. A cause de cette

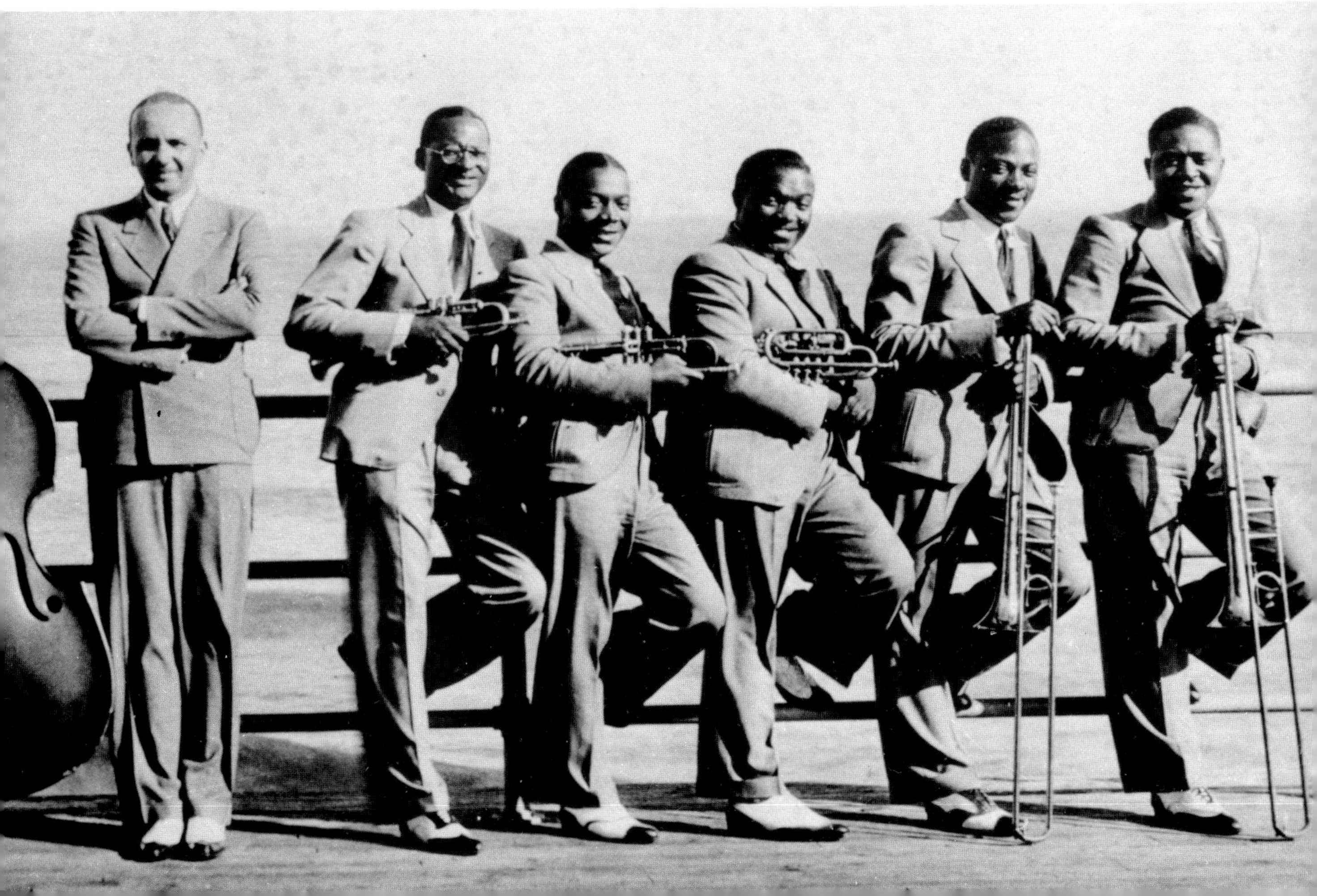

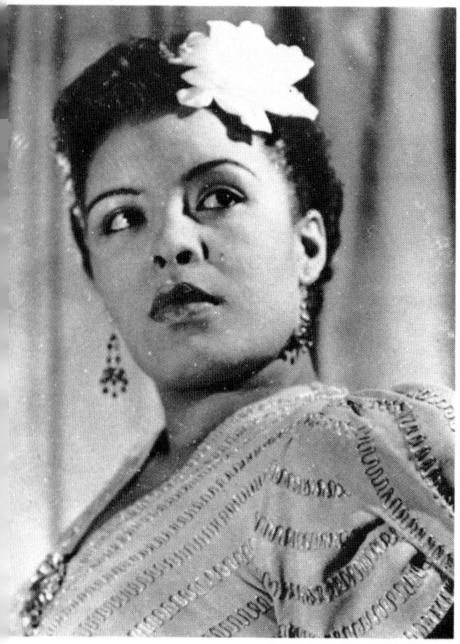

Holiday, début des années 30.

absence et de l'obstination de sa mère à croire qu'un jour ils formeraient une famille unie, Clarence devint une figure essentielle. Après la naissance d'Eleanora, Sadie qui était déjà considérée avec beaucoup de méfiance par la plupart des Fagan, fut complètement rejetée. Son père, furieux, permit à sa femme de bannir de leur maison la jeune mère et son enfant. M, qui était venue d'une ferme de Caroline du Nord pour épouser ce brave homme, ne tenait pas à ce que sa réputation fût ruinée par une Sadie qui agissait exactement comme les Blancs le prétendaient des femmes de couleur. Lorsque Sadie revint plus tard de Philadelphie à Baltimore, elle alla habiter avec la famille de son frère John et trouva un travail à plein temps comme domestique chez une famille blanche de l'autre côté de la ville. Pendant un moment, elle loua une maison et y accrocha une enseigne où on pouvait lire « East Side Restaurant ». Elle cuisinait et servait elle-même et, avant qu'il ne fasse faillite, l'endroit était connu comme l'un des meilleurs du voisinage grâce à sa cuisine traditionnelle des Noirs du Sud et son whisky fait maison.

Abandonnée par Clarence et rejetée par la plupart des membres de sa famille, Sadie avait bien des difficultés à payer ses factures. Essayant toujours de faire de son mieux, elle quitta la maison de son frère et emménagea dans des endroits de plus en plus pauvres. Charles lui glissait parfois un peu d'argent mais toujours en cachette pour ne pas s'attirer la colère de sa femme. En 1920, lorsque Eleanora avait cinq ans, Sadie épousa un docker, Phil Gough. Ce mariage sembla la réconcilier avec les Fagan ; Charles versa même un acompte sur une maison pour sa fille dans un quartier chic de l'est de Baltimore. Mais au bout de trois ans, Phil Gough disparut et Charles reprit la maison et ses versements. Sadie et Eleanora Gough (comme Holiday était souvent appelée) furent de nouveau sans domicile et livrées à leur propre sort, avec une Sadie peinant pour payer le loyer.

Avec ses chemises chic, la guitare et le banjo tapageurs, et les récits de Lib Lab sur les spectacles et les riches fêtards de New York, Clarence Holiday devait avoir, dans l'esprit de la jeune Eleanora, un attrait puissant. Il était l'un de ces aristocrates des bas-fonds. Quand il était dans les parages, il se souciait peu de savoir si elle se tenait bien, si elle allait à l'église ou avait de bonnes notes à l'école. Il l'avait vue se battre avec les garçons du quartier, en avait ri et l'appelait « Bill ». Qu'elle soit ou non une bonne petite fille à sa maman, elle était pour lui, qui passait de temps en temps, son petit garçon manqué débrouillard.

Eleanora en vint à idolâtrer les hommes forts de la vie nocturne : des gars coriaces, des musiciens souvent maquereaux, à qui elle demandait protection et à qui elle cédait beaucoup plus que de l'argent. C'était les « Papas » dont elle parlait souvent dans les interviews : « Je ne sais pas ce que je vais faire. Papa n'a pas encore fait nos plans. » « Nous allons nous installer ensemble, avoir notre propre maison et un bébé… » Encore très jeune, elle avait des rendez-vous avec des arnaqueurs aux mœurs légères dont la spécialité n'était pas l'amour mais la domination. Ils partageaient avec elle le plaisir de s'échapper du monde banal de la classe moyenne où même ceux qui gagnaient bien leur vie, comme son grand-père, passaient leurs journées à cuisiner pour les Blancs. Lorsqu'elle eut quinze ans, elle prit comme nom de scène celui que Clarence lui avait donné, « Billie » – ayant ainsi adouci le « Bill » et capté un peu de la magie associée à la star du cinéma Billie Dove. Quand sa mère arriva à New York vers 1930, elle se présenta elle-même comme étant « Sadie Holiday ». « Et voici ma fille Eleanora », disait-elle. « Appelez-moi Billie », ajoutait l'adolescente, sérieuse, déterminée à paraître assez âgée pour faire partie du monde nouveau et gigantesque de son père.

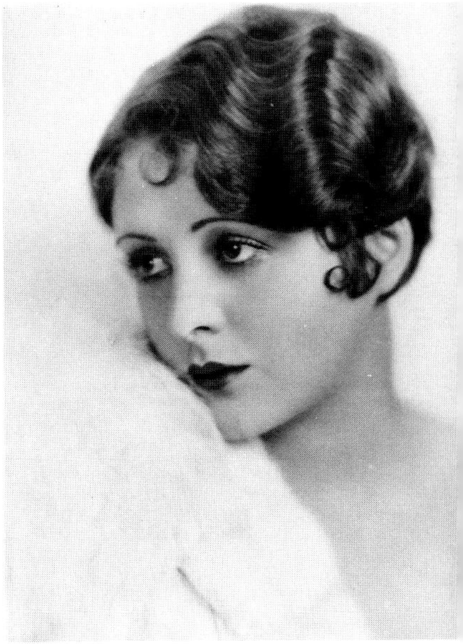

Billie Dove, vers 1930.

En ce qui concerne la musique, Clarence eut une influence positive sur sa fille. Il présentait rarement sa guitare ou son banjo en solo, mais il était un remarquable homme de section, un swingueur de première dont la précision et la sûreté du rythme pouvaient propulser une section rythmique entière et même toute une formation. « Beaucoup de gens ne le savent pas », dit Lawrence Lucie, un contemporain de Clarence qui jouait également de la guitare rythmique de façon exceptionnelle (et qui participa à quelques-uns des meilleurs enregistrements Billie Holiday-Teddy Wilson), « mais le banjo ou la guitare est le principal instrument de la section rythmique. La batterie et le piano peuvent jouer d'autres choses, mais le banjo est celui qui maintient le battement régulier du 4/4. »

En 1928, Clarence partit avec l'orchestre de Fletcher Henderson, que beaucoup considéraient comme le plus novateur et le plus swinguant des États-Unis. Depuis sa formation au début des années 20, l'ensemble de Henderson mit en vedette Louis Armstrong, Coleman Hawkins, Jimmy Harrison, Don Redman et Benny Carter – pour ne nommer que les plus grands. Duke Ellington se remémore, avec les plus grands éloges, le début des grands ensembles de Henderson : « Fletcher fut pour moi une grande source d'inspiration. J'avais toujours voulu que mon orchestre sonne comme le sien, le jour où j'aurais été prêt ; et on essayait d'y parvenir à la première occasion avec ces nombreux musiciens. Manifestement beaucoup d'autres musiciens voulaient la même chose, et quand Benny Goodman se sentit prêt à diriger un grand orchestre, il demanda à Fletcher de faire ses arrangements. » Le saxophoniste compositeur Benny Carter déclara sans équivoque : « Seigneur ! c'était le groupe avec lequel tout le monde souhaitait jouer !

C'était le test critique. Si vous pouviez jouer avec Fletcher, vous pouviez le faire avec n'importe qui d'autre. » Martin Williams a parlé de la musique de Henderson « comme d'un événement culturel important dans l'histoire de l'Amérique (et du monde). D'une manière ou d'une autre, elle atteignit et émut des millions de gens, et bien sûr les aida à garder le moral à travers des années 30 plutôt difficiles ». C'est là que Clarence Holiday fit son chemin jusqu'au sommet du monde du jazz à coups de guitare et de banjo.

D'après ceux qui ont entendu jouer l'orchestre, les enregistrements de Henderson ne lui rendent pas justice. Comme Ellington, Henderson n'était pas partisan d'une forte discipline ; tous deux pensaient qu'ils devaient engager les meilleurs musiciens, bien les payer et leur donner de la bonne musique à jouer – aucun sermon n'était nécessaire.

Tous deux firent œuvrer l'esprit de collaboration du jazz à la création d'un merveilleux monde sonore. Cependant, à la différence d'Ellington, Henderson ne fit pas d'enregistrement comme s'il était un créateur de l'histoire de la musique, passionné par le besoin de préserver aussi parfaitement que possible l'héritage d'un ensemble classique de jazz. Malgré tout, « Sugar Foot Stomp » et « Blue Rhythm » sont parmi les enregistrements les plus remarquables de Henderson. Ils caractérisent le travail de Benny Morton (plus tard régulièrement au côté de Billie Holiday), du grand Coleman Hawkins et de Rex Stewart – tous soutenus par le battement souple mais régulier de la guitare de Clarence Holiday.

En 1933, pour des raisons inconnues, Clarence quitta Henderson et erra d'un groupe à un autre, retrouvant souvent les anciens disciples de Henderson. En 1934, il joua avec Benny Carter ; avec Bob Howard, Charlie Turner et Louis Metcalf en 1935 ; et pour la dernière fois en 1936 avec Don Redman.

On n'a pas suffisamment parlé de Clarence chanteur. On l'avait vu accompagner les troubadours à Baltimore. Selon Fanny Holiday, qu'il épousa en 1924, il lui fit la cour avec ses chansons. Et Walter Johnson, un collègue de Clarence dans le groupe de Henderson, se le rappelle chantant avec sa fille Billie : « Il était très fier d'elle. Mais il était lui aussi un bon chanteur. Oh oui, il avait l'habitude de chanter avec le groupe. Il interprétait beaucoup de chansons douces, des ballades, mais jamais de blues ni quoi que ce soit de ce genre. Million Dollar Baby – Je me souviens qu'il avait l'habitude de faire un arrangement sur celle-ci. Je n'ai jamais entendu personne la chanter comme lui. » Fanny Holiday rapporte aussi que Clarence persuada Henderson de laisser Billie chanter à l'occasion avec son groupe. Le trombone de l'ensemble, Sandy Williams, se souvient que Holiday et Henderson étaient sur la même affiche à Chicago en 1936 avec l'orchestre qui l'accompagnait. Selon Fanny, Clarence voulait que Henderson prenne sa fille dans le groupe comme chanteuse, mais pour des raisons qui ne furent jamais éclaircies (Fanny a toujours pensé que c'était pour éviter des tensions familiales dans le groupe), Henderson dit non. En tout cas, les deux Holiday chantaient, et – si on peut faire confiance à la mémoire de Fanny – comme instrumentiste et chanteur, ils avaient une chance de jouer ensemble.

En termes d'influence musicale, Billie fut probablement enthousiasmée par l'apparence accommodante de son père et également par son sens précis du temps. Si Bobby Tucker et d'autres disaient que la pulsation de Holiday était aussi régulière qu'un métronome (et même davantage car aucun métronome ne peut accentuer ou modeler le battement comme pouvait le faire Holiday), peut-être est-ce parce que depuis le début de sa vie consciente elle savait que le métier de son père était celui d'un véritable gardien du temps d'une formation de jazz. Il était ce que Benny Green appelait, dans un contexte différent, l'« horloge qui rit », l'homme qui souriait tandis qu'il faisait nonchalamment swinguer l'orchestre en marquant le temps mieux qu'une horloge.

Son père n'était pas n'importe quel musicien de jazz ; il avait un succès manifeste. C'était la Dépression, les relations entre Blancs et Noirs étaient des plus délicates, et Lib Lab était un professionnel hors pair. Il était libre de ses mouvements, avait une élégance toute personnelle, une facilité d'expression artistique, le respect de ses camarades musiciens tout comme celui des amateurs de musique, et puis des vêtements tape-à-l'œil et de l'argent liquide dans les poches – tout ce qu'il fallait pour travailler régulièrement dans l'un des meilleurs orchestres de jazz.

Vers le milieu des années 20, avec l'exemple de Clarence à l'esprit, et bien avant qu'elle ne devienne chanteuse professionnelle, Eleanora commença à renoncer au modèle de la classe moyenne représenté par sa mère – l'église, l'école et le dur travail des domestiques.

Dans le journal *PM* (la source de William Dufty concernant les histoires de *Lady Sings the Blues*), Holiday se souvient qu'à l'âge de six ou sept ans elle fut confiée à la garde d'Ida, sa cousine pieuse et cruelle. Celle-ci la battait tous les jours avec un fouet ou ses poings, l'accusant de mouiller le lit ; un crime dont le responsable, selon Holiday, était son cousin Henry. Mais Ida était sûre du contraire car Billie était mauvaise, tout comme sa mère. En parlant de sa tante dans *Lady Sings the Blues*, Holiday dit :

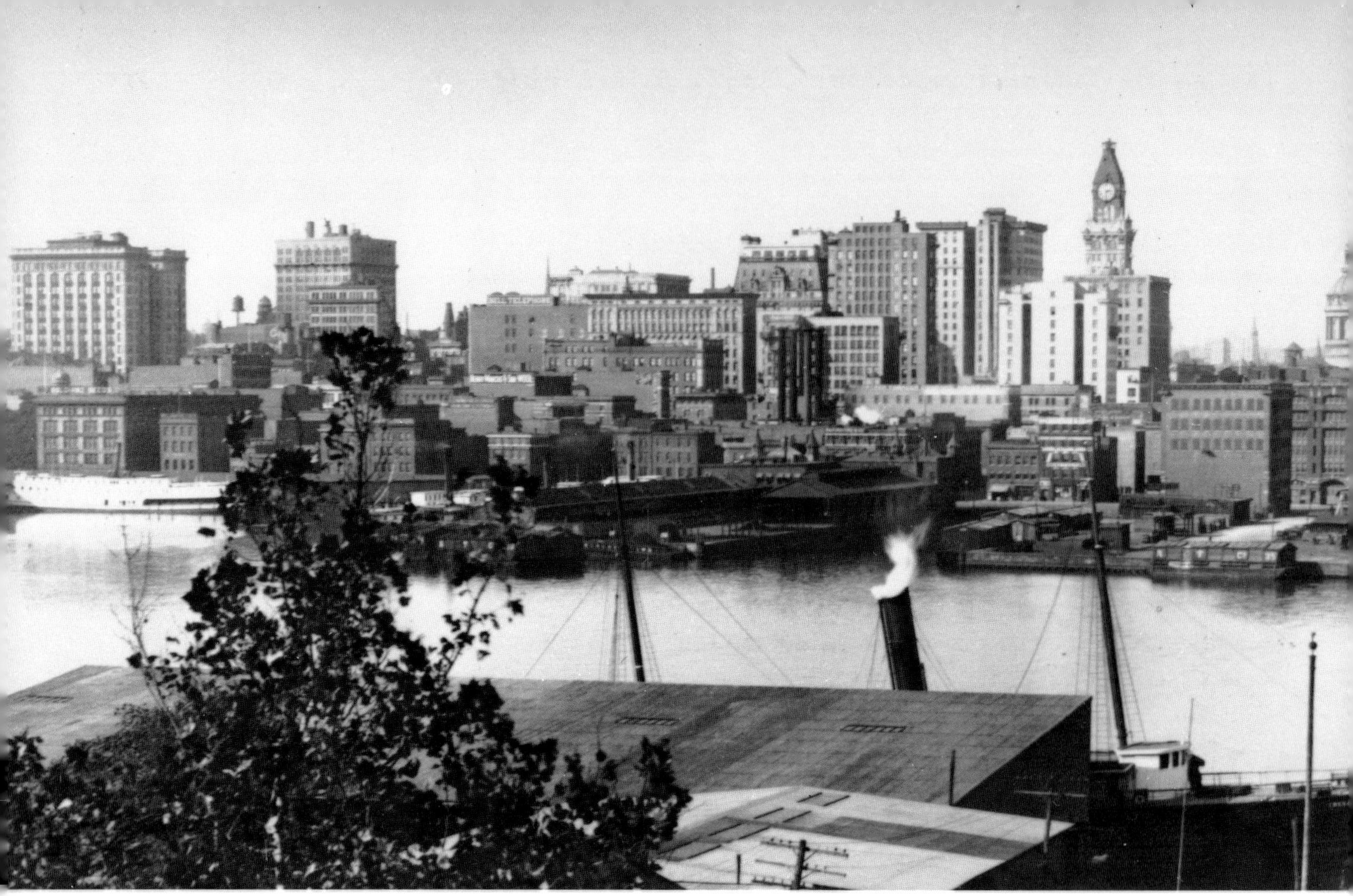

Une vue du Baltimore's Federal Hill, vers 1915.

Elle n'arrêtait pas de dire à ma mère que je ramènerais comme elle un bébé à la maison et que je déshonorerais cette foutue famille. Une fois elle m'a entendue dire « Bon sang » et comme elle a pensé que c'était une énormité, elle m'a balancé une casserole d'amidon. Mais elle a raté son coup parce que je me suis baissée vivement. On ne pouvait rien lui dire sur Henry, tout ce qu'il nous en a fait voir, à nous les filles [la cousine Eleanora et sa sœur Elsie]. Il a même essayé de faire avec nous ce qu'on appelait « la chose » pendant qu'on dormait. Quelquefois on était tellement fatiguées de se battre toute la nuit avec ce petit ange qu'on n'arrivait pas à se lever à temps pour l'école.

Mais le pire n'était pas encore arrivé. Holiday parle aussi de sa grand-mère de quatre-vingt-seize ans qu'elle adorait : « Elle me racontait comment c'était d'être esclave, d'appartenir corps et âme à un homme blanc qui en plus était le père de ses enfants. Elle ne savait ni lire ni écrire, mais elle connaissait la Bible par cœur, et elle était toujours prête à me raconter une histoire tirée des Écritures. » Eleanora avait six ans et ne savait pas que le médecin de sa grand-mère lui avait ordonné de ne jamais dormir allongée mais dans un fauteuil. La vieille femme implora l'enfant de la laisser s'étendre à côté d'elle, et la fillette l'aida à s'allonger sur le sol où elle-même s'endormit après l'histoire racontée par sa grand-mère. « Je me suis réveillée quatre ou cinq heures plus tard. Le bras de grand-mère était serré autour de mon cou et je ne pouvais plus l'enlever. J'ai essayé, essayé et puis je me suis affolée. Elle était morte et j'ai commencé à hurler... Ils ont dû casser le bras de grand-mère pour me délivrer. » Après un mois passé à l'hôpital à la suite du choc nerveux, Eleanora retourna à la maison et à la colère de la cousine Ida qui « recommença aussitôt ce qu'elle avait toujours fait : me battre ».

Ce qui est le plus intéressant dans le souvenir de ces événements, auxquels aucune interview ou autre document n'apporte de preuves, c'est la façon dont elle les présente. Abandonnée par ses parents, elle était sujette à de mauvais traitements dans l'endroit qui aurait dû être sa maison. Elle fut servie en ce qui concerne les perpétuelles punitions par sa mère de substitution ; et la mort de sa grand-mère provoqua chez la jeune Holiday un sentiment puissant de culpabilité, un choc et de

L'est de Baltimore, vers 1920.

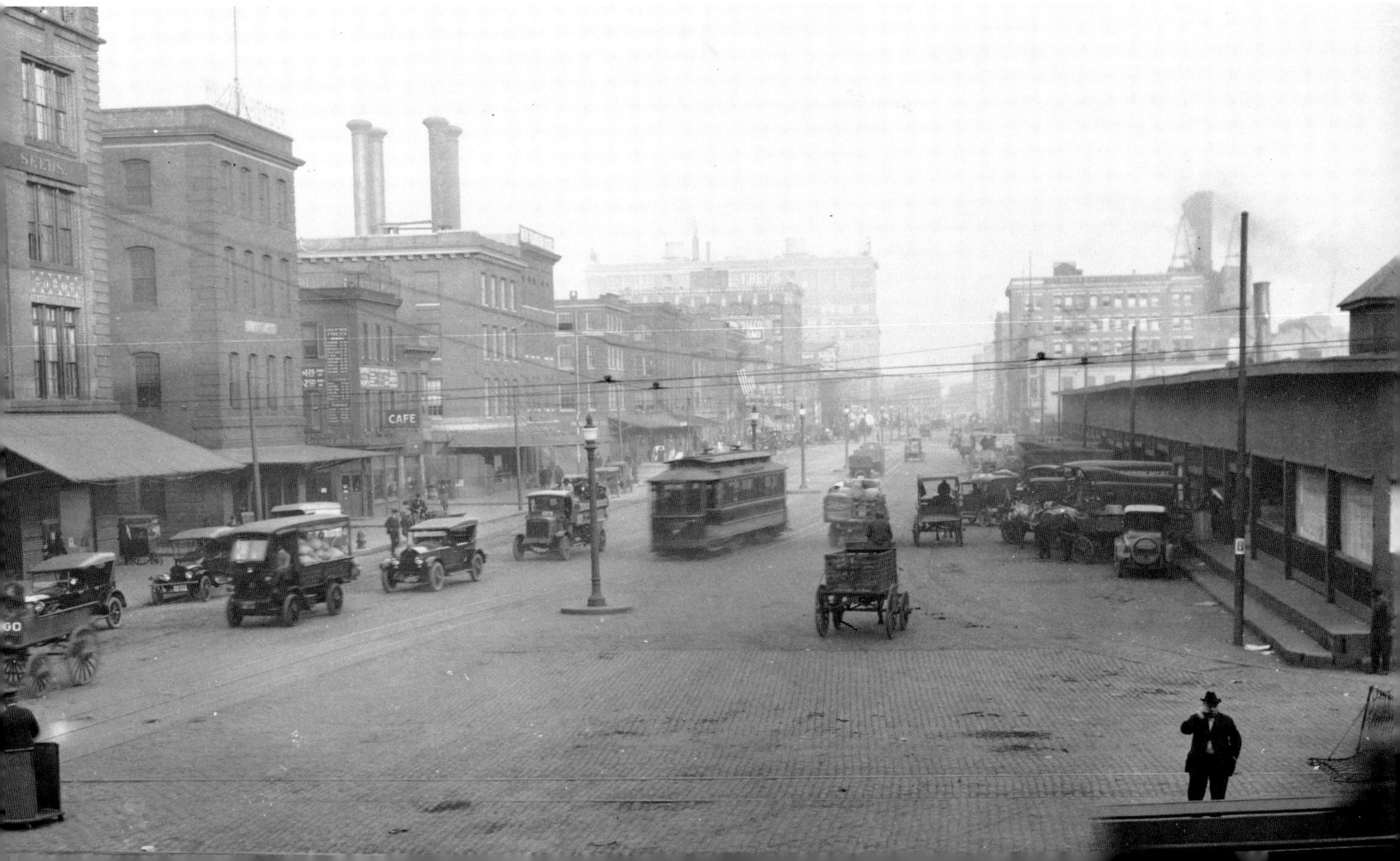

nouvelles punitions corporelles. Il n'est pas surprenant que cette enfant, qui n'était pas exactement pieuse mais qui allait à l'église aussi souvent que sa mère l'y emmenait, se soit imaginé qu'elle était elle-même coupable d'avoir été laissée à l'abandon. C'est sans aucun doute dans ces débuts douloureux que l'on trouve une partie des réponses aux questions concernant les préférences de Holiday pour des circonstances et des hommes qui la dominaient et la punissaient. Elle savait au fond d'elle-même qu'elle n'était pas la gentille petite fille que Sadie aurait aimé avoir.

Pour l'historien à la recherche de sources sérieuses se rapportant à Holiday, la piste est des plus arides : pas de certificat de naissance, pas d'enregistrement de baptême, aucune inscription sur les registres de la ville. Le premier document écrit concernant son existence est le rapport de sa première arrestation. Elle avait dix ans. Le propre compte rendu de Holiday sur cette arrestation figure dans *Lady Sings the Blues*. Elle raconta à William Dufty que sa mère était certainement en ville mais pas à la maison, quand un voisin nommé Mr. Dick l'attira dans un autre quartier, prétextant que sa mère lui avait demandé de la lui ramener. L'endroit se révéla être une maison close où, avec l'aide de la patronne, il la viola. Quand Sadie rapporta la scène aux autorités, Eleanora fut d'une certaine manière tenue pour responsable :

> *Ils m'ont traitée comme une criminelle. Ils n'ont pas laissé ma mère me ramener à la maison. Mr. Dick avait dans les quarante ans, j'en avais seulement dix. Peut-être que l'officier de police en regardant mes seins et mes jambes en avait déduit mon âge. Je ne sais pas. En tout cas, je parie qu'ils se sont figuré que c'était moi qui avais attiré ce vieux bouc dans le bordel, ou quelque chose comme ça. Ce qu'il y a de sûr, c'est qu'ils m'ont foutu en taule. Ma mère a eu beau pleurer, crier et supplier, ils l'ont mise à la porte et ils m'ont confiée à une grosse matrone blanche. Quand elle a vu que je saignais toujours, elle a eu pitié de moi et m'a donné deux verres de lait. Mais personne d'autre n'a fait quoi que ce soit pour moi, sinon me jeter des coups d'œil graveleux et rire sournoisement.*

Mr. Dick fut condamné à cinq ans de prison, dit Holiday, et « ils m'ont envoyée dans une institution catholique ». Là encore, c'est la confiance trahie, la violence sexuelle et les punitions monstrueuses et imméritées. C'est un conte sur l'échec institutionnel : la famille, le voisinage comme extension de la famille, la loi, tous la laissèrent tomber, prononçant sa culpabilité.

Si l'on peut croire qu'Eleanora fut violée et condamnée pour cela même – sa mère et elle étaient trop pauvres pour réclamer justice –, les documents relatifs à cette première arrestation racontent une histoire différente. Les rapports de la cour montrent que la gamine de quatorze ans était si souvent sur le trottoir de l'école qu'un officier responsable des mises à l'épreuve, Mr. Dawson, l'emmena au tribunal pour mineurs où, en janvier 1925, le magistrat Williams la déclara coupable d'être « une mineure sans surveillance » et l'envoya passer une année dans la maison catholique du Bon Pasteur pour les filles de couleur, à Baltimore.

Pour revenir à la version de Holiday, elle se rappelle que cette fois-là, à la maison du Bon Pasteur, elle a joui d'une certaine célébrité parmi les autres détenues parce qu'elle était là à cause d'une histoire sexuelle. Le pire de tout, dit-elle, fut la fois où les sœurs, pour la punir de ne pas avoir respecté le règlement, ont partagé entre les autres filles le panier de provisions que sa mère lui avait envoyé. Ils l'enfermèrent aussi avec une des filles qui était morte. Était-ce celle qui se balança si haut dans la cour qu'elle se brisa le cou ? (« Dieu la punira. Dieu la punira », avait dit la mère supérieure à l'assistance restée bouche bée.) Cette expérience fut horrible pour Eleanora : « Tout ce que je savais c'est que je ne pouvais pas rester avec un cadavre depuis que mon arrière-grand-mère était morte en me serrant dans

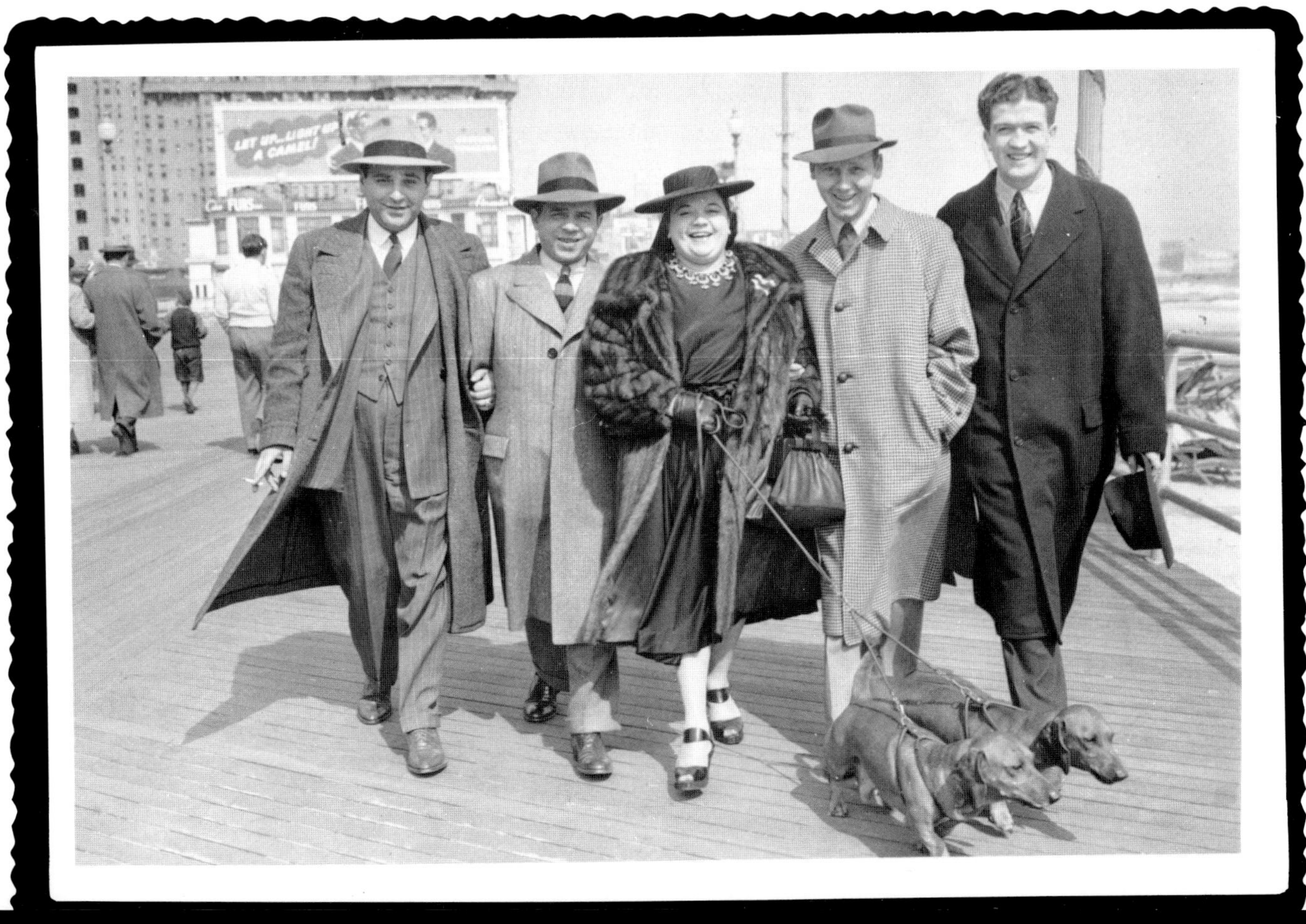

La chanteuse Mildred Bailey, vers 1940. Elle engagea la mère de Holiday comme domestique, et puis elle piqua au vif la chanteuse en disant combien Sadie était médiocre cuisinière. Selon John Hammond, "c'était sa façon de se venger de Holiday parce qu'elle était si bonne".

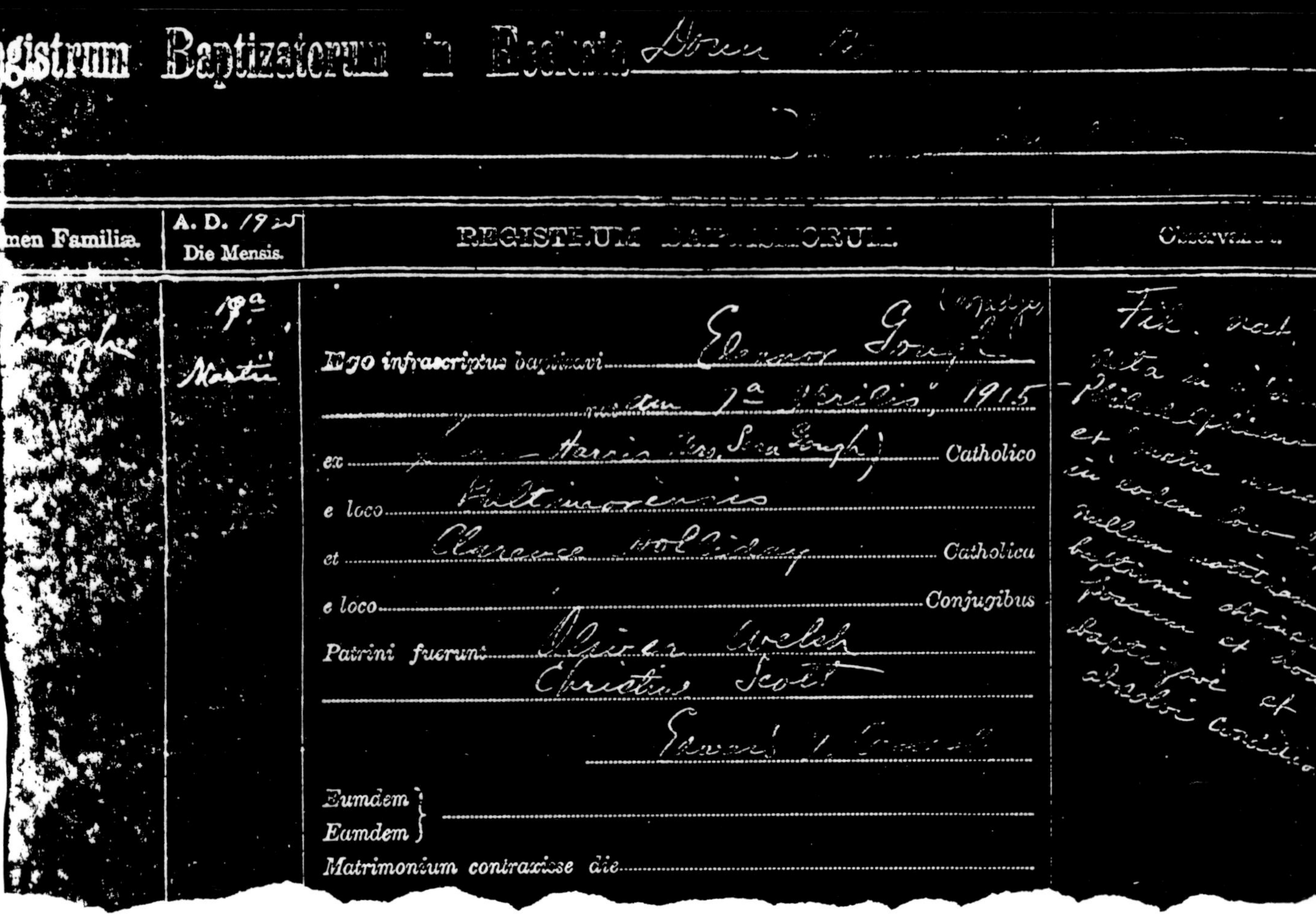

Le certificat de baptême de Holiday, 1925. Le prêtre qui la baptisa à la maison du Bon Pasteur s'informa auprès de la mère de Billie, Sadie – "Sara Harris (Mrs. Sara Gough)" – et ensuite décrivit en latin la situation de Billie comme suit : "Enfant naturelle. Née à l'hôpital. À Philadelphie. Et (selon sa mère) baptisée au même endroit. N'ayant pu obtenir aucune preuve de ce baptême, aujourd'hui je l'ai baptisée et absoute, conditionnellement."

ses bras. Impossible de dormir. Impossible de supporter ça. J'ai hurlé et j'ai cogné sur la porte si fort que j'ai empêché toute la baraque de dormir. Je l'ai martelée jusqu'à avoir les mains en sang. » En revoyant la scène et les conséquences de cette arrestation, Holiday évoquait une fois encore les images de l'échec dans la communication avec la famille, les châtiments douloureux, autant physiquement que psychiquement (l'emprisonnement avec un cadavre), et la culpabilité.

Mary « Pony » Kane, qui était à la même époque au Bon Pasteur, a confirmé que c'était un endroit de règles sévères et effroyables, de punitions cruelles. Elle ajouta que la plupart des filles avaient entre treize et dix-huit ans, beaucoup d'entre elles étaient des dures à cuire enfermées là pour un long moment. Souvent, l'admission d'une nouvelle passait par la relation sexuelle, volontaire ou non, avec l'une des plus anciennes pensionnaires. Kane affirma aussi que la petite Eleanora de neuf, dix ans, avec son visage séduisant, sa physionomie formidable aux formes déjà bien proportionnées, aurait été assez vulnérable à de telles attaques. Pour survivre aux sœurs, elle devait obéir à la lettre au règlement inflexible du Bon Pasteur ; pour réchapper aux autres détenues, elle devait apprendre à se battre et elle ne devait pas échanger seulement des sucreries mais aussi des faveurs sexuelles.

L'une des femmes qui travaillaient à la maison du Bon Pasteur, Christine Scott, avait quatre-vingt-quatre ans lorsqu'elle parla de la jeune Eleanora à un journaliste. Se souvenant parfaitement qu'Eleanora s'appelait Madge (et non pas Theresa, comme Holiday le dit dans *Lady Sings the Blues*) au Bon Pasteur, elle voyait la petite de dix ans non pas comme une chipie traînant les rues mais une enfant au regard adulte, douloureusement renfermée et timide :

> *Madge (Eleanora) n'était rien d'autre qu'une gosse. Mais elle était plutôt grande et bien potelée comme n'importe quelle fille de quatorze ans. Elle avait une très jolie peau brune. De même que ses traits étaient fins... et elle avait une superbe chevelure. Elle était jolie et propre. Mais je vous le dis, elle était comme un bout de bois ; rien ne l'intéressait sauf la couture. Elle broyait toujours du noir. Elle avait très rarement des contacts avec les autres. En classe, elle s'asseyait de son côté. Et dans la cour, elle s'asseyait toute seule dans un coin.*

Scott se rappelle qu'Eleanora voulait plus que tout être baptisée. Avec elle pour marraine, le prêtre de la maison du Bon Pasteur, le père Edward V. Casserly, lui conféra le baptême le 19 mars 1925. Selon les souvenirs de Scott :

> *Elle était là avec les autres filles, toutes portaient un voile et une robe blanche. Elle avait un sourire fendu jusqu'aux oreilles. On pouvait presque voir ses dents du bas. Elle était si ravie. Oh, et oui, je l'avais presque oublié, je lui ai donné un livre de prières. Elle a vraiment dû beaucoup l'apprécier parce qu'elle l'a toujours gardé dans ses mains. Après ça, elle a pris l'habitude de venir s'asseoir près de moi après le dîner. On ne parlait pas beaucoup. C'était une gentille fille.*

De retour à la maison, les choses avaient changé. Sa mère était sur le point de quitter leur appartement pour s'installer avec Wee Wee Hill à Durham Street. Eleanora vint s'installer avec eux et elle avait de bonnes raisons pour chanter, comme s'en souvient Hill, car pendant quelque temps la situation resta calme.

Mais Hill et Fagan commencèrent à se disputer. Hill travaillait comme portier de l'immeuble B & O dans le centre de Baltimore ; mais il avait huit ans de moins que Sadie, et il aimait flirter avec les autres femmes, rester tard dehors. « Je suppose que j'étais un sale type », dit-il plus tard. Une nuit, à la recherche de Hill, Sadie le trouva dans un bordel de Bond Street. Il était en haut quand il entendit le fracas des coups secs contre la porte d'entrée – ce qui était plutôt inhabituel dans ce genre d'endroits secrets. D'une voix très forte, Sadie commença à l'appeler et lui demanda de sortir. « Quand j'ai su qui c'était, bien évidemment je ne suis pas sorti », dit Hill. Personne n'ouvrit la porte. La petite Eleanora âgée de douze ans était à la maison avec sa mère quand Hill revint plus tard dans la soirée. Comme le dit Hill lui-même, tout était confus : « Quand je suis rentré, elle a attrapé un porte-cigarettes hérissé de pointes et m'en a balancé un coup qui m'a ouvert le poignet et le bras. Et elle m'a injurié, mais je ne voulais pas la battre. J'ai couru. Je voulais me retrouver très loin. Eleanora a essayé d'arrêter sa mère, de lui parler. Mais je ne voulais pas rester avec elle. Alors je suis parti chez ma mère. Et puis je suis revenu. Nous n'avons plus jamais eu d'autres bagarres comme celle-ci. C'est la seule fois qu'elle m'a fait du mal... C'est ce qui m'avait surpris, en fait, à cette époque. Parce que je ne pensais pas qu'elle tenait autant à moi pour réagir de cette façon. »

Et puis les choses se défirent. Mais avant la fin de leur liaison qui dura encore quatre ans, le divorce de Sadie avec Phil Gough fut prononcé et elle commença à presser Hill de l'épouser. Elle avait établi un plan pour améliorer leur situation économique à tous trois. Celui-ci avait pour cadre New York et Sadie pensait qu'il finirait par offrir à Eleanora une série « d'ouvertures » (des ouvertures qui lui offrirent surtout une succession traumatisante de perturbations). Sadie et Hill s'installèrent à Cedarhust, dans Long Island, où ils trouvèrent du travail chez une famille juive, les Levy. Sadie était leur bonne et leur cuisinière tandis que Hill travaillait comme employé dans leur magasin de Times Square.

Il y eut des conflits au sujet de l'endroit où laisser Eleanora à Baltimore après le départ de Sadie et Hill pour New York. Mary « Pony » Kane dit qu'elle emménagea chez la mère de Hill, miss Lucy Hill, dite « miss Lu ». Selon Hill, celui-ci lui donna assez d'argent pour payer une chambre et une pension près de Pratt et Gough Streets. Billie essaya peut-être ces deux arrangements ; mais en tout cas l'adolescente se trouva plus libre qu'elle ne l'avait jamais été. Miss Lu avait une blessure à la jambe, qui ne s'était jamais vraiment bien guérie ; elle demeurait allongée sur un lit d'hôpital ou assise avec sa jambe appuyée sur une pile de boîtes. Les locataires et la famille de miss Lu entraient et sortaient : son fils Wee Wee et Sadie Fagan, les deux frères de Wee Wee, l'une de ses belles-filles et probablement, parfois, Eleanora. Pour aider au travail, Pony Kane s'installa avec sa mère puis une adolescente dans le grenier de miss Lu. Tout était partagé en quatre au 217 Durham

Street, une vieille maison toute simple avec une « cuisine d'été », selon Kane, et pas de bonne baignoire.

Kane s'en souvient comme d'une maison sombre, éclairée au gaz, où nuit et jour les portes s'ouvraient et se refermaient, devant comme derrière, et les gens se tenaient tranquillement sur les marches. Miss Lu avait promis à Sadie de prendre soin d'Eleanora et elle essaya de tenir parole. Mais l'adolescente avait passé une année dans une maison de redressement et elle était une admiratrice du monde nocturne de son père. Elle était plus forte que sa gardienne, convenant d'être une bonne fille et puis s'en allant pendant des heures. Eleanora savait ce que signifiaient le respect et les bonnes manières dans la tradition des Noirs du Sud. Mais dès les premières semaines où sa mère fut loin, elle commença à sécher les cours régulièrement et à explorer en détail les quartiers est de Baltimore où personne n'allait à l'école et où chacun avait de l'argent liquide et était prêt à tuer.

« Eleanora se débrouillait très vite », se souvient Kane, qui déjà tapinait dans le quartier chaud du Baltimore des années 20. « Vous savez, c'était ce genre de personne qui dit : Je vais devenir une bonne femme de toute façon, alors quelle est la différence ? Qu'est-ce que ça peut foutre ? Bon, Eleanora sortait et faisait ce qu'elle voulait parce qu'elle était une *j' m'en foutiste*. »

A cette époque, Eleanora portait des vêtements minables, des pulls sales et des couleurs bizarres. « Elle avait une seule paire de bas », dit Kane, « elle les lavait, les mettait à moitié secs et sortait. Elle n'avait pas trop de vêtements. » Et elle se rappelle avoir vu Eleanora se glisser devant miss Lu, bien après minuit, éloignant son visage de la lumière afin que la vieille dame ne voie pas le lourd maquillage qu'elle portait pour dissimuler son visage enflé et coupé. « Elle aimait les types qui s'habillaient bien. Des chaussures de richards avec des languettes qui dépassaient... en cuir de différentes couleurs : marron, noires et comme de la couleur du vin. C'était les types les mieux habillés, avec des casquettes qui venaient de Matteburgs, celles que portaient les souteneurs. »

La jeune Eleanora « j'm'en foutiste » s'identifiait en fait au monde fantastique de son père ; ce monde clandestin qui considérait l'univers obligé d'Eleanora – celui de l'école, de l'église et de la politesse mesquine – avec circonspection et mépris. Elle avait décidé d'échanger un mode de vie contre un autre, au moins à titre d'essai. Elle échangea aussi une idée de la famille contre une autre : le monde de la nuit lui offrait un code sûr et immuable de règles réservées aux initiés. Les maquereaux/ petits amis étaient les « papas » ; les vieilles putes étaient les « mamans » initiatrices, protectrices ; et il y avait des « frères » et des « sœurs » de toute sorte. Là au moins,

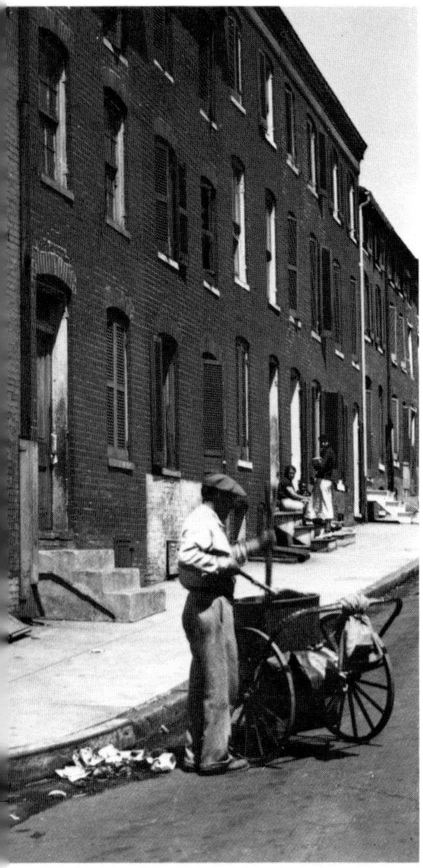

Le Baltimore de Billie Holiday, vers 1930.

c'était une famille qui n'allait pas plier bagage et la laisser en arrière avec des gens qui se moquaient éperdument d'elle. Eleanora avait douze ans lorsqu'elle devint amie avec l'imposante et élégante Ethel Moore, propriétaire du 20 Bond Street à Fell's Point, le quartier chaud des quais de Baltimore. Les initiés l'appelaient le Point. Cet endroit n'était pas un bordel mais une maison de distractions – un endroit ouvert toute la nuit où les Noirs ne venaient pas spécialement pour le sexe mais pour danser, boire, fumer un joint et parfois louer une chambre une heure ou deux. Moore apprit à Eleanora les règles du Point, y compris tout ce qui concernait le commerce de la prostitution (*commerce* était leur expression pour désigner les relations sexuelles avec un John*). Moore servit de guide, de protectrice et même parfois de grande sœur à cette gamine en rupture avec sa propre famille.

De son côté, Alice Dean dirigeait à Fell's Point un bordel et un tripot prospères où, selon une ancienne prostituée, il y avait une pratique consistant à prendre le portefeuille du John pendant qu'il était occupé avec une autre fille qui plus tard partageait l'argent. Comme Moore, Dean prit Eleanora sous sa protection, lui dévoilant un nouveau style de vie d'une élégance étincelante, avec de l'argent à profusion et, enfin, un code de conduite aussi limpide que celui dont le monde ordinaire pouvait se vanter. Les souteneurs comme Skinny « Rim » Davenport jouaient le rôle de Bon Papa, gardant leurs dames dans le droit chemin en leur offrant de l'amour (évidemment partagé) et procédant à des actions disciplinaires fréquentes, vives et violentes. Ce que Holiday raconte sur son expérience de la prostitution à New York était également vrai pour le « commerce » à Baltimore : cela voulait dire « des clients réguliers blancs » (les Noirs n'avaient généralement pas les moyens de s'offrir les services de Dean) et « c'était du gâteau. Ils avaient à la maison femmes et enfants. Quand ils venaient me voir, c'était pour tirer leur coup rapidement, ils me donnaient l'argent et ils disparaissaient ». Ici, au mieux, il y avait un amant à « mi-temps » dont elle ne dépendrait pas ou, au pis, un Blanc stupide à plumer, voler, pour en rire plus tard.

Dans son autobiographie, Holiday rend bien compte de son travail chez Dean mais pas comme call-girl. Comme d'habitude, elle maquille le portrait de ses débuts, en se donnant seize ans au lieu de dix. A seize ans, dit-elle, elle était déjà parvenue au terme de sa croissance, « une femme... J'étais grande pour mon âge, avec des gros seins, des gros os, un bon gros cul épanoui, c'est tout ». Néanmoins, comme le courageux héros Horatio Alger qu'elle prend pour modèle, elle « commença à

* En argot, le client d'une prostituée. *(N.d.T.)*

travailler dehors, avant et après l'école, gardant les bébés, faisant les courses et récurant tous ces damnés perrons blancs qu'on trouve partout à Baltimore. Quand les familles du voisinage ont pris l'habitude de me payer cinq cents pour les frotter de haut en bas, j'ai décidé de gagner plus et j'ai trouvé un moyen : j'ai acheté une brosse, un seau, quelques chiffons, un peu de savon Octagon et une grosse barre de ce produit que je n'oublierai jamais : le Bon Ami ».

Chez Alice Dean, elle gagnait de l'argent en faisant le ménage : « Je faisais régulièrement les courses pour elle et ses filles. J'avais le sens du commerce à l'époque. Je ne faisais jamais une commission pour quelqu'un à moins de cinq ou dix cents. Mais j'aurais couru n'importe où pour Alice et ses filles, et je lavais leurs cuvettes, leur sortais le savon Lifebuoy et les serviettes. »

Il est probable qu'Eleanora participa de très près aux événements de la scène du Baltimore noir. Ce qui est le plus significatif dans ce monde secret, c'est son autre face. C'était certainement un univers où l'homme débrouillard était « aussi gracieux et dangereux qu'un tigre », mais c'était aussi le monde de l'élégance et de la bonne musique. Holiday raconta plus tard qu'elle faisait les commissions de Dean pour avoir la chance, en échange, de monter dans son grand salon et écouter Bessie Smith sur son Victrola. « Si j'avais entendu Louis et Bessie à un rassemblement de filles scouts », dit Holiday sur la défensive, « j'aurais adoré ça de la même façon. Et à Baltimore, les endroits comme celui d'Alice Dean étaient les seules boîtes assez tape-à-l'œil pour avoir un Victrola et pour y écouter les meilleurs disques. »

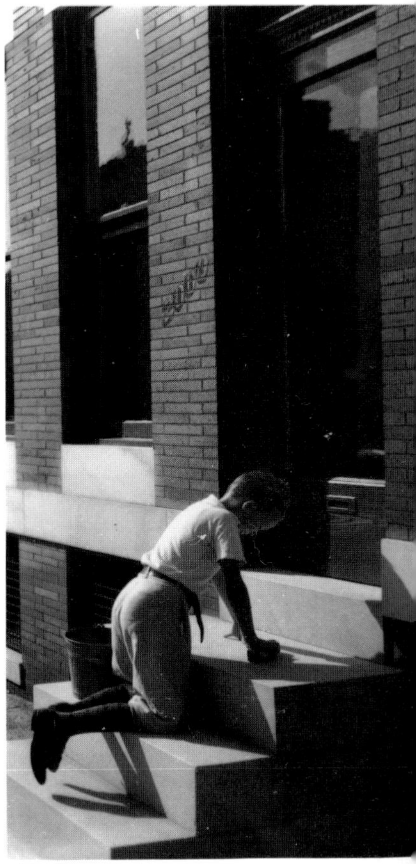

Dans son autobiographie, Holiday déclare avoir gagné de l'argent en frottant les perrons blancs de Baltimore.

Personne à Baltimore ne paraît se souvenir d'Eleanora frottant les perrons ou courant faire les commissions pour quelqu'un. Ce que certains se rappellent c'est une Eleanora de douze ans paraissant nettement plus âgée et qui était régulièrement amenée dans des maisons comme celle d'Alice Dean et d'autres bordels. Ponny Kane se souvient d'Alice Dean de façon précise :

> *Elle avait tout dans cette maison. C'était une maison magnifique. Elle avait un gramophone. Il fallait donner quelques tours de manivelle et puis mettre un disque. Ils chantaient et dansaient jusqu'à la mort. Ils jouaient « Black Bottom » et « Stormy Weather ». Et toutes sortes de blues qu'ils avaient l'habitude de chanter – « Blue Susy stuff, Butter Beans and Suzy stuff ». Ils avaient tous les disques de Florence Mills, Bessie Smith et Mamie Smith. C'était principalement des chanteuses de blues. Quant aux femmes, elles faisaient claquer leurs doigts. Particulièrement les lundis. Ouais, le lundi c'était le lundi Bleu, celui du blues.*

FLASH

WEEKLY NEWSPICTURE MAGAZINE

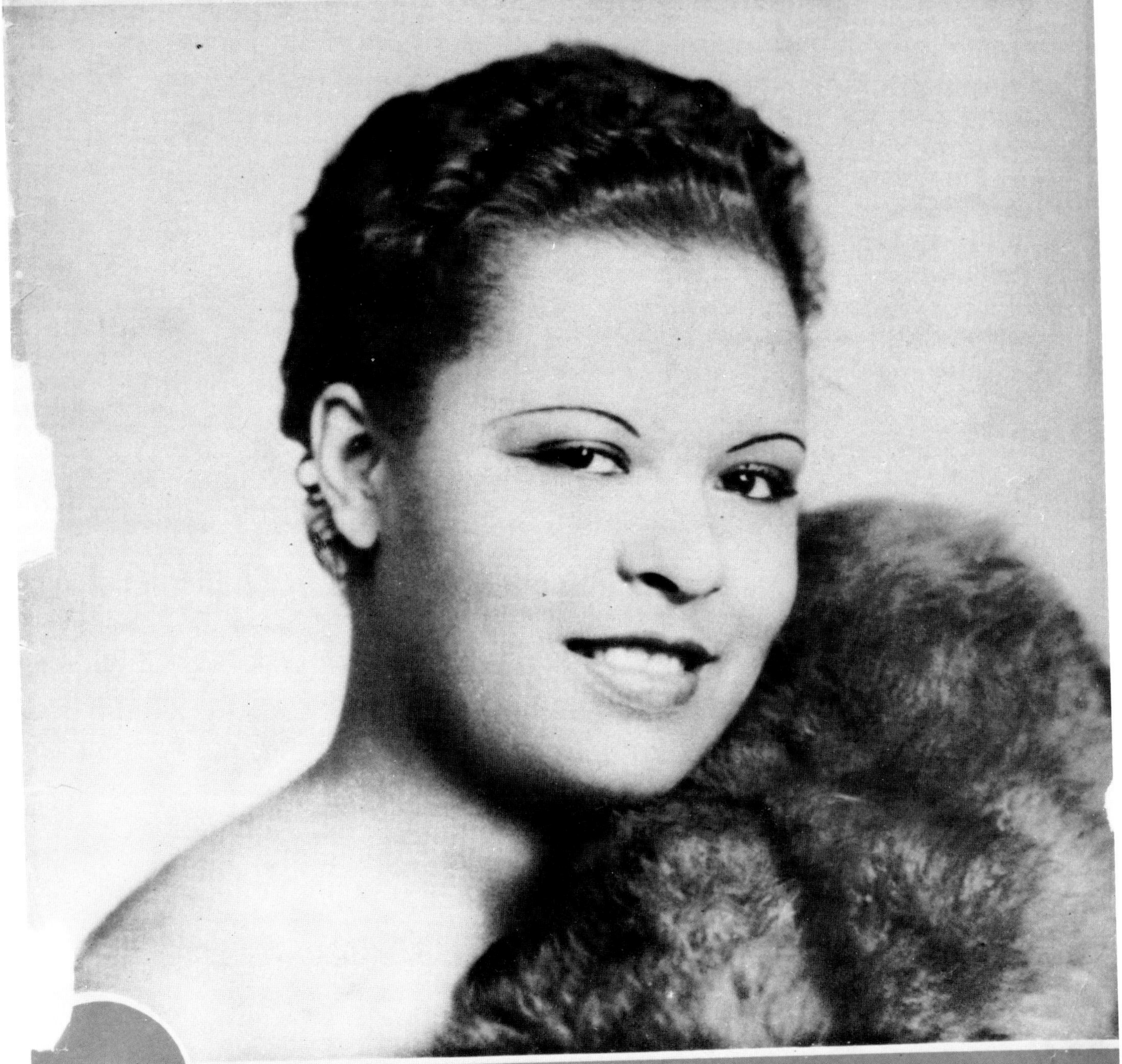

10¢

MAY 3, 1937

Kane se souvient aussi avoir vu Eleanora chez Dean : « Elle était la plus jeune de toutes les filles. Elle portait toujours des combinaisons et des slips en satin. Sa grande jeunesse la faisait remarquer auprès des types. » Pendant longtemps elle fut, chez Dean, la favorite des clients, la « petite merveille ». « Et toutes les femmes étaient jalouses d'elle », dit Kane, « parce qu'elle avait le teint clair, elle était bien bâtie et elle savait chanter. »

Il ne faut pas oublier que dans ces maisons le sexe seul n'avait pas une extrême importance, il y avait aussi la musique. Les clients pouvaient demander à la jeune fille de chanter juste pour eux. Et quand elle leur faisait son numéro en accompagnant les disques avec sa voix enrouée à la Bessie ou à la Louis, toute la maison swinguait.

A cette époque, une soirée en semaine pouvait commencer par une petite fête. Le manager « Diesel » Haskins, qui connaissait Eleanora à ses débuts à Baltimore, présente ainsi la scène : « Vous prenez deux ou trois pianistes et vous les emmenez chez quelqu'un qui a un piano. Les parents s'assoient et écoutent, et puis ils vont se coucher et nous, on joue jusqu'à très tôt le matin, chantant, dansant. Et puis on rentre à la maison, on se lave et on se change pour aller à l'école. Billie chantait Sentimental Baby et Teardrops . » Pendant que les autres s'abandonnaient à la nuit, Eleanora et sa clique mettaient le cap sur les petits clubs de l'est de Baltimore. Skinny Davenport se souvient qu'elle « chantait toutes les nuits » : « Chaque nuit elle était dans un endroit différent et alors on la suivait. »

Les nuits où elle n'avait pas d'engagement, Eleanora se joignait parfois à d'autres chanteuses pour chercher un endroit où gagner des pourboires. Ethel Young, une de ses amies, et une autre, Eva « Nitey » Beasley, se réunissaient et allaient chanter de club en club. Lors de la nuit de l'Amateur au vieux Custer Theater, les filles s'entassaient et essayaient de passer sur scène pour voir « qui avait les meilleures paroles » et qui obtenait le plus d'applaudissements.

Quand tout finissait par fermer, vers deux ou trois heures du matin, la clique d'Eleanora se retrouvait chez Ethel Moore ou dans une autre maison clandestine. Davenport dit que les hommes de la nuit avaient pour Eleanora une estime toute particulière. Elle était jeune mais elle était spirituelle et avait de la conversation. Elle avait du talent et une vision acérée des choses, elle savait se battre et n'avait peur de personne. Et puis elle commençait à gagner son propre argent. « A cette époque, une boîte restait ouverte aussi longtemps qu'on voulait. Lorsque les clubs allaient fermer... eh bien, Eleanora allait dans un after-hours , une maison comme celle d'Ethel. On dansait et elle interprétait une chanson si on le lui demandait. On n'avait pas de piano ; elle chantait tout simplement. Ou alors on mettait un disque où il n'y avait pas de paroles, et elle les chantait. » Davenport, Nitey Beasley et d'autres membres du groupe des noctambules allaient boire du whisky de contrebande, fumer des joints, manger du poisson, des côtes de bœuf, danser sur la musique des juke-box, des pianos ou celle d'Eleanora – et parfois sur les trois en même temps. Comme Fats Waller l'exprima : *« Ici, ça bougeait vraiment ! »*

Les maisons d'Alice Dean et Ethel Moore, dont la sociologie et la morale supporteraient difficilement l'examen rigoureux, étaient des terrains d'entraînement fertiles pour les musiciens de jazz. Le jazz américain, la plus démocratique des formes d'art, fut nourri dans les bars, les arrière-salles des maisons closes et les boîtes – des endroits qui n'avaient pas d'autorisation officielle ; des lieux où avoir une belle voix et de vraies chansons ne signifiait rien en comparaison d'être capable de swinguer au rythme des lieux et, mieux encore, de les faire swinguer ; et par conséquent libre aux interprètes d'essayer de nouvelles choses, d'inventer, d'être les pionniers d'une nouvelle musique. Celle de Billie Holiday démarra dans ces endroits où les gens venaient non pas écouter un concert mais prendre du plaisir à entendre chanter et mieux encore, il y avait la danse, les festivités, le flirt, l'amour – les rituels paillards et pourtant d'une certaine façon élégants pour évoquer les bons moments et détourner les mauvais.

Ceux qui fréquentaient ces endroits avaient des critères musicaux très élevés. De là émergèrent des gens comme Eubie Blake, Elmer Snowden, Clarence et Billie Holiday. Tout comme son père quelques années auparavant, Eleanora rencontra les stars locales et des musiciens qui n'étaient pas du coin comme Duke Ellington et Gertie Wells, deux des meilleurs pianistes de Washington. Elle vit aussi des Baltimoriens « qui n'étaient pas aussi célèbres, qui ne quittèrent jamais la ville et n'enregistrèrent aucun disque, mais qui connaissaient leur métier ». C'est dans ces lieux privés, où la réciprocité entre musiciens et avec le public était exigée, que la chanteuse Eleanora Fagan prit son essor.

En 1929 ou 1930, lorsque miss Lu, semble-t-il, contacta Sadie Fagan à New York pour lui dire qu'Eleanora était devenue incontrôlable, la Billie de quatorze, quinze ans était désormais un peu plus que la jeune « j'm'en foutiste ». Elle méprisait toujours le monde qui l'entourait, celui de la normalité, mais elle avait désormais quelque chose qui lui tenait à cœur et dont elle devait prendre soin : la musique.

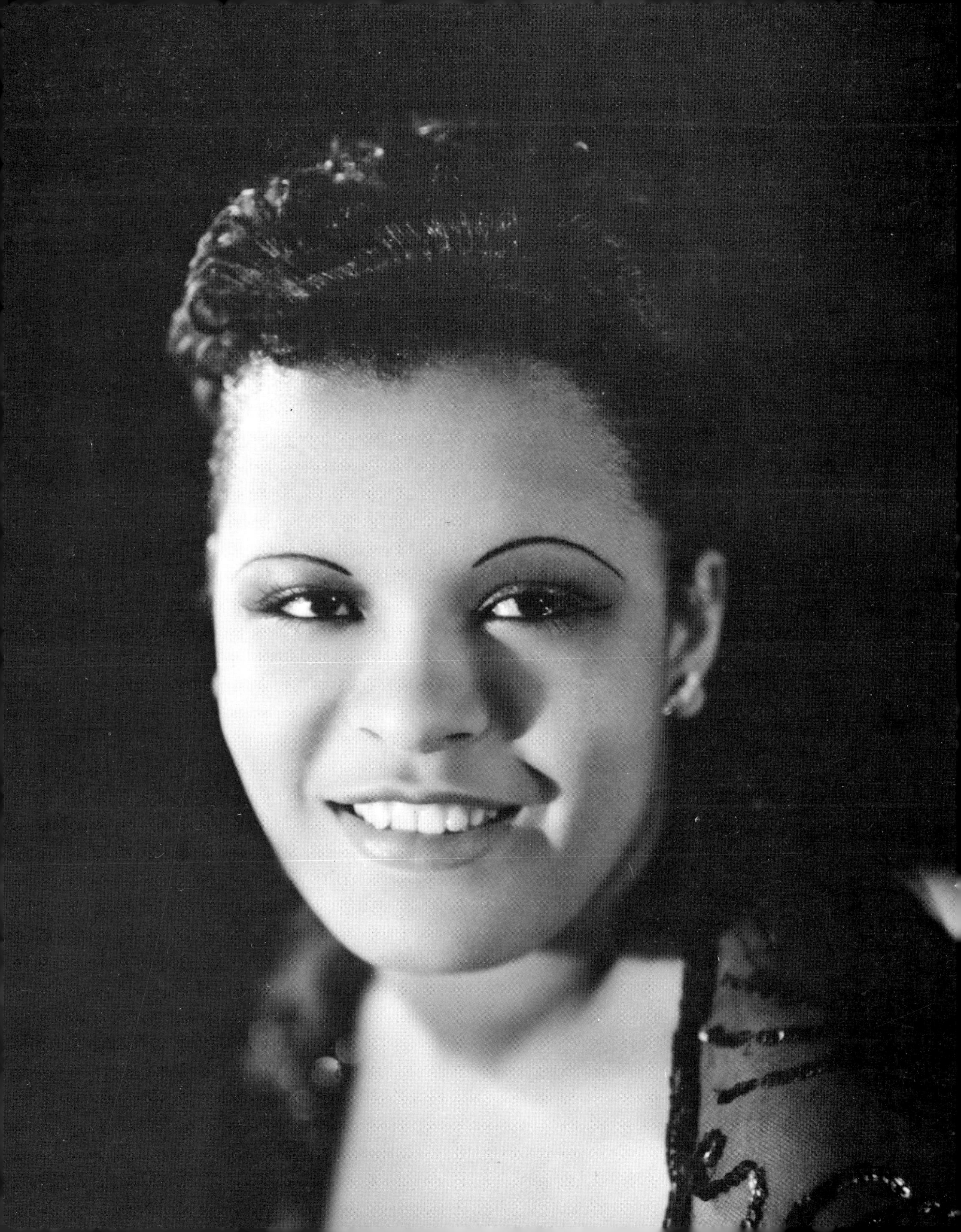

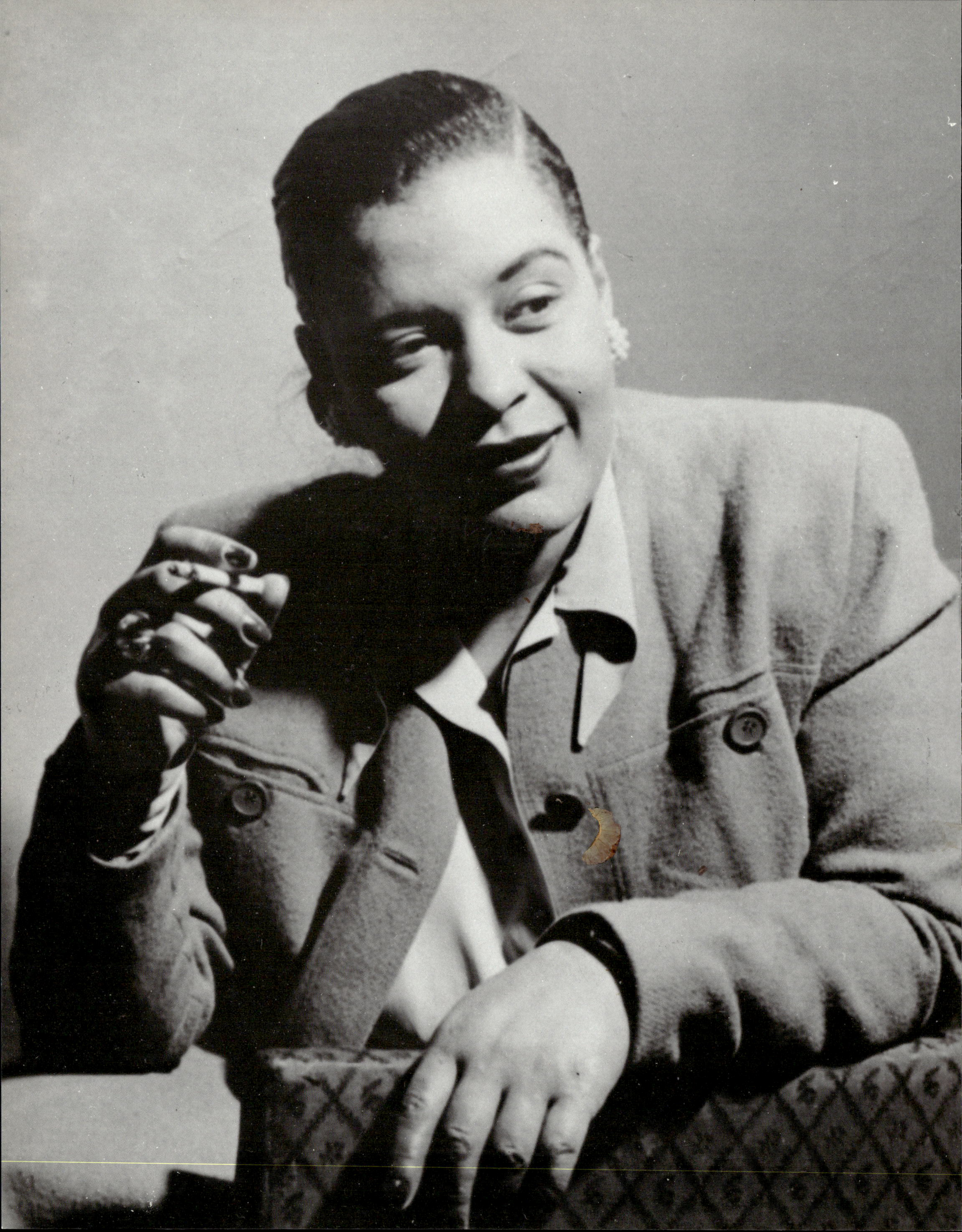

FIRST LADY

« Aucune caméra », a-t-on écrit, « n'est capable de saisir une fois pour toutes l'essence fuyante de Billie Holiday… [sept] photographies prises alors qu'elle avait entre une vingtaine et une trentaine d'années sont tellement dissemblables qu'elles peuvent passer pour des portraits de femmes différentes. » Elle pouvait apparaître douce et élégante ; plantureuse et rusée comme une paysanne ; mince, anguleuse et réservée ; garçonne et espiègle, la Lady des longues soirées, profondément cynique ; ouverte et amicale lors des pauses cigarettes ; l'inventive Lady Day, posant en fourrure, bijoux et robe argentée. Elle était toutes ces femmes et bien d'autres encore. Il n'est pas étonnant que des photographes comme Roy De Carava, Carl Van Vechten et Robin Carson aient cherché à la photographier. Ils prirent toutes ces merveilleuses photos de Holiday ; il y avait tellement de Billie à prendre. Ses nombreux noms reflètent aussi certains de ses multiples rôles. Elle est née Eleanora Fagan, mais son père l'appela « Bill » ; puis elle devint Eleanora Gough quand sa mère épousa Phil Gough, et de nouveau Eleanora Fagan lorsque Sadie divorça ; à la maison du Bon Pasteur, elle reçut le nom de Madge, pas seulement pour protéger sa réelle identité mais pour marquer qu'elle devait renoncer à son ancienne vie ; de retour chez elle, elle fut une fois de plus Eleanora Fagan ; elle devint Billie Holliday puis Billie Holiday (et durant une brève période, pour ne pas être considérée seulement comme la fille de Clarence, elle fut Billie Halliday) ; Count Basie, dont le nom était aussi Bill, l'appelait « William » ; Lady Day fut le nom que lui donna Lester Young (Carmen McRae dit qu'il donna d'abord ce nom à sa mère, Sadie. Mais Billie, que Lester avait d'abord surnommée la « Duchesse », préféra celui de Lady et l'utilisa) ; dans les années 40, beaucoup de gens qui lui étaient proches l'appelaient simplement Lady ; et enfin, pour

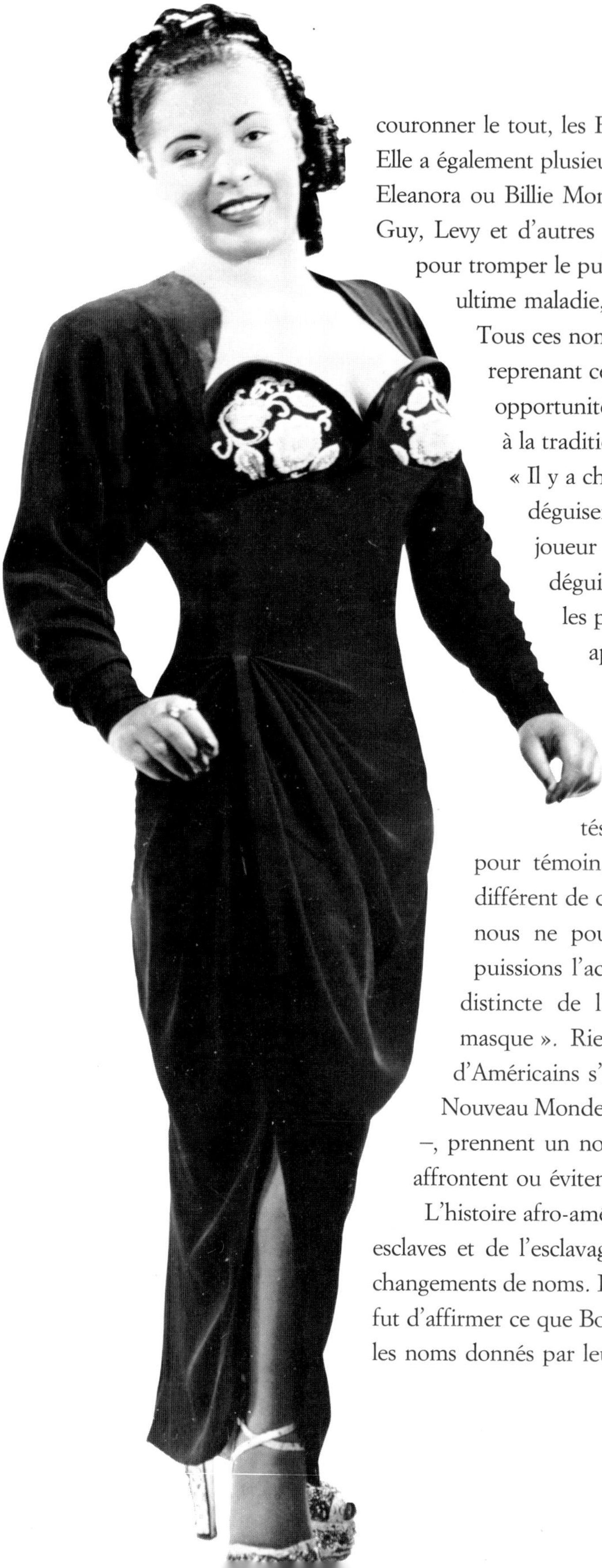

couronner le tout, les Français se réfèrent parfois à elle comme à « La Holiday ». Elle a également plusieurs noms de différents mariages, dont certains étaient faux : Eleanora ou Billie Monroe et McKay sont les seuls véritables. Eleanora ou Billie Guy, Levy et d'autres représentent soit des choix réfléchis, soit un déguisement pour tromper le public. Lorsqu'elle entra au Metropolitan Hospital lors de son ultime maladie, elle fut enregistrée sous le nom d'Eleanora McKay.

Tous ces noms et surnoms – se réclamant du nom maternel ou paternel, reprenant celui d'une starlette, se titrant, usant d'un nom comme d'une opportunité et d'un autre comme d'un déguisement – appartiennent à la tradition américaine. Joseph W. Reeds expose brièvement le cas : « Il y a chez les Américains (en plus de leur ambivalence) l'amour du déguisement et du masque. Celui que nous préférons est celui du joueur de poker qui bluffe, impassible par intérêt. Quitte à se déguiser, il faut en retirer quelque chose. » Ralph Ellison, dont les personnages, de fiction ou non, sont des comédiens experts, appelle l'Amérique « une terre de blagueurs masqués. Nous portons le masque dans des buts d'agression autant que de défense ; lorsque nous nous projetons vers le futur et que nous préservons le passé. En bref, les motifs cachés derrière le masque sont aussi nombreux que les ambiguïtés que dissimule le masque ». Et ce fut Yeats, avec Ellison pour témoin, qui observa que « si nous ne pouvons nous imaginer différent de ce que nous sommes et assumer notre seconde personnalité, nous ne pouvons pas nous imposer une discipline, bien que nous puissions l'accepter d'autres personnes. La vertu active, comme forme distincte de l'acceptation passive du code commun, est le port du masque ». Rien ne masque aussi bien qu'un nouveau nom. Combien d'Américains s'installent dans une nouvelle maison – que ce soit dans un Nouveau Monde, une nouvelle ville, une nouvelle cité ou une nouvelle région –, prennent un nouveau nom et donc une nouvelle identité avec laquelle ils affrontent ou évitent d'affronter le monde ?

L'histoire afro-américaine, des royaumes africains aux navires transportant les esclaves et de l'esclavage vers la liberté, a certainement entraîné des milliers de changements de noms. L'un des premiers buts de nombreux esclaves devenus libres fut d'affirmer ce que Booker T. Washington appelait leurs « droits » : ils rejetèrent les noms donnés par leurs ex-maîtres et en choisirent qui portaient en eux le son de la liberté. Le choix du nom de Billie Holiday et même de Lady Day (une « royalisation » puis une version abrégée de Holi-Day) signifie bien une rupture avec le passé, représenté par le nom de Fagan, ses connections négatives avec Baltimore, son lien avec une esclave et même un lointain et obscur passé irlandais. Ce qu'Ellison dit des écrivains noirs est aussi vrai de la sensible Billie Holiday :

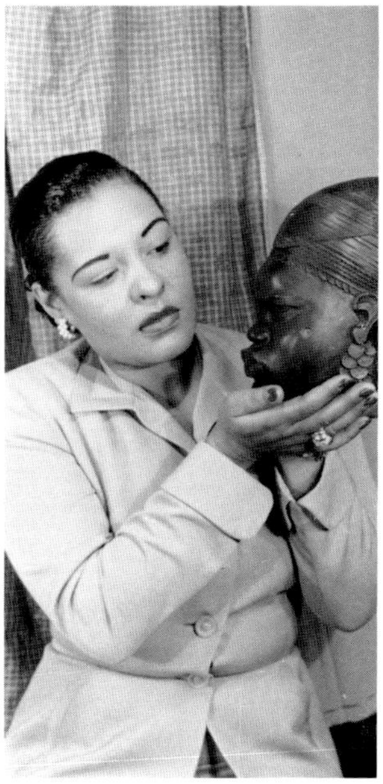

> *Et quand on nous rappelle constamment que nous portons, en tant que nègres, des noms possédés à l'origine par les propriétaires de nos grands-parents, nous avons tendance, surtout si nous sommes des écrivains potentiels, à être plus concernés que d'autres par les événements voilés et mystérieux, la fusion du sang, les accouplements furtifs, les transactions, la trahison de la confiance et de la loyauté, les agressions ; oui, et les amours reconnues ou non reconnues par lesquelles nos noms ont été transmis jusqu'à nous.*

Le choix du nom de Billie Holiday ne représente pas seulement un rejet de son histoire mais aussi une célébration. Elle garda la part favorite de son passé – celle de l'espoir hollywoodien, la liberté de l'esprit, le garçon manqué lié à son père, le Billie. Elle avoue avoir retenu le Holiday car elle voulait être reconnue comme la fille de son père ; elle était, elle aussi, une musicienne ou le serait un jour. En se choisissant un nom, elle ne contemplait pas seulement le passé, elle regardait aussi vers le futur. Sans aucun doute, elle aimait également la musique de ce nouveau nom et l'allusion à cette miss Billie en vacances permanentes : elle était Billie Holiday. (Cette suggestion dans son nom dut être ressentie de façon douloureusement ironique vers la fin des années 40 et 50 lorsque ses besoins en drogues et l'attitude esclavagiste de ses hommes rendaient son envie de décrocher, même une nuit, extrêmement difficile.)

Lady Day porte en soi un son mélodieux. On peut penser qu'elle aimait l'idée que Lady signifiait la distinction et que ce surnom suggérait une certaine classe et de mythiques responsabilités. Cette Lady du monde de la nuit était aussi l'intimidante Lady du jour. Lady Day lui rappelait inévitablement le monde de son père et sa connection avec d'autres « royales » personnes telles que : Duke Ellington, Earl Hines, Count Basie et President Lester Young, le « Prez » (elle lui donna ce surnom quand Roosevelt était président et le titre signifiait alors quelque chose d'important). « Nos noms », dit Ellison, « deviennent nos masques et nos boucliers ; ils contiennent toutes les valeurs et traditions que nous apprenons et/ou que nous

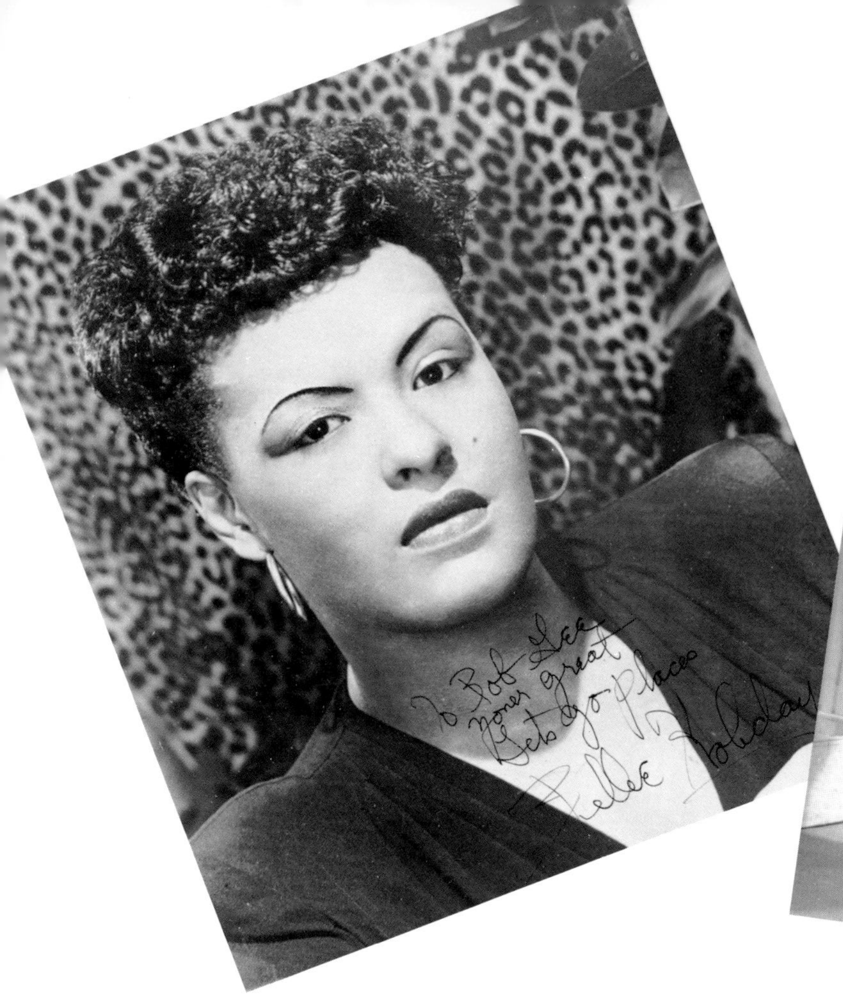

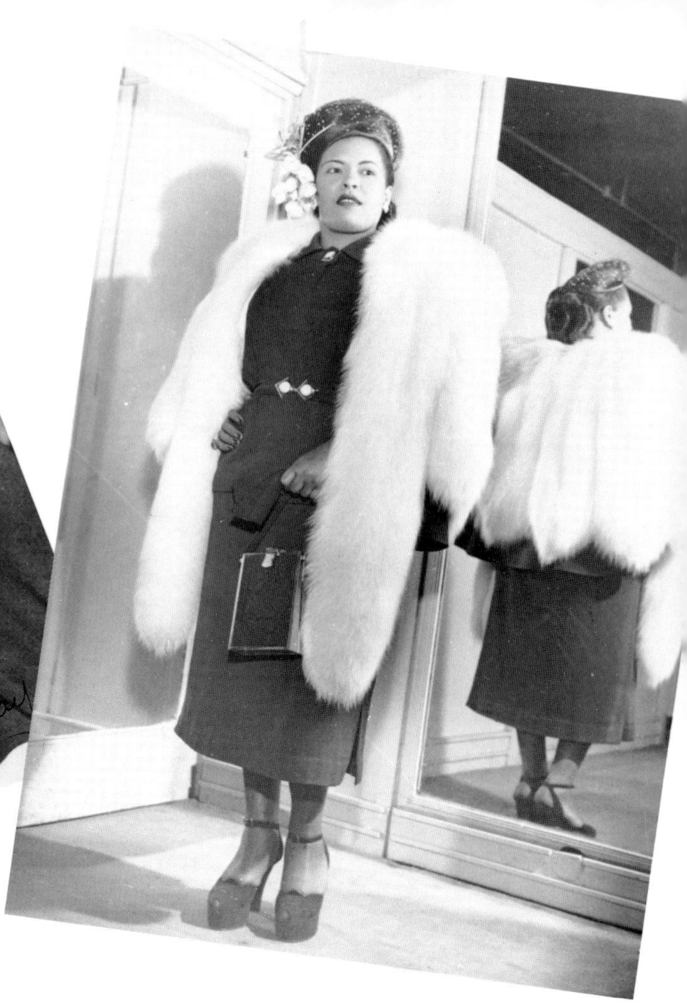

Holiday, milieu 1940.

imaginons comme étant la signification de notre passé familial. » Avec ce nom, Holiday proclama son droit de se séparer de son histoire et inventa un titre en relation avec la maison royale du jazz : *« Lady Day » pour vous.*

Si photographier ou même nommer Billie Holiday était une affaire risquée, les nombreux efforts pour la définir sur papier, film ou sur les planches ont été tout aussi problématiques. Elle dissimula son vrai visage, mentit aux journalistes, inventa une enfance et des parents mariés. Elle raconta d'énormes mensonges à propos de ses débuts dans la chanson, des chansons qu'elle avait écrites et comment elle les avait écrites. Son histoire était une histoire à vendre. Elle en vendit des versions absurdes, écrites par petits bouts, au magazine *Ebony* et à ses filiales *Tan* et *Jet*. *Ebony* voulait que l'un de ses journalistes réalise avec sa collaboration son autobiographie ; elle accepta au début, puis le projet tomba à l'eau. William Dufty lui obtint une grosse avance et proposa un contrat qui était juste et clair. Elle l'apprécia dès le début ainsi que le fait qu'il ne s'attendait pas qu'elle lui dicte ce qu'il avait à écrire. Il allait reprendre son histoire et ensuite utiliser les anecdotes

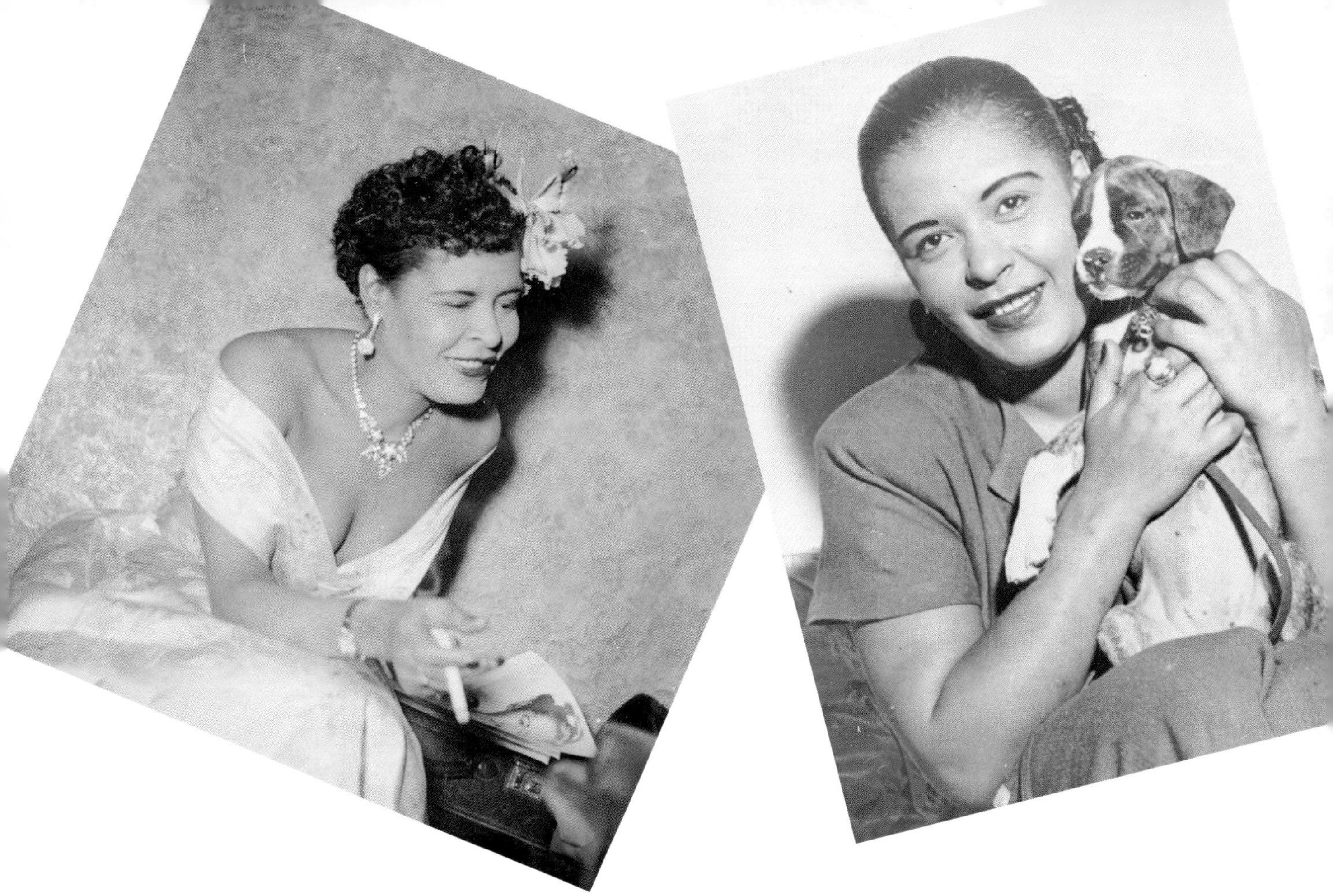

qu'elle lui racontait pêle-mêle pour lui donner corps. Elle dut aussi apprécier qu'il n'ait pas vérifié ses différentes versions des événements passés. Selon l'opinion de Dufty, il n'était pas nécessaire de faire de longues recherches : c'était *son* histoire (même si elle l'inventait), et aussi longtemps que nulle loi n'était enfreinte, sa version était au moins aussi valide que celle de n'importe qui d'autre.

Holiday, début 1950.

Ce fut pour elle seulement une question d'argent et de publicité. Qu'elle y ait travaillé ou même qu'elle l'ait lue, peu importe ; cette histoire représente avant tout le livre clé du mythe Holiday. Tous les autres comptes rendus proviennent de cette présentation de Holiday comme une « petite chatte » ayant mal tourné, une victime des drogues et de circonstances pénibles. Ce qui manque dans ce que rapporte Dufty, et dans tous les autres essais sur sa vie, c'est la consciencieuse exploration de son rôle d'artiste. Elle fut la plus grande chanteuse de jazz de tous les temps. Avec Louis Armstrong, elle inventa le jazz moderne chanté. Alors pourquoi ne nous parle-t-on que de ses problèmes de drogue, des hommes néfastes qui l'entourèrent, des chansons tristes supposées autobiographiques ?

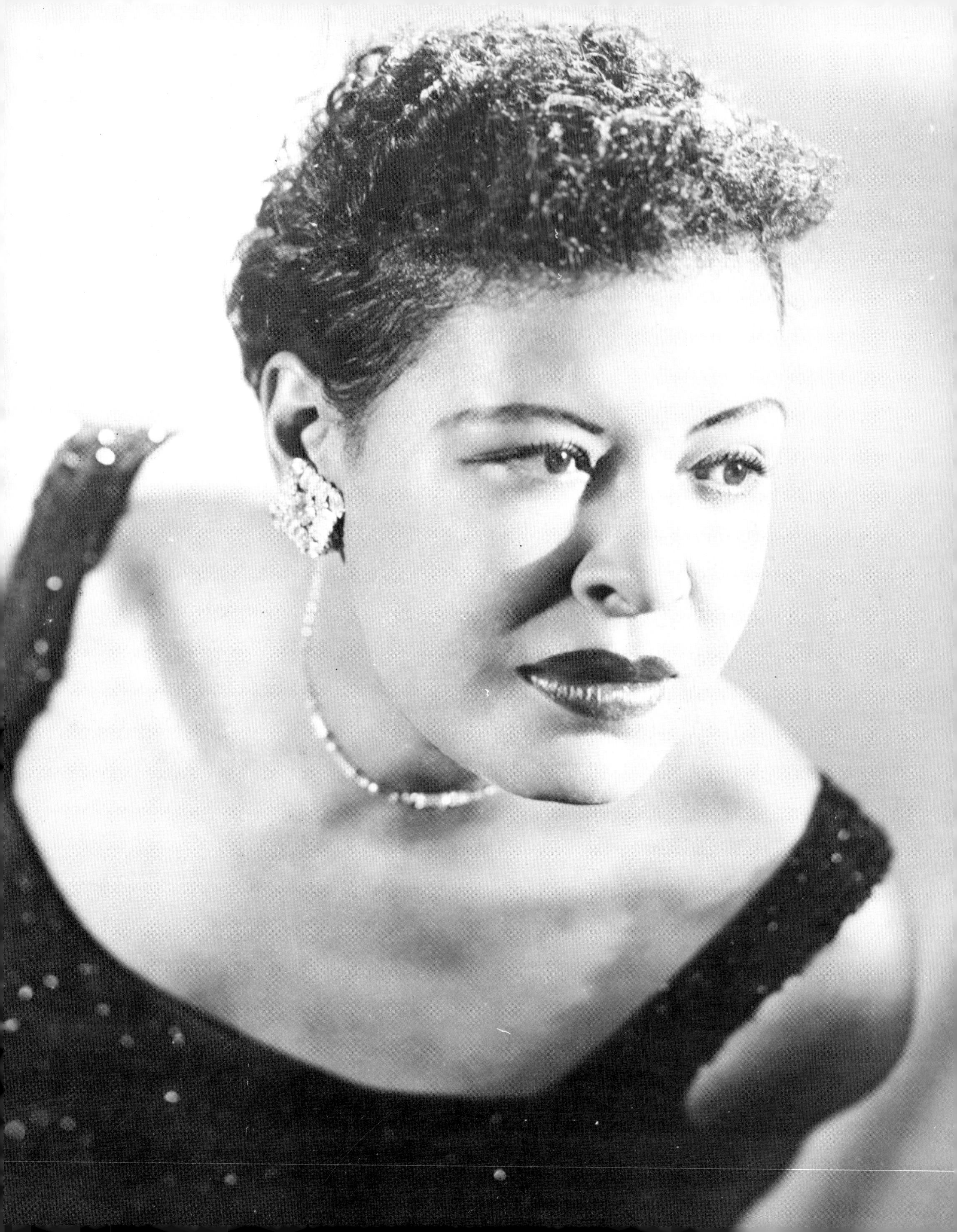

En fait, Holiday elle-même était une femme extrêmement complexe. Ceux qui l'ont bien connue ont rapporté qu'à l'âge de quarante ans, malgré sa dureté, elle était faible comme un petit enfant ; forte et prête à se battre avec vous, et étrangement fragile et vulnérable ; hautaine et bourrue, cependant hantée par un complexe d'infériorité ; arrogante et voulant contrôler les autres, pourtant contrôlée avec arrogance par ses souteneurs/époux/managers ; une bisexuelle qui se vantait de ses « filles », clamant même parfois qu'elle battait durement ses « poules » ; une femme au foyer frustrée qui aimait cuisiner pour « Papa » et voulait cesser de chanter, s'installer et avoir un bébé à elle. Il semble, en vérité, qu'elle était toutes ces femmes à la fois. Certaines d'entre elles, comme la femme tyrannisée qui abuse des autres femmes et la femme arrogante avec son complexe d'infériorité, ne sont pas surprenantes.

Mais aucune de ces dualités ne nous renseigne sur son identité d'artiste. L'art donne un ordre à un monde grandement menacé par l'entropie et la violence. A ce propos, citons Stanley Crouch pour qui le jazz est phénoménal par sa capacité de donner forme à l'expérience non seulement du passé mais aussi de ce temps confus qu'est le présent. Aux tout débuts de Holiday, il n'était pas facile de trouver dans la communauté de Baltimore une place où une femme de couleur soit libre de faire professionnellement autre chose que nettoyer la maison et les vêtements ou vendre son corps. La musique offrait une ouverture. Comme le montrait l'exemple de son père, cette route était accessible. Même si l'orchestre de jazz était un club composé presque exclusivement d'hommes libérés, l'exemple des divas du blues de l'époque indiquait aussi aux femmes une voie pour s'en sortir. Et la vie du jazz suggérait une manière de reconstruire ou de revoir le passé, de retrouver son père en se joignant à la famille des musiciens voyageurs.

• • •

En tant que chanteuse, Billie Holiday eut trois périodes distinctes. La plupart des commentateurs hésitent sur ce point. Connaissant ou préférant seulement un ou deux des trois styles de Holiday, ils réduisent les autres ou les rejettent complètement. Une discussion typique sur la carrière de Holiday apparaît comme suit : 1) le « sortie de nulle part » des années 30 ; 2) « Strange Fruit » et le début du déclin ; 3) les dernières années, quand elle commença misérablement à s'imiter. Pour ma part, la carrière de Holiday est tout à fait différente, c'est une carrière dans laquelle les trois Holiday ont une même stature : richement novatrice dans les

Holiday, vers 1948 ***(page ci-contre).***

années 30, aussi créative dans les années 40 et 50. On ne peut pas dire qu'il y eut seulement des hauts et des bas ; il y eut de brillantes réalisations au cours des trois périodes, ainsi que des « guimbardes ». Même lorsque sa voix devint plus grave et plus sombre pendant ses dernières années difficiles, son chant devint plus profond. Si j'aime la voix de Holiday lorsqu'elle était adolescente ou avait une vingtaine d'années, je suis d'accord avec Martin Williams pour dire que la Holiday des années 50 n'était pas seulement une interprète dramatique irrésistible, mais aussi une plus grande chanteuse de jazz car elle était meilleure musicienne. Je décris la première Holiday dans ce chapitre, puis les deux autres dans la quatrième partie.

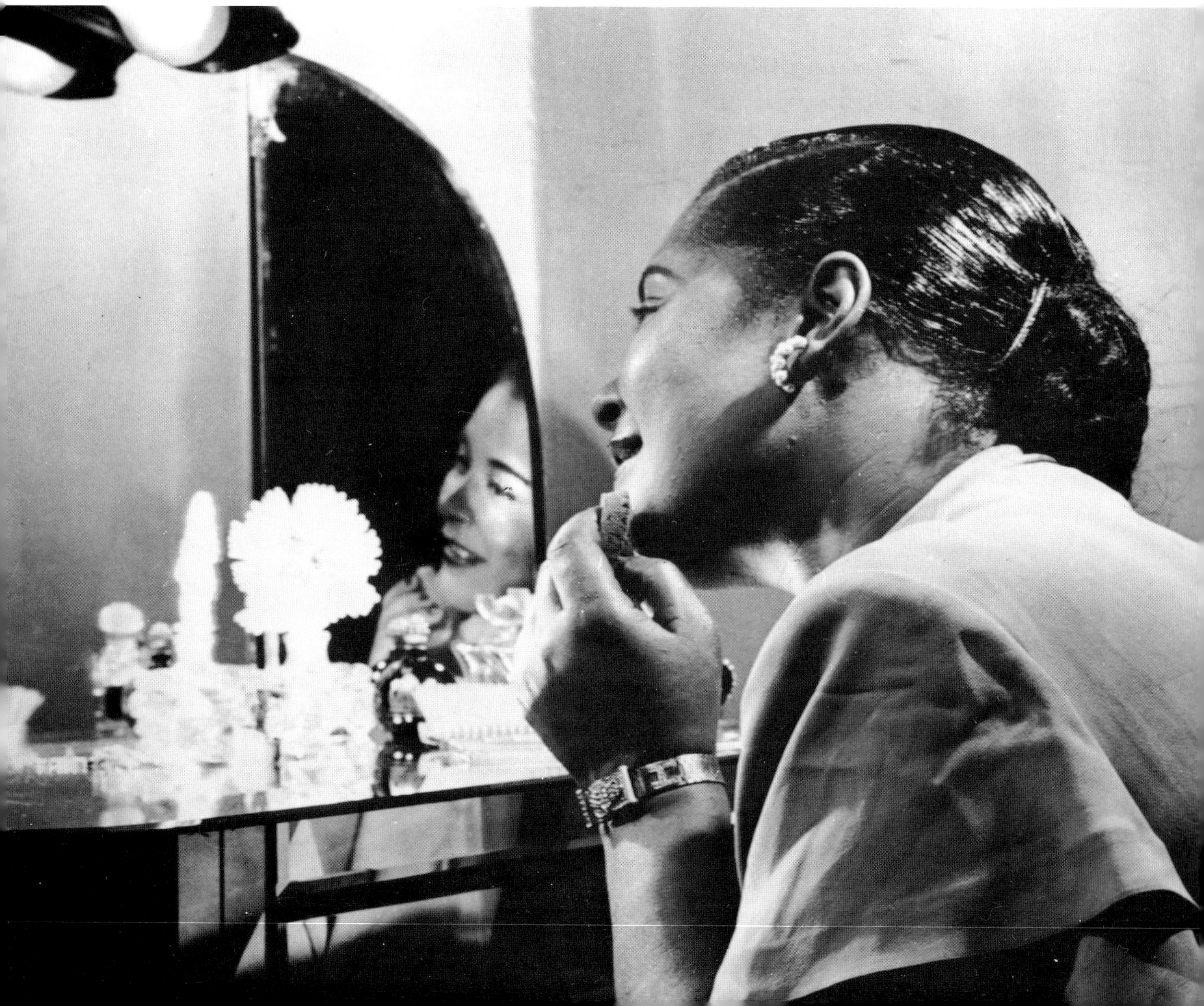

La première Billie Holiday est celle dont on a le plus entendu parler jusqu'à présent. C'était la fille de seize ans que Bobby Henderson rencontra, celle qui fut éduquée dans les sombres maisons de Baltimore, où elle chantait avec le Victrola ou un accompagnement au piano dans son style tantôt sonore, tantôt rauque, intime. De retour à Baltimore, elle assista aux « batailles de musiciens » : deux groupes, ou davantage, jouaient l'un contre l'autre et subissaient le jugement de la foule. Ces joutes n'avaient pas seulement lieu pour plaire aux auditeurs ; dans leurs meilleurs moments, les musiciens « se donnaient des cours », où ceux qui étaient assez solides pour endurer toutes les pressions – même celle de perdre sa place dans un groupe au profit d'un meilleur joueur – pouvaient apprendre beaucoup lorsqu'ils mettaient en commun leurs talents.

Lors des jam-sessions, des joueurs individuels s'éduquaient mutuellement de la même manière. Elmer Snowden se rappelle : « Pour savoir qui était le meilleur pianiste ou le meilleur joueur de banjo, chaque homme mettait cinq dollars. L'un commençait à jouer, puis l'autre, et ensuite on les départageait par les applaudissements. » Ralph Ellison a décrit les jam-sessions comme d'intenses affaires rituelles qui réclamaient une expérience aussi exigeante que celle d'un joueur de musique classique :

> *Il est plus significatif de parler ici, non pas bien sûr d'étude, de grades et de degrés, mais plutôt d'apprentissage, d'épreuves, de cérémonies initiatiques, de renaissance. Car après avoir appris les bases de son instrument et les techniques traditionnelles du jazz – les intonations, l'utilisation de la sourdine, la manipulation du timbre, le corps des styles traditionnels – le joueur de jazz doit se trouver lui-même, renaître, trouver, si l'on peut dire, son âme. Tout cela en réussissant cette subtile identification entre son instrument et les plus profondes pulsions qui vont lui permettre d'exprimer ses idées et sa voix exceptionnelles, uniques. En bref, il doit atteindre son identité propre.*

A Baltimore, Holiday se joignit aux jam-sessions et donna le meilleur d'elle-même pour « dépasser » les autres chanteurs et instrumentistes. Dès cette époque, elle cherchait dans les jam-sessions à atteindre « son identité propre » ; comme le dit Ellison, elle cherchait son « âme ».

Ellison a également écrit que « le vrai jazz est un art d'affirmation individuelle à l'intérieur et contre le groupe. Chaque vrai moment de jazz (pour le distinguer des exécutions commerciales sans aucune inspiration) jaillit d'une joute dans laquelle chaque artiste défie les autres ; chaque envolée de solo ou improvisation représente (comme les différentes toiles d'un peintre) une définition de son identité : comme individu, membre de la collectivité et maillon dans la chaîne des traditions ». Pour Holiday, il allait sans dire qu'un interprète jouait aussi avec et contre les conventions et les techniques de la musique elle-même. Que ce soit en improvisant sur un traditionnel blues de douze mesures, une ballade populaire ou un morceau du moment, Holiday la chanteuse de jam-session commentait les solos des joueurs précédents et dialoguait avec ceux qui accompagnaient ses solos. La jam-session était un atelier commun, le lieu ritualisé d'un colloque artistique mêlant démonstrations, déclamations, imitations, dialogues amoureux, parodies... Quelles que soient les pressions, le musicien de jam-session était censé styliser le timbre et le tempo de l'air désigné, et ensuite improviser sur des changements d'accords jusqu'à le transformer en son propre morceau. « Racontez *votre* histoire » était le fameux encouragement de Lester Young à ses camarades jazzmen.

Jouer *avec et contre*, tel est le style jazz. Si on lui donne une chanson avec des paroles ennuyeuses ou une mélodie morne, Holiday va la parodier comme l'a observé Whitney Balliett, prononçant chaque mot avec un mordant « mélange de clarté et de caricature, utilisant cette règle du ridicule qui consiste à imiter parfaitement la victime avant de la détruire... ». Elle pouvait « retourner complètement une chanson ». Ou, lorsqu'un air avait une mélodie et des paroles plus crédibles, elle pouvait le caresser, le grattant et le pressant avec le bout de ses doigts « comme on fait sur la tête ou l'échine d'un chat favori ». Si la mélodie et/ou les paroles étaient faibles, elle utilisait sa voix rauque comme un cornet pas seulement pour contrarier mais pour transcender le morceau. Une artiste de jazz aussi brillante s'ennuyait facilement, dit le batteur Chico Hamilton, qui joua souvent avec Lady. Pour rendre un chant plus intéressant, elle le « transformait ». Billie et Lester Young prirent « Me, Myself and I » (un air totalement artificiel) et le rendirent à la fois crédible et vivant. Jouant avec et contre le chant et le partenaire, ils firent swinguer « Me, Myself and I » et lui donnèrent vie.

Quand Holiday se lança à l'assaut de New York vers 1930, elle avait quinze ans mais était plus mûre que son âge. Ce n'était pas à cause des moments difficiles de sa vie personnelle mais parce qu'elle avait traversé des épreuves musicales qui l'avaient mise sur le chemin de son propre son et de son identité artistique.

A New York, elle reprit là où elle s'était arrêtée à Baltimore, cherchant les gens et les lieux où elle pourrait chanter. La scène nocturne de la plus grande cité était florissante. Le clarinettiste et saxo Kenneth Hollon, qui plus tard fit des enregistrements où il accompagnait Holiday (y compris « Strange Fruit » et « Yesterdays »), vivait sur Pacific Street au cœur du quartier Bedford-Stuyvesant dans Brooklyn. Dans son souvenir, quand Holiday arriva pour la première fois à New York, elle et sa mère avaient un petit appartement sur Granada Street dans Brooklyn :

> *Sa mère était domestique. Et tout ce que Billie voulait faire, c'était chanter. J'apprenais juste à jouer de ma clarinette, et j'ai pris l'habitude de ramener mon saxophone chez elle. Là, j'essayais de jouer des mélodies tandis qu'elle chantait avec moi. Une occasion s'est présentée quand on a trouvé un job dans un cabaret. Et j'ai demandé à Billie si elle voulait se joindre à nous. « Ouais », a-t-elle dit, et elle l'a fait. A cette époque, je me souviens que les clients avaient l'habitude de jeter de l'argent sur le plancher pour les chanteurs. Et les airs qu'elle chantait étaient « My Fate Is in Your Hands » de Fats Waller, « Oh, How Am I to Know ? » et « Honeysuckle Rose ». Et cette nuit-là elle a récolté plus de cent dollars de pourboire.*

Comme le raconte Hollon, elle joua cette première nuit avec un piano, une batterie, une trompette et le saxo de Hollon. L'endroit était situé dans Brooklyn et s'appelait le Grey Dawn. Il attirait une clientèle de sportifs et de parieurs, un groupe de bons vivants qui jetaient des gros billets sur le plancher tout en buvant leur gin de contrebande. Après cette nuit, Hollon et Holiday eurent des engagements partout dans Brooklyn et le Queens pendant deux ans environ, de 1930 à 1932.

La plupart des témoins des premières années de Holiday, ainsi que la chanteuse elle-même, ont situé ses débuts non dans Brooklyn ou le Queens mais à Harlem. Selon plusieurs observateurs, lorsque Holiday arriva de Baltimore elle prit d'abord une chambre avec sa mère chez Clara Winston au 135 Ouest 142e Rue à Harlem. Dans le même immeuble, Winston avait deux appartements adjacents, un pour elle et ses locataires, et un autre qui était géré de manière très semblable à celui d'Ethel Moore à Baltimore.

« Une écolière montée en graine », c'est ce que vit le comédien Pigmeat Markham lorsqu'il rencontra la première fois Holiday à cette époque. Pour Buck Clayton, elle ressemblait à une de ces « grandes et saines filles de ferme » qu'il avait connues au Kansas, « mais rusée comme une fille des villes ». Elle avait grandi dans un coin animé de Baltimore qui n'était pas exactement une ville rurale en sommeil.

Au grand étonnement de sa mère, Holiday s'adapta rapidement chez Clara Winston. Sadie faisait office de gouvernante dans cette maison et Billie s'empressa de lui donner un coup de main. La fillette de quinze ans aimait se mêler aux consommateurs nocturnes, leur servant à boire et à manger, et quand Maman n'était pas aux alentours, elle se versait un verre de gin ou se roulait une cigarette de marijuana. Elle affirma aussi qu'elle avait fait quelques trucs pour gagner quelques dollars de plus.

Holiday se mit rapidement à la recherche de son père et le rencontra dans différents engagements à travers la ville. Elle était si souvent parmi les femmes qui attendaient que les musiciens de Fletcher Henderson aient terminé leur nuit, que ceux qui ne la connaissaient pas étaient persuadés qu'elle n'était qu'une des nombreuses petites amies de Clarence.

« C'est une sacrée fille que tu as là », dit John Hammond à Clarence après l'avoir entendue au Monette en 1933.

« Tu parles de Billie ? » demanda Clarence, tirant Hammond de côté. « Oui, c'est sûr. Mais écoute-moi bien. S'il te plaît, ne dit à personne qu'elle est ma fille, d'accord ? Elle est juste quelque chose que j'ai volé quand j'avais dix-sept ans. » Ne l'ayant jamais entendu parler comme ça, et ne comprenant pas que le play-boy ne voulait pas que ses petites amies sachent qu'il était assez vieux pour avoir une fille aussi grande, Hammond eut un mouvement de recul. Il se souvient ne plus avoir

Le Connie's Inn, l'un des premiers night-clubs de Harlem, vers 1937.

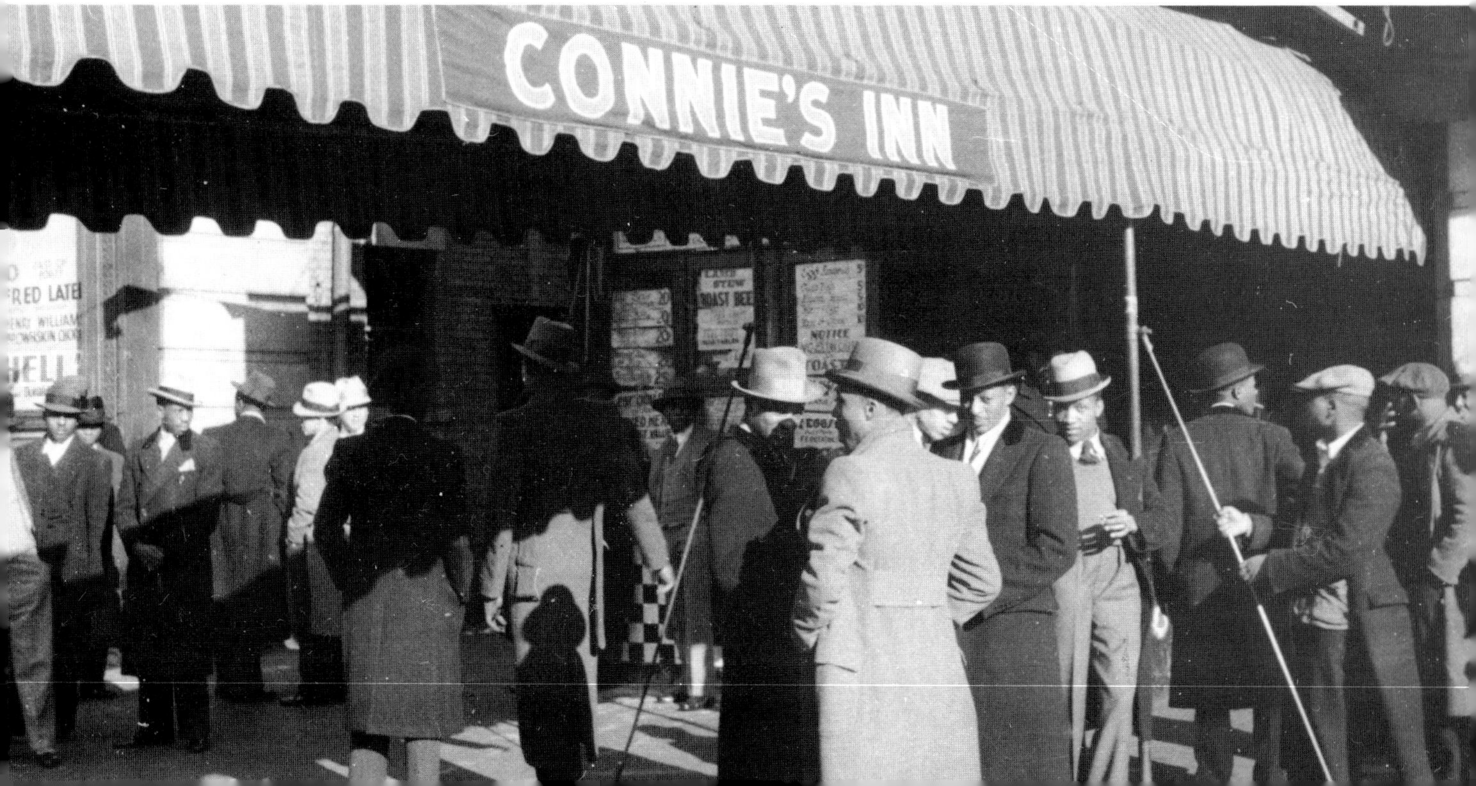

parlé de Billie à Clarence, pensant que le guitariste l'avait grossièrement rejetée.

La vérité est que, en dépit de tout, Clarence était fier de sa Billie. Il l'emmena au Rhythm Club et au Band Box, des lieux où les musiciens et d'autres gens du spectacle pouvaient se reposer, à l'abri des regards du public. Elle le retrouva même au Big John's Café sur la Septième Avenue dans Jungle Alley. « Durant la fin des années 20 », écrit George Hoefer, Big John's « était un repaire pour les membres des formations de Fletcher Henderson, Duke Ellington et Fess Williams. » Le frère de Henderson, Horace, également pianiste et chef d'orchestre, composa « Big John's Special » – enregistré par Count Basie et d'autres orchestres – en l'honneur du propriétaire, qui aimait les musiciens et gardait une marmite de son ragoût « spécial » pour tout ceux qui avaient besoin de manger.

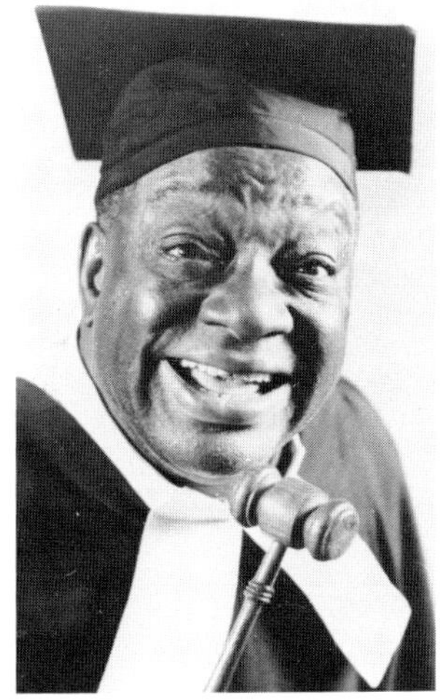

Pigmeat Markham, années 50.

Le trombone J. C. Higginbotham, qui jouait dans le groupe de Henderson à cette époque, se souvient du Big John's comme « le premier endroit où j'ai rencontré Billie. On avait l'habitude de venir là après nos boulots, apportant nos instruments, juste pour y jouer. Clarence avait son banjo. Elle est venue seule. Je me suis présenté ; elle m'a dit qu'elle était sa fille. Billie a fait une très bonne impression, et elle a continué. Elle n'avait pas l'air d'être une fille naïve. Elle s'asseyait et chantait chez Big John's tout comme on s'y asseyait et jouait ». D'autres musiciens ont dit que l'adolescente était calme et timide, mais si elle avait une chance de chanter, elle la saisissait. Elle adorait les jam-sessions décontractées où elle pouvait échanger des chorus avec un pianiste ou un ou deux des cornets. Benny Carter connaissait Clarence Holiday du groupe de Henderson, dans lequel ils avaient joué ensemble pendant une brève période. En 1930 ou 1931, il vit la fille de Clarence pour la première fois au Bright Spot sur la Septième et la 139e, « à un pâté de maisons de chez moi ». Carter se souvient. « C'était un lieu de jam-sessions, et je m'y arrêtais souvent pour entendre Billie chanter. Il n'y a aucun doute que la liberté de la mise en musique, l'indépendance d'improvisation de nombreux bons musiciens ont marqué le style de Billie de façon déterminante. Je sentais qu'elle avait une certaine grandeur en elle. »

« A cette époque », dit plus tard Holiday, « tout ce qui arrivait, arrivait dans une jam-session... C'est là que j'ai rencontré pour la première fois Lester Young. » Il était venu en ville en 1934 pour se joindre au groupe de Henderson avant de s'intégrer à celui de Count Basie. « A partir de ce moment », dit Holiday, « Lester savait combien j'aimais l'avoir avec moi et l'entendre souffler de jolis solos derrière moi. Alors, chaque fois qu'il le pouvait, il venait à la boîte où je chantais pour m'entendre ou bien participer. » A partir de 1934, Young et Holiday devinrent de

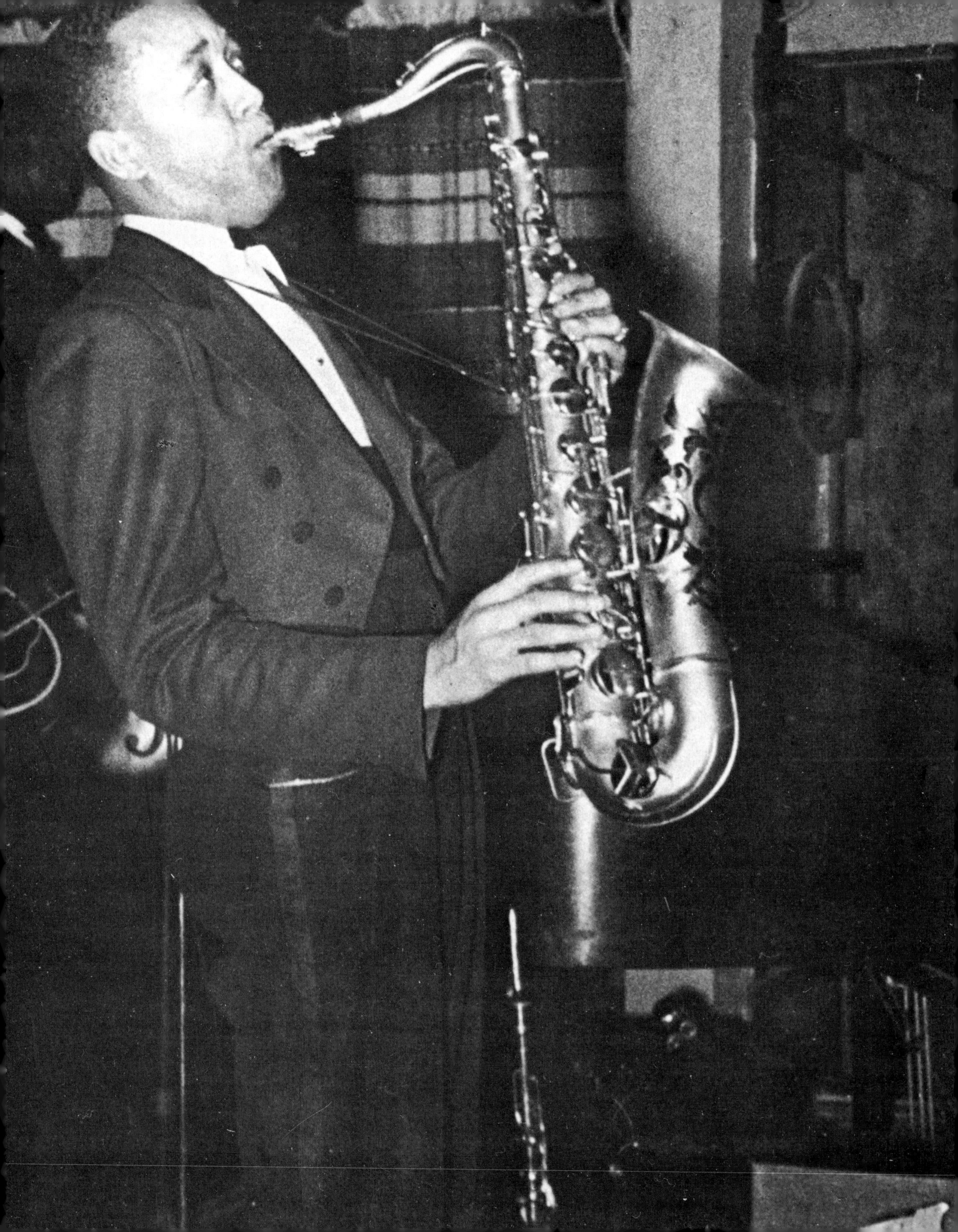

très proches amis mais ne furent jamais amants, comme certains le prétendirent. « Ils étaient du genre frère et sœur », explique Carmen McRae. Ils se regardaient et ça les rendait tout excités. Ils s'étreignaient et se penchaient l'un contre l'autre en parlant cet argot particulier à Young. Sadie Fagan, qui adorait Young et que Young adorait, lui loua une chambre dans l'appartement où elle vivait avec Billie. Elle fut l'un de ceux qui pensaient que Billie et Young se ressemblaient. Sadie raconta même à un journaliste que parfois, quand Billie fredonnait un air dans la pièce voisine, au début elle pensait que c'était Young qui s'exerçait au cornet. En ce qui concerne le rythme, tous deux étaient des enthousiastes impertinents et décontractés : ils jouissaient d'une grande invention. Young n'aurait certainement pas été en désaccord avec l'esprit de la déclaration de Holiday : « Je ne peux pas supporter de chanter la même chanson de la même manière deux nuits de suite, et encore moins deux ans ou dix ans. Si vous le pouvez, ce n'est pas de la musique, c'est des exercices ou des tyroliennes, ou autre chose, mais pas de la musique. »

Lester Young, 1937. Avant même qu'ils ne se joignent à l'orchestre de Basie et aux séances d'enregistrement de Teddy Wilson, Young et Holiday étaient des amis très proches. Tous les deux timides dans leur vie personnelle, ils étaient des artistes de la plus haute envergure et adoraient les jam-sessions où ils pouvaient donner libre cours à leur expression musicale *(page ci-contre).*

Qu'elle ait fait ou non à Harlem ses débuts à New York, à partir de 1934, Billie a chanté dans chaque boîte de ce quartier. Elmer Snowden dit qu'il entendit parler d'elle dans un antre clandestin appelé Goldgraben's. John Hammond la vit jouer au Monette's et plus tard au Dickie Wells' Clam House, où la célèbre Detroit Red travaillait avec Holiday, allant de table en table comme serveuse-chanteuse, et où (contrairement au récit de Holiday elle-même) la jeune Baltimorienne devint experte à relever sa robe pour prendre les pourboires entre ses jambes tandis qu'elle chantait pour les clients un par un. Lawrence Lucie se rappelle avoir entendu Holiday à l'Ubangi Club, où elle fit un travail magnifique sur « Them There Eyes ». « Toutes ces années après », dit-il en 1991, « je peux toujours entendre cette fille chanter cet air. Elle était originale, elle était hors du commun. Elle avait toujours un son différent. » Harry « Sweet » Edison dit qu'il l'entendit au Yeah Man Club. Pour beaucoup de gens, cependant, leur première chance de l'entendre fut lorsqu'elle joua au Hot Cha puis au Pod's and Jerry 's.

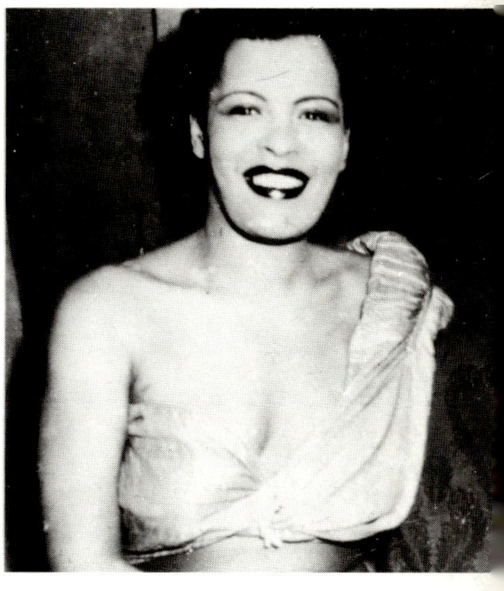

Au Pod's and Jerry's, Holiday chanta avec Bobby Henderson et parfois d'autres pianistes. Pendant un temps, elle participa à un spectacle organisé par le bassiste George « Pops » Foster, originaire de Louisiane. Foster ouvrait le spectacle avec ses blagues. Il annonçait ensuite Charles « Honi » Coles, l'éblouissant danseur de claquettes qui jouait seul ou accompagné du piano de Henderson. Venait après Laurence D. Ackson ; « Baby » Laurence avait treize ans en 1934 et n'était pas encore le phénomène de la danse jazz qu'il deviendrait plus tard. Il était le « garçon soprano » du groupe qui exécutait des versions *a capella* de ballades dramatiques

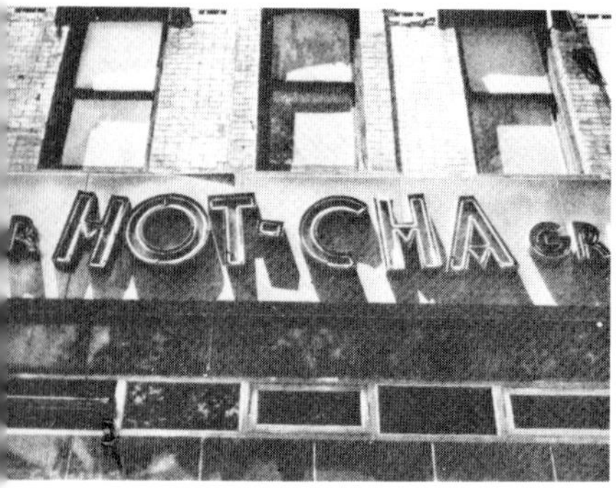

et de chants populaires. « Je voulais toujours Billie pour terminer le spectacle », se rappelle Foster. Elle était une « bousculeuse de pierres », dit-il, « mais elle découvrait qu'elle pouvait réellement chanter. Elle était le clou de la soirée ». Honi Coles se rappelle qu'elle a donné là des versions qu'elle enregistrerait plus tard. Sa première impression fut probablement typique : « Quand j'ai entendu Billie pour la première fois, ça ne m'a pas fait grand-chose. J'étais habitué au type d'Ethel Waters où vous avez un chant et une prononciation clairs, et le genre de Billie me laissait froid au début – jusqu'au moment où je me suis mis à écouter et j'ai commencé à piger quelle femme c'était. J'ai fini par l'apprécier *énormément.* » L'argent venait surtout des pourboires. Holiday avait quinze ans et gagnait environ cinquante dollars par nuit, parfois beaucoup plus.

Teddy Wilson ne vit jamais le groupe Foster-Coles-Laurence-Holiday en action. Si l'on en croit Irene Kitchings, la femme de Wilson à ce moment-là, Benny Carter leur avait parlé d'une incroyable nouvelle chanteuse au Pod's and Jerry's, et ils y allèrent pour entendre Holiday. En 1972, Wilson se souvient de sa prestation :

> *Elle avait un excellent pianiste nommé Bobby Henderson. Elle chantait en alternance avec une fille nommée Beverly White et les trois se succédaient et composaient tout le spectacle… « Them There Eyes » était l'une de ses chansons les plus populaires à ce moment. Chacun la redemandait. Beverly White et Billie étaient aussi différentes que le jour et la nuit, mais dans le même spectacle les deux étaient terribles. Beverly était une grande chanteuse de ballades, je pense une de mes favorites parmi toutes celles que j'ai entendues. Et Billie avait ce superbe « rhythm singing », vous savez, des airs plus entraînants… Billie a chanté des ballades, mais je la préfère dans les tempos plus vifs, les chansons rythmées – ce qu'on appelait à l'époque les « jump tunes ».*

George "Pops" Foster, 1937.

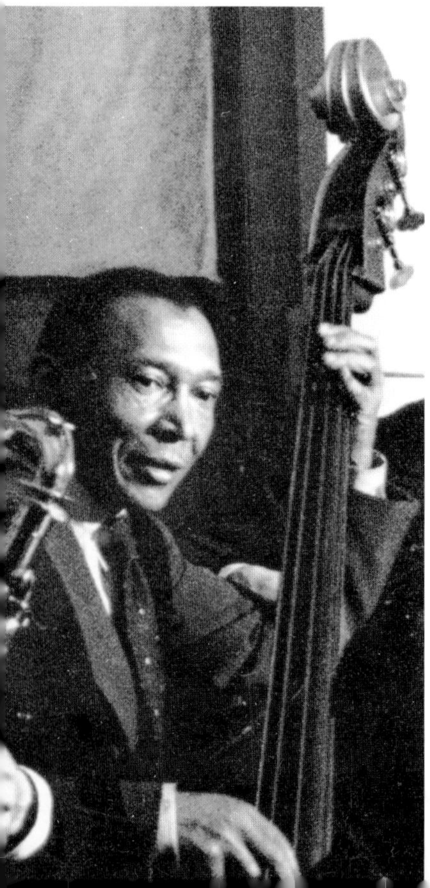

Souriant à Holiday pendant tout le spectacle, il y avait aussi au club cette nuit-là John Hammond. Ce dernier, qui avait entendu Teddy Wilson pour la première fois à la radio de Chicago et était en partie responsable de sa venue dans l'Est, avait déjà arrangé pour lui des séances de piano solo chez Columbia. Wilson était un excellent musicien respecté des autres joueurs, courtois, calme et diplômé. Hammond, « le militant intégrationniste », voyait en lui un fer de lance pour unifier le monde du jazz. A la fin de la soirée, Hammond se précipita vers Wilson et lui fit rencontrer Holiday.

« Peut-être que vous pourriez faire des disques ensemble », dit Hammond. Holiday n'avait jamais entendu jouer ce calme « diplômé » et elle devait éprouver des doutes. Mais pressés par Hammond, ils se mirent d'accord pour se rencontrer le jour suivant chez Wilson, où il y avait un piano, et voir ce qui pourrait en sortir.

« Elle était jeune. Elle était robuste, insouciante, comme une grande gosse », se souvient Irene Kitchings. Quand Holiday arriva à son appartement, Wilson n'était pas encore chez lui. « Nous sommes devenues amies dès le premier instant. Elle m'a appelée Renie et m'a dit d'emblée : Renie, j'ai rencontré beaucoup d'épouses, celle de Duke ou d'un autre. Mais tu es la première épouse que je rencontre qui semble réelle... Je peux te comprendre, parce que tu es une personne réelle. » Toutes deux devinrent des amies proches et des collaboratrices. Kitchings

Teddy Wilson, vers 1937. Wilson joua avec Holiday dans la plupart des séances d'enregistrement à la fin des années 30 et au début des années 40. Holiday cita souvent Wilson comme l'accompagnateur modèle, capable de créer d'intéressantes figures derrière elle sans s'introduire dans sa voie.

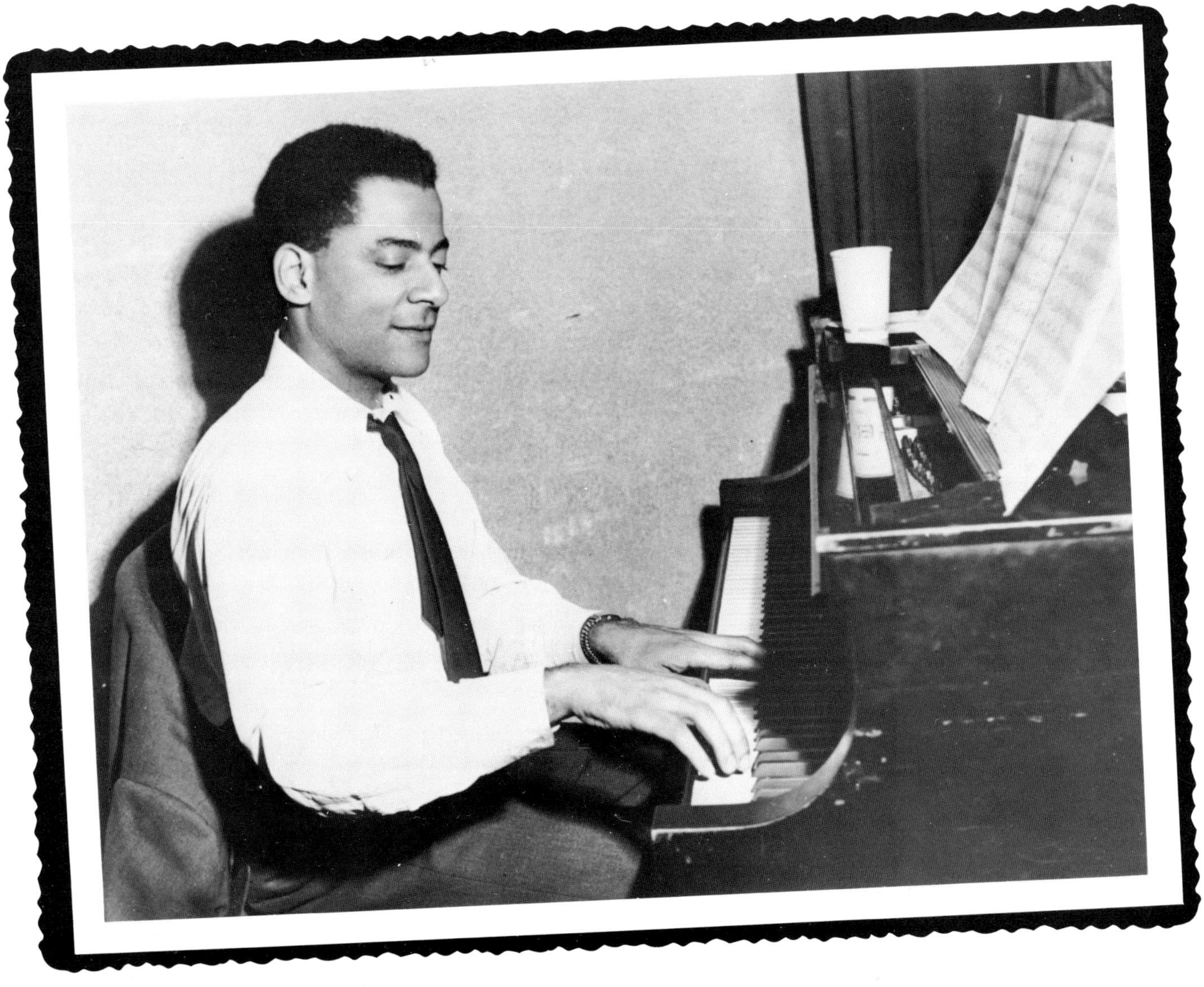

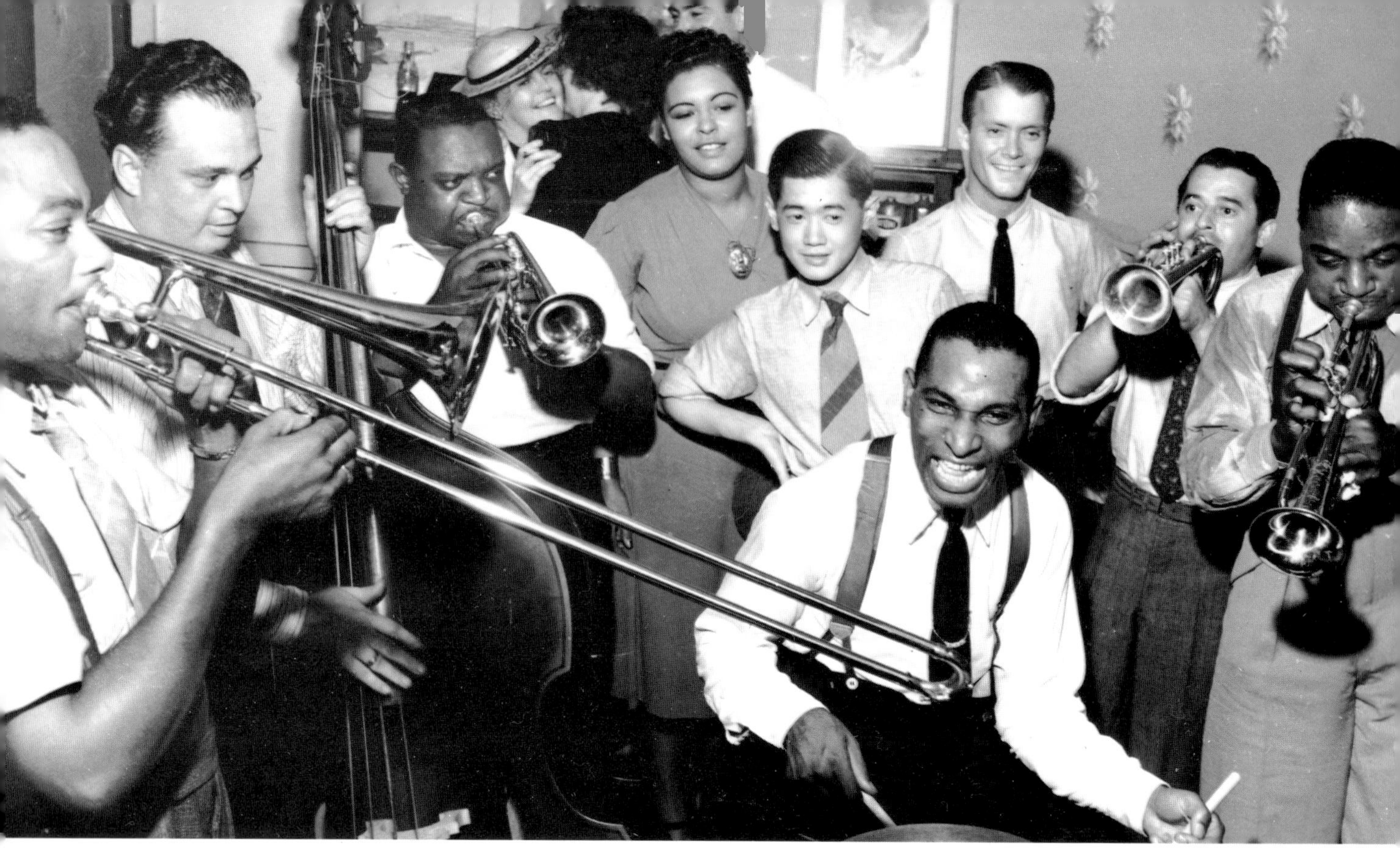

Holiday, août 1939, dans une jam-session (pour l'article du magazine *Life* "Life va à une fête"). De gauche à droite : J. C. Higginbotham, un inconnu, Rex Stewart, Holiday, Harry Lim, Cozy Cole, Eddy Condon *(derrière)*, Max Kaminsky et Oran "Hot Lips".

était elle-même une excellente pianiste ; en fait, Carmen McRae dit même (de façon exagérée) qu'elle était meilleure pianiste que Wilson. Elle devint également auteur de chansons. « Some Other Spring » (dont Billie dit qu'elle racontait la fin du mariage Kitchings-Wilson) fut interprétée tout d'abord par Holiday et est une de celles qu'elle cite le plus souvent comme sa favorite. Kitchings écrivit aussi « Ghost of Yesterday » et « I'm Pulling Through », des chansons inhabituelles, remarquables, associées à Holiday.

Le jour de la rencontre arrangée avec Holiday, Wilson revint à la maison avec une brassée de nouvelles chansons. Il lui dit qu'il avait déjà un contrat avec Brunswick pour quelques enregistrements. Ce type, Hammond, avait été une sorte d'interprète de musique classique, dit-il, un violoniste amateur qui avait travaillé la musique de chambre. Il voulait quelque chose comme un orchestre de musique de chambre de jazz, avec la voix de Holiday qui ajouterait un éclat à l'ensemble. Ils joueraient cependant du jazz authentique, avec les meilleurs gars qui se trouvaient en ville. Ce pourrait être Lester Young, Ben Webster ou Johnny Hodges – ceux qui seraient disponibles. Il lui dit que pour la première séance il l'utiliserait comme chanteuse ; et Hammond avait promis d'amener Benny Goodmann. Holiday ne fut peut-être pas très enthousiaste à l'idée de se joindre de nouveau à Benny Goodman – la séance de 1933 avait vu l'étincelle d'une brève histoire d'amour qui prit fin brutalement. Mais elle accepta de regarder les chansons – un de ses passe-temps favoris – et l'idée d'en enregistrer quelques-unes était plutôt excitante. Et puis elle trouvait que ce type, Teddy Wilson, avait un sacré bon rythme et était plutôt chouette musicien.

Pour ce premier enregistrement Holiday-Wilson de 1935, Hammond, voulant combattre toute accusation de négligé venant de la haute direction, avait demandé à Wilson de rassembler un jour plus tôt les musiciens pour jeter un coup d'œil aux partitions afin de fixer les introductions et codas de chaque morceau. Passé la première séance cependant, les musiciens ne répétèrent plus avant l'enregistrement.

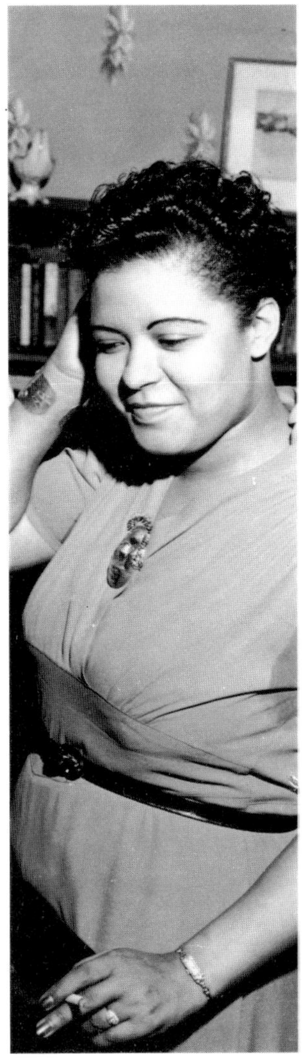

En fait, Buck Clayton, Jo Jones et d'autres aimaient préciser qu'ils n'avaient pas répété. Ils arrivaient au studio, et Wilson annonçait un air, montrait la brève introduction et la coda qu'il avait arrangées, puis il fixait l'ordre des solos. Le groupe pouvait répéter brièvement les morceaux pendant que Holiday regardait de son côté les paroles des chansons. Lors des premières séances, il n'y eut pas de secondes prises car Brunswick avait peu d'argent et n'accorda des ingénieurs du son que pour une seule prise. L'expert du jazz Albert Murray a commenté ainsi le manque de répétitions et de prises à ces séances :

> *Beaucoup de gens s'émerveillent du fait que très peu de répétitions furent consacrées à la production d'un certain nombre de très bons enregistrements de Billie Holiday. C'est merveilleux surtout parce que les enregistrements sonnent si bien, mais le processus n'est pas si extraordinaire. Les musiciens vivaient simplement, à chaque instant, la musique. Elle travaillait avec des gens dont le style, l'approche, le feeling et les valeurs lui étaient connus... Quand vous entendez Lester aller dans cette voie, vous avez quelque chose de commun avec ça. C'est comme parler à une bande de copains. Vous savez ce qui va arriver. Ou vous pouvez le faire avec une bande d'ennemis. Vous savez ce qu'ils vont dire... C'est pourquoi tant de jam-sessions s'enregistrent si bien.*

La première grande période de Billie Holiday est celle de ses jam-sessions/« after-hours » ; quand elle n'assistait pas à des leçons ou des répétitions, *elle vivait constamment en termes de musique*. Si elle avait dû chanter dans le cadre d'un arrangement strict, avec des gens qui n'étaient pas des musiciens de jazz, qui ne savaient pas comment improviser, elle aurait peut-être eu une hésitation. Mais ces séances avec Wilson étaient réglées précisément de la même manière que celles dans lesquelles elle chantait depuis environ cinq ans. Pour reproduire l'esprit d'une jam-session, la liberté et la fièvre de la collaboration avec des musiciens professionnels de jazz, Wilson ne fit pas de répétition : « Ils venaient à la séance et, grâce au caractère impromptu des enregistrements, il n'y avait pas besoin de répétition. C'était tous des improvisateurs experts. »

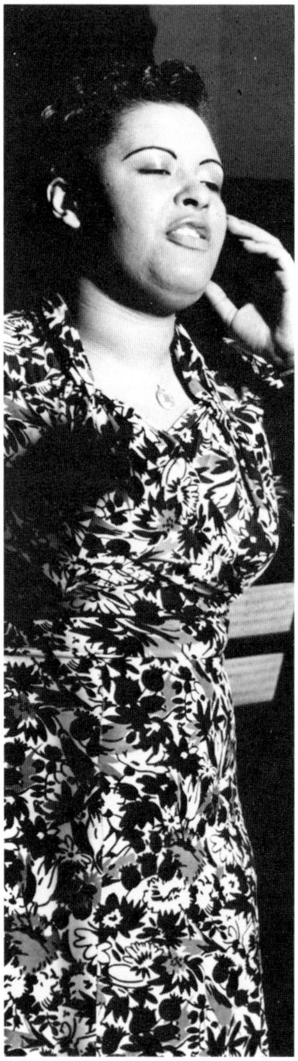

« Pour moi qui n'étais pas présent aux séances d'enregistrement de Billie en 1930 », écrit Gunther Schuller, « la manière dont elle a appris cette centaine de chansons – et aussi parfaitement – reste mystérieuse. La question ne relève pas de la simple curiosité ; c'est une question pertinente : premièrement à cause de la précision technique de ses performances... deuxièmement, il n'est pas possible de recomposer et d'improviser aussi parfaitement sur autant de chansons sans les connaître à fond. » Ici encore, la réponse de Murray nous sert : elle était une musicienne de jazz dont la forme d'art requérait de rapides improvisations, ce qu'elle pratiquait constamment. En ce sens, elle ressemblait à Louis Armstrong et John Coltrane, réputés pour garder leur cornet près de leur lit lorsqu'ils dormaient afin de pouvoir le prendre dès qu'ils se levaient le matin ou pour essayer une nouvelle idée qui les réveillait au milieu de la nuit.

L'autre fait important, qui n'a pas été rapporté jusqu'ici, est que Wilson et Holiday, et plus tard Irene Kitchings et Holiday, se réunissaient la veille des séances d'enregistrement et examinaient les différentes chansons. Que pouvait faire d'autre un véritable diplômé ? Wilson se souvient :

> *On se réunissait d'abord avec Billie, et on prenait un paquet de musique, peut-être trente, quarante chansons, et on les essayait ; on sélectionnait celles qui exerçaient un attrait sur elle – les paroles, la mélodie. Et après les avoir choisies, on se concentrait sur celles qu'on allait enregistrer. Et on les répétait jusqu'à ce qu'elle en ait une très bonne idée à l'esprit, à l'oreille... Son oreille était phénoménale, mais elle devait avoir la chanson dans l'oreille pour pouvoir y mettre son style. Elle inventait des petites phrases musicales différentes de la mélodie écrite. Tous les grands chanteurs font des variations sur la mélodie. Bien sûr, ils doivent connaître parfaitement la mélodie pour pouvoir le faire. Un après-midi était suffisant pour essayer trente, quarante chansons, et elle en enregistrait habituellement trois dans une séance, parfois quatre. On prenait une heure avant la*

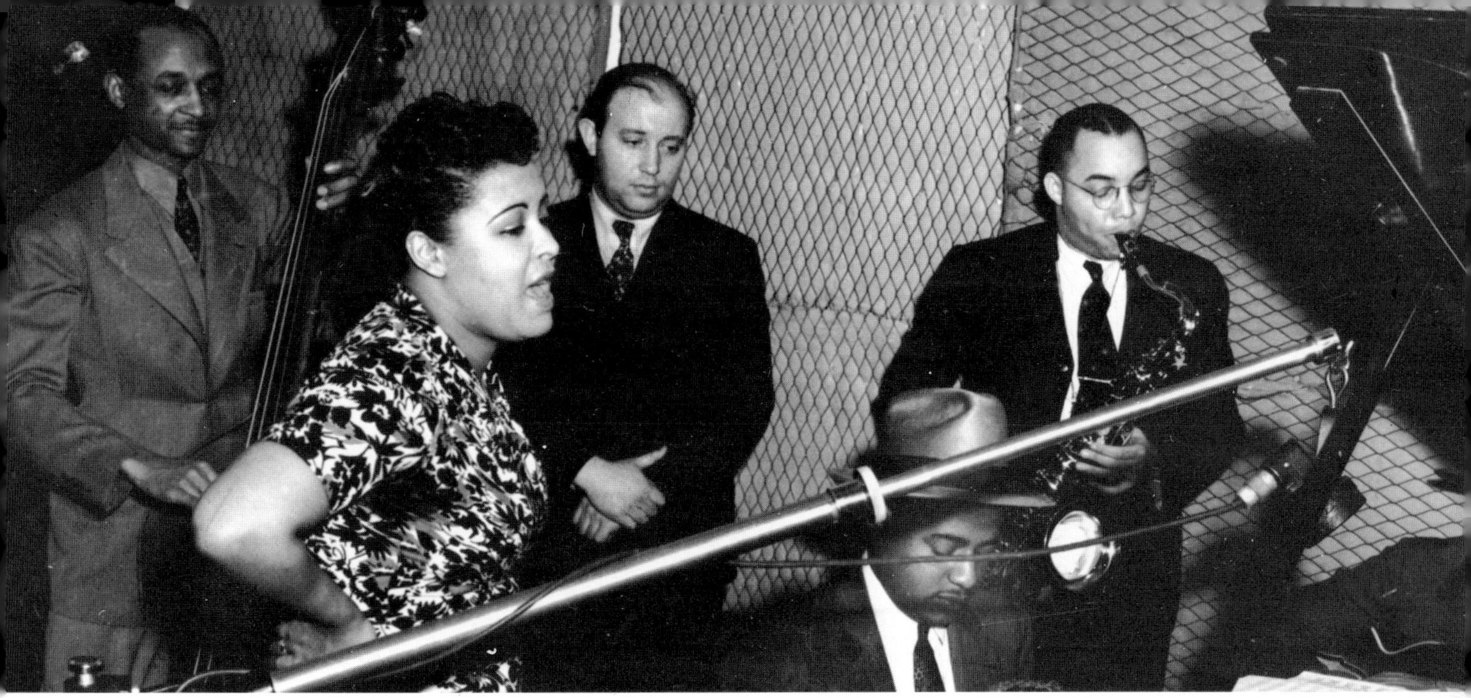

séance pour préparer celles qu'on allait enregistrer. On faisait ça chez moi parce que j'avais un piano... et l'après-midi, après deux heures, parce qu'on travaillait la nuit et on dormait le jour.

La séance d'enregistrement Commodore pour "Strange Fruit", le 20 avril 1939. De gauche à droite : John Williams, Holiday, Milt Gaber, Sonny White et Kenneth Hollon.

Le mystère n'en est donc pas un. Wilson collaborait avec Holiday dans le choix des chansons et l'aidait à apprendre (pour qu'elle puisse la modifier) la mélodie.

Il est important de savoir que Holiday ne chantait pas n'importe quelle chanson présentée, comme il est souvent prétendu. Si parfois elle était coincée à la dernière minute avec une chanson que Columbia tenait à enregistrer pour honorer une obligation, elle avait d'habitude son mot à dire. D'après Wilson, tout deux rejetèrent 90 % des partitions qu'ils passaient en revue. Quel critère utilisait-elle pour refuser une chanson ? « Quand la mélodie était manifestement trop rebattue... les paroles banales, les rythmes clichés, et tout ça », dit Wilson. « La plupart des chansons que l'on faisait n'étaient pas des tubes, mais elles étaient plutôt bonnes. On essayait d'avoir de bons textes et de bonnes mélodies. »

Kitchings dit que Holiday avait l'habitude de venir chez eux pour répéter « tout le temps ». Parfois un bassiste et un batteur se joignaient à Holiday et Wilson. « Je mettais un rembourrage sous les pieds du batteur, et ils répétaient », se souvient Kitchings. Une fois que Holiday fut bien connue, si la police venait demander au groupe de se calmer, Kitchings allait trouver le policier à la porte. « Je disais à ce policier : C'est Billie Holiday. Vous savez qui c'est, n'est-ce pas ? – Oh oui. – Eh bien, elle répète pour son prochain enregistrement. Je disais aussi : Je suis une veuve , et Lady me soutenait en disant : On l'aide à s'en sortir et je la paye pour me donner un endroit pour répéter. » Les Wilson avaient un appartement très spacieux, l'inverse d'un cas désespéré. « Et le policier regardait autour de lui et devait penser, Qu'est-ce que ça veut dire, elle n'a besoin d'aucune aide , mais n'importe comment il disait juste : Ne jouez pas trop fort, jouez doucement. Et s'en allait. »

La première séance d'enregistrement de Holiday et Wilson – le 2 juillet 1935 – se déroula incroyablement bien. Pour donner le coup d'envoi de la série, Hammond rassembla « le meilleur groupe qu'il y ait jamais eu ». En plus de Holiday, Wilson, et le promis Benny Goodman, le groupe se composait de Roy Eldridge (trompette), Ben Webster (sax ténor), Cozy Cole (batterie), John Kirby (basse) et John Truehart (guitare). Hammond avait convaincu les représentants de la Columbia (Brunswick Label) qu'il était nécessaire d'avoir une « version » noire des chansons populaires déjà enregistrées par des chanteurs blancs pour satisfaire la demande du marché du juke-box en expansion dans les quartiers noirs. Comme les éditeurs avaient déjà leurs versions « officielles » interprétées par Ginger Rogers et Bing Crosby, ils n'accordaient que peu d'attention à ce que faisaient Hammond et son groupe de jazz. Les enregistrements étaient bon marché – cinq ou six musiciens à cinquante dollars chacun, pas de droits d'auteur (pratiquement personne ne percevait de droits d'auteur à cette époque ; les musiciens aimaient enregistrer pour faire de la publicité à leur spectacle au club ou au théâtre) – que pouvait donc perdre la société ? A part Hammond, personne ne vint « superviser » le travail, et les musiciens suivaient la direction de Wilson et Holiday en faisant précisément de la musique comme ils l'entendaient. Quand il s'agissait d'accompagner Holiday, Wilson disait : « Je jouais des motifs de remplissage. Je la laissais porter la mélodie. Je ne la dirigeais jamais, je ne jouais jamais la mélodie avec elle. Et quand elle s'arrêtait, je jouais quelques figures. Ce qui lui laissait toute la liberté pour chanter n'importe quelle phrase de la façon dont elle le souhaitait. »

Pour être sûre des paroles, elle tenait les partitions pendant qu'elle enregistrait « I Wished on the Moon », « What a Little Moonlight Can Do » et « Miss Brown to You ». Benny Goodman, qui avait un rendez-vous dans le bas de Manhattan, n'était pas avec le groupe quand celui-ci réalisa « A Sunbonnet Blue (and A Yellow Straw Hat) ». Peut-être, comme Michael Brooke l'a soupçonné, Goodman avait-il jeté un œil à la partition et décidé de laisser tomber. En dépit de cette chansonnette bien peu convaincante, la séance fut brillante – avec du premier coup trois grands gagnants. La voix de Holiday était animée, pleine de la joie d'inventer et d'une conversation spirituelle dans le langage du jazz. C'était un « jump tune » à la Billie

Holiday au Off-Beat Club, Chicago, 1939, avec l'orchestre de Jimmy McPartland *(page ci-contre).*

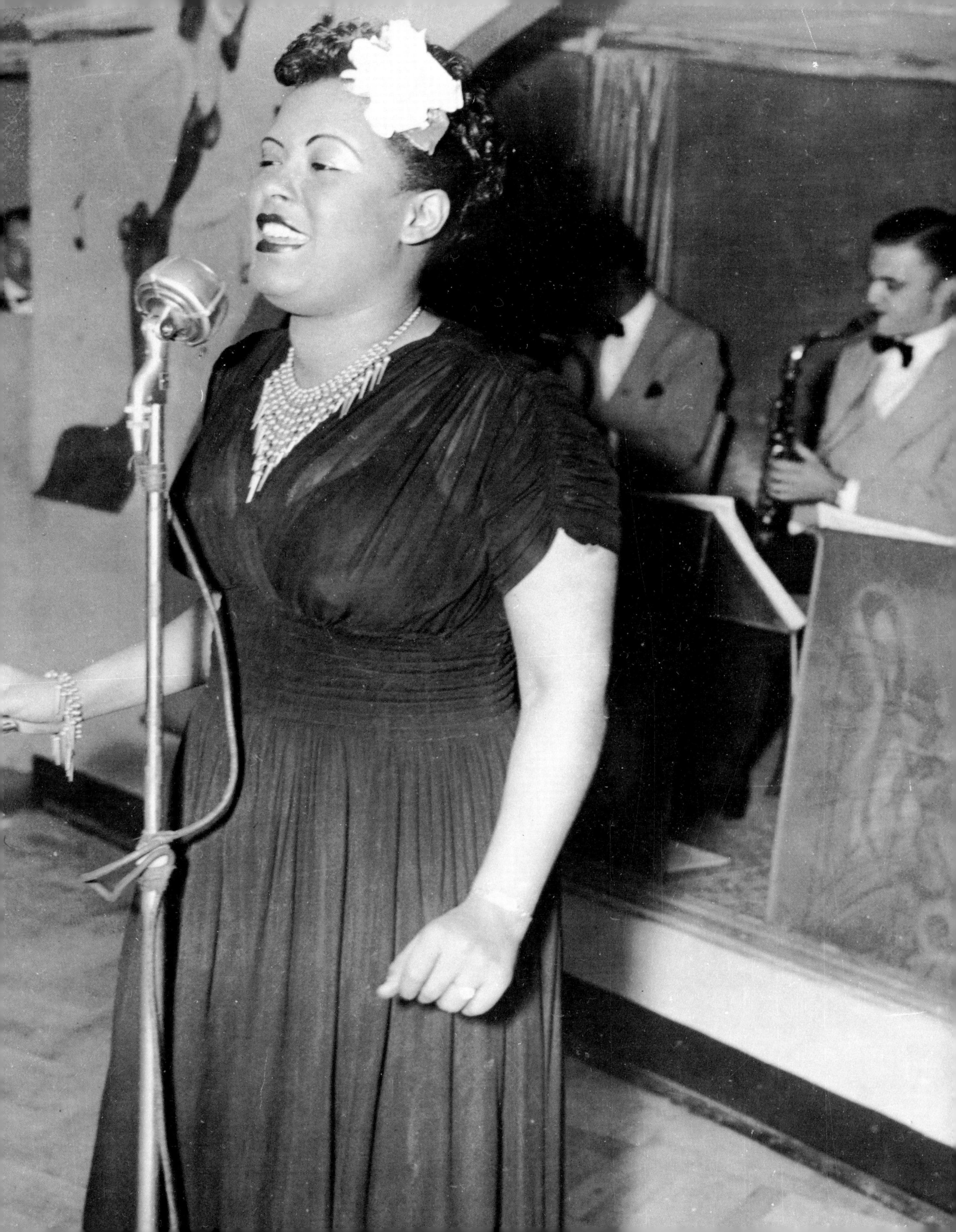

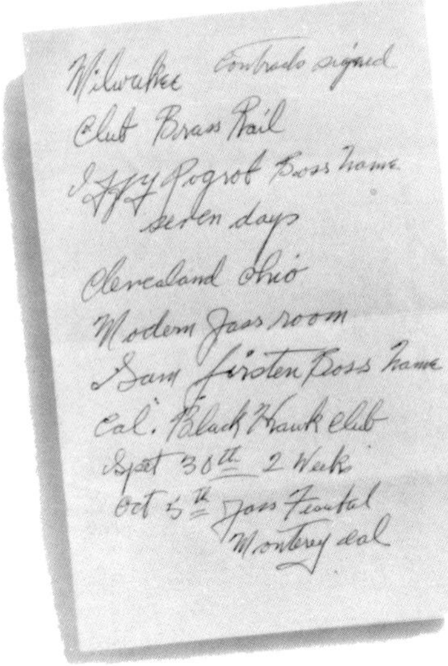
Milwaukee Contracts signed
Club Brass Rail
Izzy Pogrot Boss name
seven days
Cleveland Ohio
Modern Jazz room
Sam Firsten Boss name
Cal. Black Hawk club
Sept 30th 2 Week
Oct 5th Jazz Festal
Monterey cal

Un itinéraire écrit par Holiday, à l'orthographe souvent incertaine. Il présente le programme très chargé de Milwaukee à Monterey, fin 1958. Elle notait consciencieusement les dates et les lieux de ses prestations et le nom du "boss". Les enregistrements prouvent qu'elle était en excellente forme à Monterey, neuf mois seulement avant sa mort. Commentant son style à l'époque, Dan Morgenstén dit : "Certains disent que ce que fait Billie, ce n'est plus de la chanson. Peu importe, ce qui est sûr, c'est que ça fonctionne."

Holiday, préparée pour ce rendez-vous avec les géants, et décidée à prouver qu'elle était leur égale. Pour paraphraser Rudolph Noureïev à propos de ce que peuvent faire les grands danseurs, elle avait fait ressentir les passages difficiles comme faciles et les passages faciles comme intéressants.

Entre 1935 et 1942, elle grava des centaines de titres pour Columbia. La plupart d'entre eux avaient pour vedette Wilson, même si finalement et pour son plus grand plaisir elle enregistra sous le nom de « Billie and Her Orchestra ». Parfois elle utilisa d'autres pianistes que Wilson. Dans chaque cas, les séances étaient conçues avec l'idée de rassembler un groupe de stars, qui comme lors de jam-sessions ne jouaient ensemble que dans des occasions spéciales. Wilson, Hammond et Holiday se concertaient pour décider qui ils voulaient utiliser pour la séance à venir, parmi les musiciens qui se trouvaient en ville à ce moment-là. Généralement, ils recrutaient parmi les groupes de Basie, Ellington, Goodman ou Teddy Hill. Billie finit par préférer les gars de l'orchestre de Basie, et tout particulièrement Lester Young et Buck Clayton.

Ce qu'elle aimait le plus chez eux, c'est que, à l'instar de Wilson, ils ne rivalisaient pas avec elle mais « bouchaient les trous ». Comme le dit Clayton dans un entretien en 1990 :

> *Et si elle avait une phrase spéciale, particulièrement jolie, je ne jouais que lorsqu'elle arrivait à la fin de sa phrase. Alors je faisais un peu le pitre – ce qu'on appelait « remplir les blancs ». Je ne faisais ça que si j'étais sûr que sa phrase était finie. Je pense que c'était pour ça qu'elle aimait que je joue avec elle, parce que je n'étais pas sur son chemin... Je regardais ses lèvres. Et quand elles se fermaient, je faisais une petite figure musicale à ce moment. Quand elles s'ouvraient de nouveau, je me taisais.*

La grandeur de la « première Holiday » tient non seulement à sa qualité soliste mais à celle de membre d'un groupe. Ceux de ses partenaires qui réussissaient le mieux dans leur collaboration étaient capables, comme Wilson et Clayton le rapportèrent, de compléter son travail en terminant ses phrases musicales avec des motifs à eux, en faisant de la ligne mélodique une invention continuelle. Le jeu de Clayton sur « Me, Myself and I » est un exemple de ce magnifique échange.

A certains moments, la contribution de ses accompagnateurs consistait en improvisations derrière sa ligne mélodique. Lester Young était très fort pour ça. Dans certains morceaux, il semble fredonner derrière elle, mettant en valeur ses solos, lâchant derrière elle son propre rideau de sons magnifiquement ondoyants. On peut entendre ce fabuleux travail dans « I'll Never Be the Same ». Cependant une autre stratégie d'accompagnement, celle du contraste créatif, était menée jusqu'à la perfection entre Holiday et Wilson. C'est là que Wilson était un maître. L'auditeur suit Holiday dans une course vivifiante à travers la mélodie, digne de l'excellente description d'une grande musique de jazz par Whitney Balliett : « le son de la surprise. » Derrière la voix de Holiday, puis dans la lumière du solo, se trouve le piano de Wilson : son travail ne brille pas tant par une nouvelle créativité – c'est le fort de Holiday – que par sa sûreté rythmique, l'esprit de ses suggestions mélodiques et le goût étincelant de ses accords.

Le jazz est le plus démocratique des arts et ces créations de groupe montrent la démocratie en action. Six ou sept génies se trouvaient dans le studio d'enregistrement. Chacun était encouragé à exprimer ses pensées et sentiments individuels. En même temps chacun travaillait comme une partie d'un ensemble cohérent et se supportait mutuellement. C'était un *e pluribus unum* avec un battement swinguant.

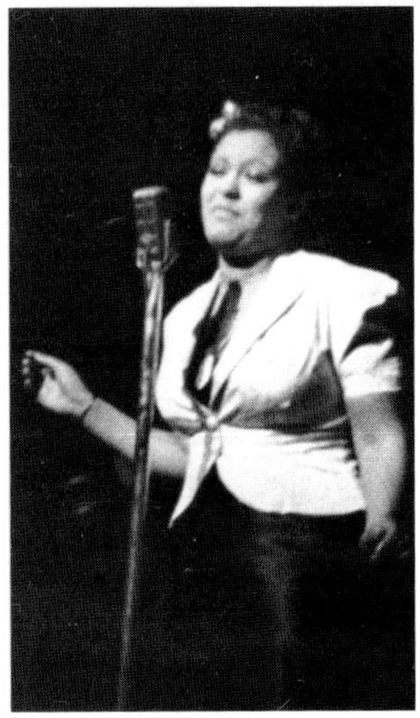

La période de la « première Holiday » s'écroula après les premières années d'enregistrement chez Columbia, de 1935 à 1939. A cette époque, elle fit les incontournables faces que beaucoup d'amoureux de Holiday nomment ses enregistrements parfaits. Même alors, sans doute à cause de sa couleur, elle fut étiquetée à tort chanteuse de blues. En fait, elle n'enregistra que deux blues pendant ces années : « Billie's Blues » (1936) et « Long Gone Blues » (1939). Les autres chansons étaient des titres de Tin Pan Alley et des airs venant du cinéma ou de Broadway. Chaque fan de Holiday qui est familier de cette période a sa propre liste de titres favoris. La mienne comprend : « It's Like Reaching for the Moon », « These Foolish Things », « I Cried for You », « Who Loves You », « I Can't Give You Anything But Love », « I Must Have That Man », « I'll Get By », « Foolin' Myself », « Me, Myself and I », « A Sailboat in the Moonlight », « Trav'lin' All Alone », « I'll Never Be the Same », « He's Funny That Way », « The Moon Looks Down and Laughs », « Long Gones Blues », « Some Other Spring », « Them There Eyes » et « The Man I Love ». Ce sont des chansons qui ont permis à toute une génération d'endurer l'épreuve de la Dépression – et pas seulement avec des fantaisies détachées du monde, bien qu'elle en offrît quelques-unes, mais avec de la musique pour danser, vivante, avec le son vif-argent d'une artiste inventive et exubérante au travail.

« Elle aimait les chansons difficiles, celles qui avaient quelque chose en elles », dit Irene Kitchings. Ces chansons lui offraient un défi suffisant pour qu'elle puisse

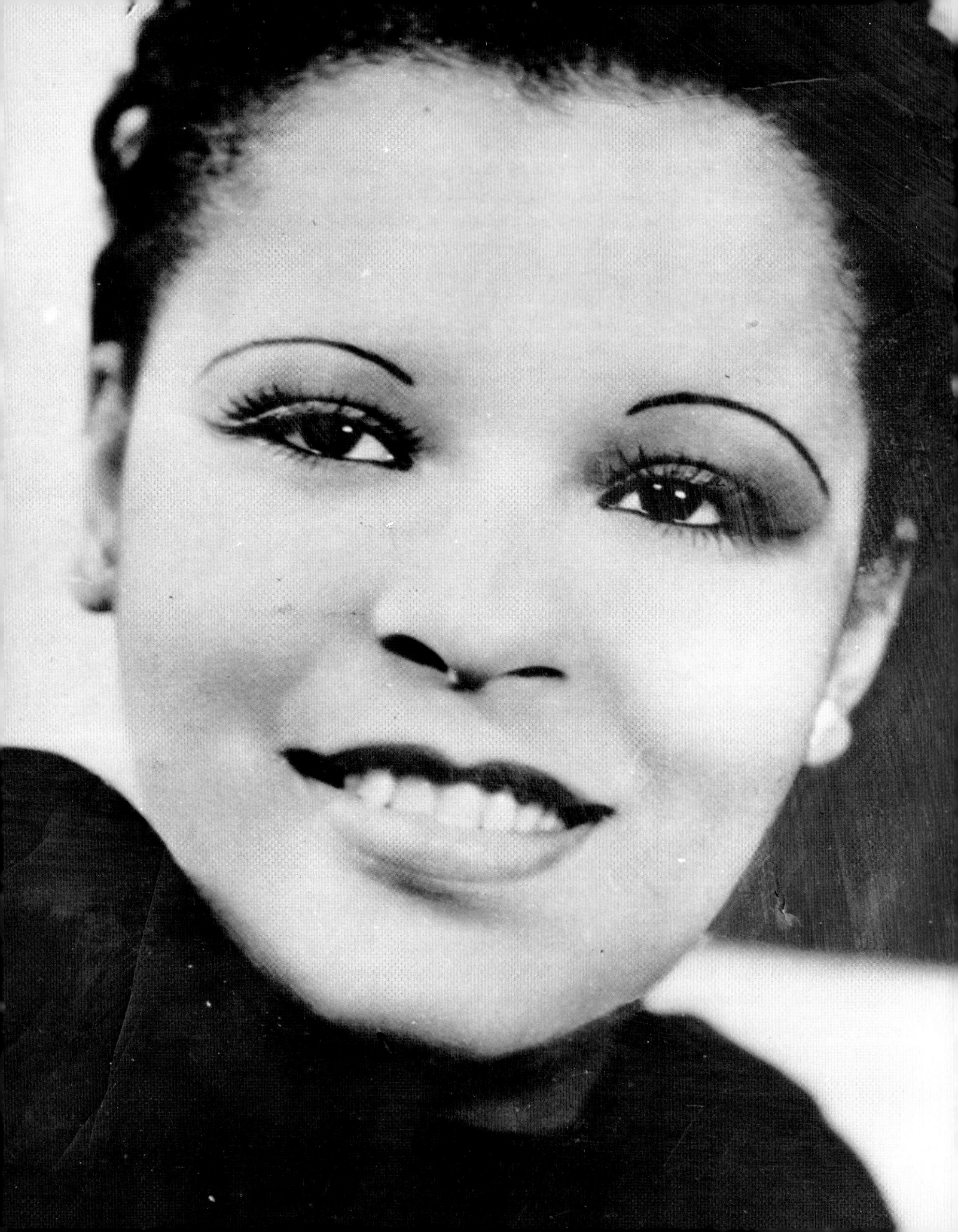

les honorer, accentuer leurs meilleures caractéristiques, mais elles étaient également suffisamment intéressantes pour qu'elle les transforme. Il est curieux qu'on l'ait considérée comme une chanteuse de blues car, si elle n'était certainement pas une diva du blues dans le même sens qu'Ida Cox (presque tous les enregistrements de Cox sont construits dans la structure des douze mesures du blues), elle transformait son morceau, d'où qu'il vienne. Tout comme Coleman Hawkins faisant de « Body and Soul », lors de son célèbre enregistrement de 1939, un air autant de Hawkins que de J. Green, la première Holiday recomposait ces chansons et en fit une part de son recueil personnel. Qui d'autre que Billie Holiday pouvait rendre justice à « What a Little Moonlight Can Do » ?

L'année 1935 fut la clef de voûte de la première période. C'est l'année de sa première à l'Apollo Theater de Harlem. Un machiniste de l'Apollo, Bob Hall, a toujours déclaré que c'était lui (et non Ralph Cooper, qui prétendit aussi avoir « découvert » Billie Holiday) qui l'avait entendue à l'Alhambra Grill quand « elle y fit un malheur ». Comme il le raconte, ses recommandations assurèrent à la jeune chanteuse un engagement d'une semaine à l'Apollo payé environ trente-cinq dollars. Le comédien Pigmeat Markham admettait lui aussi modestement avoir « découvert » Holiday. Il raconta l'histoire apocryphe suivante :

> *Elle était debout dans les coulisses avant d'entrer en scène. La musique commença, elle était pétrifiée, elle se tenait juste là. Et je lui ai donné une poussée, une forte poussée ; je n'avais pas l'intention de la pousser aussi fort, et je suppose qu'elle serait tombée, mais elle s'est agrippée au micro et finalement a rassemblé ses esprits. Et elle a commencé à chanter. C'était une chanson qui s'appelait « If the Moon Turns Green »... puis elle entama « Them There Eyes » – sa chanson du moment... Elle fit un malheur... Elle se tenait sous les spots verts et elle a chanté et chanté et chanté... Elle était magnifique. Ils ne voulaient pas la laisser partir. Je me tenais dans les coulisses. Elle avait le trac car elle était habituée à chanter dans des petites assemblées, vous savez. Et quand vous êtes habitué à chanter pour vingt-cinq personnes et que vous avez un public de mille, deux mille personnes, vous êtes paralysé. Mais elle a assuré à mort, elle était superbe.*

Une photo de Holiday tirée du film de 1935 avec Duke Ellington, *Symphony in Black*. Jetée à terre par ses deux amants, Holiday chante "Big City Blues (The Saddest Tale)" d'une voix qui montre sa parenté avec Bessie Smith *(pages suivantes)*.

Plus tôt cette année-là, Holiday fut pressentie pour participer à un film avec Duke Ellington et son orchestre. *Symphony in Black* était un court métrage qui

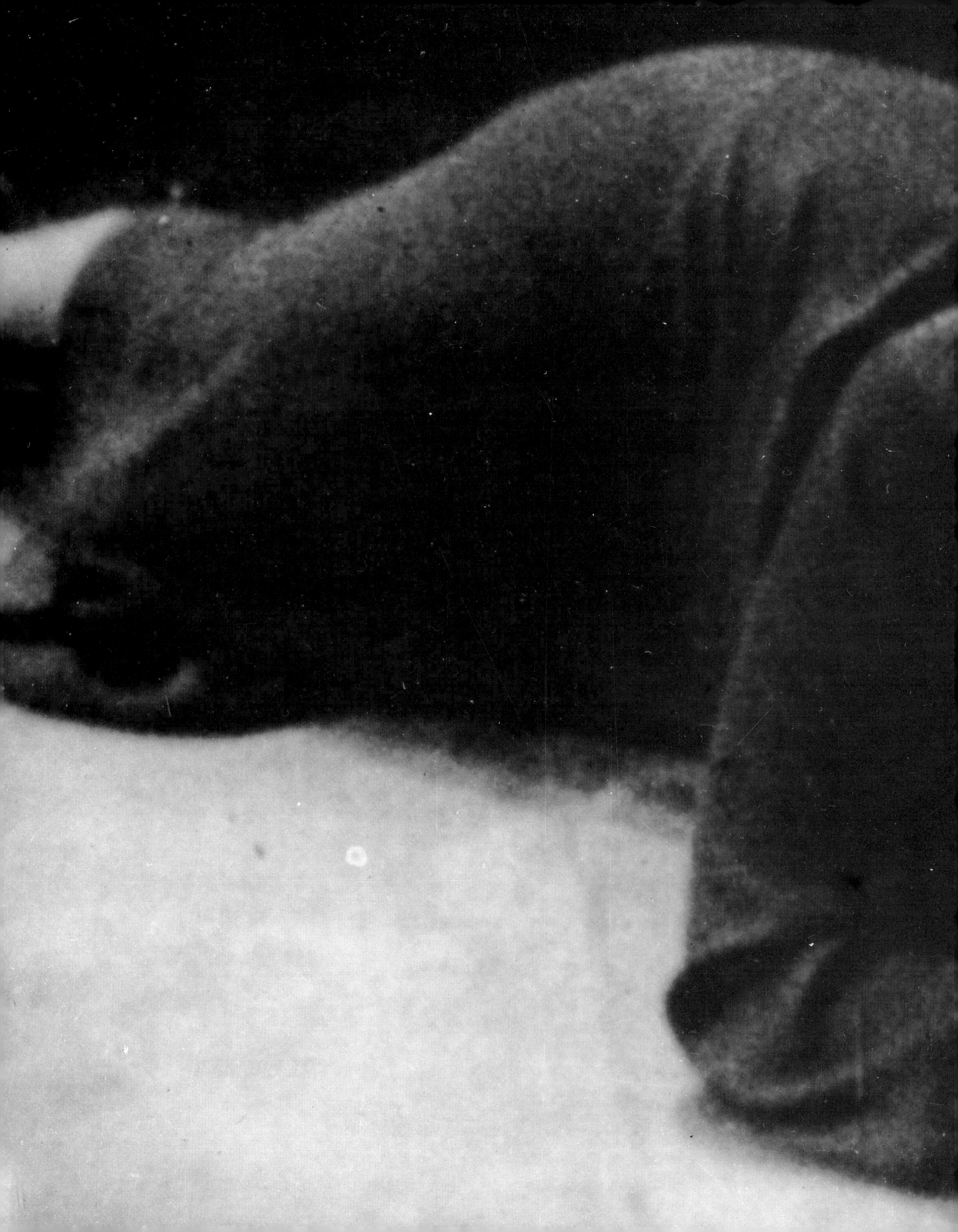

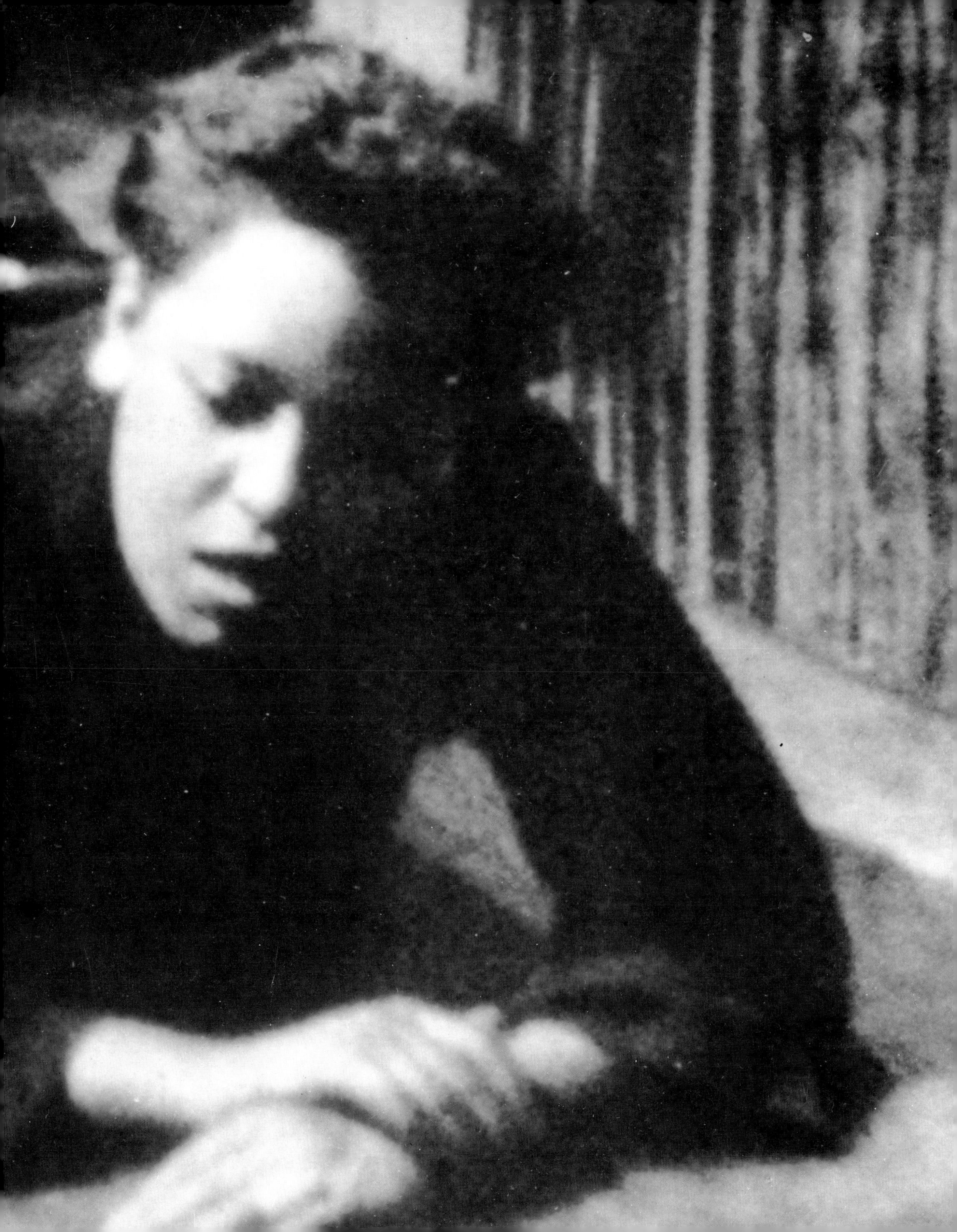

passait avant le début du film. (Peut-être l'idée était-elle de remplacer les groupes qui parfois jouaient entre les films.) En tout cas, *Symphony in Black* est un petit trésor célébrant Ellington, l'un de ces éclatants prolongements de son œuvre où une Billie Holiday de vingt ans apparaît comme une incarnation du blues dans un passage intitulé « Blues ».

Dans ce film, Holiday est sans conteste l'élève vedette de Bessie Smith. Elle a ce style concentré, déclamatoire qu'elle avait pratiqué à Baltimore quand elle chantait sur les enregistrements de Smith. L'élégance de l'arrangement d'Ellington apporte juste la bonne exposition pour le contralto délicat mais néanmoins puissant de Holiday. Et c'est prodigieux de la voir en action. Jouer le rôle d'une femme de la rue peu fascinante ne lui rend pas justice, elle n'est ni habillée ni maquillée pour avoir une apparence flatteuse. Mais le diamant brut de sa voix et de son corps est profond et irrésistible.

En 1937, John Hammond invita Count Basie à venir entendre la nouvelle chanteuse au Clark Monroe's sur la 134e Rue près de la Septième Avenue, un lieu en sous-sol connu auparavant sous le nom de Barron's. « C'est là que j'ai entendu Billie Holiday pour la première fois », dit Basie.

Holiday et Duke Ellington, vers 1945. Il fit une fois allusion à son chant comme étant « l'essence du cool ».

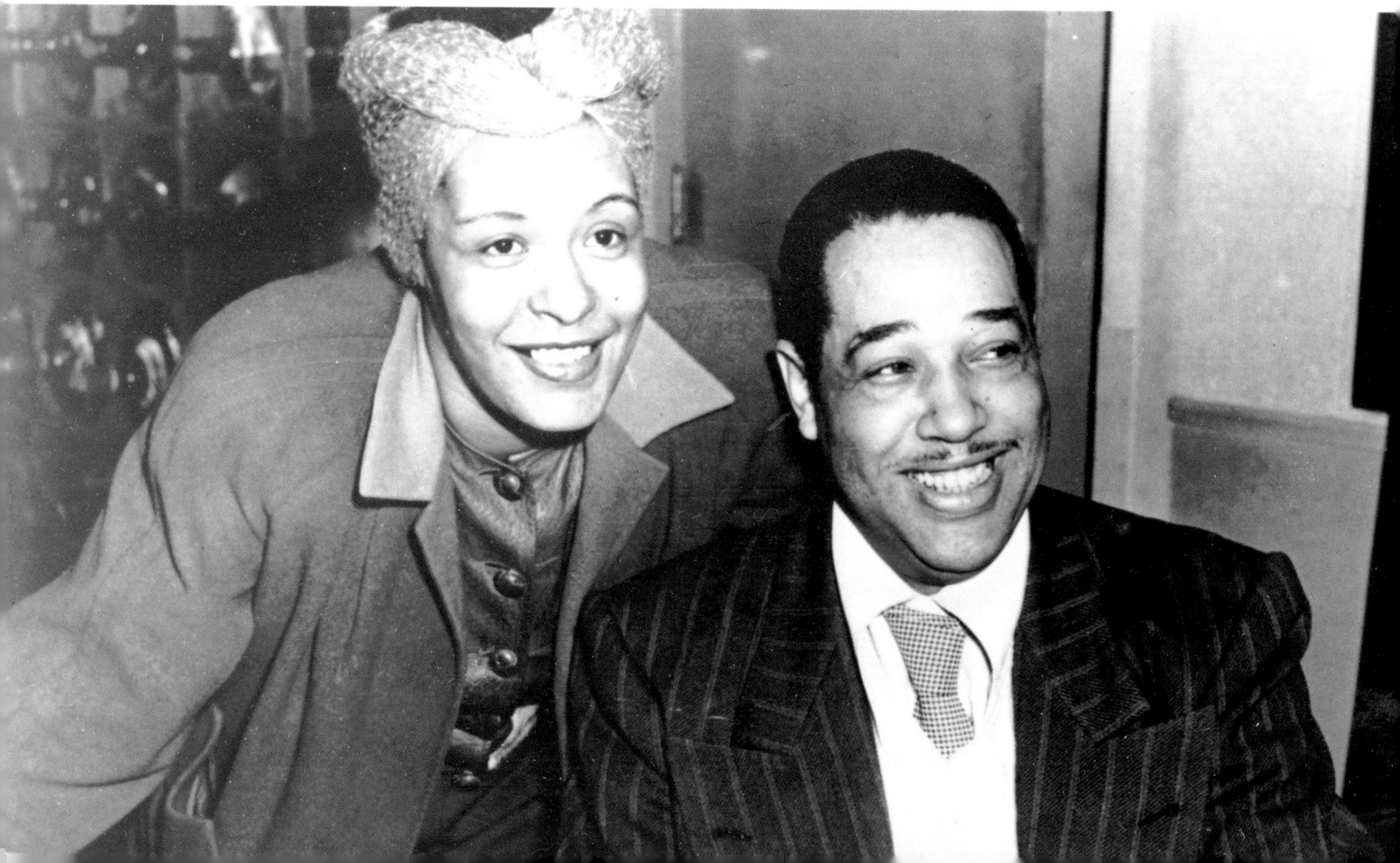

> *Et c'était quelque chose. J'étais réellement secoué. Elle m'a mis* K.O. *J'ai pensé qu'elle était si jolie. Une femme très attirante. Et quand elle chantait, c'était un style tout à fait différent. Je n'avais rien entendu de tel, et j'étais conquis ; j'ai dit à John que j'aimerais la voir venir travailler avec le groupe si on pouvait arranger ça. Naturellement John a été d'accord car il avait déjà eu la même idée avant de m'emmener l'entendre. Il a donc arrangé sa venue. J'ai oublié quels étaient les termes, mais lui et Willard Alexander se sont occupés de tout et elle est venue avec nous. Et elle était tellement bonne que tout le monde est tombé amoureux d'elle.*

Cette offre la conquit également. Elle connaissait déjà plusieurs gars dans le groupe, les ayant vus au club ou dans le circuit des jam-sessions. En janvier de cette année-là, elle avait fait le premier de la longue série d'enregistrements Holiday-Wilson avec les membres du groupe de Basie, Lester Young, Buck Clayton et Walter Page. Le guitariste Freddie Green, qui se joignit au groupe de Basie au même moment que Holiday, était présent lors de cette séance de janvier 1937. Elle et Young étaient amis depuis qu'elle était arrivée à New York en 1934 et c'est lui qui la présenta à Clayton, Jo Jones et d'autres membres de l'ensemble. « Quand elle a rejoint le groupe de Count Basie, c'est devenu une des joies de notre vie », dit Clayton. « Avoir la grande Billie Holiday chantant avec nous, c'était quelque chose qu'on n'aurait jamais cru possible – un plaisir qu'on ne pensait jamais avoir. C'est grâce à John Hammond, et à ses relations avec moi et Lester, que Billie s'est jointe à Basie. » Elle était parfaite pour la machine rythmique de Basie, qui (comme l'a observé Ralph Ellison) utilisait le groupe comme une batterie. Comme Holiday, Basie était spécialiste non seulement d'un tempo d'une régularité sans faille mais aussi d'une musique magiquement épurée. En tant que soliste et arrangeur, Basie gardait le moins de choses possible, n'utilisant jamais deux notes lorsqu'une seule suffisait. Et ses arrangements introduisaient ses solistes de manière à mettre leur talent en valeur. Tout comme Holiday, beaucoup des musiciens de Basie jouaient d'oreille, mémorisant les « arrangements principaux » travaillés par le groupe sous la direction de Basie. Holiday, qui n'avait jamais appris à lire la musique mais qui avait une bonne oreille, se sentait à l'aise parmi eux.

Selon Harry « Sweets » Edison, le morceau « Swing, Brother, Swing » était un arrangement réalisé par un pilier du groupe de Basie, Ed Durham, qui le fit sur mesure pour Holiday. Dans un enregistrement public au Savoy, nous entendons la première Holiday dans le rôle de la « dame qui faisait swinguer le groupe ». Ses incantations excitent l'ensemble dans une action rythmique hyperchargée qui semble, particulièrement à cause du mot « frère », une version hautement profane de ce que Winthrop Sargeant appelle l'activité « rythmo-dramatique » d'une assemblée excitée par des cris. Vous pouvez presque voir et entendre les danseurs battant et glissant les pieds sur le sol lorsqu'elle assène les mots :

Deep rhythm captivates me ;
Hot rhythm stimulates me.
Can't help but swing it, boys ;
Swing it, Brother, Swing.*

Évoquant ces jours avec Holiday et Basie, Edison dit : « C'était une chanteuse de jazz. Elle avait la tonalité immédiate, une oreille fantastique et une fabuleuse conception du moment où il fallait chanter et de la façon de placer les mots pour

* Le rythme profond me captive ;
Le rythme chaud me stimule.
Je ne peux pas m'empêcher de le swinguer, les gars
Fais-le swinguer, mon frère, swingue. *(N.d.T.)*

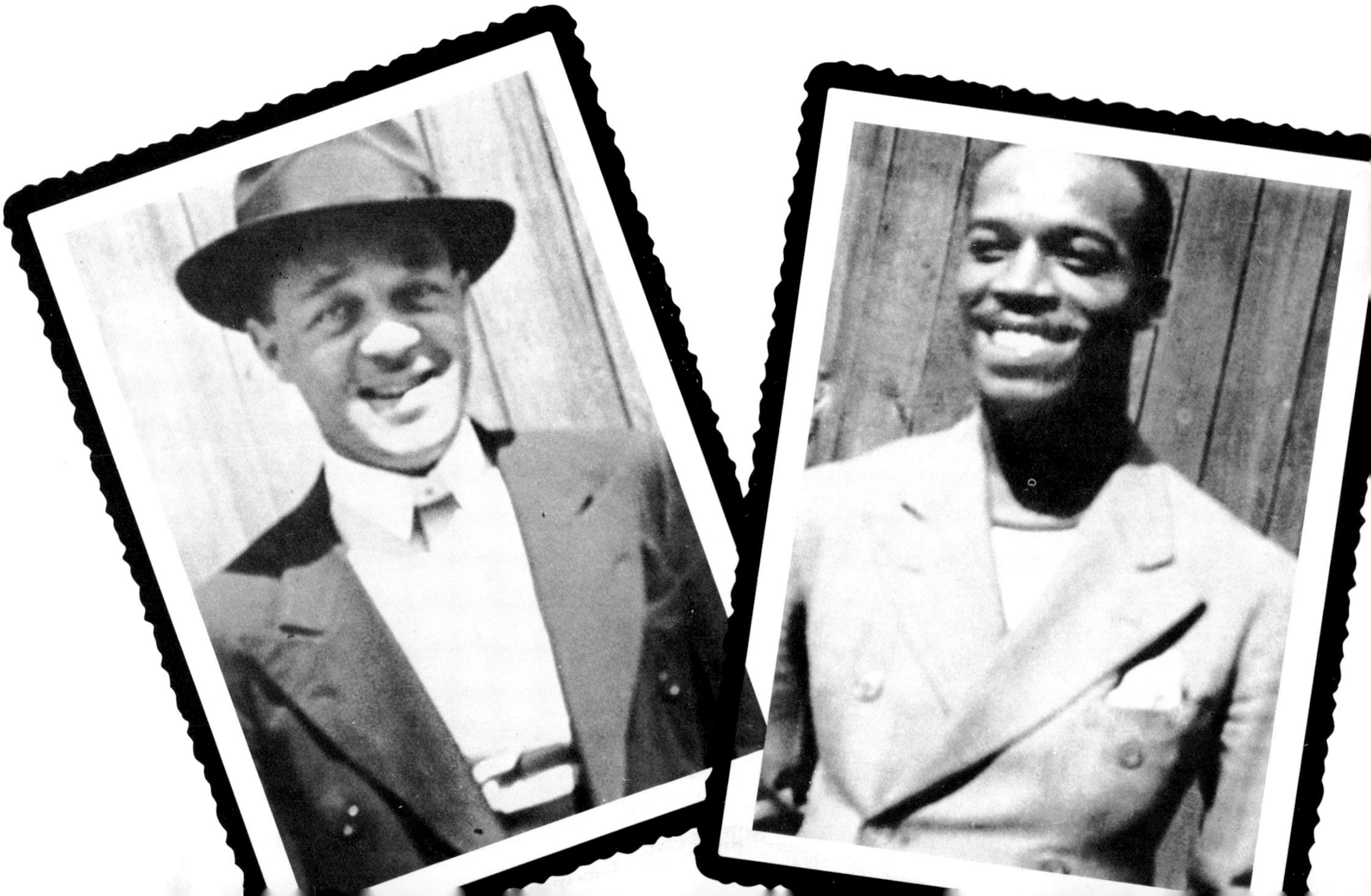

De gauche à droite **: Lester Young et Jo Jones.**

les faire swinguer... Elle pouvait faire swinguer n'importe quoi... Autrement, elle n'aurait pas pu être dans le groupe de Basie, parce qu'il avait le groupe le plus swinguant du coin. »

Holiday réalisa aussi des slows avec Basie. Quand elle se joignit au groupe, elle n'avait travaillé qu'avec de petits ensembles ; et au début elle n'avait dans son répertoire aucun titre pour chanter avec un grand orchestre. Elle demanda à Clayton de faire un arrangement de « They Can't Take That Away from Me ». Dans cette version très différente de celle enregistrée en studio, l'orchestration de Clayton (assez semblable à ses solos dans d'autres arrangements) « remplit les blancs » et permet à Holiday d'emmener le chant où elle le désire. Une fois de plus, on peut entendre la formidable exubérance de sa voix, et une fois de plus elle semble donner à un groupe déjà inspiré une impulsion supplémentaire. La Holiday de la première période était en train de devenir une chanteuse experte dans le contexte d'un grand orchestre, où le rythme du 4/4 était aussi régulier et puissant qu'un train filant à grande vitesse, et nuit après nuit elle échangeait des riffs avec Young, Clayton, Edison et l'homme qui pouvait faire swinguer une simple note, Basie lui-même.

La raison précise qui mit fin à la collaboration entre Holiday et Basie reste

De gauche à droite : **Buck Clayton et Herschel Evans.**

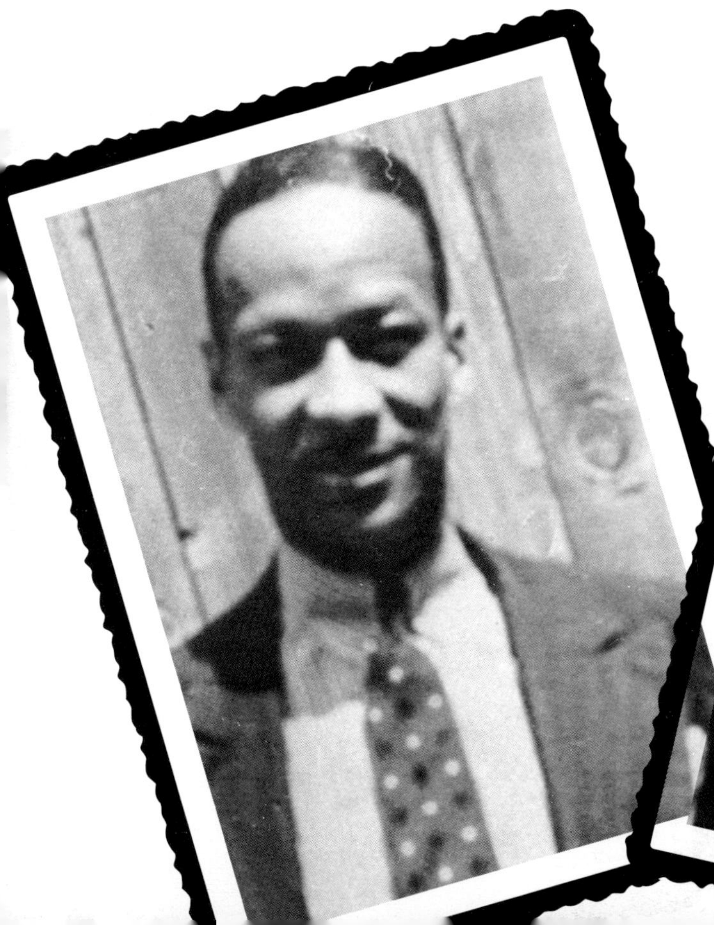

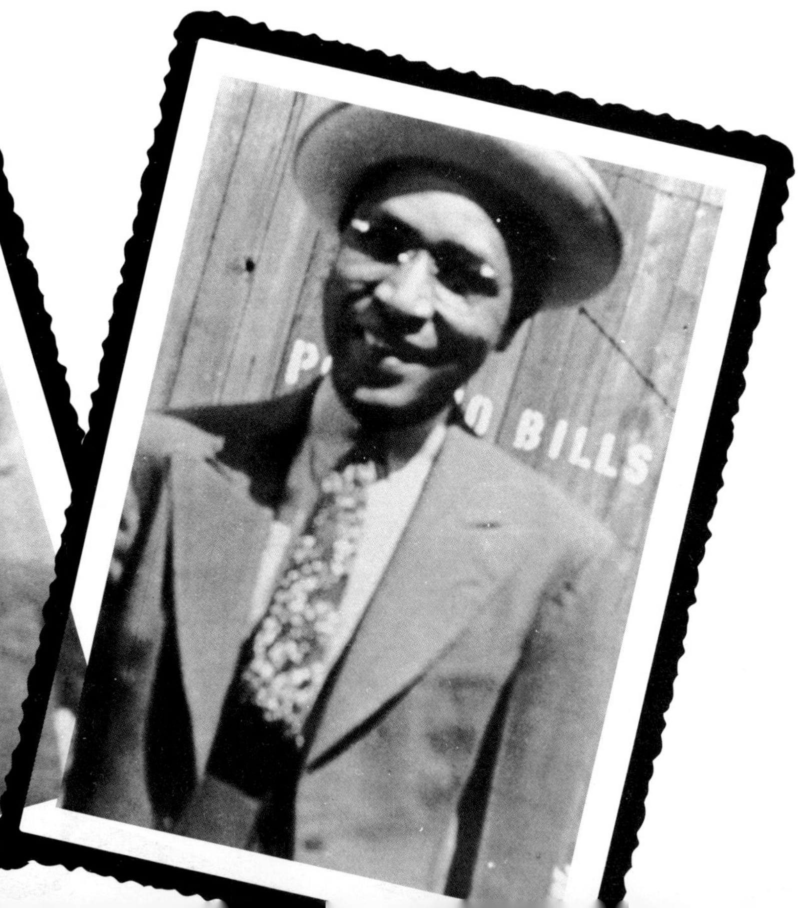

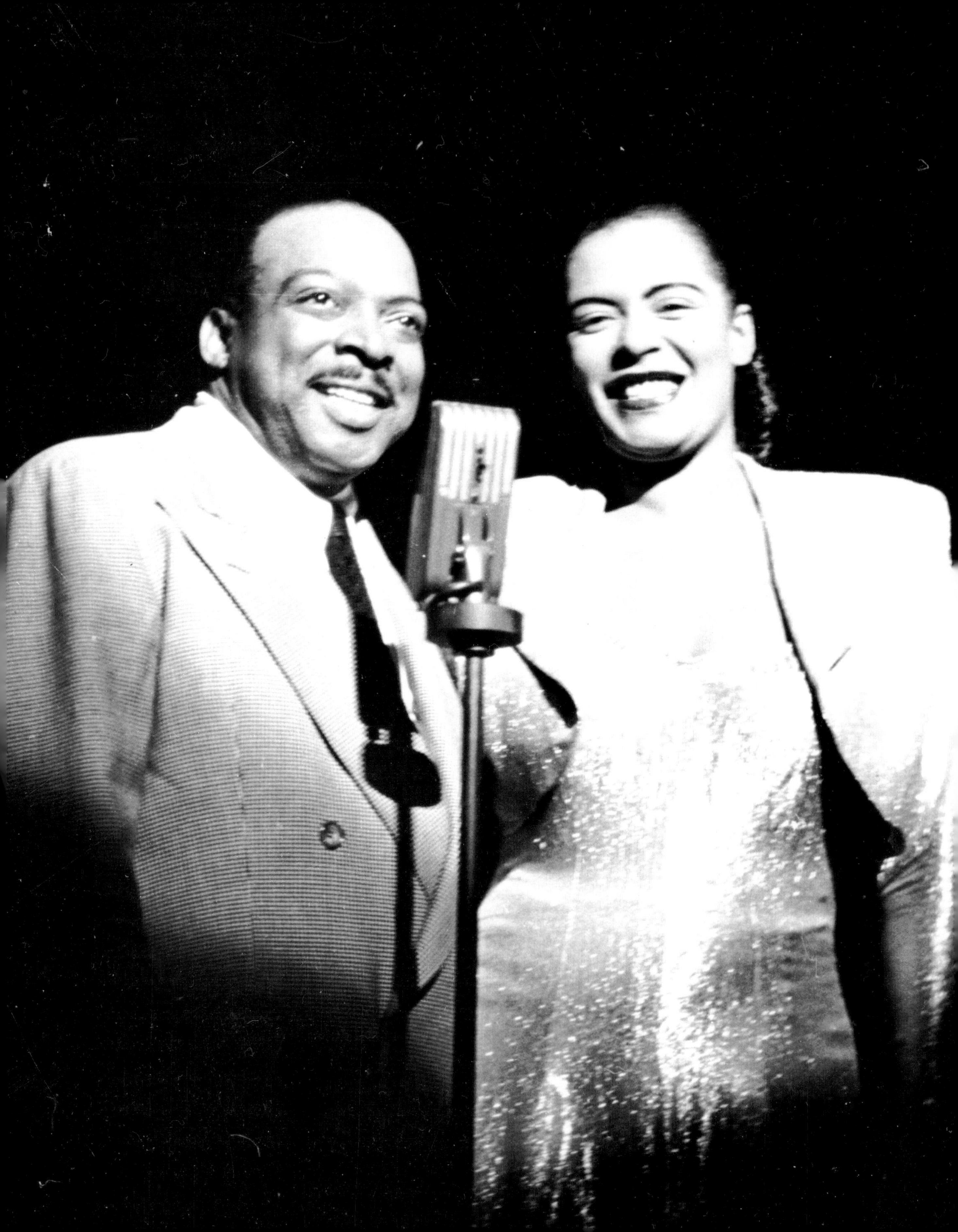

obscure. Selon Jo Jones, elle quitta le groupe à cause de pressions venant de John Hammond qui aurait conseillé à Basie de s'en séparer car elle ne chantait pas de blues dans le plus grand orchestre de blues du monde. Holiday n'était pas exigeante sur le fait de chanter du blues, et elle ne voulait pas marcher sur les pieds de Jimmy Rushing, le spécialiste du blues du groupe, qui était avec Basie bien avant qu'il y ait un orchestre Basie. Jones dit que Holiday chantait les morceaux rythmés et les ballades mais laissait les blues, qui avaient fait de Rushing la première célébrité du groupe à une époque, à ce dernier.

Être la seule femme du car voyageant d'une nuit à l'autre était au début une fête. Holiday avait un petit ami dans le groupe, Freddie Green, un de ses rares amants gentils. (Peut-être le choisit-elle parce qu'elle savait qu'il n'était que temporairement disponible. Il avait été clair sur le fait qu'il aimait s'amuser mais qu'il était attaché à sa femme et à ses enfants. Il se peut également qu'il éveillât en elle un intérêt spécial car, comme son père, il était guitariste rythmique.) Elle devint de plus en plus proche de ses « frères » du groupe, Lester Young et Buck Clayton. Après que chacun s'était endormi, elle et Clayton parlaient tard dans la nuit. Si quelques-uns d'entre eux étaient éveillés, elle se joignait à eux pour fumer un joint ou deux et plaisanter à l'arrière du bus.

« Elle était l'un des gars », dit Clayton, utilisant une phrase dont ils se servaient souvent à son propos. « On n'avait pas à surveiller son langage parce qu'elle connaissait plus de jurons que certains autres types. »

« On vivait dans le bus », dit Edison. Si c'était le moment de se changer ou de réclamer un arrêt pour une urgence, personne n'était conscient de Holiday. Elle faisait partie de la famille.

Holiday dit que voyager de ville en ville, particulièrement dans le Sud où les commodités étaient dans le meilleur des cas incertaines, commença à gâcher la tournée. Mais c'est dans le Nord que les frictions se firent sentir. Au Fox Theater de Detroit, qui admettait uniquement les Blancs, le groupe se préparait à passer quand le responsable les arrêta prétextant que Holiday devait être correctement maquillée. Il trouvait qu'elle avait le teint trop clair pour chanter avec un groupe composé uniquement de Noirs ; certains clients pourraient se trouver offensés. Elle dut donc se noircir le visage. Certains commentateurs ont considéré qu'elle avait exagéré cette histoire alors que les artistes, à cette époque, acceptaient sans y penser ce genre de contraintes. Mais c'était en 1937, une époque où les artistes noirs devenaient de plus en plus conscients de leur impact social. Il est facile de croire que se « noircir » à Detroit fut une des raisons pour lesquelles Holiday décida de

New York's Strand Theater, 1948. Holiday fut la vedette avec l'orchestre de William "Count" Basie en 1937 et 1938. Pendant leur brève mais importante collaboration, des contrats antérieurs les empêchèrent d'enregistrer ensemble ; et seuls trois disques témoignent de leur travail commun. Ces émissions de radio enregistrées montrent l'image parfaite d'un mariage où les musiciens swinguaient fort et n'utilisaient jamais trois notes lorsqu'une ou deux leur suffisaient pour raconter une histoire. Après leur rupture, Holiday et Basie restèrent amis et jouèrent souvent ensemble. Elle l'appelait "Bill", et lui "William" ***(page ci-contre).***

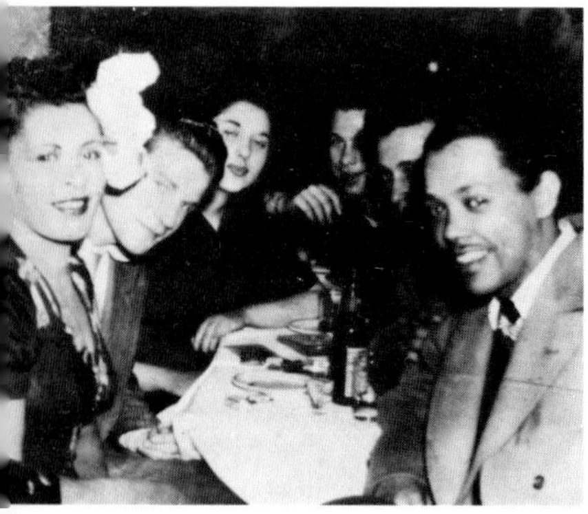

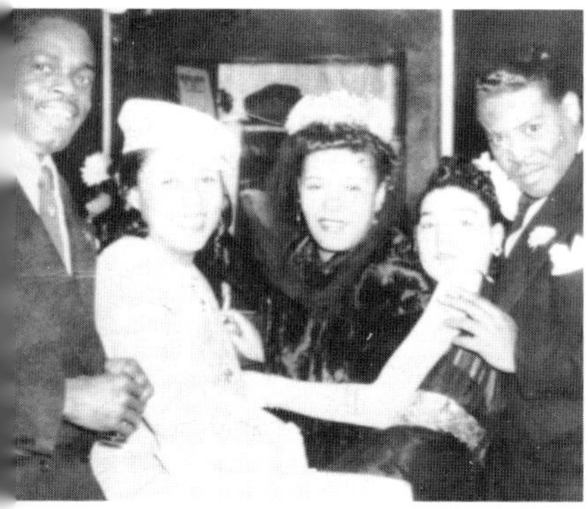

Holiday, vers 1940. Avec Billy Eckstine *(en haut)*. Avec des amis *(en bas)*.

rentrer. « C'est comme ils disent », railla-t-elle plus tard, « il n'y a pas plus foutu business que le show-business. Vous deviez en sourire pour vous empêcher de tout laisser tomber. »

Pendant des années, Holiday se plaignit d'avoir été renvoyée du groupe de Basie et que John Hammond en fût le responsable. Willard Alexander, un cadre de l'Association pour la musique en Amérique, donne une version plus détaillée de ce qui se passa dans le numéro de septembre 1938 du *Down Beat* : « C'est John Hammond qui trouva à Billie ce boulot avec Count Basie, et c'est à cause de lui que Basie la garda. En fait, s'il n'avait pas été là, Billie serait partie six mois plus tôt. » Pourquoi fut-elle renvoyée ? « La raison », dit Alexander, « était strictement sa mauvaise attitude à l'égard de son travail. On ne pouvait pas compter sur elle pour de bonnes exécutions régulières. »

Que la version d'Alexander soit exacte ou non, il est clair que la collaboration cessa d'avoir un sens du point de vue économique. Basie et Holiday ayant des contrats avec deux compagnies différentes, ils ne pouvaient pas faire de disques ensemble. Basie dit toujours à propos de son départ qu'elle était en train de devenir une star par elle-même et avait commencé à recevoir des offres qu'il ne pouvait pas égaler. Il affirma qu'elle l'avait quitté avec sa bénédiction.

Holiday resta avec Basie moins d'un an, mais pour elle c'était une époque inoubliable. Elle se la rappelle plus longue : « Pendant les deux années où j'étais avec le groupe, on avait un répertoire d'une centaine de chansons, et chacun d'entre nous transportait chaque note de celui-ci dans sa tête. »

En 1938, Holiday rejoignit le groupe d'Artie Shaw, devenant ainsi une des premières Noires (et non la première comme l'ont dit certains) à chanter régulièrement avec un orchestre composé uniquement de Blancs. Shaw, un clarinettiste, lui avait proposé ce travail dix-huit mois auparavant et fut rempli de joie lorsqu'elle finit par accepter. En dépit de sérieuses inquiétudes de la part de ses commanditaires, qui n'étaient pas des militants raciaux mais des investisseurs, Shaw prit Holiday au Roseland State Ballroom de Boston où elle fut bien reçue. Cependant, les engagements au-delà de Boston lui réservèrent moins d'enthousiasme. Les foules la traitaient froidement. Selon John Chilton, « beaucoup de cette indifférence n'avait rien à voir avec un préjugé racial ; c'était simplement le style de Billie qui n'était pas assez commercial pour que l'auditeur occasionnel l'appréciât ». Malgré tout, du point de vue des musiciens sur la scène, les choses n'ont jamais mieux marché. Bien que le rythme devînt parfois trop lourd (c'était durant la période où Shaw engagea le batteur noir Zutty Singleton pour « entraîner » le groupe), l'enthousiasme et l'ambiance du groupe rappelaient à Holiday l'orchestre de Basie. Selon *Down Beat* en juin 1938 : « Ses parties vocales cadencées s'allient magnifiquement avec le style de Shaw... Plus encore, la personnalité et le sens de la musique de cette véritable fille du jazz a gagné et unifié le groupe, et actuellement plus d'un solo est joué vers Billie. »

Les ennuis surgirent de nouveau sur la route – exacerbés par le spectacle choquant d'une superbe femme noire voyageant et jouant avec quatorze musiciens blancs. Souvent, Holiday ne pouvait pas avoir de chambre dans les hôtels où le reste du groupe descendait et ne pouvait ni manger ni boire avec eux dans les restaurants et les cafés réservés aux Blancs. Parfois l'insistance de ses collègues pour qu'elle fût traitée justement l'emportait, mais le conflit devenait lassant. « Il n'a pas fallu longtemps pour que les rudes jours de l'orchestre de Basie finissent par ressembler à une brise », dit-elle. « J'en arrivais au point où je ne pouvais manger, dormir ou aller dans la salle de bains sans que ça fasse un dossier pour la N.A.A.C.P. »

Certains endroits refusaient de louer à un groupe blanc avec une chanteuse noire. Des publicitaires ne voulurent pas donner à Artie Shaw leur morceau à chanter à la radio parce qu'elle changeait leurs airs et était « trop artistique ». Shaw fit des compromis et engagea une autre chanteuse de dix-neuf ans, Helen Forrest. La tension monta inévitablement, lorsque Forrest reçut les morceaux qui devaient être arrangés pour Holiday. Pour couronner le tout, des conflits contractuels apparurent, et Holiday ne put enregistrer avec l'orchestre de Shaw. La seule chanson qu'ils réussirent à graver, « Any Old Time », fut rapidement retirée du catalogue de Shaw et refaite par Forrest.

Les insultes raciales auraient facilement pu aller jusqu'à la violence physique. Des membres du groupe se souviennent qu'un jour l'orchestre avait commencé son spectacle dans la salle de bal d'un hôtel du Sud ; Holiday était assise sur l'estrade avec les autres quand un homme cria à Shaw : « Quand est-ce que la négresse va se mettre à chanter ? » et Holiday répondit : « Sortez ce fils de pute d'ici ! » Shaw laissa le groupe jouer mais leur fit signe de se tenir prêts à remballer et à se disperser rapidement. Ils avaient déjà sauté dans leurs voitures et étaient sur la route avant que d'autres ennuis ne surviennent. Il ne fait aucun doute que Holiday aurait bien voulu faire sentir à la « grande gueule » le rasoir qu'elle transportait dans son bas, mais elle savait aussi que cela aurait très rapidement pu tourner au lynchage.

L'anecdote que Holiday donne comme raison pour laquelle elle quitta Shaw est tout à fait significative. Elle dit qu'après avoir fait une tournée dans le pays et rencontré des ennuis d'ordre racial ici et là, l'orchestre était heureux d'être de retour

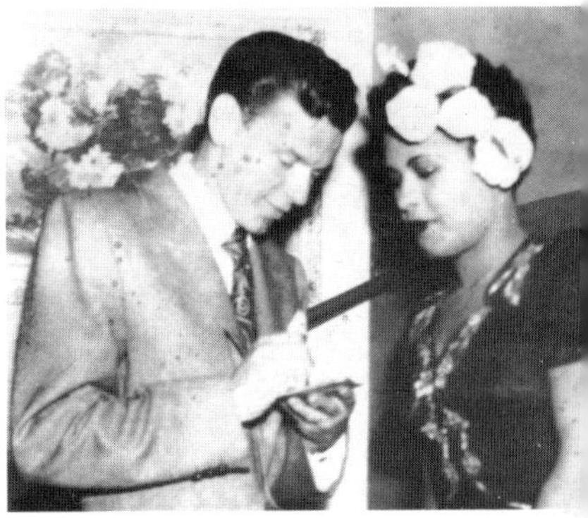

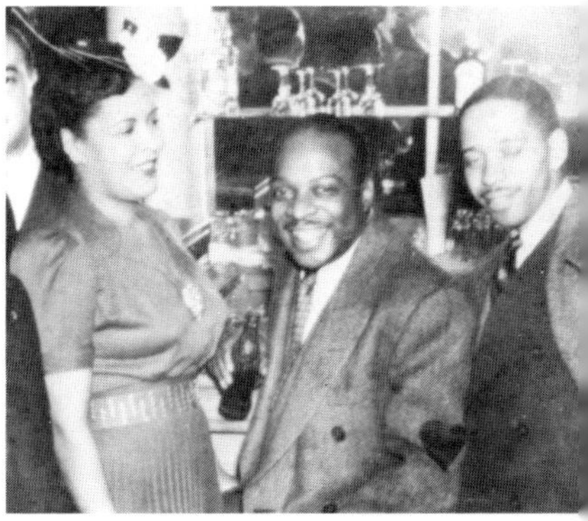

Holiday avec Franck Sinatra pour qui elle « était et demeure encore la plus grande et l'unique influence musicale » *(en haut)*. Holiday avec Basie et Henry Woode *(en bas)*.

Communiqué de presse, vers 1947. Holiday disait souvent qu'être en tournée durant cette période de ségrégation était très éprouvant. Elle avait beaucoup d'amis blancs, surtout parmi les musiciens, et son apparition à leurs côtés, dans un bar ou un autre lieu public, rendait nerveux, parfois même violents, les patrons des clubs réservés aux seuls Blancs *(page ci-contre).*

à New York. Il devait résider en ville à l'hôtel Lincoln. Elle pénétra dans l'hôtel et s'entendit dire par la propriétaire et directrice, Theresa Kramer, qu'elle ne pouvait pas entrer par la grande porte mais passer par la cuisine avec le reste du groupe. A cette époque, elle dit à un reporter de l'*Amsterdam News* : « Ça alors, dans tout le Sud, on était de vraies célébrités et on a jamais eu de problèmes de couleur jusqu'au moment où on a commencé ici à New York, à l'hôtel Lincoln. » Et elle ajouta : « J'étais une vedette à côté d'Artie lui-même, mais je n'ai jamais été autorisée à visiter le bar ou la salle à manger comme le faisaient les autres membres de l'orchestre. Non seulement je devais rentrer et sortir de l'hôtel par la cuisine, mais je devais rester seule dans une petite pièce sombre jusqu'au soir quand je devais chanter. Et j'avais de moins en moins de chansons à mesure que le temps passait. » Dans un entretien postérieur, elle s'attaqua à Shaw lui-même, qu'elle accusa de n'avoir rien fait pour l'aider lors de l'incident de l'hôtel Lincoln : « J'en ai eu simplement assez des manières arrogantes à la je-sais-tout d'Artie et du comportement outrageant de ses producteurs, alors j'ai quitté l'orchestre. En fait, Shaw voulait que je signe un contrat pour cinq ans et, quand j'ai refusé, il a été furieux. »

Holiday ne chanta jamais plus avec Shaw après 1938, mais elle le fit encore avec d'autres grands orchestres. Elle parut en vedette avec le groupe de Lionel Hampton pendant les années 40 et 42, et elle fit des apparitions avec Basie. Mais la première période était terminée. Elle était devenue une star et avait enregistré des titres qui étaient parmi ses meilleurs. C'était les enregistrements des jam-sessions-musique de chambre, dans lesquels ses expériences dans les arrière-salles de Baltimore et de Harlem, et en scène avec Basie et Shaw, ont cristallisé son talent et fait d'une chanteuse qui n'avait pas trente ans une des plus grandes de ce siècle. Ce que le poète Michael Harper a écrit à propos de John Coltrane est également vrai de la Billie Holiday de cette première période. La musique de Coltrane est « agressive car elle émerge d'une expérience vivante ; et elle reflète l'environnement total de la jam-session, expression de l'interaction de forces, de son style présent et passé. Le talent d'un artiste n'est pas une simple manœuvre technique mais la capacité intellectuelle et la maîtrise du flux de puissance, car la responsabilité de l'artiste est de créer un contrôle, de faire surgir des symboles qui donnent la force, dans des formes modales, de cet esprit qui est homme et univers ».

RELEASE FROM

CAPP-JOHNSON *Publicity*

545 FIFTH AVENUE, NEW YORK CITY, 17

VA 6 - 0825-0826

from: Greer Johnson

Greer

EXCLUSIVE TO WALTER WINCHELL

For the second time in a month, St. Louis' popular Plantation Club has dealt tolerance and democracy a blow below the belt. This time it involves the great blues singer, Billie Holiday, whom Esquire magazine singled out this very month with a full-page color photograph and a caption lauding her as the outstanding singer of her field. Miss Holiday was scheduled to open at the Plantation last week, following a recent altercation over color in which a member of Benny Carter's band was severely injured by the blow of a pistol butt on the head. When the singer had finished the first show of her opening night, she prepared to leave the club with a white friend. This man had befriended her several years ago when she was in the city with Artie Shaw's band. The manager stopped them at the door, delivered several unpleasant remarks, and forcibly threw the white man out. When Miss Holiday returned for her second show, she was told to read the signs which forbid any "mixing". She was then told she needn't go on for the second show. At this writing, she is sitting in a St. Louis hotel, waiting for her manager (Joe Glaser) to arrive and straighten things out. The club has called her to return--but on the old terms of humiliation, scorn, and prejudice. A fine thing, that in the mother city of the river which gave jazz to the world, an outstanding figure of the jazz world should be ridiculed for the color of her skin!

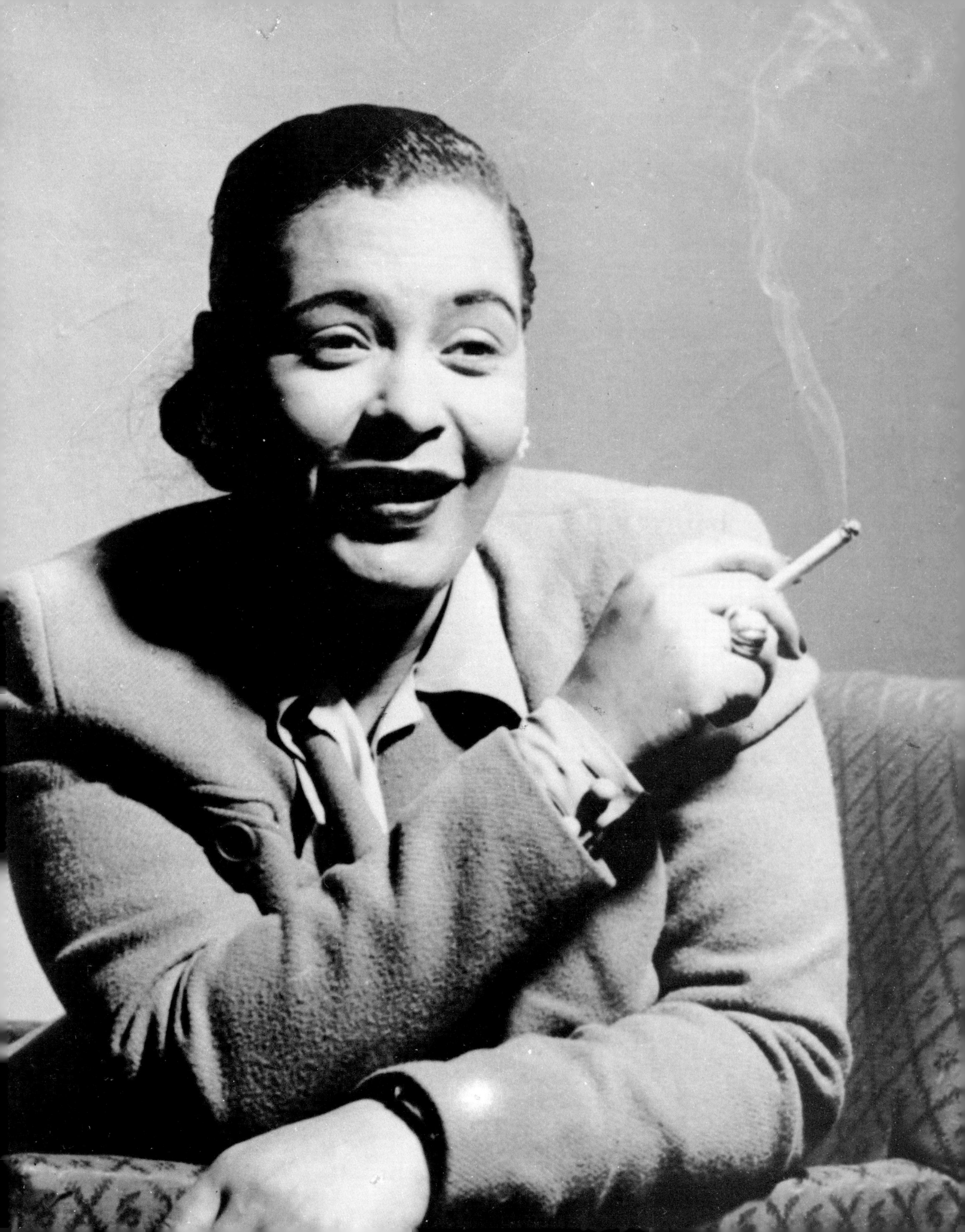

DEUX AUTRES HOLIDAY

L'un des articles qui rapportèrent l'histoire de la rupture de Billie Holiday avec Artie Shaw mentionnait qu'elle était partie chanter dans un nouveau lieu au Village. C'était le Café Society, 2 Sheridan Square, un club lancé par un marchand de chaussures, un Américain d'origine lettonne. Barney Josephson avait toujours rêvé d'inaugurer un endroit inspiré des cabarets européens, mettant en vedette de bons numéros mais imprégnés d'allusions politiques. Josephson était un amateur de jazz dont l'ambition était d'aller à l'encontre des clubs où la ségrégation raciale était appliquée – ce qui impliquait des spectacles entièrement constitués de Noirs et une clientèle exclusivement blanche – avec un endroit vraiment intégré. Il dit : « Je voulais un club où les Blancs et les Noirs travailleraient ensemble derrière la rampe et seraient assis ensemble devant. Il n'y avait pas, à ma connaissance, un tel endroit à New York et dans tout le reste du pays. » Josephson ouvrit le premier Café Society avec l'argent d'amis qui partageaient ses opinions ; y compris l'omniprésent John Hammond qui était chargé de la distribution exceptionnelle des artistes de jazz qui allaient travailler là. Le nom du club semblait proclamer son arrogance, mais l'endroit lui-même avait un air de simplicité bohème/intellectuelle/dans le vent. Quand les clients arrivèrent à la soirée d'inauguration le 18 décembre 1938, un portier les accueillit dans un style très cérémonieux. Il portait un haut-de-forme et une queue-de-pie en lambeaux, ainsi que des gants blancs avec le bout des doigts arrachés.

Holiday inaugura le premier show du Café Society et elle y resta pendant plus d'un an. C'est là que la « seconde Holiday » est née (de 1939 à 1949). Beaucoup de ses admirateurs estiment que ce fut sa meilleure période. Elle se produisit souvent, en ville et en dehors, dans des arrangements qui ressemblaient énormément à ceux de ses premières années. Quand elle chantait avec l'ensemble de Lionel Hampton, par exemple, elle entraînait l'orchestre pourtant déjà dynamique comme il ne l'avait jamais été auparavant. Ce fut le cas en 1941, au Palace Theater de Cleveland, où se trouvait sur la même affiche la jeune Dinah Washington, très intimidée par la présence de Lady Day. Chaque année, elle jouait à l'Apollo,

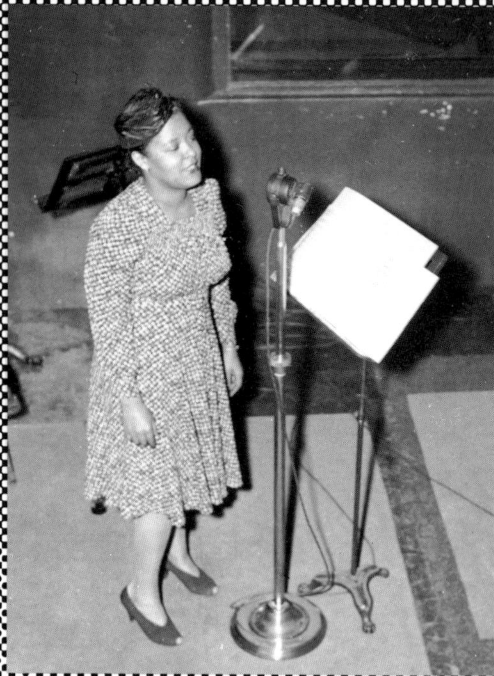

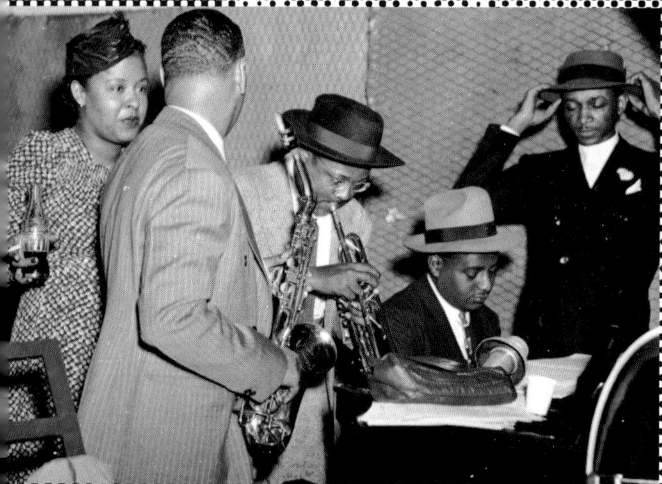

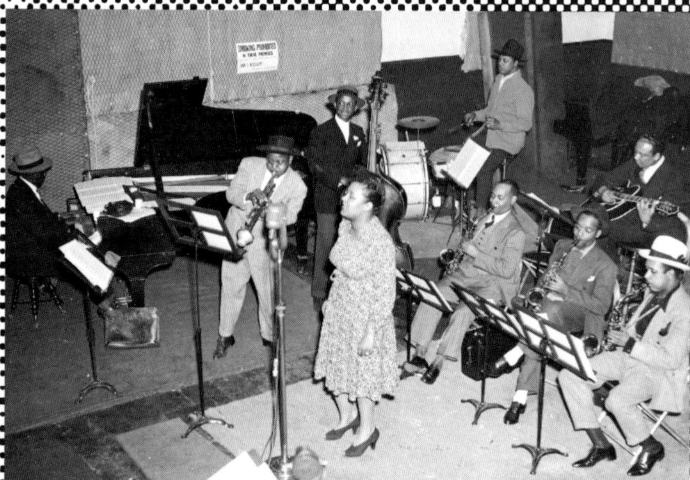

partageant parfois la scène, ou au moins le chapiteau, avec Duke Ellington, Count Basie, Fletcher Henderson, et même son idole et mentor Louis Armstrong.

Mais un changement survint. On peut le dater du moment où elle commença à interpréter « Strange Fruit », la chanson qui la propulsa dans le rang des vedettes qui impriment un tournant à leur carrière. Toute sa vie, Billie Holiday allait prétendre que la chanson commençait par un poème écrit spécialement pour elle et qu'elle en composa la musique avec Sonny White, le pianiste du Café Society. En réalité, c'est un enseignant de New York, Lewis Allen, qui en est l'auteur. Son désir était de composer une œuvre qui dramatise sa haine du lynchage et de la présenter aux assemblées publiques et aux groupes politiques. Les paroles de « Strange Fruit » sont les suivantes :

Southern trees bear a strange fruit :
Blood on the leaves and blood at the root ;
Black bodies swinging in the southern breeze ;
Strange fruit hanging from the poplar trees.

Pastoral scene of the gallant South :
The bulging eyes and the twisted mouth;
Scent of magnolia sweet and fresh ;
Then the sudden smell of burning flesh.

Here is a fruit for the crows to pluck
For the rain to gather, for the wind to suck.
For the sun to rot, for the tree to drop ;
*Here is a strange and bitter crop.**

* Les arbres du Sud donnent un fruit étrange :
Du sang sur les feuilles et du sang à la racine ;
Des corps nègres se balançant dans la brise du Sud ;
Un fruit étrange tombant des peupliers.

Une scène champêtre du Sud vaillant :
Les yeux exorbités, la bouche tordue ;
Parfum doux et frais d'un magnolia ;
Puis l'odeur soudaine de la chair brûlée.

Ici est un fruit que les corbeaux arrachent ;
Que la pluie recueille, que le vent suce.
Que le soleil pourrit, que l'arbre laisse tomber ;
Ici est une étrange et amère cueillette.

Holiday lors d'une séance d'enregistrement, 1940 *(en haut).*

De gauche à droite* : Holiday, Kermitt Scott, Roy Eldridge, Sonny White et John Williams *(au milieu).

De gauche à droite* : Holiday, Sonny White, Harold "Doc" West, Kermitt Scott, Jimmy Powell, Carl Frye et Lawrence Lucie *(en bas).

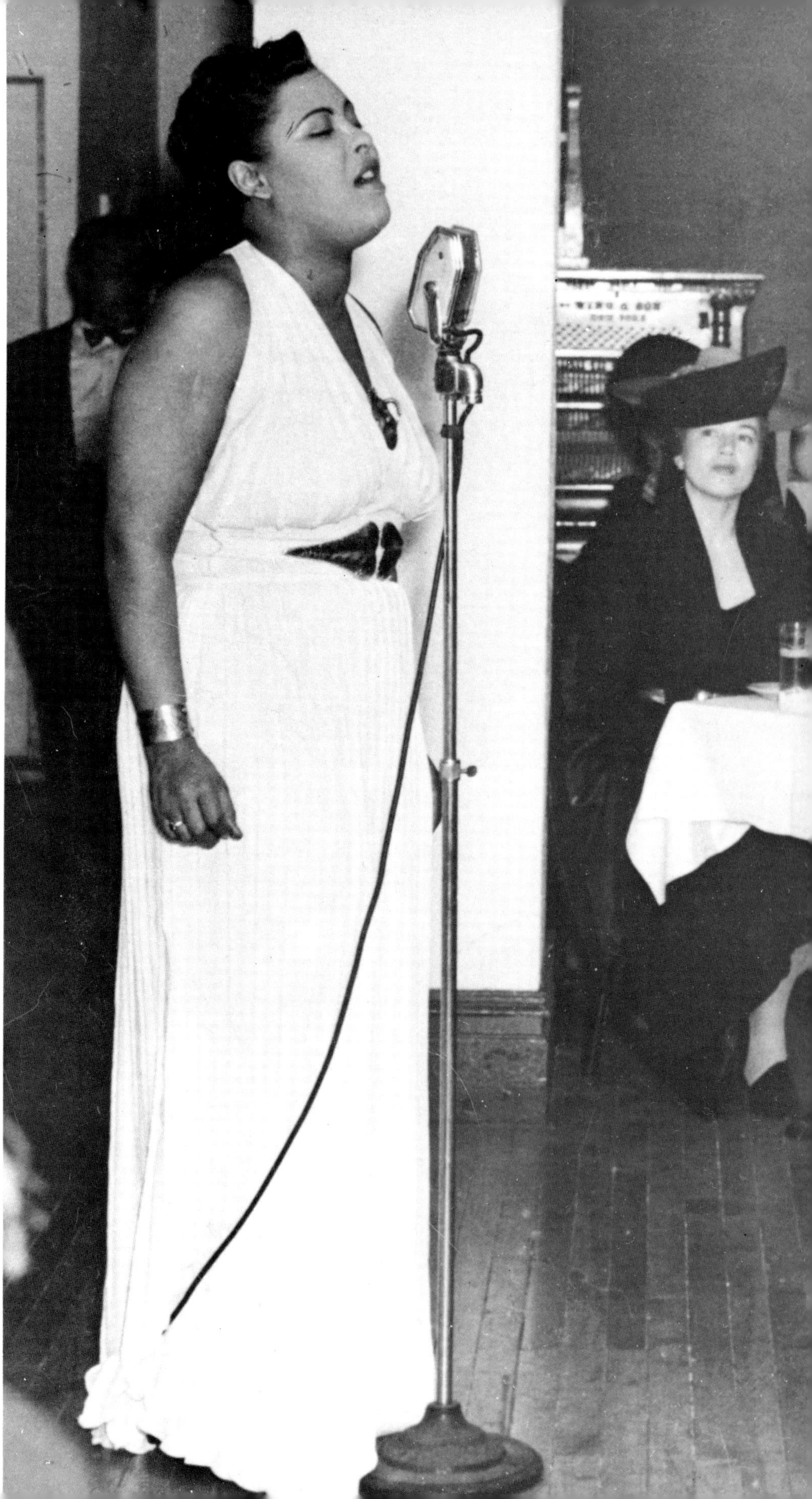

Holiday au Greenwich Village Café Society, 1939. Monté comme un club intégré qui attirait les gens de gauche, les amoureux du jazz et les New-Yorkais connus. Même Eleanor Roosevelt visita ce petit club swingant. C'est ici que Holiday chanta pour la première fois « Strange Fruit ».

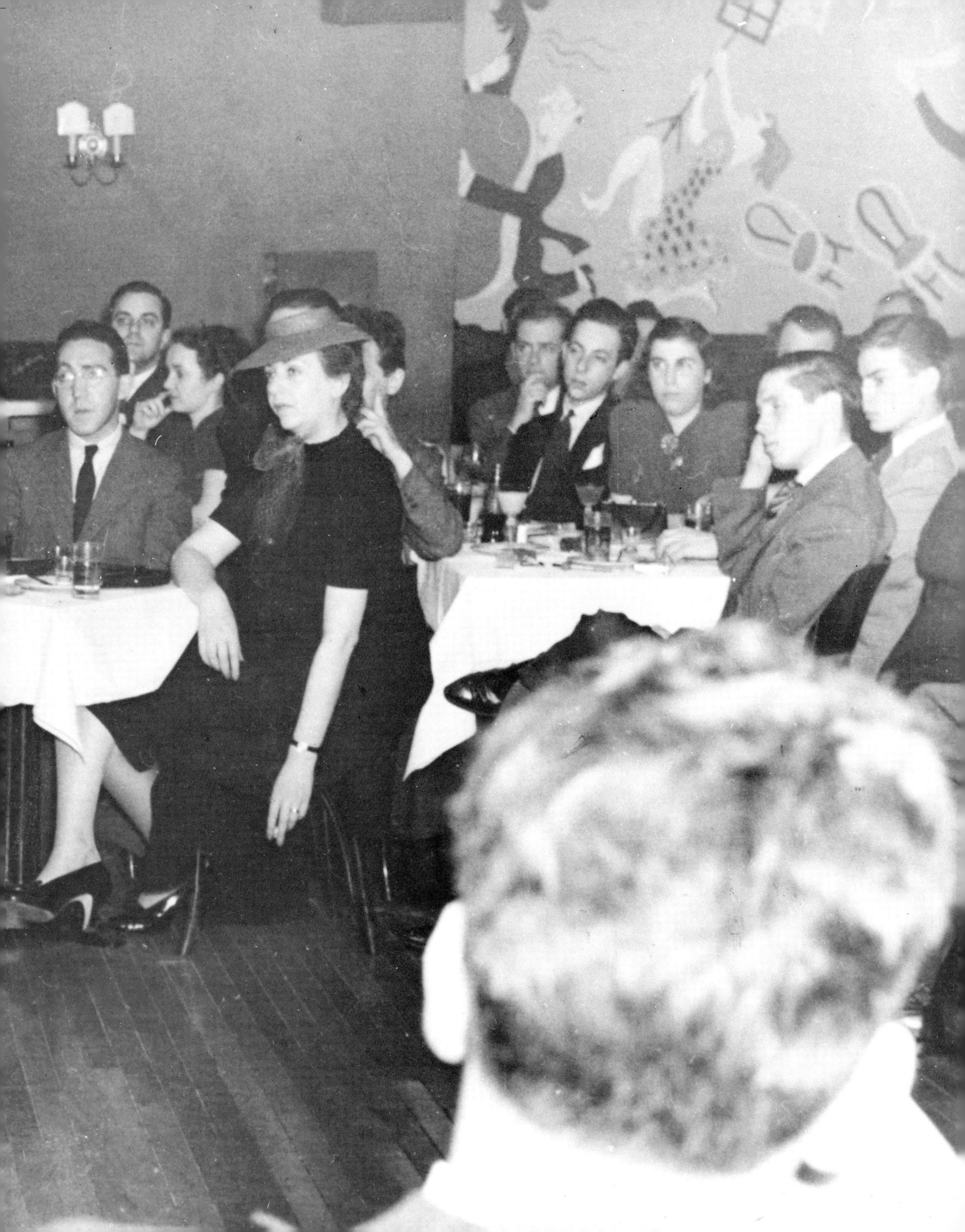

Allen montra à Josephson la chanson qui avait déjà été interprétée lors de réunions à tendance de gauche. Josephson sentit que la chanson s'accorderait bien à la « couleur » politique du club et que Holiday était celle qui devait l'interpréter.

Une autre idée le tenta également – celle d'une chanteuse noire exécutant son assortiment de mélodies de Tin Pan Alley avec un ou deux morceaux de blues, et puis à la fin une chanson de protestation. Il vit aussi, sans aucun doute, l'inconvenance dramatiquement efficace de faire passer cette chanson contre le lynchage par la plus ravissante des femmes, à présent célèbre pour ses soies et ses dentelles, son maintien aristocratique ; quelqu'un qui à première vue paraissait être à des années-lumière de tels sujets mais qui néanmoins servait la chanson avec une vigueur déchirante.

Josephson dit que, lorsqu'il montra la chanson à Billie Holiday, elle n'était pas trop sûre de son utilité en ce qui la concernait personnellement. Mais, comme elle le faisait toujours avec de nouvelles chansons, elle l'examina avec son pianiste ; et comme toujours, elle apprit la mélodie, puis la modifia complètement, la réduisant à son meilleur registre et condensant sa puissance. Dans ce sens, Holiday a bien recomposé elle-même la chanson, comme elle l'a fait pour d'autres de ses inventions telles que « Summertime » et « I Cried for You ». Quel que soit le nom inscrit sur la partition, « Strange Fruit » devint une partie indiscutable du territoire artistique de Billie Holiday. Le contraste absolu entre son élégance et la fureur de la chanson fonctionnait parfaitement. Cette colère, qui bouillonnait sous la surface de nombreuses chansons d'« amour » de sa première période, s'était inlassablement durcie. Le grand art doit être « dur », dit Henry James, « aussi dur que les ongles, aussi dur que le cœur de l'artiste ». Et tandis que son timbre et son sens du rythme, toute sa façon de chanter, l'identifiaient comme une part de la tradition afro-américaine, « Strange Fruit » fut la seule chanson qu'elle ait jamais chantée qui exprime directement sa conscience politique de son identité d'Afro-Américaine. En outre, cette chanson, avec ces images des arbres qui « portent » et du « fruit » qui est « arraché » ou « tombé », témoigne aussi de son rôle de femme qui discernait une intention sexuelle dans l'acte du lynchage. « J'appartiens à la race des femmes », disait-elle souvent. Et on peut sentir l'intégrité et la force absolue de ses mots.

Dans les interviews, elle expliqua ses rapports personnels avec cette chanson, en racontant comment son père, Clarence Holiday, mourut de façon inattendue deux ans avant qu'elle ne commence à présenter « Strange Fruit ». Il était en tournée au Texas avec l'orchestre de Don Redman quand il attrapa ce qui semblait n'être rien de plus qu'un rhume. Il avait été gazé lors de la Première Guerre

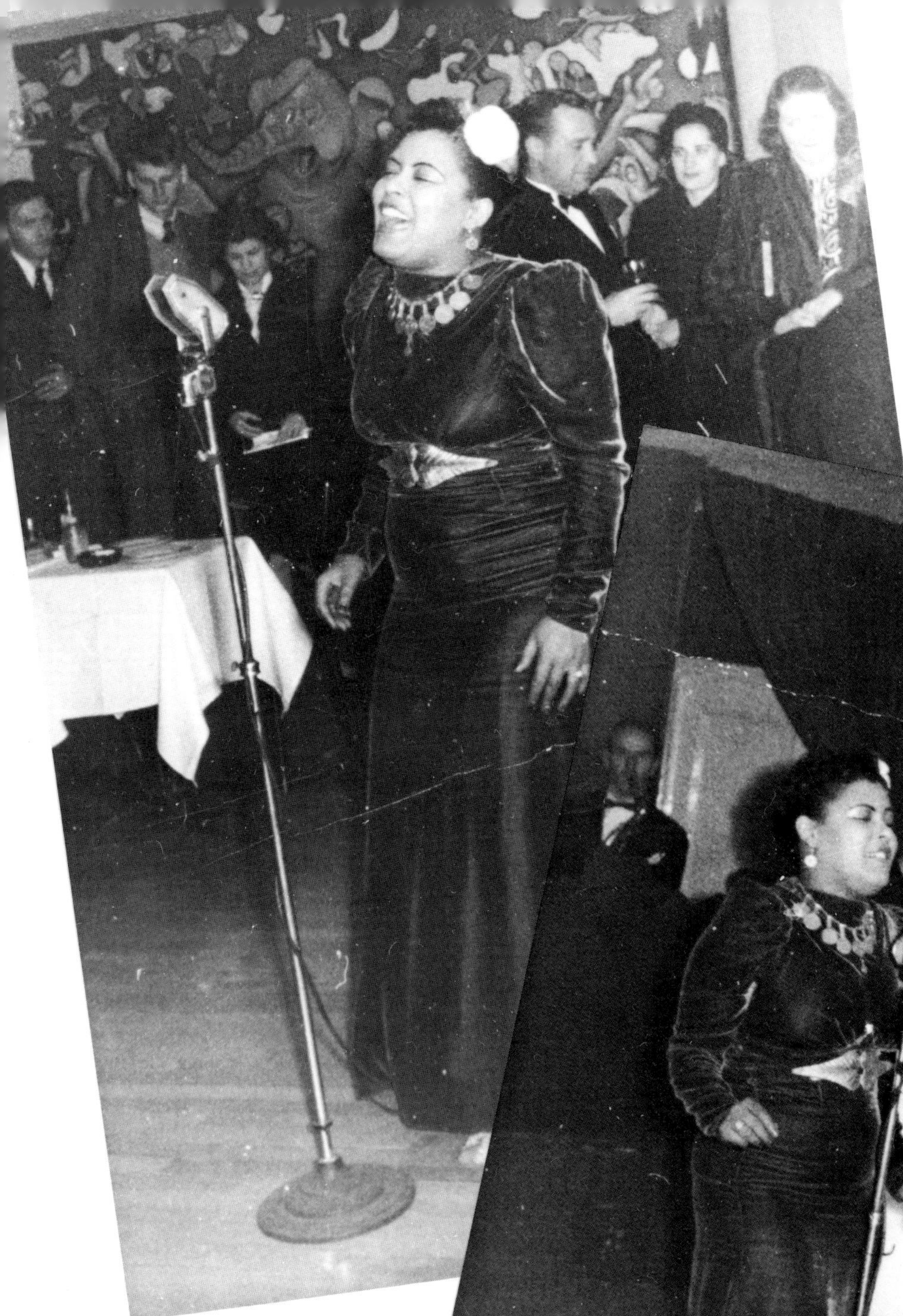

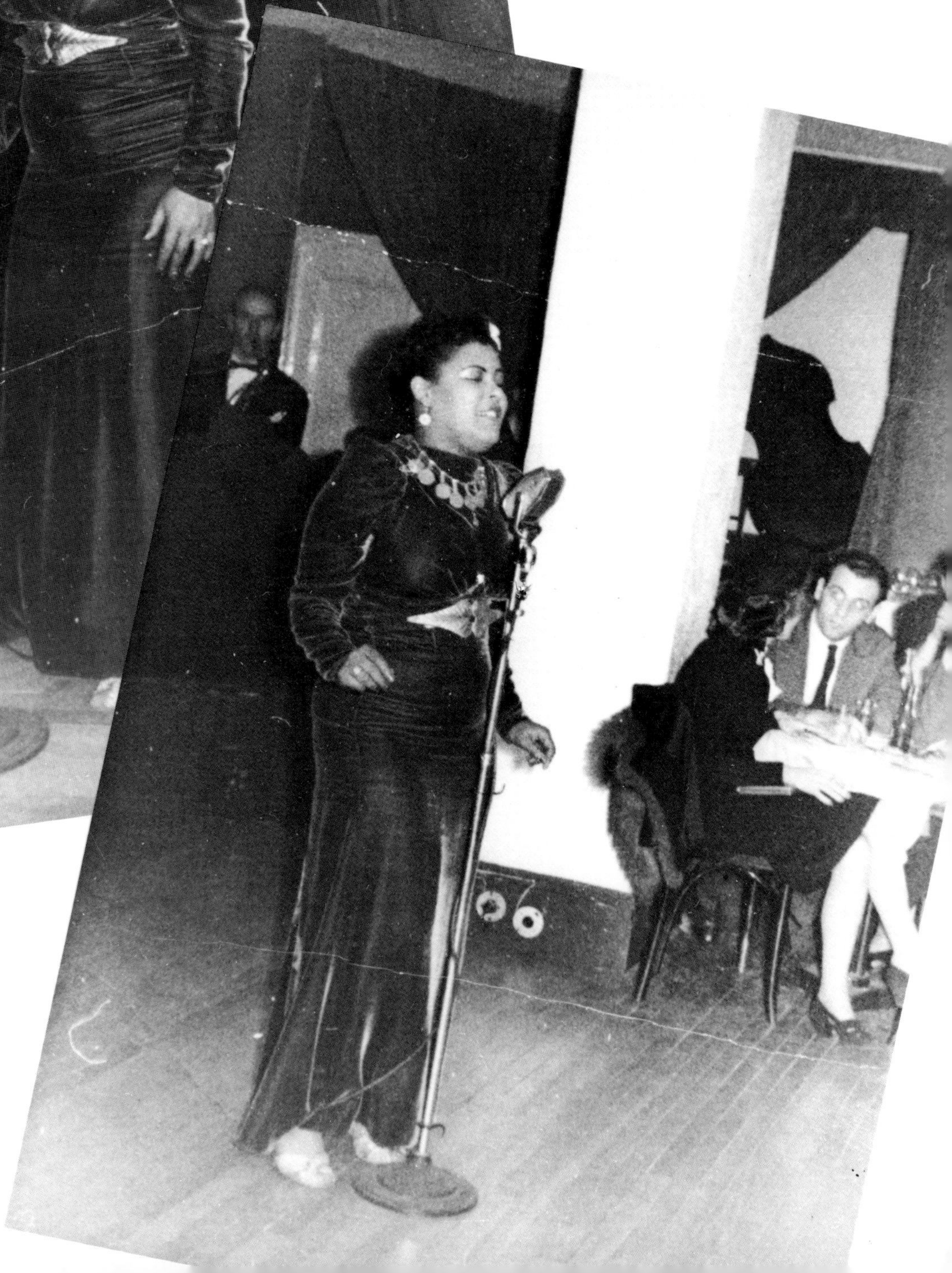

Le Café Society, 1939.

mondiale et il souffrait en permanence des poumons ; bien qu'il sût qu'il avait besoin de soins spéciaux même lorsque le plus petit problème respiratoire survenait, il savait aussi qu'il se trouvait en 1937 et au Texas. Plutôt que de risquer un refus ou des soins de second ordre à cause de sa couleur, il préféra attendre que l'orchestre parvienne à l'hôpital des vétérans de Dallas. Mais le retard fut trop long et, peu de temps après son admission à l'hôpital, il mourut d'une pneumonie. Billie fut accablée par cette nouvelle et dit toujours que « Strange Fruit » lui rappelait que son père avait été « lynché » par le racisme sudiste. Elle tenait à la garder dans son répertoire parce que « des choses comme ça arrivent encore ».

La première fois qu'elle interpréta ce titre au Café Society, elle « pensa que c'était une erreur. Il n'y a pas eu le moindre applaudissement à la fin. Et puis quelqu'un s'est mis à applaudir nerveusement, et alors tout le monde a suivi ». Pour souligner l'impact de la chanson, Josephson demanda à Holiday de conclure avec elle chaque récital. Il avait donné des instructions pour que rien ne fonctionnât le temps de la chanson. Le club était dans l'obscurité à l'exception d'un trait de lumière sur le visage de Holiday. A la fin de la chanson, les lumières s'éteignaient

Holiday avec le pianiste Jess Stacy et une amie, 1941.

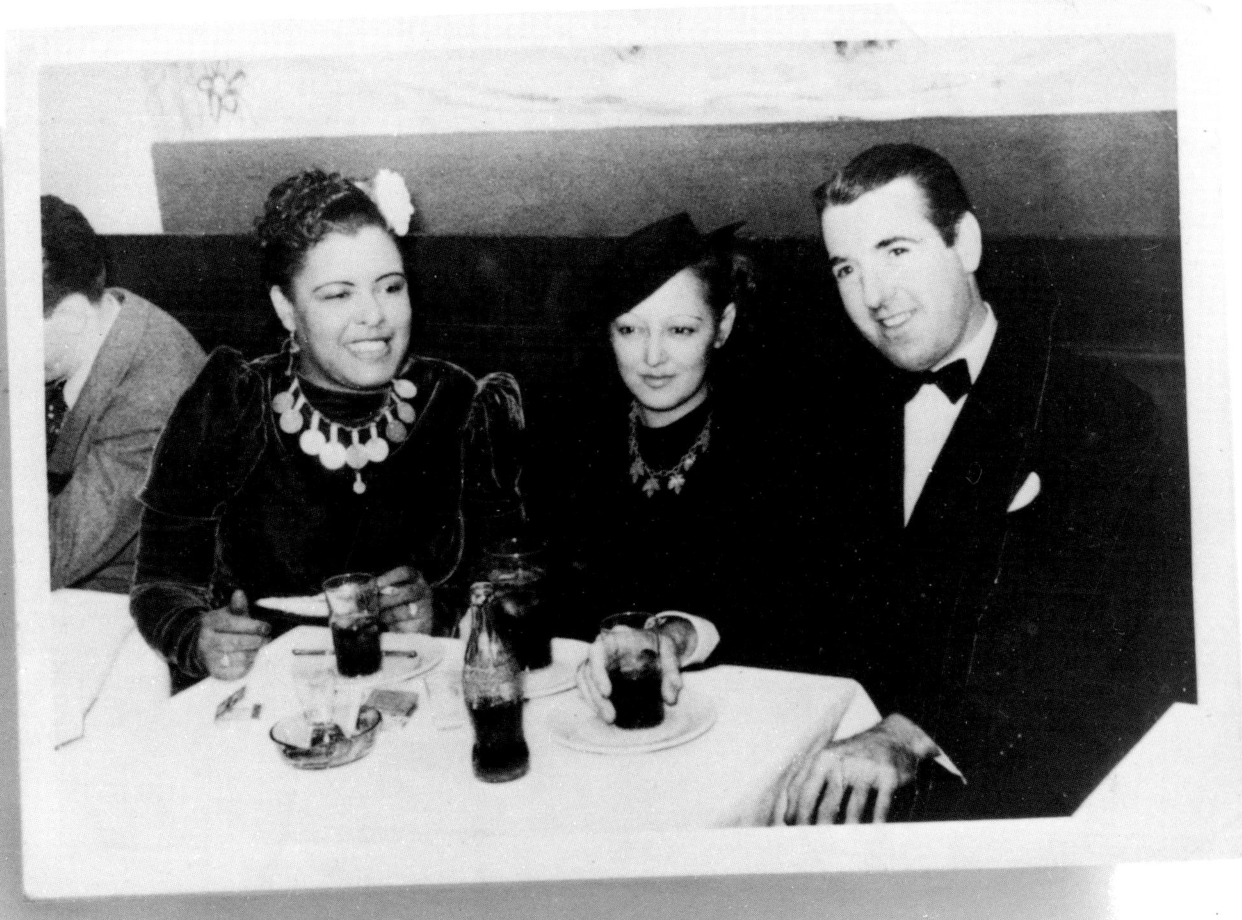

complètement pendant un moment. Peu importaient les applaudissements, il n'y avait pas de *bis*. Des musiciens ont rapporté que parfois, après son interprétation de « Strange Fruit », Holiday était en larmes et restait un moment dans cet état d'émotion avant d'être capable de se ressaisir.

Bon nombre de commentateurs, et notamment John Hammond, ont senti que « Strange Fruit » marquait la fin de la grandeur de Holiday, car après cette chanson elle se détourna de la musique de chambre swingante ou du style big band pour embrasser le rôle de chanteuse tragique. Selon ce point de vue, la « première » Holiday se vendit et devint une *artiste* maniérée roucoulant « de façon significative » pour les riches Blancs qui avaient le cœur à gauche.

D'autres prétendent que cette chanson était un échec parce que son talent immense était exploité pour des causes politiques ; et les gens qui venaient là pour passer un bon moment et oublier leur cafard, se trouvaient ébranlés par l'apitoiement d'une femme gémissant sur la mort des Noirs dans le Sud. Toutefois, Gunther Schuller défendit « Strange Fruit », la considérant autrement qu'une simple chanson : « C'est un document particulièrement émouvant et un monument du talent artistique de Billie – et de son courage. C'est aussi une délicate composition sans prétention en *si* bémol mineur. C'est la marque de la profondeur et de l'ampleur de son talent car, sans aucune modification radicale, son style élémentaire embrassait aussi ce sombre opus. »

Si dans un certain sens cette chanson découlait de son « style de base », elle marqua également une nouvelle orientation. Ce fut la seconde Holiday. Elle n'était pas seulement la chanteuse de rythme et la recréatrice de ballades telles que « You Can't Take That Way Away from Me » ; elle était devenue une actrice vocale qui pouvait présenter « Strange Fruit » et d'autres chansons/poèmes avec une tension dramatique extrême. Une façon d'examiner cette nouvelle orientation est d'étudier la séance d'enregistrement de « Strange Fruit » et des autres faces qu'elle réalisa pour Commodore Records en cette journée d'avril 1939. Comment en vint-elle à les enregistrer alors qu'elle était sous contrat avec Columbia Records ?

Les habitués du Café Society commencèrent à demander à Holiday où ils pouvaient acheter le disque et s'attendaient à entendre « Strange Fruit » à la radio ou dans les juke-box. Bien que Hammond ait souhaité enregistrer la chanson, les huiles de Columbia, craignant une réaction négative du marché blanc du Sud, opposèrent leur veto à ce projet. Au début du printemps 1939, Holiday s'arrêta devant Commodore Music Shop, le premier magasin de Manhattan où l'on trouvait aussi bien les titres courants de jazz que les disques rares, et parla au propriétaire,

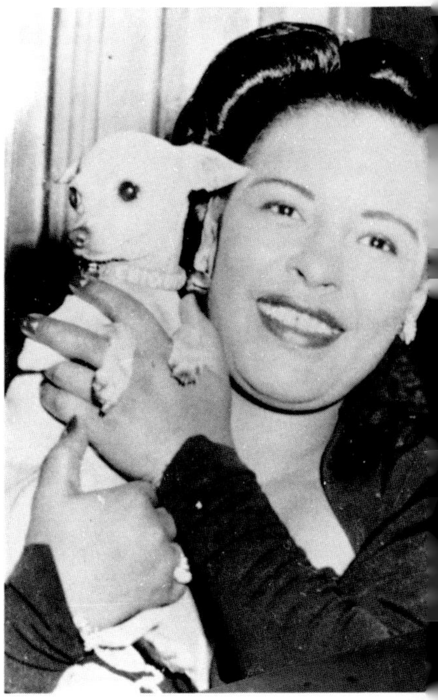

Holiday était connue pour ses chiens qu'elle appelait parfois ses « enfants ». Elle fit souvent, avec eux dans ses bras ou en laisse, des entrées et des sorties théâtrales. Sans aucun doute, ces chiens faisaient partie du déguisement d'une femme qui préservait sa vie privée et savait tenir les gens à distance.

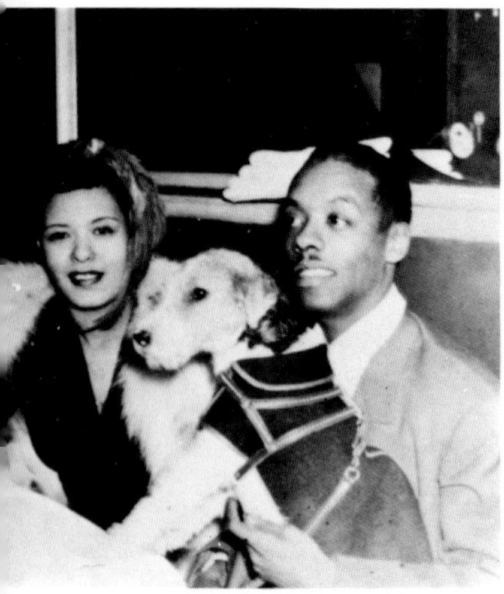

Holiday avec Jimmy Monroe, son premier mari, vers 1940.

Milt Gabler. Elle savait que Gabler avait commencé non seulement à vendre mais à produire des disques sous son propre label, Commodore Records. Elle savait également que son catalogue faisait preuve de goût et d'audace. En 1939, Commodore avait gravé les faces solo du remarquable Willie « The Lion » Smith et les disques des excellents Kansas City Six où figuraient les vieux amis de Holiday, Lester Young, Buck Clayton, Freddie Green, Jo Jones, Walter Page et Eddie Durham. Commodore avait également ressorti les solos admirables du pianiste Teddy Wilson et le résultat d'une séance médiocre de Fletcher Henderson où l'on entendait la guitare de Clarence Holiday.

« Milt, qu'est-ce que tu en penses ? » demanda Holiday à Gabler. « Columbia ne veut pas me laisser enregistrer Strange Fruit . »

Il pensa aussitôt que Commodore pouvait faire ce boulot, de même qu'un accord pouvait être arrangé car son magasin vendait les disques de Columbia et tous les disques de Commodore étaient fabriqués avec l'équipement de Columbia.

« Pourquoi est-ce que tu ne vas pas chez Columbia ? » dit-il à Holiday. « Tu leur dis qu'il y a un petit marchand de disques qui a son propre label, et vois s'ils te laisseront le faire avec moi. Demande-leur la permission de faire une séance, ce qui donnera quatre morceaux. » Holiday longea le pâté de maisons jusque chez Columbia puis revint aussitôt.

« Comme ils ont peur de le faire eux-mêmes, eh bien, ils acceptent que tu t'en charges. »

Gabler et Holiday organisèrent la séance où elle et l'orchestre du Café Society allaient graver « Strange Fruit » et trois autres morceaux : « Yesterdays », « Fine and Mellow » et « I Gotta Right to Sing the Blues ». Chaque chanson montre la « seconde Holiday » à la perfection. « I Gotta Right » révèle ses sources armstrongiennes de manière aussi efficace que n'importe quelle chanson de son registre. Six ans plus tôt, Armstrong (en compagnie de Teddy Wilson alors âgé de vingt et un ans) avait composé une version entraînante de la chanson d'Harold Arlen pour Victor Records. La nouvelle interprétation de Holiday est aussi fringante dans son esprit inventif et dans son élan percutant. La différence d'humeur, cependant, la distingue de celle d'Armstrong et de la première Billie Holiday. Un gémissement plus désespéré accompagne son traitement des paroles : « Bientôt la mer bleue profonde me rappellera ». « Il ne reste rien pour moi/Je ne suis que douleur » sonne de manière plus sombre, plus tragique. On peut facilement croire à la vérité qui se dégage de ces mots : « un certain homme dans cette vieille ville/... traînant mon pauvre cœur dans les parages/Tout ce que je vois pour moi c'est la douleur. » Le ton tragique est évident. C'est comme si l'humeur sombre de « Strange Fruit » s'était fixée sur toute la séance, donnant à son chant précédent une dimension tragique non prévue. Cette nouvelle dimension sera également présente dans la séance Commodore qui aura lieu cinq ans plus tard. Tout en étant parfaitement capable de rendre un joyeux « Sunny Side of the Street » également enregistré le jour même, l'humeur principale était lente et froidement détachée dans sa tristesse. « How Am I to Know », « My Old Flame », « I'll Get By », « I Cover the Waterfront » et « Embraceable You » sont tous dans ce nouveau ton de mélancolie dramatique.

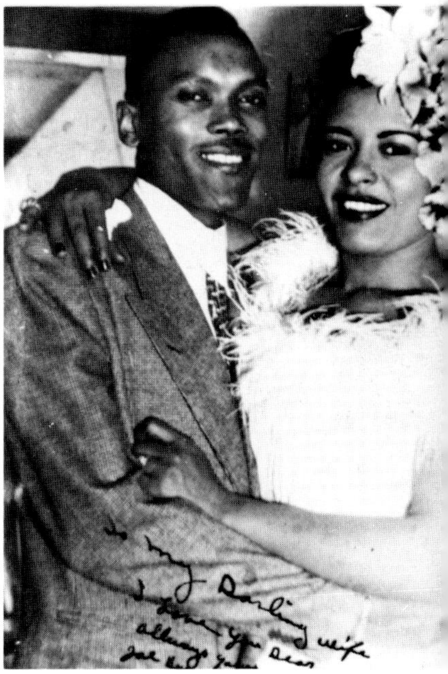

Holiday avec Joe Guy au Plantation Club sur Central Avenue, à Los Angeles, vers 1945. Guy était son principal trompettiste et son cavalier – ils se présentaient souvent comme mari et femme.

A la fin des années 30, Holiday se lia avec une de ses voisines, Carmen McRae, qui devint plus tard la première chanteuse de jazz dans le style de Holiday. Avant qu'elles ne se rencontrent, en 1936, McRae, âgée de quatorze ans, sécha l'école pour se glisser furtivement à l'Apollo où Holiday, dont elle admirait les disques, jouait. Dans une interview accordée en 1990, McRae se souvient de la première fois où elle vit la femme qui devint son idole :

> *Je suis restée au théâtre du premier au dernier spectacle. Et j'étais tout simplement hypnotisée, assise là, regardant cette femme. Et j'ai dit, je ne peux vraiment pas croire que c'est elle. Je pensais qu'elle était extrêmement moderne, vous savez. Elle était du genre grassouillette, mais elle paraissait sexy, vous voyez... C'était sa main gauche, je pense ; elle la levait comme ça, et une main était comme ça. Et elle n'a jamais changé de position... Elle souriait tellement. Elle était splendide. Quelle femme magnifique, oui, vraiment superbe. Et tout ce spectacle m'engloutissait... La première fois, quand j'ai commencé à chanter, j'ai voulu donner le même son qu'elle.*

McRae rencontra Holiday par l'intermédiaire de son amie Irene Kitchings. Elle était une pianiste débutante qui aimait chanter et composer des chansons. Elle avait dix-sept ans lorsqu'elle joua l'une d'entre elles, « Dream of Life », à Holiday ; l'adolescente talentueuse tressaillit d'émotion lorsque la chanteuse décida aussitôt de l'enregistrer. « Dream of Life » est une superbe et obsédante composition, parmi celles de la seconde période de Holiday, que Michael Brooks a qualifiée « d'une de ces œuvres.... enveloppantes que Billie rend si bien alors qu'elles mourraient entre les mains des autres chanteuses ». On y trouve une ferme section rythmique et les paroles sont pleines d'espoir, mais c'est tout de même une chanson de la « seconde Holiday » car la mélodie est inhabituelle dans sa tournure et d'une tristesse irrésistible.

Il y eut, dans le même genre, quatre chansons d'Irene Kitchings (avec des paroles d'Arthur Hertzog) : « Some Other Spring », « Ghost of Yersterday », « What is This Going to Get Us ? » et « I'm Pulling Through ». Le morceau classique est « Some Other Spring », écrit selon McRae (et comme la plupart des chansons de Kitchings) en souvenir de « Ted » qui l'avait quittée pour une autre. Holiday apporta cette chanson à Benny Goodman, qui pensa « que c'était trop beau pour que ça se vende ». Elle prit le risque et l'enregistra malgré tout. « Il avait raison », dit-elle. « Ça ne s'est pas vendu. » Mais la beauté subtile de la mélodie et la poésie des paroles émerveillèrent Michael Brooks qui se demanda ce qui était arrivé à cette équipe d'auteurs-compositeurs : « Il y a tellement à ingérer dans les paroles et la musique que tout cela devrait être pris à petite dose, comme un cognac subtil. Mais bon sang, quelle poésie ! » Dans la même veine nous pouvons inclure « Gloomy Sunday », « Deep Song », « God Bless the Child », « My Man », « Crazy He Calls Me », « Don't Explain » et « I Wonder Where Our Love Has Gone » – toutes des chansons déclamatoires dans lesquelles Holiday dramaturge et poète présente avec audace les racines de son travail. Holiday insuffla à ces chansons un sens de la tragédie décrit par le poète Gayle Jones, dont le « Deep Song, For H. B. » dit rigoureusement :

Le blues criant mon nom
Elle chante une chanson profonde.
Elle chante une chanson profonde.
Je suis humaine.
Il m'appelle la folle.
Il dit, « Tu dois être
folle ».
Je dis, « Oui, je suis folle »...
C'est un homme noir.
Parfois il est bon.
Parfois il est mauvais.
Je l'aime.

Au Downbeat Club à New York, 1946. Holiday joue avec Lloyd Trotman, Tiny Grimes, Joe Guy (caché) et Joe Springer *(page ci-contre).*

Dans ces chansons profondes, où la douleur rejoint le plaisir, Holiday chante l'inévitable et tragique sens de la vie. Elle les revendique, aussi, comme une part du territoire complexe de son art. Le fait que pratiquement personne d'autre n'ait osé

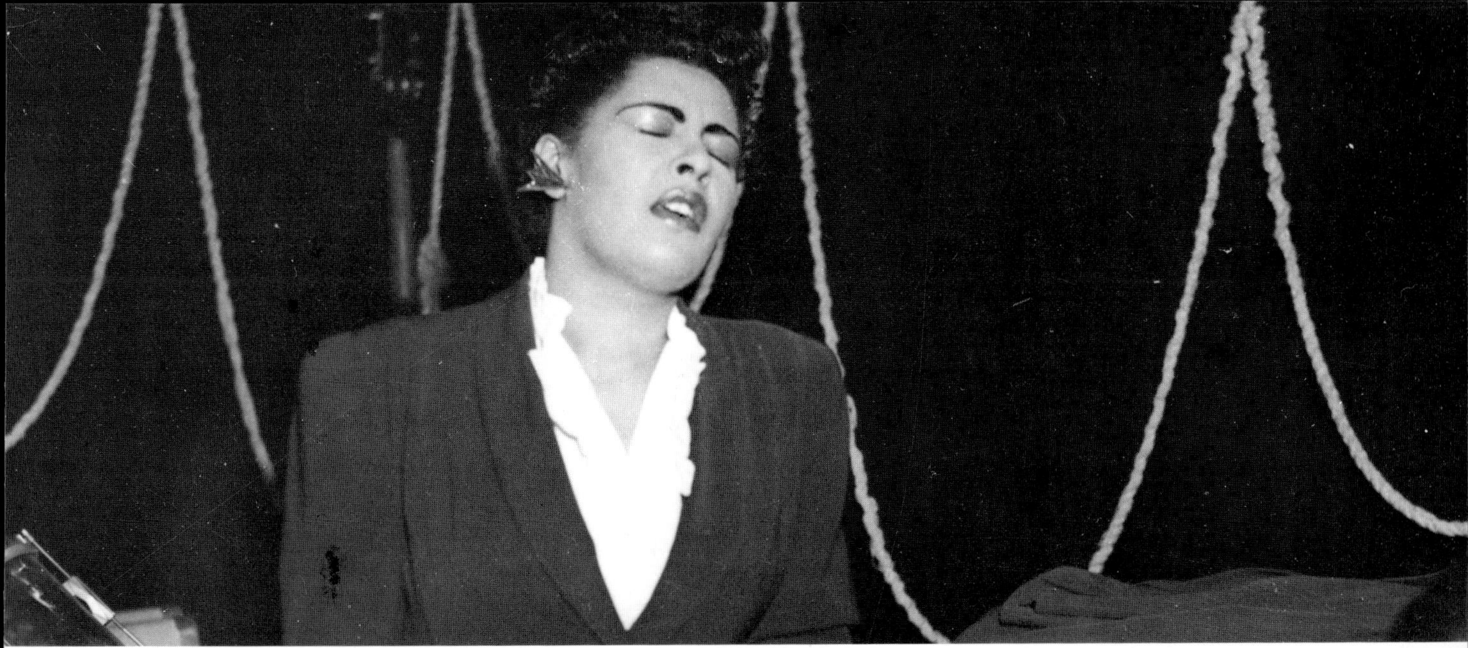
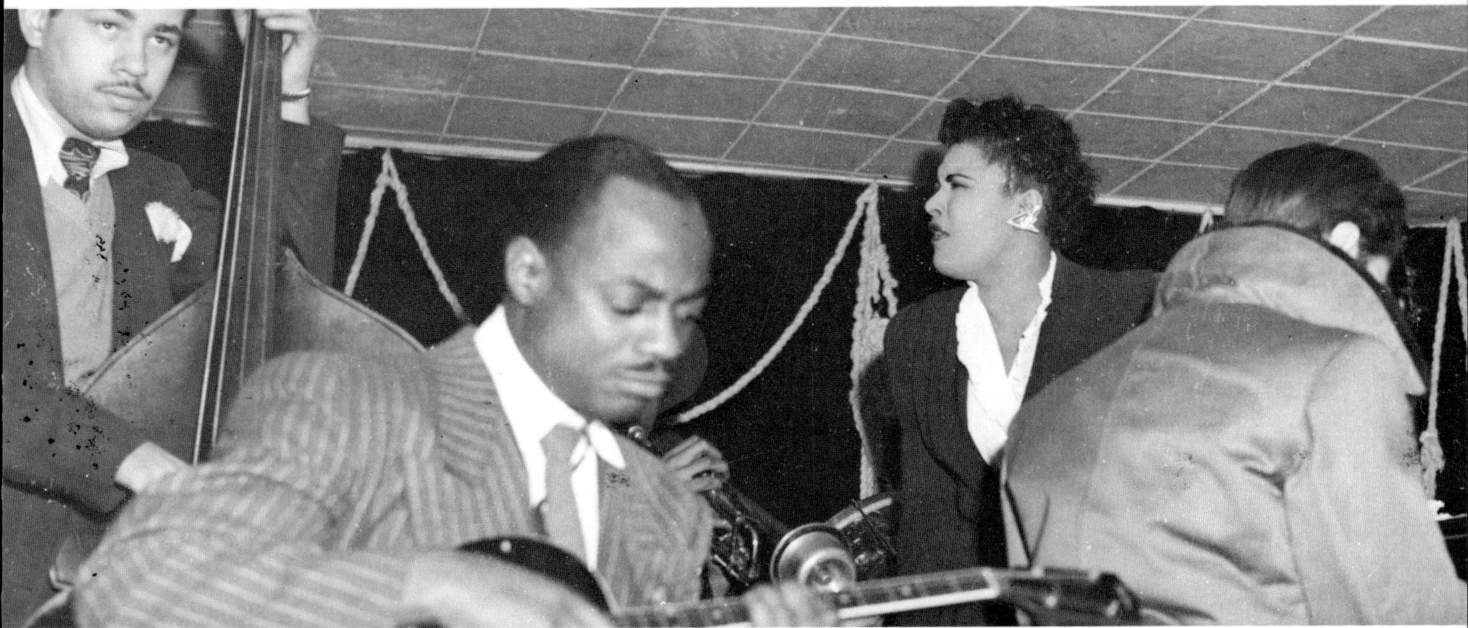
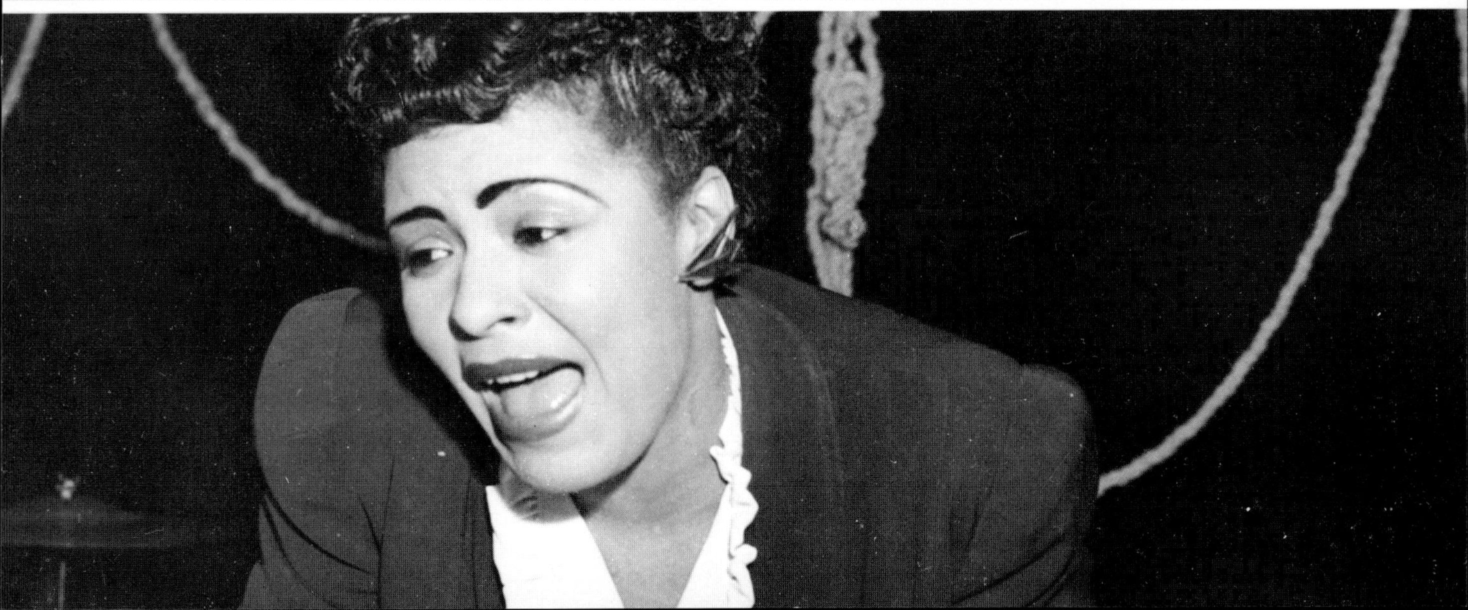

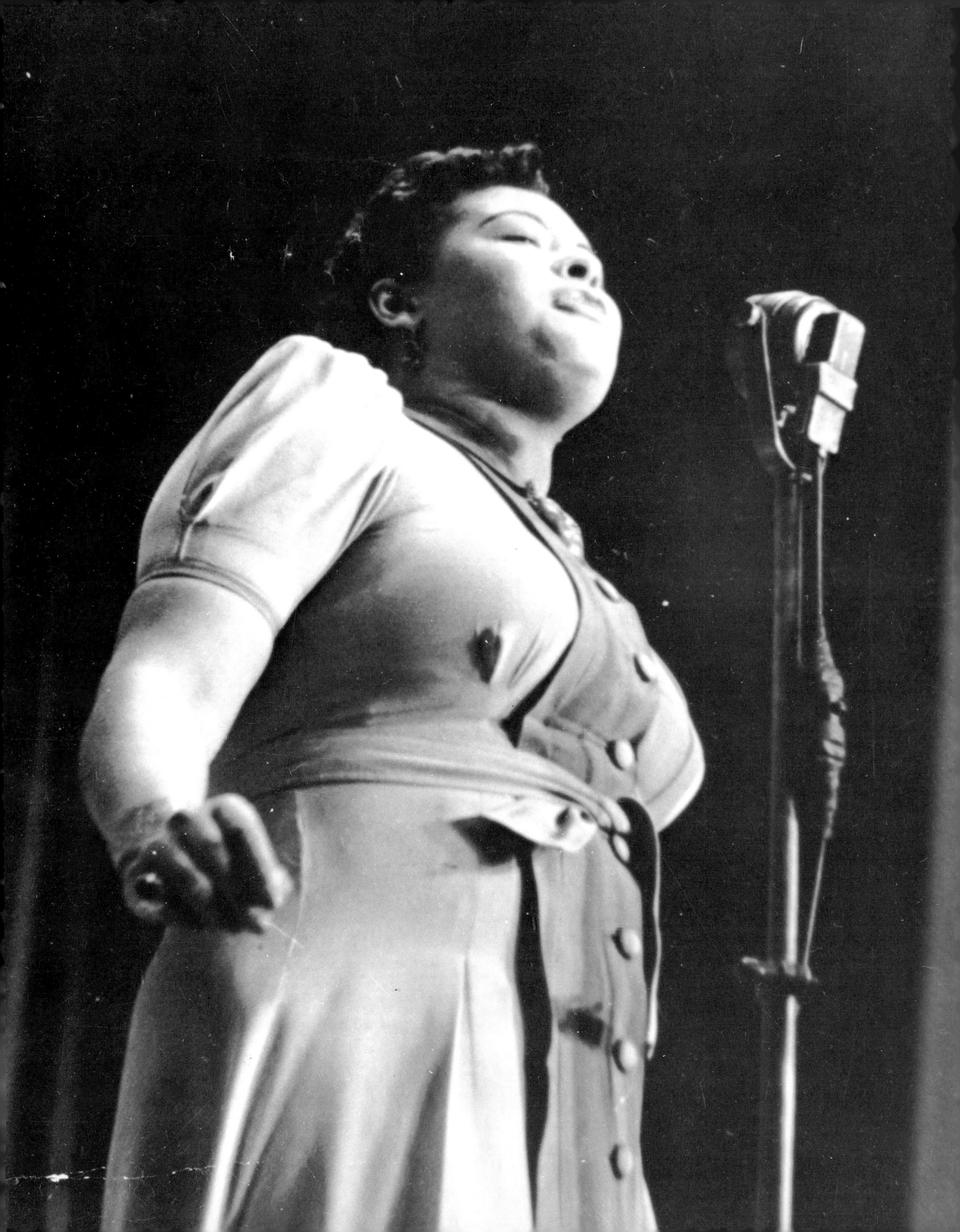

les chanter prouve bien qu'elles lui appartenaient. Cette seconde période fut aussi celle où Holiday réussit à trouver le bon filon dans la musique commerciale. Là aussi elle créa, en utilisant ou non un orchestre à cordes, et sans jamais compromettre son art, sa véritable « histoire », ce qui est tout à son honneur. Elle travailla encore avec Milt Gabler qui était désormais un artiste populaire et le responsable du répertoire (A&R) chez Decca Records. On utilisa six violons classiques pour « Lover Man » (1944), titre qui inaugura les six années de relation de la chanteuse avec Decca, et devint son plus gros record de vente. L'arrangement est d'un goût sûr et discret ; sa voix est nuancée et expressive. « Good Morning, Heartache », « Them There Eyes », « I Love You, Porgy », « You're My Thrill », « Crazy He Calls Me » et « There Is No Greater Love » sont les meilleures chansons de l'ère Decca. Je voudrais signaler « There Is No Greater Love », qui n'est pas le titre le plus connu de ce passage au registre populaire, mais une œuvre maîtresse qui mérite d'être découverte ou redécouverte. En utilisant les talents décrits dans la première partie de ce livre, elle sert la chanson avec un lyrisme réaliste. Elle a dû chanter les mêmes mots qu'Ella lorsqu'elle présenta cet air commercial, mais elle le fait avec cette lenteur typique de sa seconde période.

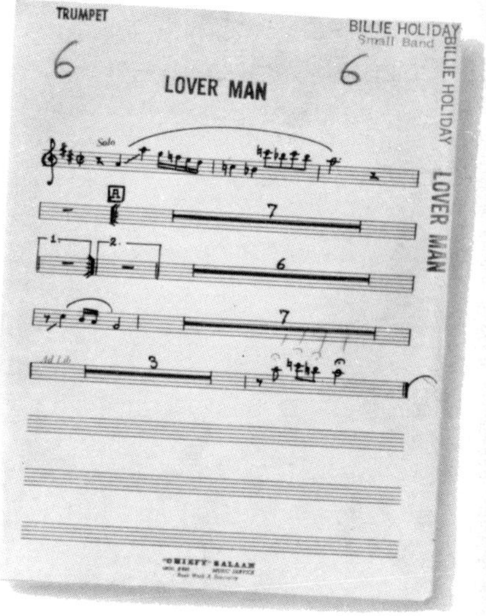

Il n'y a pas de plus grand amour que celui que
[j'éprouve pour toi,
Pas de plus grand amour,
Pas de cœur si vrai.

Et sa voix exprime une fureur et un désespoir qui n'apparaissent pas au premier abord dans les paroles. Quand elle chante les mots « éprouve pour toi », elle atteint une note basse, très basse, un *ré* grondant, tout en bas de son registre. Et à ce point elle paraît gronder contre son amant quelque chose de plus qu'un attrait sensuel ou un élan affectueux. « Il n'y a pas de plus grand amour », devient l'accusation d'un amour non réciproque et d'une solitude forcée dans un monde où « ce que j'éprouve pour toi » est un amour infini. Il n'est pas étonnant que le poète Amiri Baraka ait dit de Holiday : « Parfois vous êtes effrayé d'écouter cette Lady. »

En 1947, elle apparut dans un horrible film intitulé *New Orleans*. Le film avait le projet ambitieux de dépeindre le berceau du jazz par une ligne narrative doublée d'une analyse musicale. C'est finalement une collection idiote de clichés, avec Holiday (celle qui avait dit que jamais elle ne serait « la fichue bonne de qui que ce soit ») dans le rôle d'une bonne qui chante. « Elle n'était pas si extraordinaire »,

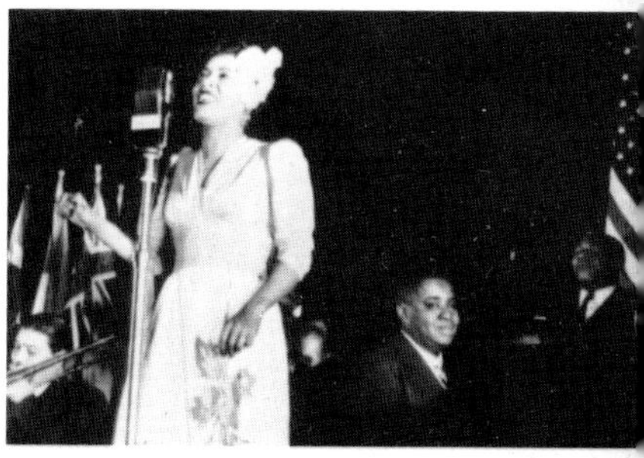

Holiday au Metropolitan Opera de New York pendant la représentation de 1944 avec Art Tatum, Big Sid Catlett et Jack Teagarden, élus par les critiques de jazz de *Esquire*.

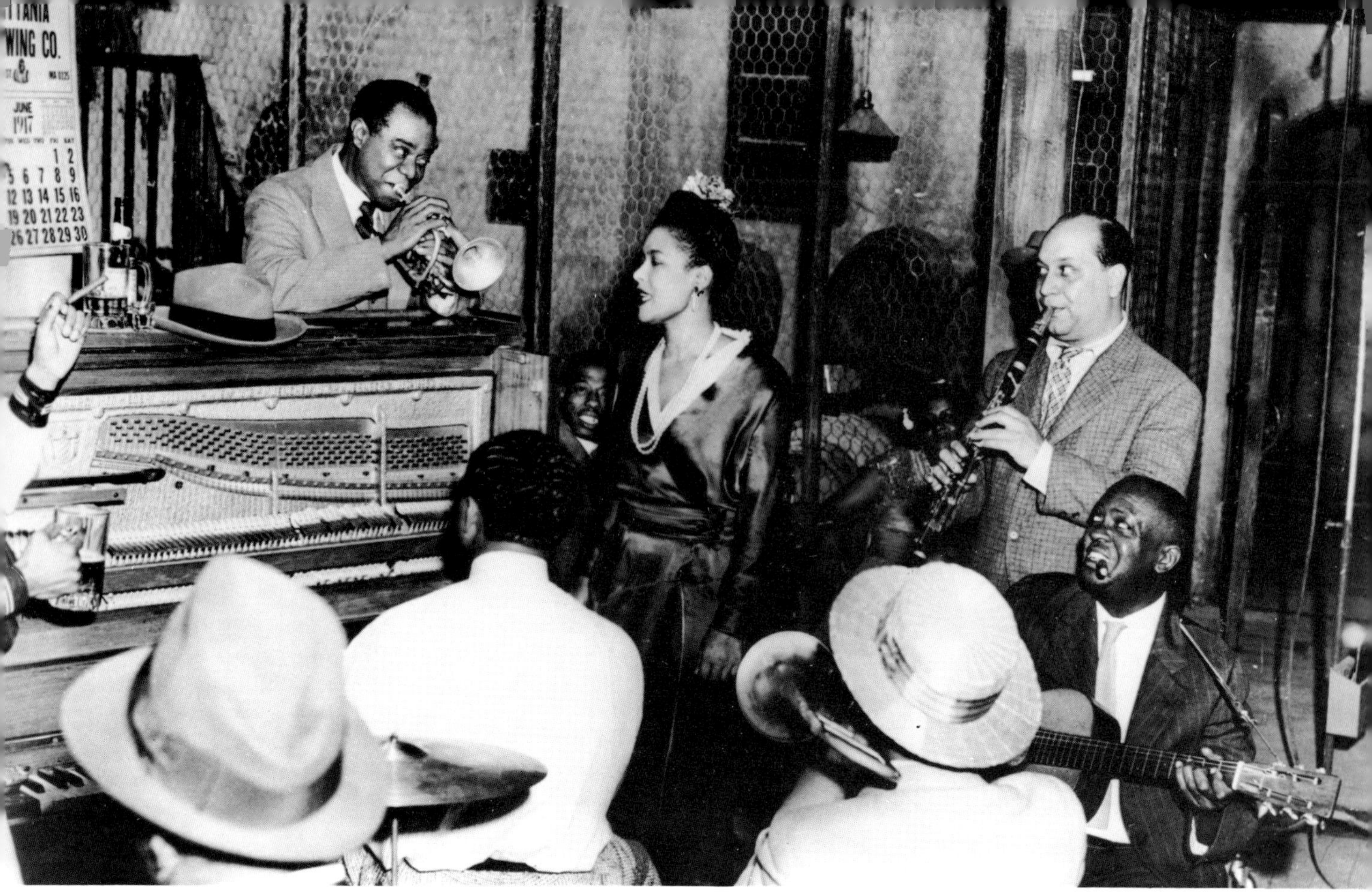

dit Carmen McRae. « Non pas parce qu'elle n'avait pas de bonnes répliques. Elle était *Lady !* La personne la plus invraisemblable pour jouer une bonne. » Malgré tout, Holiday, avec ses yeux espiègles et subversifs, rachète le film (ce qui est vrai d'une longue tradition d'artistes noirs dans les films américains) quand, à la fin, elle donne au public la chance de la voir (avec Louis Armstrong) chanter son histoire. Si tout le reste du film est simplement à oublier, ses versions de « The Blues Are Brewin » et « New Orleans » demeureront.

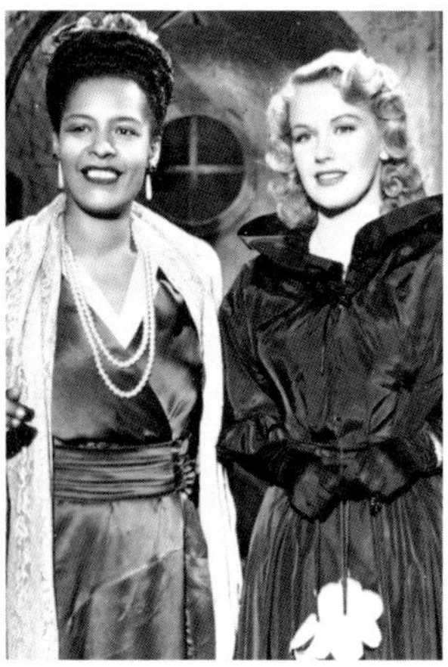

Un dernier trait de la seconde Holiday se détache : la véritable et remarquable chanteuse de blues et de morceaux « proches du blues ». (Je pense à des chansons telles que « Pigfoot and a Bottle of Beer » qui n'a pas une structure de douze mesures mais utilise en fait tous les autres éléments musicaux du blues.) A certains égards, c'est l'aspect le plus émouvant de la période. Comme je l'ai souligné, Holiday n'était pas à l'origine une chanteuse de blues, mais il ne faut pas oublier qu'elle commença en imitant Bessie Smith, qui était l'une des plus grandes divas du blues, et que Louis Armstrong, dont l'influence sur Holiday fut même plus forte que celle de Smith, était aussi un interprète du blues sudiste. Son premier enregistrement de blues fut « Big City Blues (The Saddest Tale) » en 1935. Il s'écoula vingt-deux chansons avant que le suivant, « Billie's Blues » (1936) n'apparaisse. Les deux titres évoquaient la mémoire d'Armstrong et de Smith. Ils avaient également un swing moderne et leur propre cadence, et offraient une interprétation éloquente des paroles qui allait au-delà de ce que Smith ou Armstrong, l'un comme l'autre, avaient tenté de faire. Les blues suivants de Holiday furent les merveilleux « Long Gone Blues » et « Fine and Mellow » (1939) ; « St. Louis Blues » et « Loveless Love » (1940) ; et « I Love My Man (Billie's Blues) » (1944). Elle chanta davantage de blues à la fin des années 40 et 50.

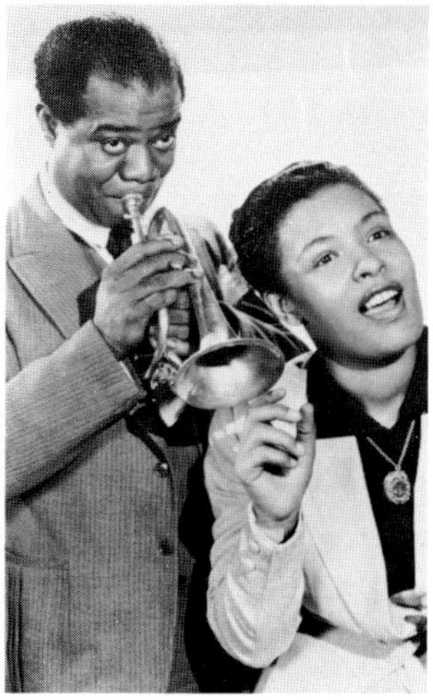

Considérant les blues (et les titres « proches du blues ») de la seconde Holiday, on note son effort évident d'assembler une succession de chansons en hommage à Bessie Smith. Entre 1940 et 1949, Holiday grava six chansons auparavant enregistrées par Smith : « St. Louis Blues », « Careless Love » (ou sa variante, « Loveless Love »), « Ain't Nobody's Business », « Keeps on A-Rainin' », « Do Your Duty » et « Gimme a Pigfoot ». Le fait que Holiday ait enregistré quatre des chansons de Smith en l'espace de trois semaines montre clairement que le projet « Billie chante Bessie » était bien dans l'esprit de quelqu'un. Il est aussi remarquable que deux de ces chansons viennent de la dernière séance d'enregistrement de Smith.

Les originaux de Smith et les nouvelles versions de Holiday sont des exemples magnifiques de leur expression. Qui serait borné au point de garder les versions d'une chanteuse et jeter les autres ? Prenons le cas de « Pigfoot and a Bottle of Beer ». Smith la chante en commençant avec son énorme voix d'aubergiste, disant : « Vingt-cinq cents ? ! Non, non, je ne vais pas payer vingt-cinq cents pour rentrer *nulle part.* » Dès ces mots d'ouverture, la chanson semble lui appartenir à jamais. Sa voix émet comme un trombone de La Nouvelle-Orléans et évoque les festivités d'avant l'aube et le chaos à peine contenu de la nuit en ville quand « La vieille Hanna Brown qui vit de l'autre côté de la ville/Se saoule et commence à taper sur tout le monde ». C'est ici, dans la voix de Smith, que le « la nuit... en haut dans Harlem, le samedi soir » des années 30 rencontre et se mêle aux boîtes de Chattanooga, Tennessee, de la fin du XIXe siècle – où cette merveilleuse chanteuse naquit. Il paraît impossible d'ajouter autre chose à cette formulation définitive de la chanson. Et pourtant, la version de Holiday de 1949 est également définitive. L'orchestre de quatorze musiciens est un groupe de studio composé de Buck Clayton et du saxophoniste Budd Johnson, sous la conduite et les arrangements de Sy Oliver. Oliver était un trompettiste chevronné et un chanteur du groupe de Jimmy Lunceford du milieu à la fin des années 30. En fait, durant cette période, les arrangements d'Oliver ont largement contribué à la création du style Lunceford.

Photos prises pendant une scène du film *New Orleans* en 1946. *De gauche à droite :* Louis Armstrong, Charlie Beal, Holiday, Kid Ory (derrière la caméra), Barney Bigard et Bud Scott.

Avec la « star » du film, Dorothy Patrick.

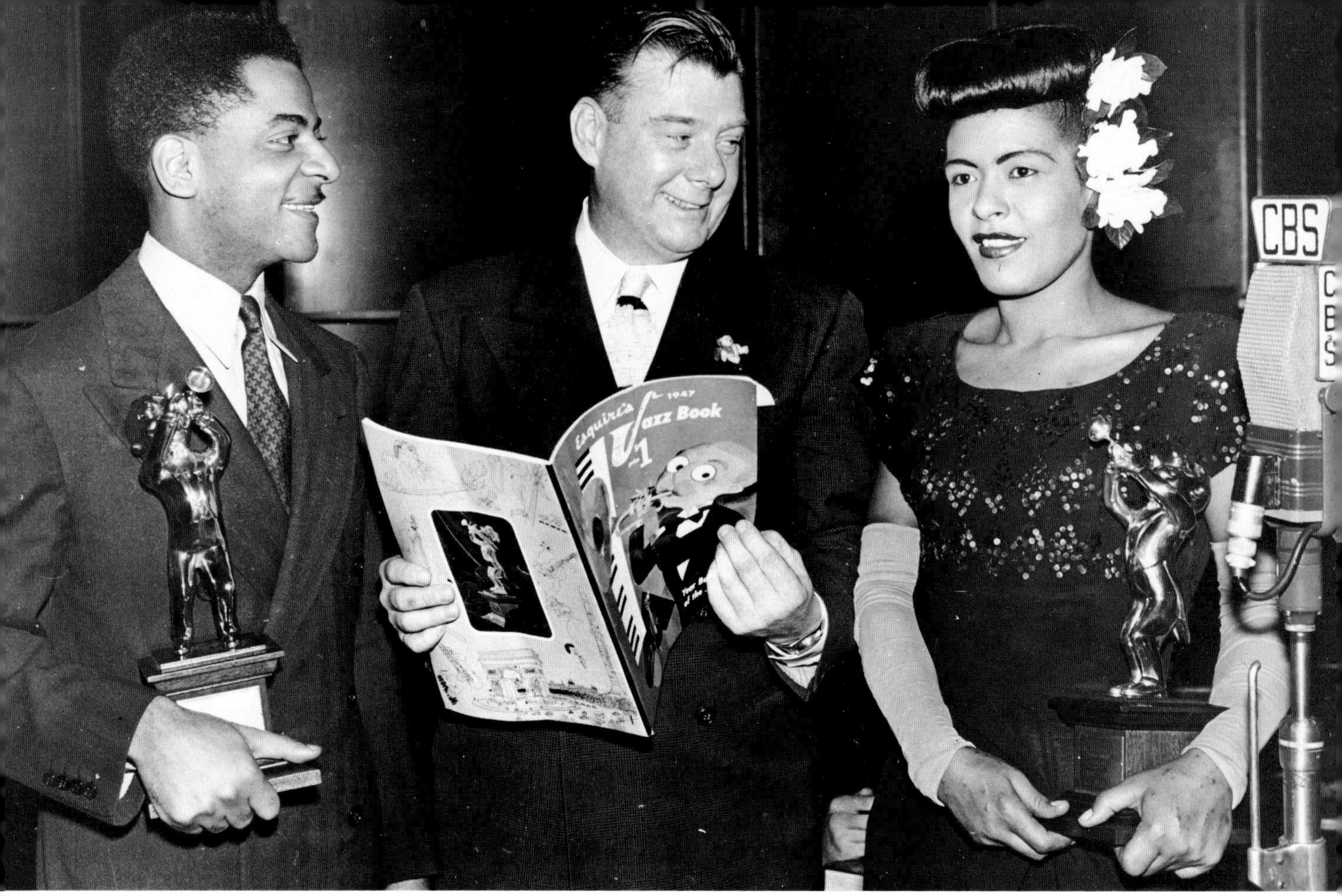

Aucun des disques de Holiday n'eut d'énormes ventes et elle ne fut jamais en tête des sondages. Sa voix était insolite et au début touchait un public particulier. Pendant des années, pourtant, elle remporta les suffrages des critiques de *Esquire.* Elle est photographiée ici, en 1947, avec Arthur Godfrey et l'autre vainqueur, Teddy Wilson *(à gauche).*

Ce que Leonard Feather écrivit à propos de ses adaptations est assez vrai de l'arrangement du « Pigfoot » de Holiday en particulier : « L'écriture d'Oliver utilise de nombreux effets simples, qui swinguent, des phrasés aux nombreux staccatos qui avaient souvent une touche d'humour, et un sens brillant de la continuité et de la progression. »

En 1949, l'influence de Smith sur Holiday semblait académique ; elle n'était plus l'enfant de Smith (ou d'Armstrong). Elle avait pris ce dont elle avait besoin chez ses « parents artistiques » et était devenue, si l'on peut dire, *sa propre fille*. Elle ne parvint jamais à produire le « Bessie's big sound », le son impressionnant de Bessie (c'était ce qui l'intéressait le plus chez Smith), mais elle apprit à raconter sa propre histoire avec le son dont elle disposait et maîtriser ce qu'elle voulait des phrasés de Smith. Dans le cas de « Pigfoot », Holiday déchirait une page du recueil de chansons de Smith et la collait effrontément dans le sien. Elle riffe sur la chanson, dans le style d'Armstrong, et lui donne son allure caractéristique, son impertinence et son éclat dramatique. Le « Pigfoot » de Holiday est un trotteur bien de la ville (par opposition au péquenot de Smith) ; c'est un « bon pied » fortement assaisonné de blues du Sud profond mais aussi de cette espèce de blues que jouaient les be-boppers. Là encore, les incursions de Holiday dans le blues sont des hommages à Smith et Armstrong et à une tradition vitale. Revenant à l'histoire de cette musique et y frayant son chemin, le blues de Holiday parle à ces générations d'auditeurs/danseurs qui savaient les ennuis qu'elle avait connus et qui pourtant chantèrent avec elle le « Glory Hallelujah » agressif et provocant qui donne au blues son pouvoir de transcendance testamentaire. Plus que Smith, Holiday voit partout la peine mais proclame qu'elle (et nous par conséquent) peut y survivre.

« Quand j'ai commencé au Café Society, j'étais inconnue », dit Holiday, « deux ans après quand je suis partie, j'étais une vedette. » Après le Café Society, elle joua dans des boîtes de jazz en Californie du Sud où elle rencontra les stars d'Hollywood et les figures de la pègre. De retour à New York, elle travailla au Famous Door sur la 52e Rue où elle commença à cent dollars la semaine et grimpa jusqu'à mille puis deux mille dollars dix ans plus tard. Dans les petits clubs le long de Swing Street*, tout simplement connue par les jazzmen et les mordus du jazz comme « La Rue », Holiday apparut avec Art Tatum, Coleman Hawkins, Roy Eldridge, Lester Young, Nat « King » Cole et bien d'autres. Et même si à l'origine

* « La Rue du Swing », nom donné à l'époque à la 52e Rue. *(N.d.T.)*

De gauche à droite :* Holiday dans les coulisses avec Jimmy Mundy, Robert Scott et Gene Ammons, vers 1946 *(pages suivantes).

Holiday paraît anxieuse, avec l'orchestre entre les représentations dans un club, vers 1948. Son pianiste, Bobby Tucker, est le second à sa droite.

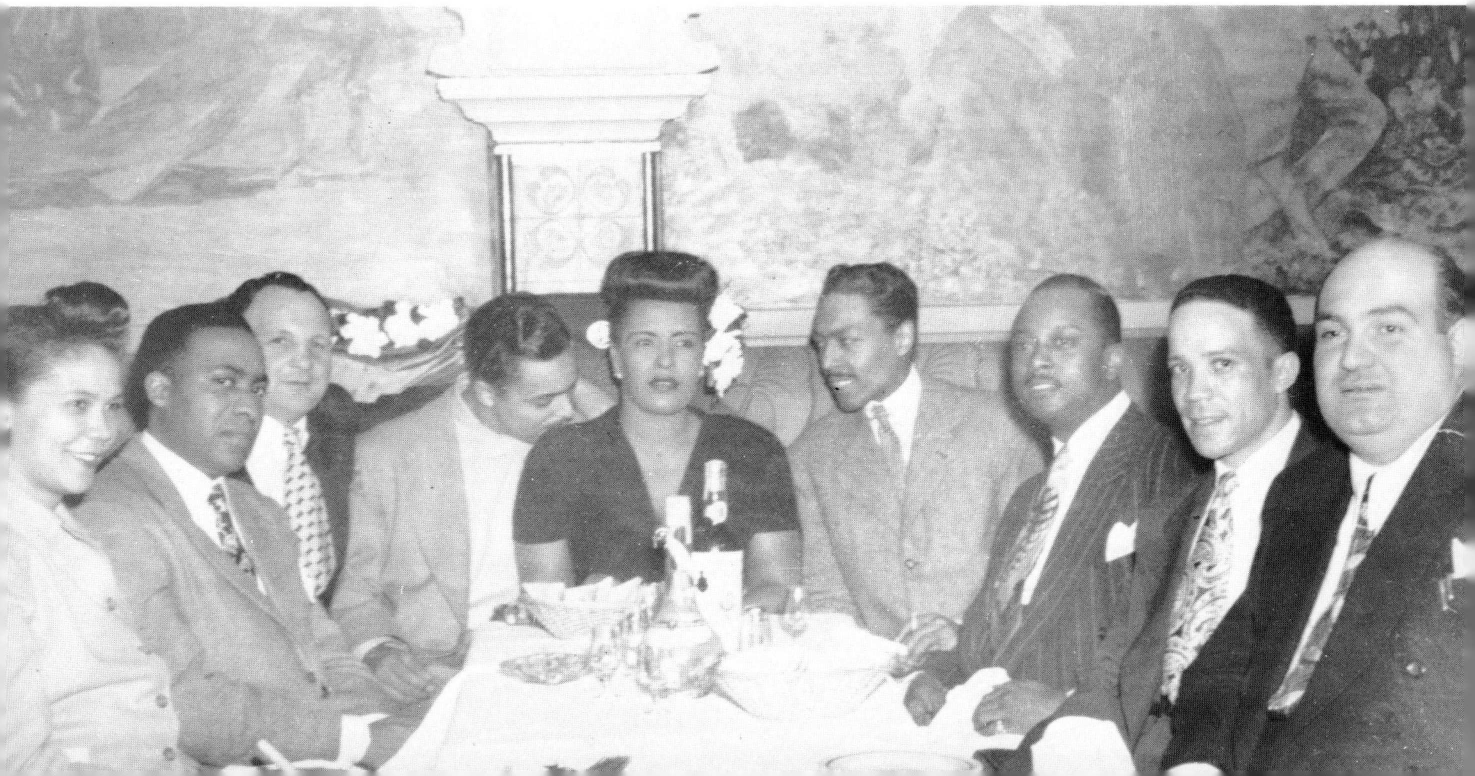

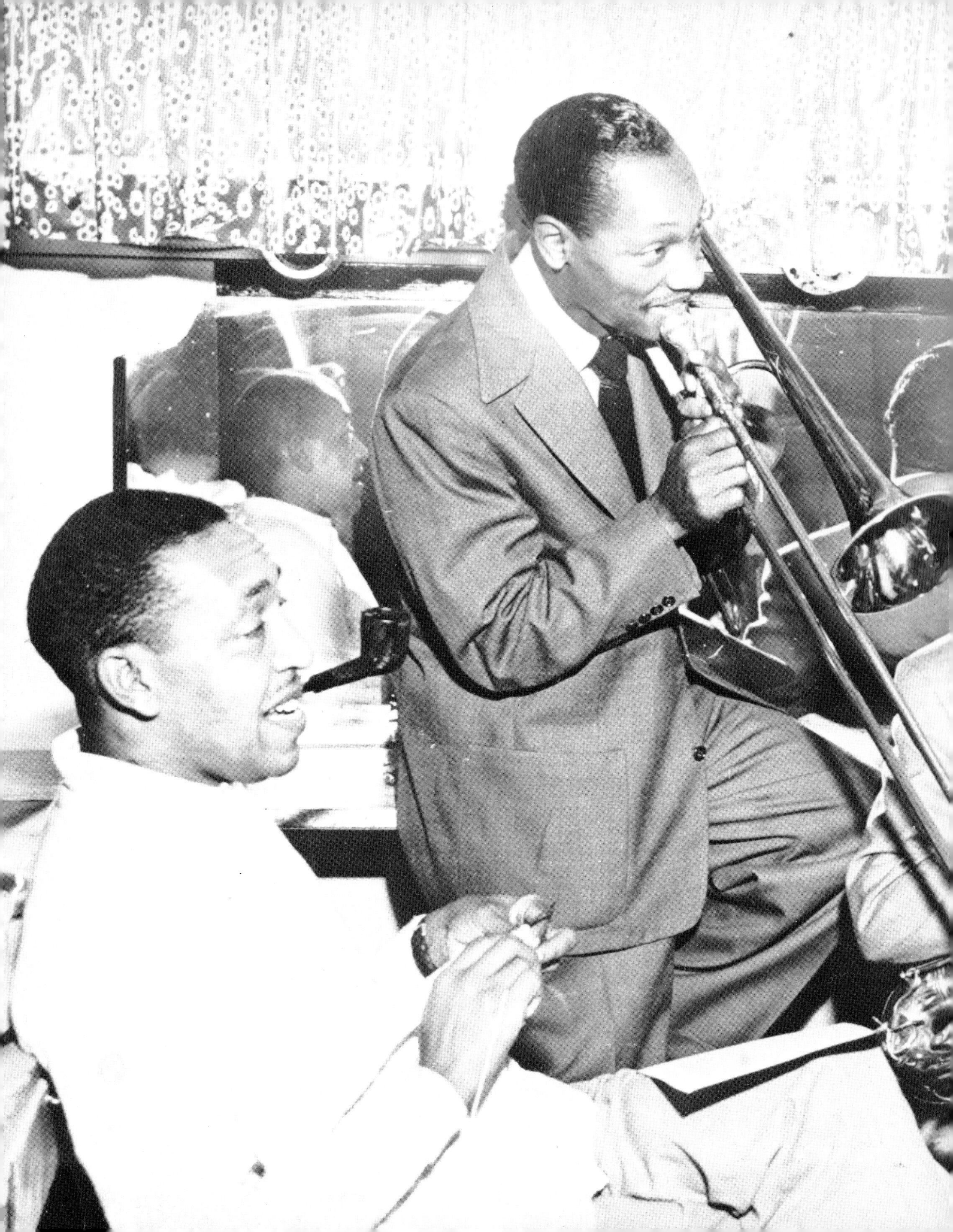

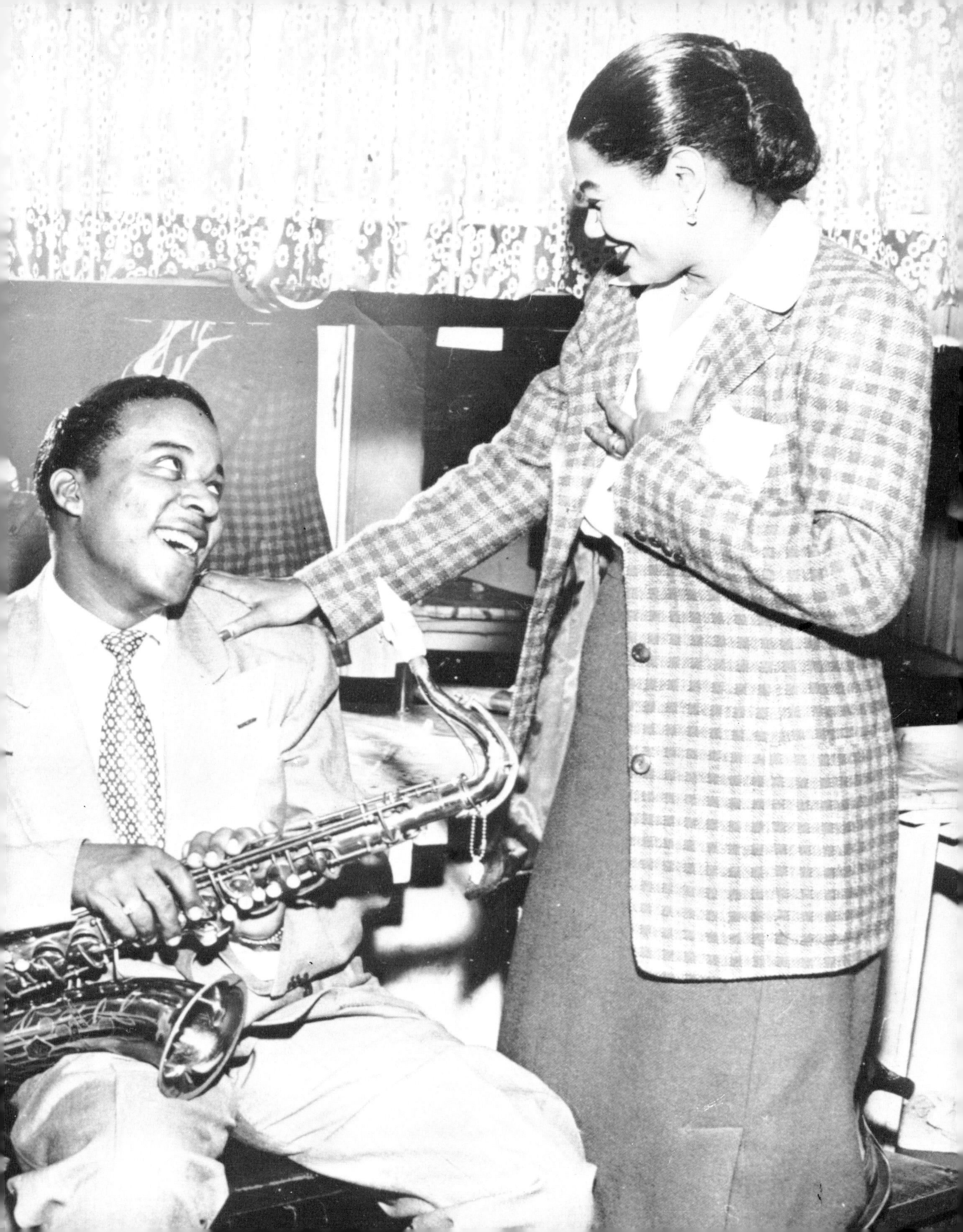

Rayée des night-clubs de New York, Holiday perça à Broadway en 1948. Après les numéros d'ouverture de Slam Stewart et Crazy Cole, Holiday et son orchestre, avec en vedette le pianiste Bobby Tucker, firent leur numéro habituel sur la scène du Mansfield Theater. Les critiques furent plutôt bonnes mais le spectacle s'arrêta après trois semaines et Holiday reprit ses engagements d'une nuit ou, au mieux, de quelques semaines.

seuls les Blancs étaient admis dans ces sous-sols planqués (Holiday disait que travailler dans La Rue « c'était comme travailler dans une plantation »), la ségrégation finit par s'effondrer. Même dans les plus mauvais jours, la carrière de Holiday était en pleine ascension. Elle nota que « travailler dans la rue ressemblait, toutes les nuits, à un retour au foyer. Les gens que j'ai rencontrés à Harlem, Hollywood, au Café Society, avaient l'habitude de venir et c'était toujours comme une sorte de réunion. Comme je commençais à figurer sur les affiches et les publicités, mes vieux amis et connaissances savaient où me trouver ».

Debout, à la distance d'un baiser de ses compagnons musiciens tout comme du public, Holiday dominait la scène musicale de La Rue. Beaucoup de gens ont rapporté avoir été nuit après nuit voir Lady Day faire son entrée désormais magistrale – parfois avec un ou deux chiens en laisse – et avoir attendu le moment où elle apparaîtrait devant eux pour leur raconter ses histoires en musique. Elle donnait « Strange Fruit » ou « Some Other Spring » dans un style récitatif ou, comme elle l'avait fait toute sa vie, elle faisait swinguer Swing Street hors de ses gonds grâce à un air de Baltimore ou de Harlem.

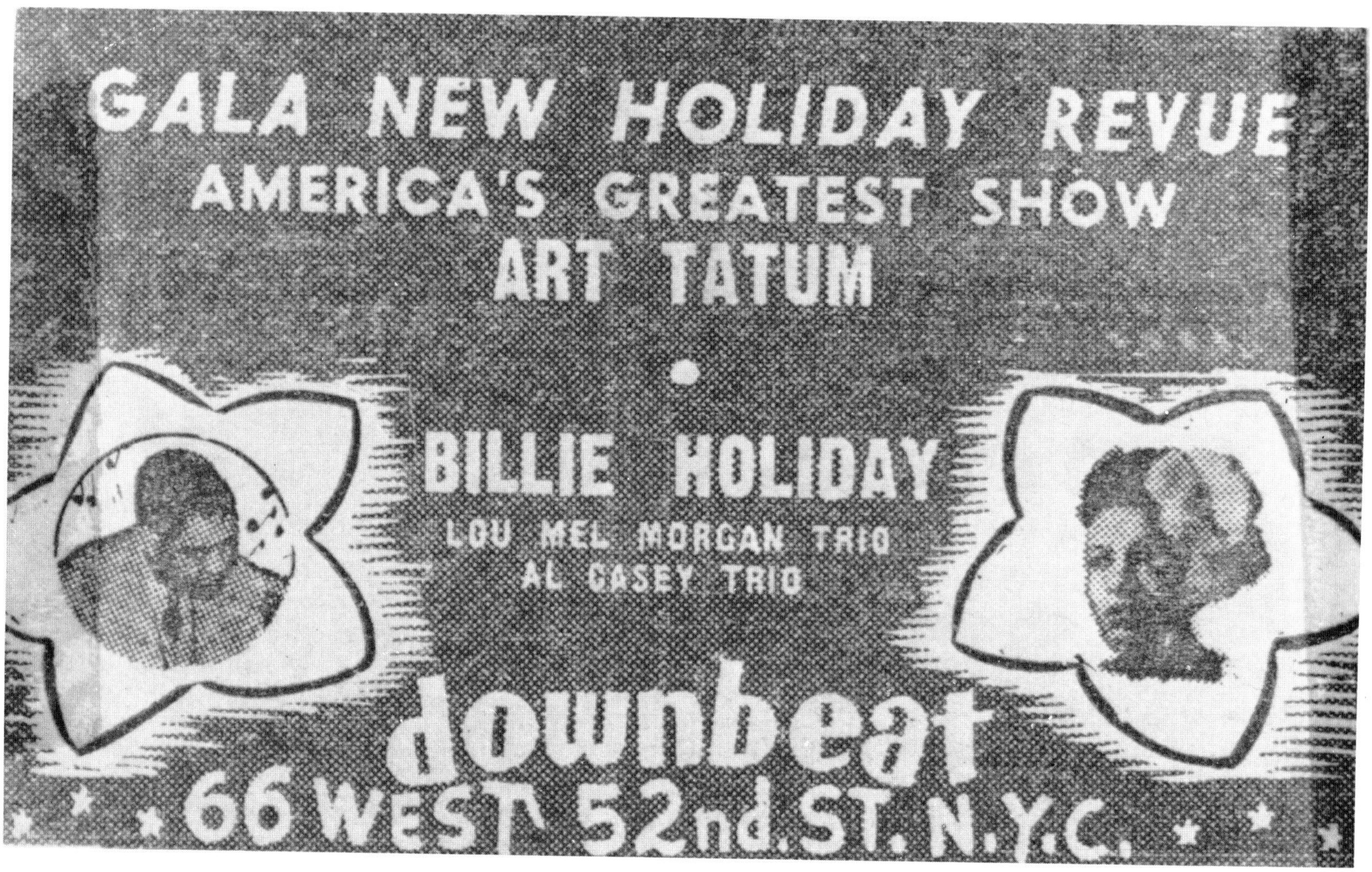

Teddy Wilson raconta à un journaliste qu'en 1941, au tout début de la deuxième période de Holiday, elle vint le voir dans un club au nord de Manhattan et lui dit qu'elle avait enfin l'impression d'avoir découvert sa propre voie artistique. « Elle me dit qu'elle s'était vraiment trouvée en tant que chanteuse – alors que tout le monde pensait que c'était déjà le cas. Mais on ne s'entend pas toujours comme peuvent le faire les autres. Elle chantait beaucoup en 1941, à sa grande satisfaction. Elle commençait enfin à s'entendre. » En 1949, elle était une artiste chevronnée, maîtrisant parfaitement sa force et ses possibilités. La scène était prête pour la troisième Holiday, la Lady controversée de ses dix dernières années.

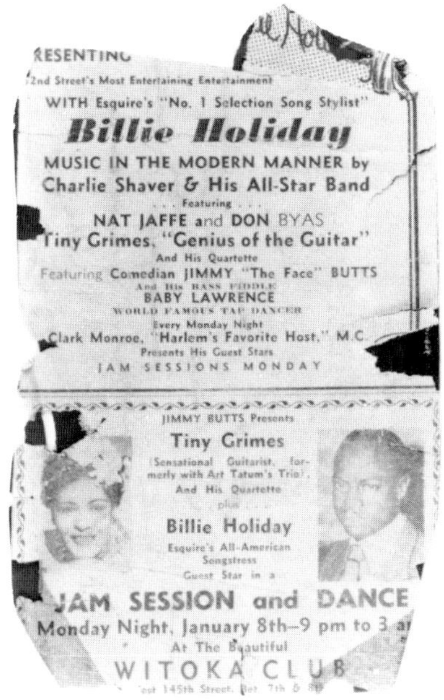

• • •

Comme nous l'avons vu, Milt Gabler, l'allié de Holiday à l'époque du Commodore Record Store et du label Commodore, fut responsable de son répertoire chez Decca et joua un rôle décisif dans ses efforts pour changer de registre. Mais en 1950, un remaniement chez Decca renvoya Gabler du secteur jazz, et Holiday fut plus ou moins abandonnée. A part des séances « de contrebande » – et une séance peu fameuse pour Alladin Records, presque entièrement gâchée par le saxophone de Haywood Henry sonnant comme une corne de brume – Holiday ne sortit aucun disque entre mars 1950 et mars 1952, lorsqu'elle signa avec Verve.

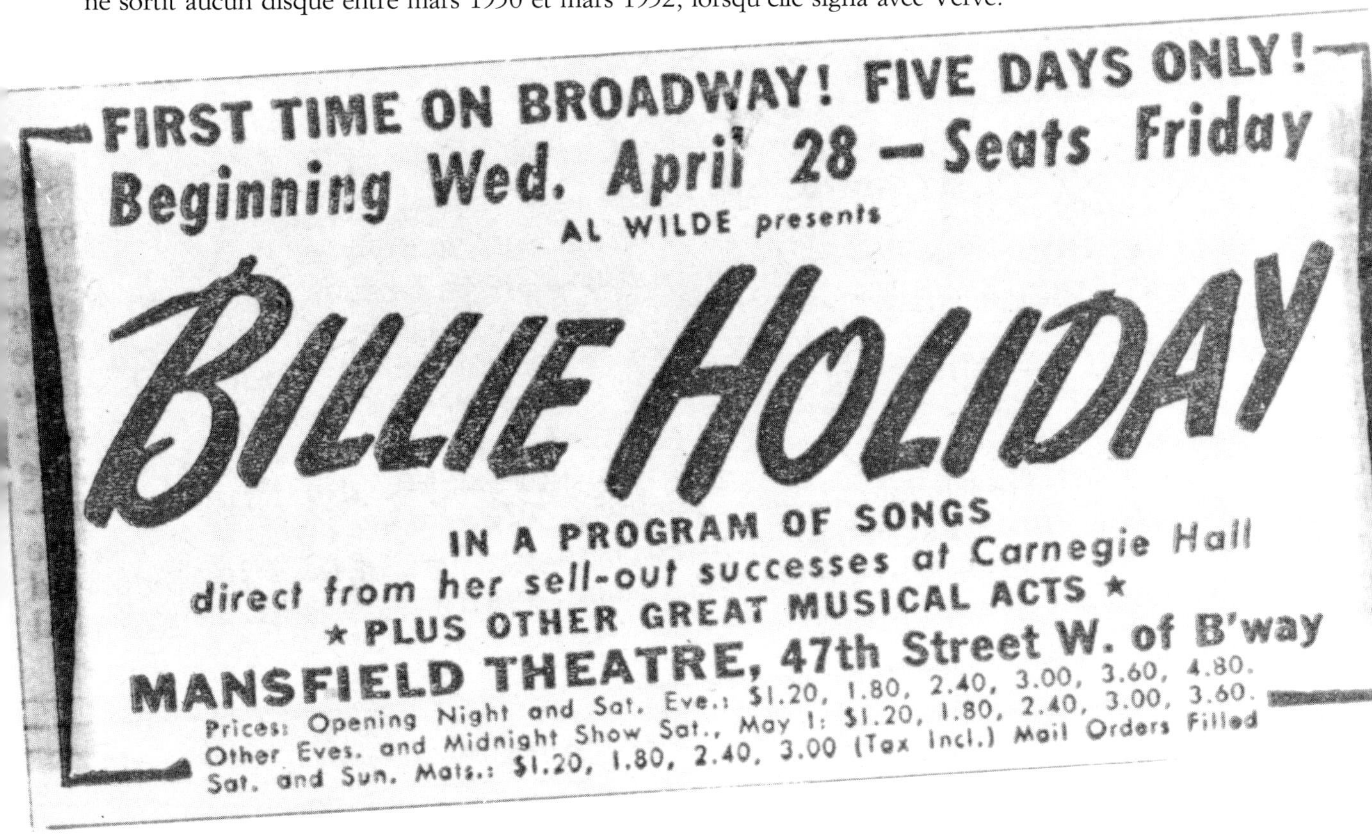

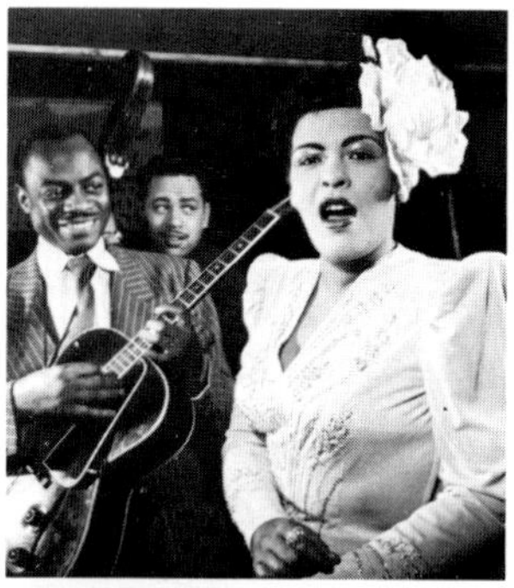

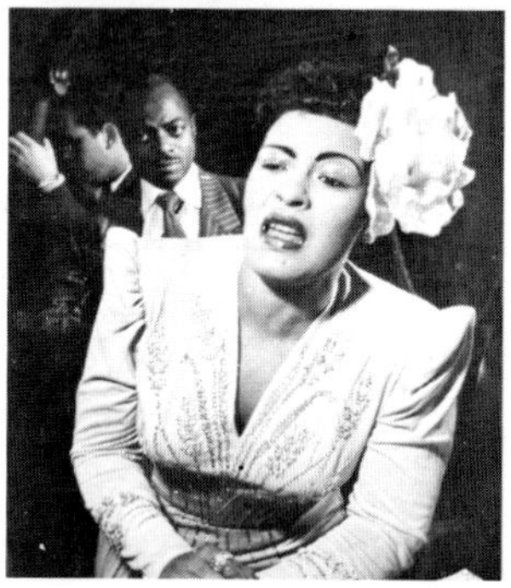

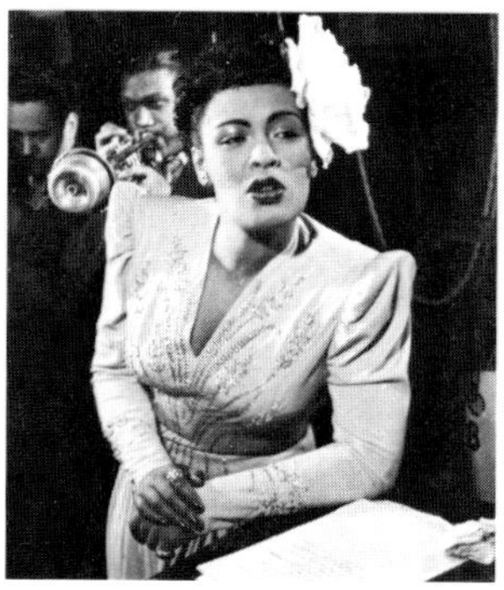

Holiday au Town Hall, à New York. Avec Tiny Grimes (guitare), Lloyd Trotman (basse) et Joe Guy (trompette).

Pendant une tournée, alors qu'elle était sans argent, Holiday écrivit cette lettre à son agent Joe Glaser *(page ci-contre).*

Pendant les années Verve, de 1952 à 1957, Holiday enregistra quatre albums de vingt-cinq centimètres et dix-sept trente centimètres – plus d'une centaine de chansons en tout. (Pour les discophiles, le tableau se complique avec la mise en vente en 1985 par Verve d'un concert « live » donné à Carnergie Hall en 1947.)

A part les Verve, Holiday fit deux autres grands disques durant cette dernière période. *Fine and Mellow,* son apparition à la télévision dans « The Sound of Jazz », et *Lady in Satin,* son avant-dernier album, réalisé pour Columbia. Ces derniers « rendez-vous » ne sont pas très bons ; elle était tellement droguée et déchirée par la vie qu'elle était à peine plus qu'une parodie d'elle-même. Le meilleur de son travail remonte aux journées « d'or » des années 30, quand elle avait un « scintillement argentin » dans la voix. Notons que la collection « Les Géants du jazz » de Time-Life – fiable dans bien des cas – a sélectionné pour le coffret Billie Holiday des chansons antérieures à 1946 ; des quarante chansons choisies, trente-six datent des années 30. De même, pour le coffret du Livre du mois, Nat Hentoff ne prit aucun des titres du catalogue Verve. (Il prit seulement deux morceaux des années 50.)

On retrouve ici le mythe de l'artiste-née, l'idée que les artistes sont par définition à leur meilleur niveau quand ils sont à peine disciplinés. On se souvient de la réserve de John Hammond à propos de « Strange Fruit » (1939) : elle était trop bohème, trop maniérée. Notons également sa propre déclaration à Teddy Wilson ; elle sentait qu'elle avait fini par découvrir en elle une chanteuse. Elle avait perdu sa fraîcheur originale ; certains dirent que, peut-être à cause des drogues, elle était prête à s'imiter elle-même. Ce sont des inepties. Il est vrai que la voix de la « troisième » Holiday a perdu un peu du dynamisme et de l'éclat de la jeunesse. Il est également vrai que dans ses mauvaises nuits des années 50, elle était, pour la première fois, pitoyablement mauvaise. A cette époque, elle paraissait trop faible physiquement et trop pauvre spirituellement pour donner encore une chanson au monde. Mais jusqu'à ses derniers jours (quand elle commença à décliner rapidement), les mauvaises nuits furent extrêmement rares. Elisabeth Hardwick vit Holiday lors de ces années. Son récit est éloquent et troublant :

> *Elle était toujours derrière une porte fermée – le sort de tous les drogués. Et puis à la fin, elle devait se présenter, apparaître poudrée, les cheveux frisés au fer, des gants de satin ou de jersey de soie, des fleurs – le calvaire coûteux d'une « artiste ».*
>
> *A cette époque peu de ses disques étaient sortis et on l'entendait*

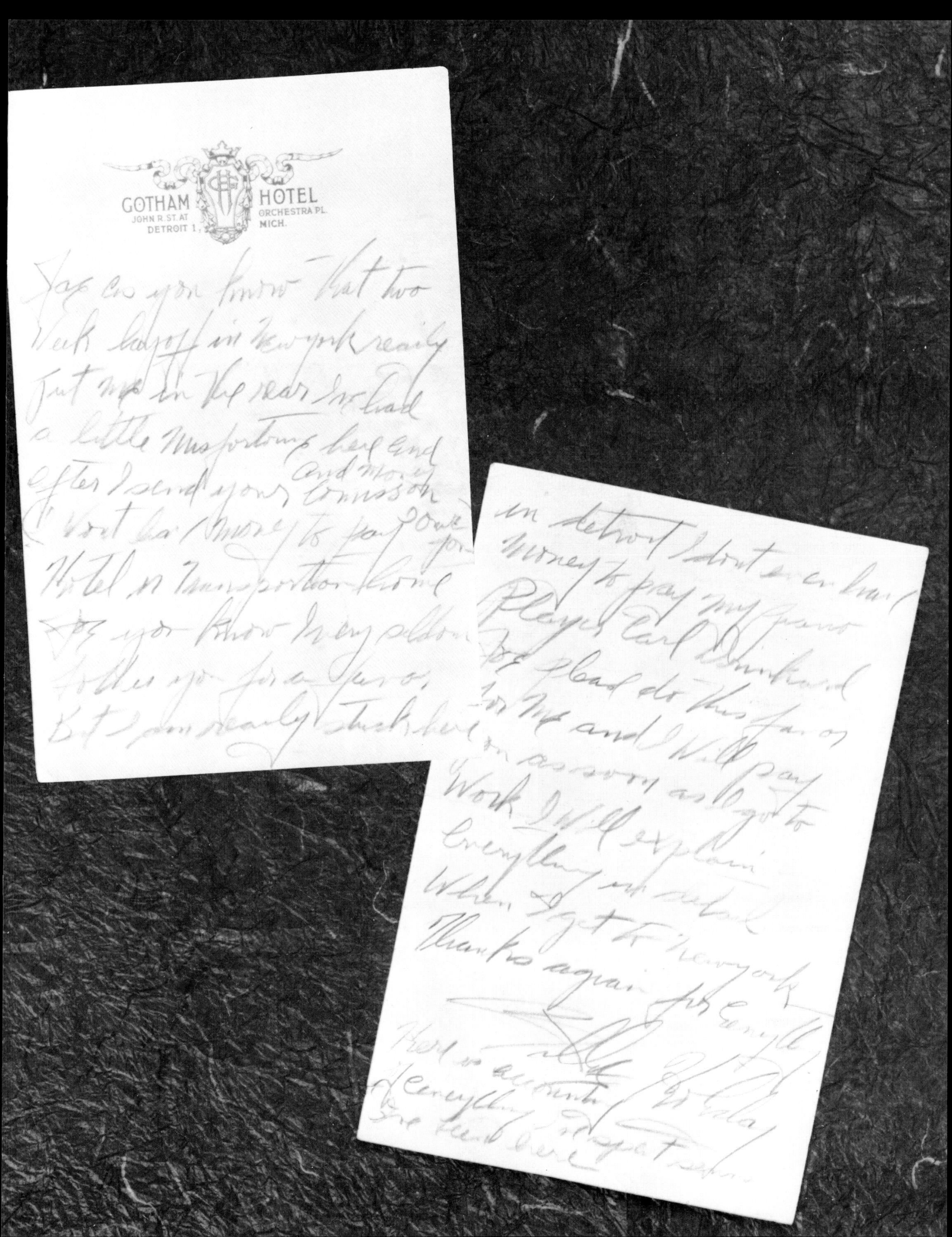

GOTHAM HOTEL
JOHN R. ST. AT ORCHESTRA PL.
DETROIT 1, MICH.

Yes as you know that two
Week layoff in New york really
put me in the rear. I've had
a little misfortune here and
after I send your commission and money
I won't have money to pay our
Hotel or transportation home for
as you know every person
bothers you for a favor
but I am really stuck here

in detroit I don't even have
money to pay my piano
player Carl Drinkard
so please do this favor
for me and I will pay
you as soon as I go to
work I will explain
everything in detail
when I get to New york
Thanks again for everything

[illegible]

Here is a account of [illegible]
everything [illegible]
I've been here [illegible]

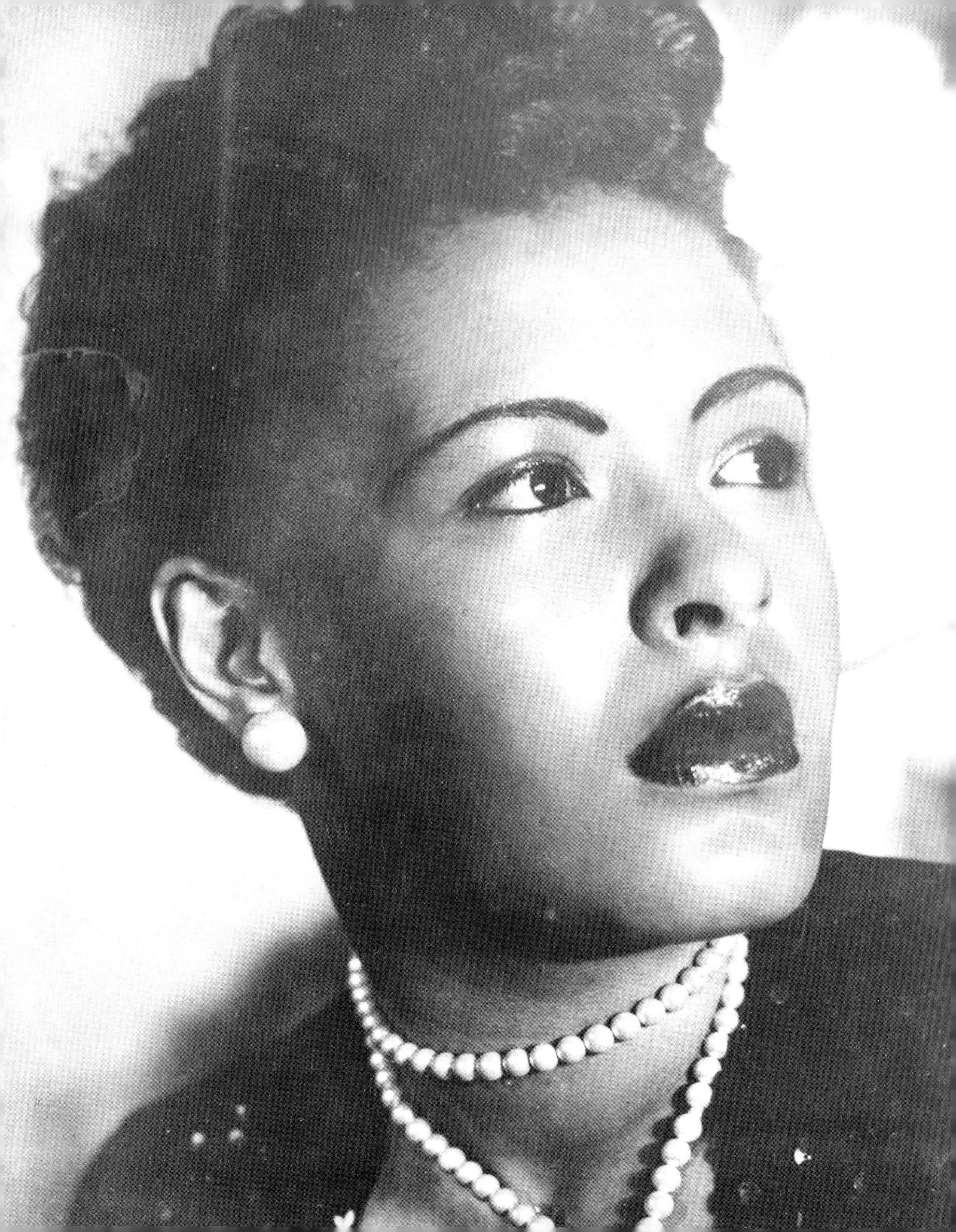

rarement à la radio car sa voix ne correspondait plus au goût du public. Les apparitions dans les night-clubs étaient une nécessité. C'était un fardeau d'être là nuit après nuit même si ce n'en était pas un de chanter, une fois qu'elle avait commencé. Elle savait qu'elle pouvait le faire, qu'elle devait en venir à bout, mais pourquoi ne pas poser la question : A quoi bon ? Son travail, petit à petit, prit une tournure destructrice, comme c'est souvent le cas d'êtres considérablement doués condamnés à hanter inlassablement les sommets de leur inspiration...

Toute sa vie a pris place dans l'obscurité. Le projecteur brillait dans la nuit et le silence du café ; la lune se glissait lentement à travers les nuages. Souriante, maquillée, dans de longues robes en soie, elle chantait encore et encore. Pour être emportée vers le sommeil avec les premiers rayons du soleil.

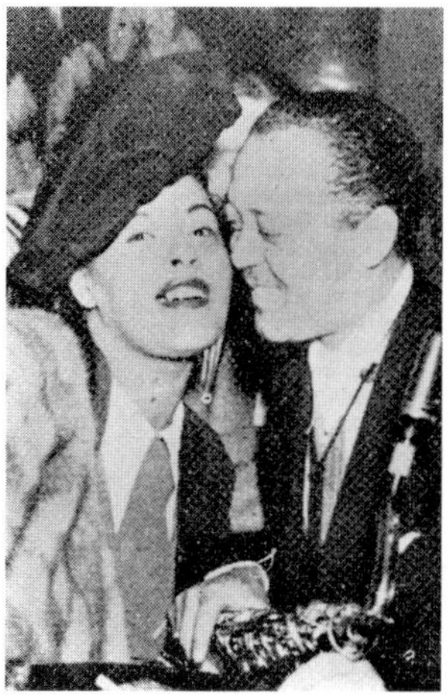

Holiday avec Lester Young, vers 1950.

Il est vrai que, dans cette dernière période, Holiday lutta contre son désir de destruction. Et contrairement au mythe de la richesse supérieure du naturel, elle tint bon dans l'élaboration de son art. Quand elle était au mieux de sa forme, ce qui arrivait souvent, elle était même meilleure qu'elle ne l'avait jamais été auparavant. Au milieu des années 50, son appareil vocal était plus faible mais elle avait gardé son style et ses techniques musicales – son rythme enjoué, son phrasé aux nuances subtiles, son contrôle de la couleur tonale, sa capacité de réinventer les chansons – s'étaient enrichies. En dépit du monde cauchemardesque dans lequel elle évoluait, Holiday chantait mieux que jamais.

On peut le constater dans sa reprise en 1952 de « These Foolish Things », qu'elle avait enregistré une première fois en 1936. Martin Williams, qui choisit la version de 1952 pour le coffret *The Smithsonian Collection of Classic Jazz* (sans aucun doute celui qui fait autorité parmi tous les coffrets que j'ai cités), remarque qu'en 1952 Holiday fit une ingénieuse recomposition de l'air original et de sa première et sensationnelle version de 1936. Williams note avec justesse :

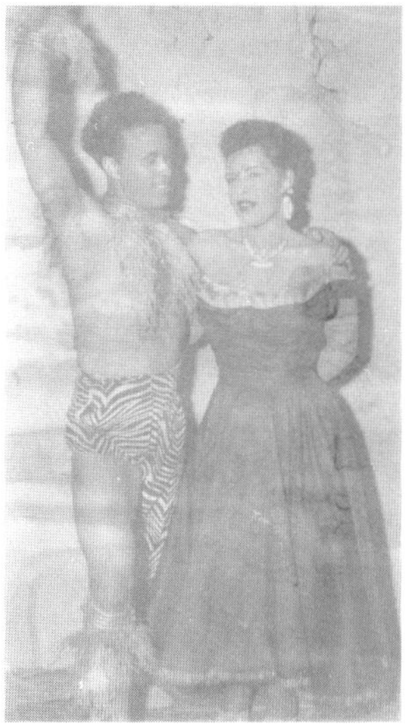

Holiday, vers 1945. Entre deux représentations, elle rend service à un photographe en posant pour cette photo avec un acteur inconnu, peut-être dans une comédie ou une « parodie » de la jungle.

Elle conserve les meilleures phrases mélodiques de la chanson originale, mais repousse d'instinct les autres, les remplaçant par de nouvelles lignes de son cru, plus intéressantes et plus justes. Dans la version plus ancienne de « These Foolish Things », elle avait déjà remarqué ces moments plus faibles mais elle était encore un peu intimidée, et elle utilisait le truc simple qui consiste à les éviter.

Holiday au début de sa tournée européenne, 1954. De gauche à droite : Buddy DeFranco, Red Norvo, Beryl Booker, Leonard Feather, Holiday et Louis McKay.

Toujours à propos de la version 1952 de la chanson, il dit ailleurs : « L'interprétation est ici supérieure en tout ; bien que l'instrument vocal de Holiday se soit considérablement altéré, sa maestria s'est nettement développée. Elle est parfaitement consciente de la structure harmonique du morceau et, en fait, elle réécrit la section A de la chanson (voir figure 1) dans une mélodie faussement complexe de son invention. »

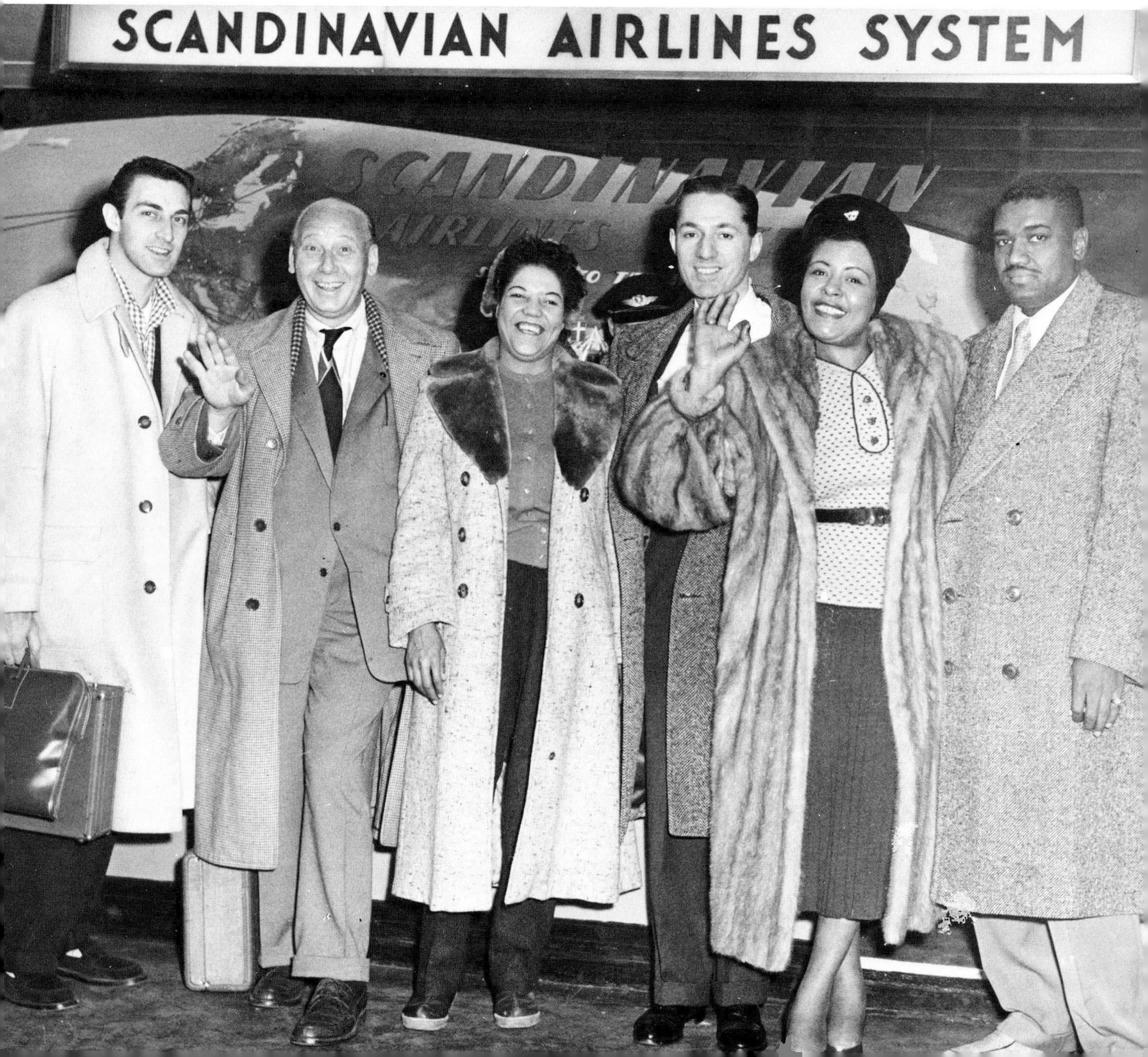

Mélodie originale

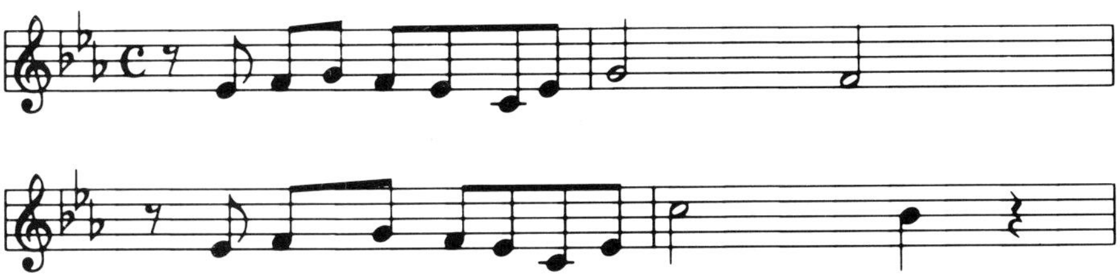

Version de Billie Holiday

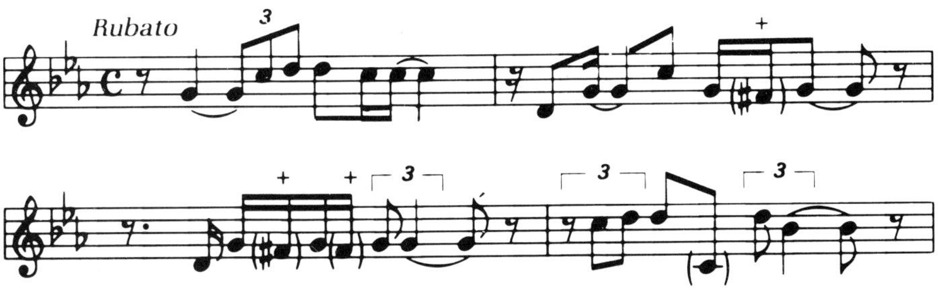

(Figure 1)

Ce qui rend la « troisième » Holiday si grande, c'est précisément le fait qu'elle soit capable de savoir ce qu'elle peut garder et ce qu'elle peut modifier ou tout simplement supprimer. Elle avait passé sa carrière à recomposer Gershwin, Arlen, Ellington et bien d'autres ; désormais elle recomposait de la même façon Billie Holiday. Elle savait qu'il y avait pas mal de choses à garder de la Holiday des débuts. Comme les disques Columbia avec Teddy Wilson, les enregistrements Verve n'utilisent pas d'arrangements avec cordes ou cuivres. Ils conservent plutôt l'esprit de la période des jam-sessions. Pour le rythme, le patron et directeur artistique de Verve, Norman Granz, utilisa les habitués de Verve, dont l'exceptionnel Oscar Peterson – qui dirigeait des trios et des quartettes ou bien des orchestres de studio où jouaient d'autres pianistes superbes tels Jimmy Rowles, Bobby Tucker et Wynton Kelly. Quant aux cornettistes, les accompagnateurs de Holiday dans les années 30 représentent le Who's Who du jazz. En alternance, on trouvait au saxophone Ben Webster, Benny Carter, Coleman Hawkins, Budd Johnson, Flip Philips, Willie Smith et Paul Quinichette (surnommé « Vice Prez » en honneur de sa ressemblance avec Lester Young). Le spécialiste de la trompette était Harry « Sweets » Edison, qui alternait avec Charlie Shavers ou Joe Newman, d'autres excellents musiciens. Pour ces séances Verve, comme pour celles de Columbia au début, Holiday et le pianiste (ou un leader désigné par Granz) esquissaient les figures d'ouverture et de fermeture. Quelquefois, Granz fixait les séquences solo, à la grande déception des artistes (Jimmy Rowles se plaignait de ne pouvoir donner sa mesure parce qu'il ne jouait pas suffisamment de solos). Granz et Holiday étaient d'accord pour conserver la fièvre de l'improvisation libre des classiques des années 30. Et ses échanges avec Ben Webster en particulier, mais aussi avec Edison et Carter, sont aussi magnifiques que n'importe quel duo qu'elle ait jamais enregistré. Ils valent même les chefs-d'œuvre Holiday-Young des années 30. Qu'y a-t-il de plus beau que le travail d'Holiday-Webster sur « I Didn't Know What Time It Was », « Our Love Is Here to Stay » et « We'll Be Together Again » ?

Il y a aussi dans le catalogue Verve des airs qui bougent bien. « Day In, Day Out », « Comes Love » et « Please Don't Talk about Me When I'm Gone » semblent avoir été composés spécialement pour le juke-box, la piste de danse ou la soirée privée. Mais dans les années 50, Holiday avait établi sa réputation – en partie à cause de chansons du style « Strange Fruit » – de chanteuse d'ambiance, une artiste que l'on appréciait pour se détendre entre deux danses. « You Go to My Head », « Solitude », « Willow Weep For Me » (la version de Newport) et « Do Nothing 'Til You Hear from Me » sont des ballades superbes.

Elle ne pioche pas dans les partitions de Tin Pan Alley. Elle prépare le recueil des chansons américaines les plus admirables et les plus difficiles, telles « Prelude

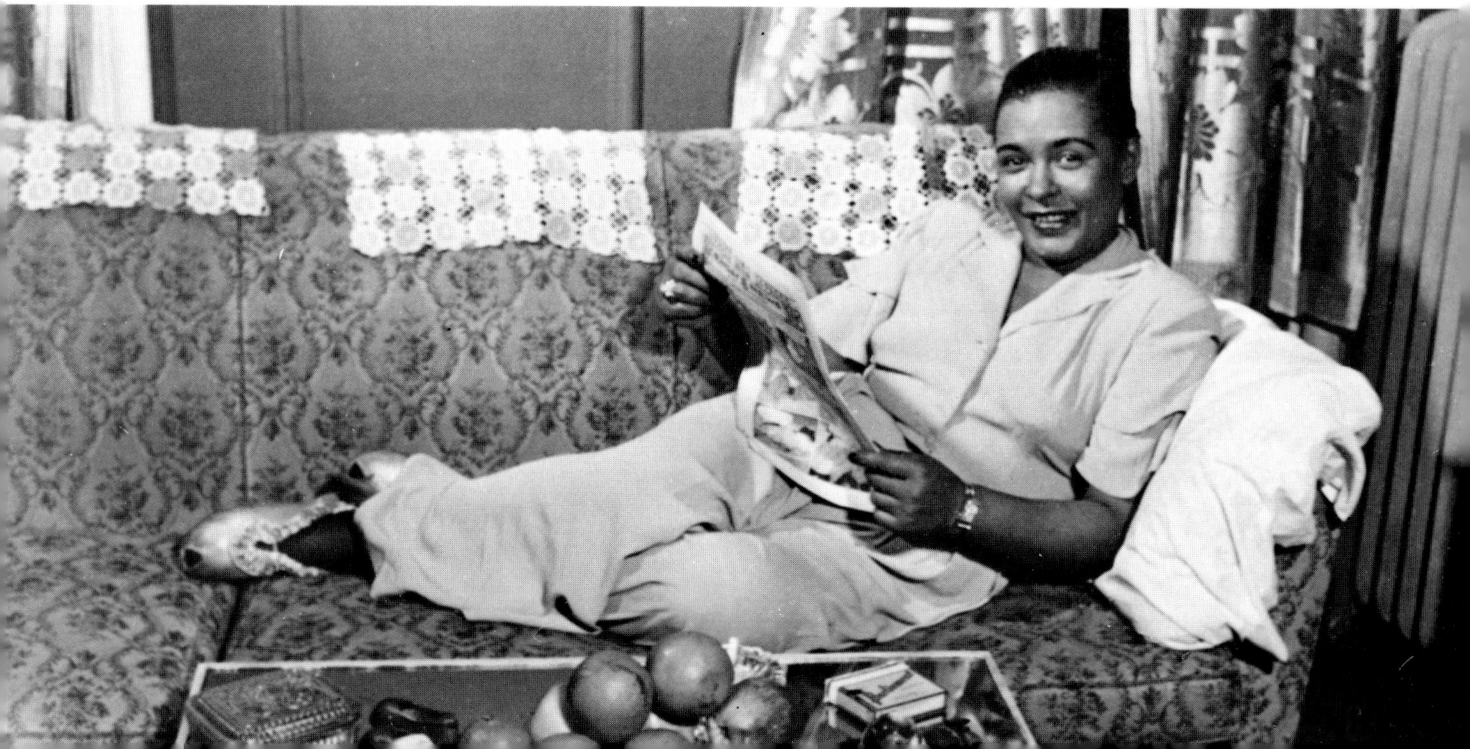

to a Kiss » et « I Don't Want to Cry Anymore ». On dispose de l'enregistrement d'une répétition enregistrée avec Jimmy Rowles et Artie Shapiro (1955), avant une séance chez Verve. Ce qui est fascinant, c'est de voir qu'elle était le patron du trio, c'est elle qui déterminait l'ambiance, les tons et les arrangements. Quand ils répètent « I Don't Want to Cry Anymore », elle console Rowles : « C'est une partie un peu dure, même pour toi. C'est *difficile,* Jack. C'est un morceau difficile. C'est pourquoi personne n'y touche. » Et puis ils y retournent encore une fois.

En fait, à chaque fois la version Verve est meilleure que la version antérieure. Dans « My Man », « Don't Explain » et « Body and Soul », sa voix plus lente, plus âpre, plus avisée aussi donne à la chanson plus de résonance et de profondeur. En 1958, Miles Davis dit à Nat Hentoff : « Vous savez, elle ne pense pas en ce moment à ce qu'elle était en 1937, et elle a certainement beaucoup appris. Et puis elle a toujours la maîtrise, elle en a certainement plus maintenant qu'avant. Non, je ne pense pas qu'elle soit sur le déclin. »

Durant sa période Verve, Holiday élagua toute superficialité. Expliquant à Jimmy Rowles comment elle veut faire « Everything Happens to Me », elle dit : « Eh, baby, tu sais comment je veux le faire ? Tout le monde l'a fait de façon *si* jolie, moi je veux le faire comme ça (elle claque dans ses doigts pour donner le tempo et elle chante) : Ahhh-doowee-dowee-dow et je veux que les gens sachent de quoi je cause... Et là tu y vas. » Sa dernière version est truculente et riche. La voix claire et sonore de la jeune fille a disparu ; à sa place apparaît celle d'un chef de groupe et une palette magnifique de couleurs tragiques.

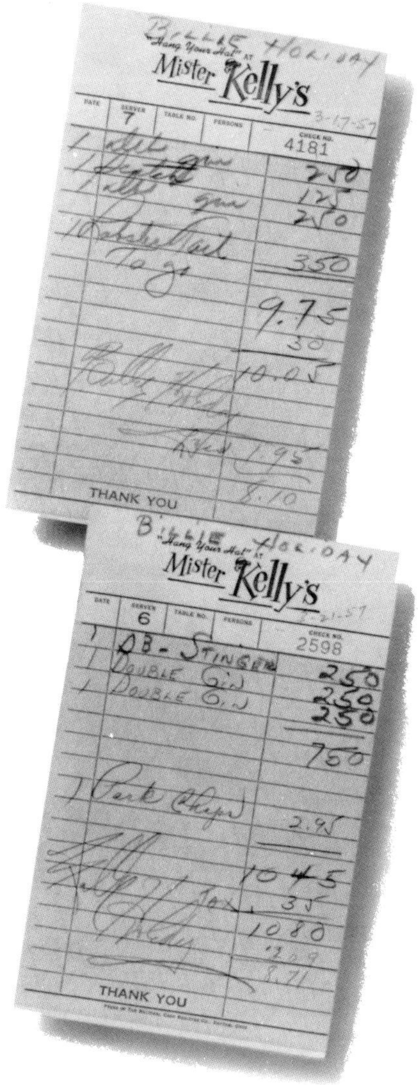

Holiday à Chicago, 1957. Elle adorait le homard et les côtelettes de porc. Entre deux représentations elle en faisait monter dans sa loge avec un double gin ou une double vodka.

Pour l'album *Lady in Satin* (1958), Holiday voulait des cordes et des cornets de jazz. Le résultat est inégal. Les arrangements de Ray Ellis sont caressants mais parfois mous et la voix de Holiday est parfois hésitante et ravagée. Pourtant, dans l'ensemble, les cordes, onctueuses, fournissent un contraste fascinant à l'âpreté de la chanteuse, et quelques titres de cet album – « You've Changed », « I'm a Fool to Want You » et « I Get Along without You Very Well » – donnent à la « troisième » Holiday un caractère inestimable. La chanteuse Annie Ross, célèbre pour son association avec Lambert et Hendricks, évoque le travail de Holiday sur *Lady in Satin* : « Sa voix avait une intimité. Vous sentiez qu'elle avait vécu les paroles qu'elle chantait. Et puis elle avait aussi cette chose qu'on appelle le charisme : cette chose qui fait que vous pensez qu'elle chante seulement pour vous... Elle avait *une âme*. Je veux dire, même dans un album comme *Lady in Satin* dont les gens disent Oh, elle n'a plus de *voix* ! Eh bien, pas pour moi. Il y a toute une *vie* dans cette voix. » Et Carmen McRae à propos de *Lady in Satin* :

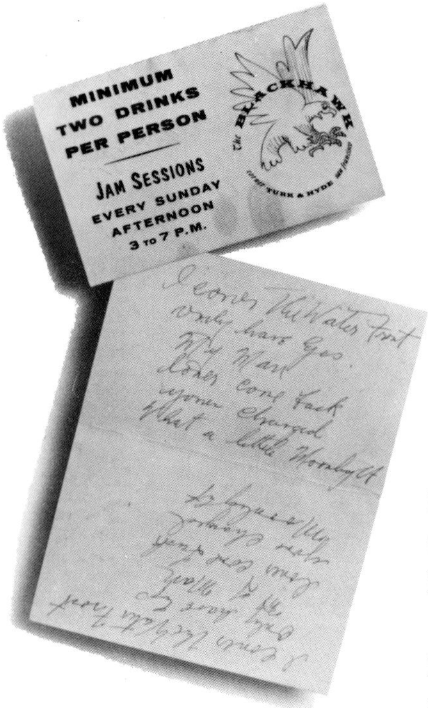

Se déplaçant de ville en ville avec son pianiste (le reste de l'orchestre était choisi parmi les musiciens locaux), Holiday interprétait ses morceaux les plus connus. Avant de commencer, ils préparaient l'ordre des titres. Cette liste, datant probablement de 1957, écrite de sa main, devait être placée sur le piano. Au cours du spectacle, elle modifiait le choix des chansons selon son humeur ou celle du public.

Sa voix n'était en rien proche de ce qu'elle avait été. Mais bon sang, je l'écoute encore pour ça. J'en ai trois exemplaires, parce que je ne veux pas les user. Je pleure. *Mon cœur se brise quand j'écoute « I'm a Fool to Want You ». Et j'ai envie de lui dire :* Chante-la, Lady. *Sa voix n'était plus ce qu'elle avait été ; on le sait. Mais c'était si efficace. C'était, pour moi, bien plus efficace* là, *que quand elle était en grande forme... Elle avait une âme et un cœur. Et elle avait ce truc pour vous faire pleurer, et... après tout, qu'est-ce qu'on pouvait demander de plus ?*

Un an avant, en 1957, Holiday avait participé au meilleur court métrage de l'histoire de jazz. Ce n'est pas un film en fait, mais l'enregistrement d'une émission télévisée, que l'on peut trouver désormais en vidéocassette dans son intégralité sous le titre *The Sound of Jazz.*

Holiday interprète « Fine and Mellow », accompagnée par un groupe de jazzmen célèbres, avec lesquels elle avait enregistré pendant plus de vingt ans. On ne pouvait rêver meilleure formation : Lester Young, Ben Webster, Coleman Hawkins et Gerry Mulligan (saxophones) ; Roy Eldridge et Doc Cheatham (trompettes) ; Vic Dickenson (trombone) ; Mal Waldron (piano) ; Danny Barker (guitare) ; Milt Hinton (basse) ; Osie Johnson (batterie). On ne connaît pas vraiment les circonstances de la brouille entre Holiday et Young mais, peu après celle-ci, Young dit à un journaliste qu'elle était toujours sa chanteuse préférée : « Elle est encore ma Lady Day. » Il était si faible et malade qu'il devait rester assis et préserver ses forces pendant que le groupe jouait « Fine and Mellow ». Sur le film, il se tient juste assez longtemps debout pour jouer un court solo. Nat Hentoff, Whitney Balliett et le producteur Robert Herridge ont composé ensemble le programme. La description éloquente du solo de Young par Hentoff fait partie maintenant de la mémoire du spectacle :

Il souffla le blues le plus fou, le plus pur que j'aie jamais entendu. Billie, souriante, donnait le rythme, regardant dans les yeux de Prez et lui dans les siens. Elle portait sur leur passé un regard chargé du plus doux des regrets. Prez s'en souvenait aussi. Ce qui avait pu gâcher leur amitié était désormais oublié dans la communion de la musique. Assis dans la salle de contrôle, je sentais les larmes couler, et je vis des larmes dans les yeux de tous ceux qui étaient là. Le reste du programme était bon, mais ce passage a été son meilleur moment – l'âme empirique du jazz.

Après le remarquable solo de Young, Holiday revint avec « He wears high draped pants/Stripes are really yellow ». Là encore, on assiste à un prodige ; sa voix est proche de l'instrument de Young : elle résonne comme un cornet, le cornet mime la voix – les instruments les mieux assortis du jazz. Lorsque l'on écoute ses solos avec Hawkins, Webster, Eldridge et les autres, il est indéniable que sa voix est l'une des plus évocatrices de ce siècle, dans le domaine du jazz ou ailleurs.

« Fine and Mellow » est un blues et non pas une chanson contestataire. Mais tout comme les autres grands blues, elle suggère une protestation implicite contre

Holiday et Lester Young, 1957.

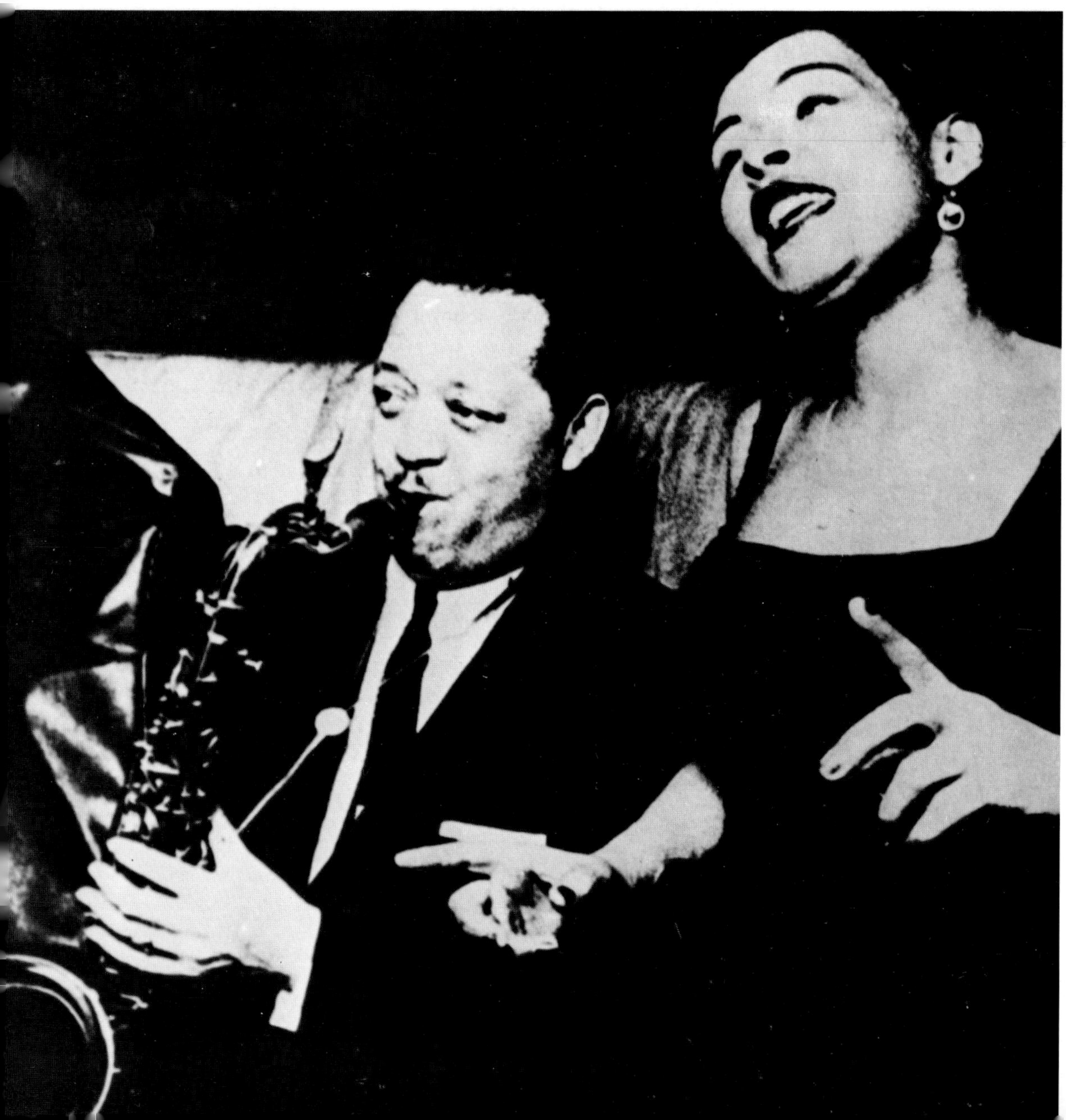

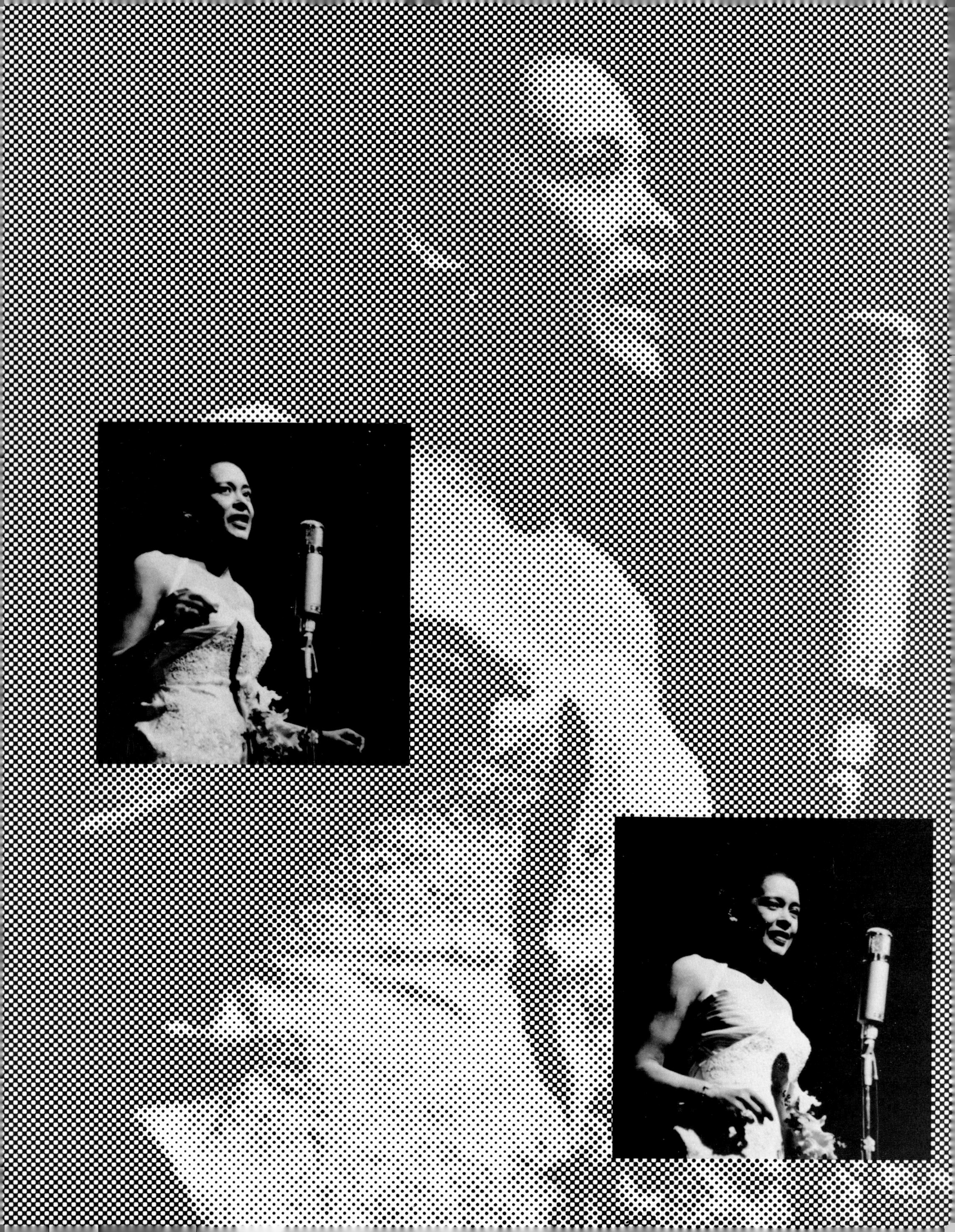

les défauts humains – dans ce cas, contre la faillite de l'amour durable et sans équivoque. Cette chanson traite aussi des problèmes sociaux de l'époque. Elle arrive précisément au moment où les mouvements de défense des droits civiques démarraient ; cette version filmée de la chanson nous rappelle les relations tendues entre les Blancs et les Noirs à Little Rock, en Arkansas, et à travers toute la nation. Holiday adresse cette chanson à son homme désappointé portant des « pantalons qui montent haut », mais elle pourrait parler à l'ensemble de l'Amérique blanche :

Love is just like a faucet ;
It turns off and on.
Love is just like a faucet ;
It turns off and on.
Sometimes when you thinks it's on, baby,
It has turned off and gone.*

Il n'est pas étonnant qu'Albert Murray ait dit que le blues pouvait servir d'hymne national américain. Il est aussi proche que nous pouvons l'être de la tragédie, écrit Ralph Ellison. Murray nous rappelle que la musique blues et ses admirables créateurs célèbrent les meilleurs traits de caractère américains (ce qui n'était pas si évident en 1957) – l'individualité comme la conscience de groupe ; la maîtrise de soi sous la pression ; et la capacité, pour affronter les ennuis, d'improviser sur le vif. Si « Fine and Mellow » est notre hymne, alors cette interprétation de 1957 en est la version suprême. Comme un film, il offre des images d'égalité : à travers les différences de sexe, d'âge et de race, ces musiciens composent ensemble une musique chargée de sens. « Fine and Mellow » symbolise la « troisième » Holiday à son meilleur niveau.

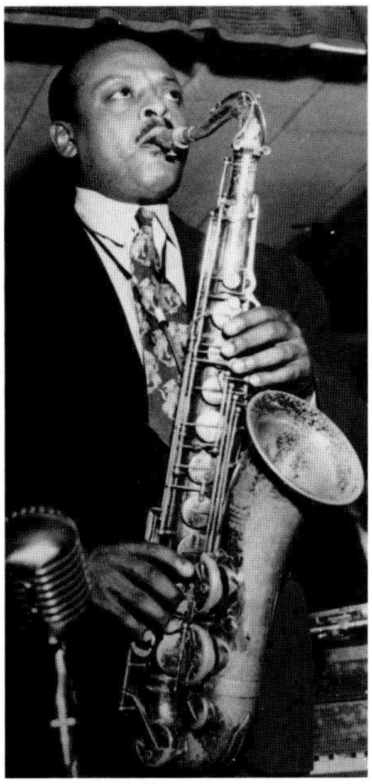

Ben Webster, vers 1951. Le son de Webster était sûr et étincelant, comme celui de Holiday. Il participa aux premiers disques Holiday-Wilson de 1935 – et à quelques autres ensuite. Il refit une apparition dans les années 50 comme cornet principal dans ses meilleurs morceaux pour Verve Records.

* L'amour est comme un robinet ;
Qu'on ouvre et qu'on ferme.
L'amour est comme un robinet ;
Qu'on ouvre et qu'on ferme.
Parfois, quand tu penses qu'il est ouvert, baby,
Il était fermé et l'amour est parti. *(N.d.T.)*

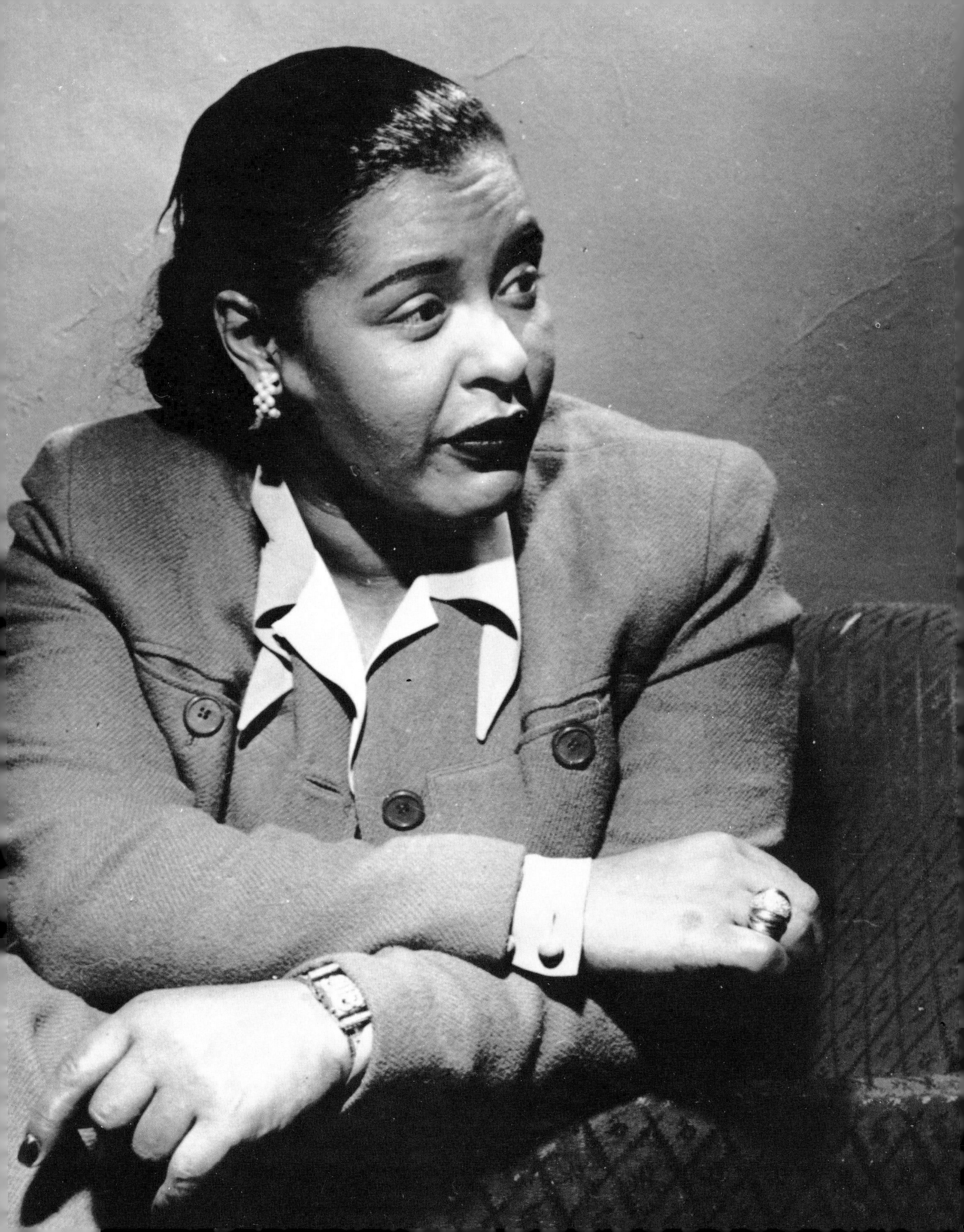

LADY AU MET

Ce livre soutient que la manière la plus commode de contourner la difficulté de comprendre la vie de Holiday est d'affirmer qu'elle n'était pas une artiste cultivée mais une nature. Les amis bien intentionnés des Noirs et des femmes considèrent son histoire comme le modèle du conte de la victime. Dans ce sens, l'énumération incantatoire de ses malheurs peut aider à expliquer pourquoi « Lady chante le blues » avec tant de conviction – ses parents adolescents, la désertion de son père, ses expériences du viol et de la prostitution, ses amants/managers exploiteurs, son usage de la drogue et son dossier criminel, sa couleur et son sexe. Elle n'était pas une chanteuse de blues ? Beaucoup de critiques nous ont dit que même lorsqu'elle chantait des chansons qui n'étaient pas du blues, elle les transformait en blues avec sa voix naturelle de blues, née d'une vie de blues.

Certains commentateurs ont eu un mouvement de recul devant les faits déplaisants de sa vie, comme s'ils étaient innommables ou bien une sorte de trahison. La répugnance de ces écrivains pour la complexité et la contradiction vécues, particulièrement quand elles remontent à la surface chez les femmes ou les Noirs, colore au plus haut point leurs interprétations. Voilà une femme afro-américaine que le pianiste Bobby Tucker décrivit comme ayant « le complexe le *plus* terrible d'infériorité ». En fait elle « ne croit pas qu'elle soit capable de chanter », dit-il. Cependant, on ne sait trop comment, cette même femme de dix-huit ans échangea des chorus avec quelques-uns des plus grands jazzmen du monde. A vingt et un ans, elle avait chanté avec l'orchestre de Duke Ellington au Savoy Ballroom, la nuit où ceux qui étaient présents dirent qu'elle et le groupe surpassèrent Ella Fitzgerald et l'insurpassable, le mythique « Roi du Savoy », Chick Webb. Quand les patrons de boîtes lui demandèrent de changer sa façon de chanter, elle les injuria et n'en fit rien. Elle préférait s'en aller, comme elle le fit plus d'une fois. Lorsque le public au Café Society semblait ne pas faire attention à son interprétation de « Strange Fruit », elle s'interrompait et s'éloignait, s'arrêtant juste le temps de soulever sa robe et de montrer son derrière nu à la foule réduite au silence.

Cette femme, qui n'était vraiment pas membre du Culte de la Vraie Féminité – cette mythique construction du XIXe siècle qui énonçait comme vertus cardinales de la « femme véritable » : « la piété, la pureté, la soumission et la vie de famille » – en subit la pression. Très souvent Holiday déclarait dans la presse s'être rangée : « Je veux juste être une femme d'intérieur », dit-elle à un journaliste de *Down Beat* en 1957, « et prendre soin de Mr. McKay. » Son dernier époux, Louis McKay, fut consultant sur le film *Lady Sings the Blues*. Il engagea une controverse avec ceux qui disaient que le film était trop négatif. « J'aime vraiment la façon dont nos relations sont montrées », affirma-t-il. « Billie et moi nous nous aimions beaucoup même si nous avions nos problèmes... Elle était beaucoup plus que ce que pouvaient imaginer les gens qui ne la voyaient qu'en star fascinante, et puis en prisonnière de la drogue. C'était une femme tendre, aimante, qui adorait rester à la maison avec son homme , me préparant des petits plats et s'occupant de menues choses dans

Holiday avec les filles de ses amis d'Oakland, Californie, années 50 *(à gauche).*

Holiday et Louis McKay *(à droite).*

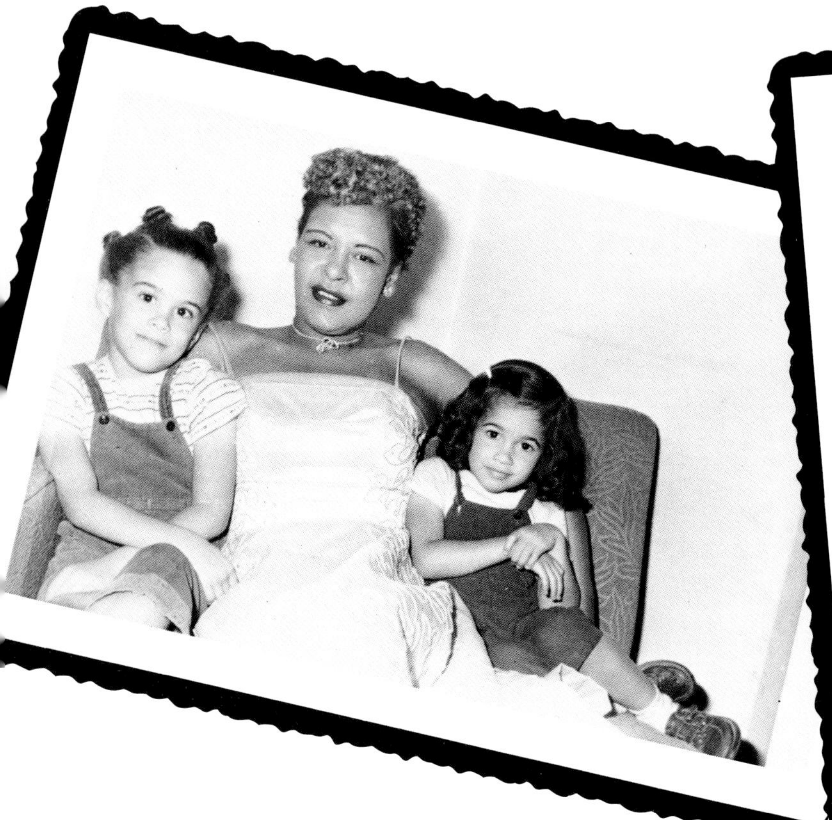

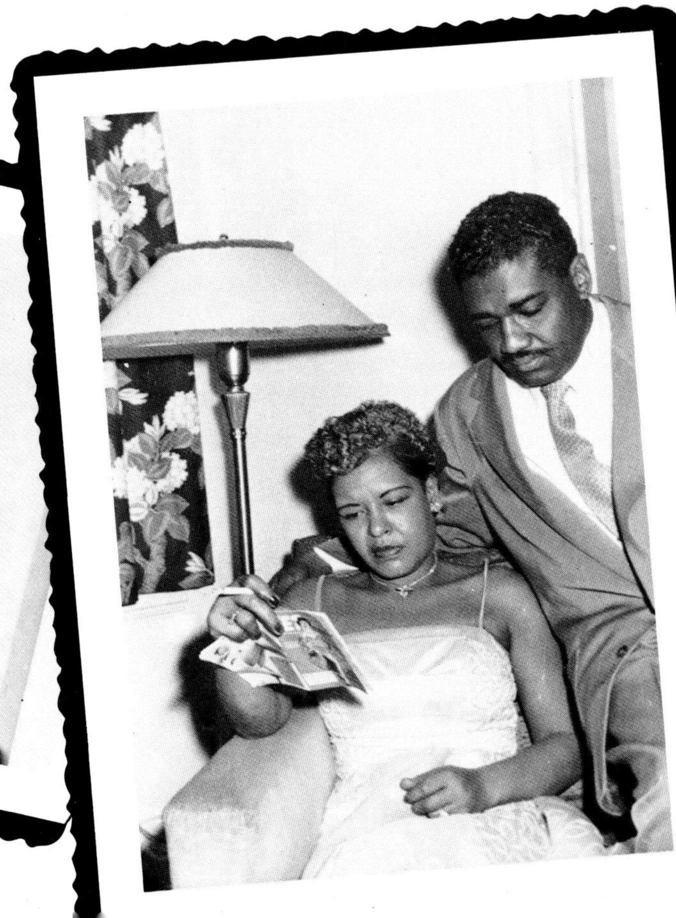

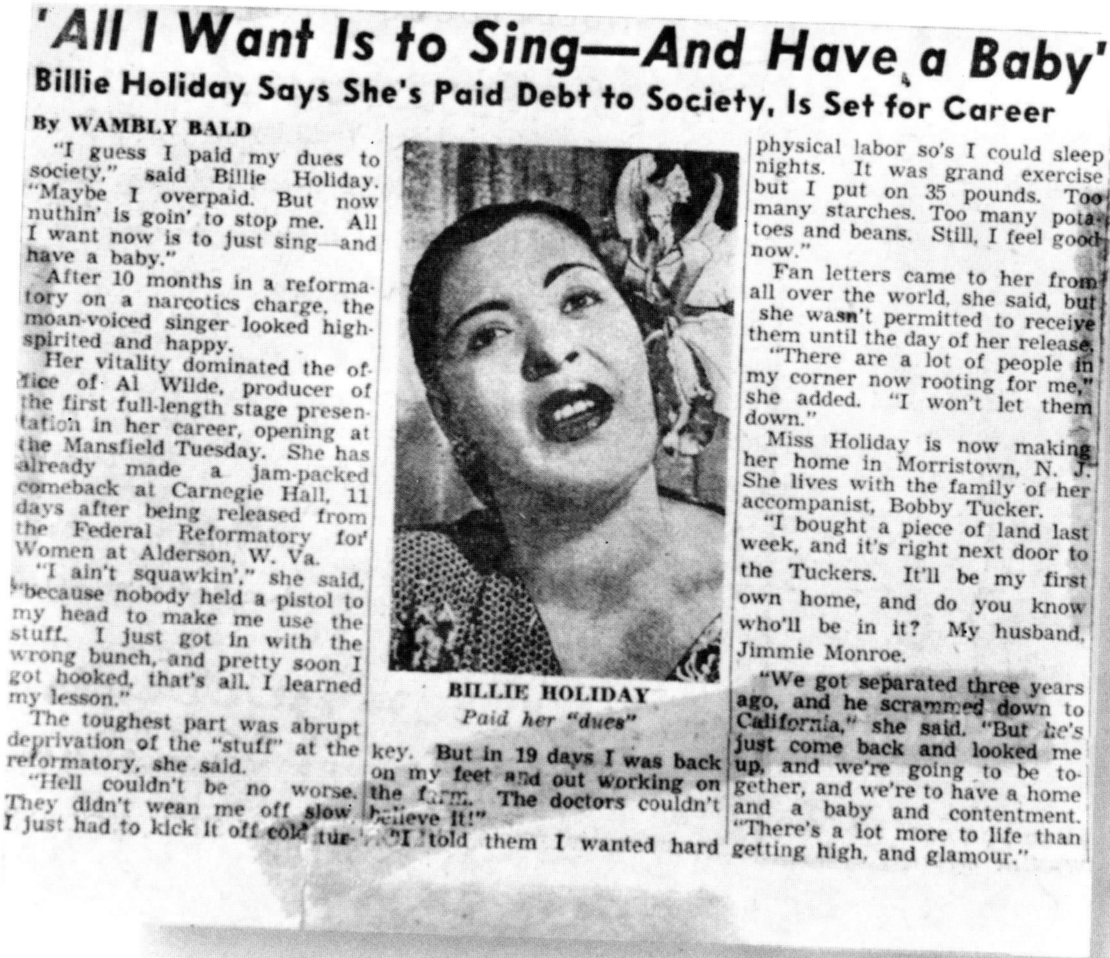

'All I Want Is to Sing—And Have a Baby'

Billie Holiday Says She's Paid Debt to Society, Is Set for Career

By WAMBLY BALD

"I guess I paid my dues to society," said Billie Holiday. "Maybe I overpaid. But now nuthin' is goin' to stop me. All I want now is to just sing—and have a baby."

After 10 months in a reformatory on a narcotics charge, the moan-voiced singer looked high-spirited and happy.

Her vitality dominated the office of Al Wilde, producer of the first full-length stage presentation in her career, opening at the Mansfield Tuesday. She has already made a jam-packed comeback at Carnegie Hall, 11 days after being released from the Federal Reformatory for Women at Alderson, W. Va.

"I ain't squawkin'," she said, "because nobody held a pistol to my head to make me use the stuff. I just got in with the wrong bunch, and pretty soon I got hooked, that's all. I learned my lesson."

The toughest part was abrupt deprivation of the "stuff" at the reformatory, she said.

"Hell couldn't be no worse. They didn't wean me off slow. I just had to kick it off cold turkey. But in 19 days I was back on my feet and out working on the farm. The doctors couldn't believe it!"

"I told them I wanted hard physical labor so's I could sleep nights. It was grand exercise but I put on 35 pounds. Too many starches. Too many potatoes and beans. Still, I feel good now."

Fan letters came to her from all over the world, she said, but she wasn't permitted to receive them until the day of her release.

"There are a lot of people in my corner now rooting for me," she added. "I won't let them down."

Miss Holiday is now making her home in Morristown, N. J. She lives with the family of her accompanist, Bobby Tucker.

"I bought a piece of land last week, and it's right next door to the Tuckers. It'll be my first own home, and do you know who'll be in it? My husband, Jimmie Monroe.

"We got separated three years ago, and he scrammed down to California," she said. "But he's just come back and looked me up, and we're going to be together, and we're to have a home and a baby and contentment. "There's a lot more to life than getting high, and glamour."

BILLIE HOLIDAY
Paid her "dues"

la maison. » (Memry Midgett, une pianiste et amie de Holiday qui vit souvent le couple, se souvient de McKay comme d'un « maquereau » brutal qui était « l'un des hommes les plus cruels que j'aie jamais rencontrés. Il exploitait totalement Billie Holiday », l'enfermant dans des pièces sombres, lui refusant des vêtements corrects et l'obligeant à manger dans des boîtes de conserve.)

L'une des versions de Holiday concernant le sens de son surnom « Lady » révèle un certain degré de déférence pour le Culte de la Vraie Féminité. Holiday reconnaissait qu'elle avait dû travailler pour vivre, et même travailler dans des bouges où elle et d'autres chanteuses comme Detroit Red chantaient des airs insipides et remontaient leur robe pour ramasser l'argent entre leurs jambes. « Je n'aimais pas l'idée de montrer mon corps », dit-elle. « Non pas que je sois mal foutue, mais je n'aimais pas ça. » Lorsqu'un « millionnaire » laissa vingt dollars sur la table, elle fit des efforts désespérés pour les prendre mais, comme elle en était incapable, il l'envoya tout d'abord promener, puis il l'invita à prendre un verre et lui mit le billet dans la main. « J'en ai déduit que si un millionnaire était capable de donner du fric comme ça, les autres aussi. Et à partir de ce jour, j'ai refusé de le ramasser sur les tables. Quand j'arrivais au travail, les autres filles me mettaient en boîte et m'appelaient Duchesse et disaient : Regardez-la, elle se prend pour une lady. Je n'avais pas encore obtenu mon titre de Lady Day mais les gens commençaient à m'appeler Lady . » Plus que leurs sœurs blanches, les familles noires élevaient parfois leurs filles dans l'idée de représenter les vertus du Culte. Dans la meilleure tradition, la famille de Holiday ne lui permit jamais d'oublier qu'elle était une « enfant bâtarde » qui avait besoin de prouver au monde qu'elle n'avait pas hérité de la marque d'infamie de sa mère. Son cousin John Fagan se souvient que, même si à présent tous les membres du clan Fagan célèbrent leur fameuse parente, dans les années 20 et 30, certains cessèrent de parler de ou à Sadie Fagan lorsque Billie (née Eleanora) naquit. En réponse à la pression gigantesque de sa famille, Sadie essaya toute sa vie de montrer qu'elle était une femme respectable, une « femme véritable ». Elle était une fervente catholique et une femme courageuse qui avait toujours travaillé. Ceux qui les connaissaient disaient que Sadie et sa fille étaient « comme deux sœurs », ce qui signifie qu'elles étaient continuellement brouillées ; la « sœur plus âgée », Sadie, mettant en garde Eleanora contre les périls qui guettent celles qui s'éloignent des idéaux du Culte.

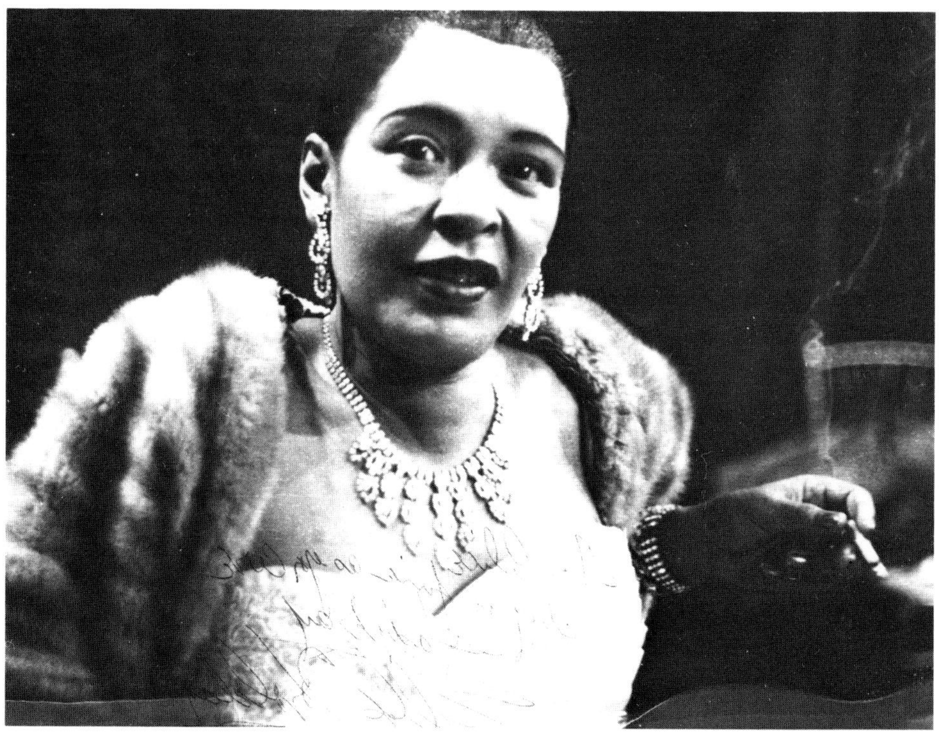

Holiday à la fin des années 50.

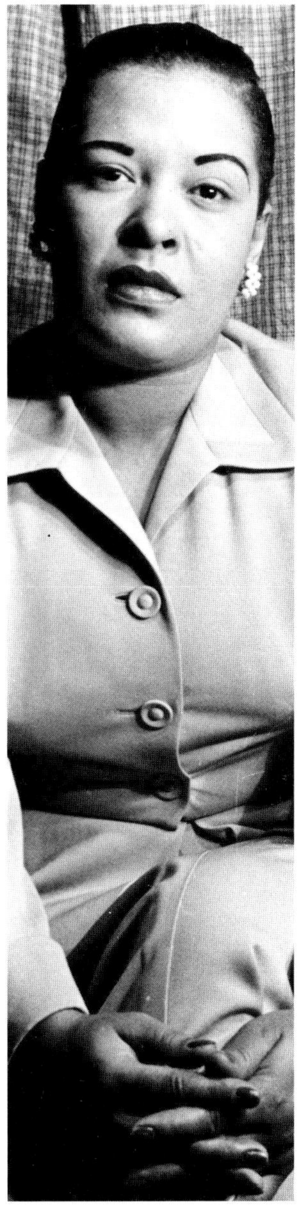

Des amis personnels rapportent que Sadie était très fière de sa progéniture talentueuse même si elle critiquait ses heures tardives et ses mauvaises fréquentations. Dans son autobiographie, Holiday dit qu'elle monta avec sa mère un restaurant à New York. Mais un patron de club rapporte que Holiday était si réticente à aider financièrement sa mère qu'il se sentit obligé de prélever un traitement régulier sur la paie de la chanteuse, à son insu. Selon le point de vue de Sadie, la gamine pouvait chanter, mais elle n'avait pas encore appris comment se comporter. Eleanora n'était pas disposée à aider sa mère à faire oublier sa mauvaise réputation auprès de sa famille. En ce qui concerne son intérêt tout enfant pour Louis Armstrong et Bessie Smith, la réponse de sa famille est brève et tout à fait significative : « J'ai souvent reçu la fessée pour avoir écouté leurs disques quand j'étais petite. »

Comme on l'a vu auparavant, dans les souvenirs personnels de Holiday sur sa famille, celui de son arrière-grand-mère est très cher. A l'exception de ce que nous dit Billie , on ne sait pratiquement rien de cette femme qui devait s'appeler Rebecca Fagan et venir de Virginie ou de l'ouest de la Virginie. Le fait que Holiday se soit sentie si proche d'elle est très significatif, comme le fait qu'elle ait toujours cru avoir tué la vieille femme. En tant qu'esclave, la vieille femme savait ce que c'était qu'être prise au piège dans un système où la valeur marchande de la femme noire était liée à l'exploitation de son corps et de son travail. Pour son « crime » accidentel contre sa grand-mère et la famille, sa tante lui donna une raclée inoubliable : « Le docteur a essayé de l'arrêter. Il a dit que si elle continuait je deviendrais très nerveuse en grandissant. Mais ça ne l'a jamais arrêtée. » C'était la méchante fille de la méchante Sadie ; il fallait la battre pour faire sortir le démon.

Holiday grandit avec un sentiment de culpabilité et de profonde solitude. Elle eut très tôt une conscience aiguë des critères sociaux avec lesquels elle était en désaccord, et là encore elle afficha ses divergences. Beaucoup de membres bien-pensants de la communauté noire, les femmes, et pas seulement sa famille, souhaitaient la voir disparaître. Elle n'était pas une bonne fille ; elle n'était pas une référence pour « son peuple ».

A l'autre extrême, d'autres furent troublés par Holiday non pas parce qu'elle n'était pas une « vraie femme », mais au contraire parce qu'elle l'était trop. En dépit de ses manifestations audacieuses d'esprit de contradiction et de ses exploits en tant qu'artiste, elle était suicidairement soumise aux hommes. Elle a été prostituée. Elle fut dominée par les drogues, par ses souteneurs/amants trafiquants de drogue qui exploitaient son talent. Parce qu'elle fut une enfant violée qui grandit avec la

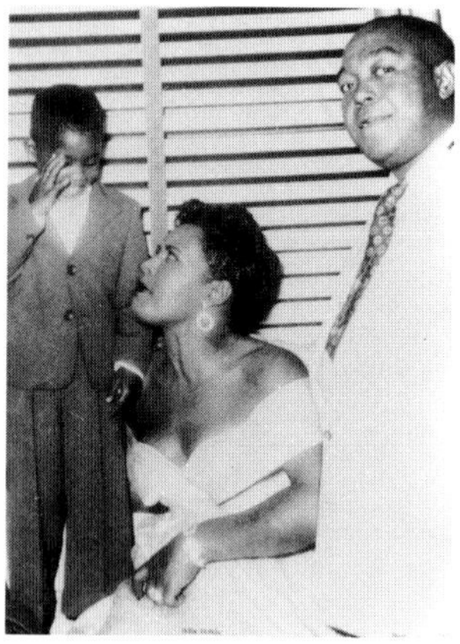

Holiday avec Charlie Parker et un jeune inconnu, vers 1953.

violence autour d'elle, elle fut dans sa vie attirée par des hommes à la séduction féline, les plus cruels qu'elle pouvait trouver. C'est pourquoi quand elle choisit des amantes, elle les préférait soumises, des femmes – selon Buck Clayton et d'autres – qu'elle traitait parfois avec une certaine violence. Holiday raconta à Memry Midgett que, adolescente à Baltimore, elle « jouait à l'homme » et mettait en service les filles sur le pâté de maisons, jouant elle-même au maquereau. Si cette espèce de folie et de douleur lui permit de chanter aussi magnifiquement, un historien a dit récemment que c'est aussi ce qui lui coûta sa dignité, et enfin sa vie. Aucune femme n'avait payé un tel prix même pour faire du grand art.

Bien évidemment, l'histoire douloureuse de Billie Holiday – surtout les parties juteuses, pleines de sexe et de sang – a été admirablement exploitée. N'importe quel compte rendu de ces faits peut sembler affreux et exploitable, et que nous l'appelions ou non un être « naturel », l'histoire de sa vie a une valeur marchande naturelle. Voici l'histoire touchante d'une victime pathétique, une lady folle écrasée. Elle *était* le blues. Elle *était* « le fruit étrange ». Pauvre miss Holiday !

Selon une autre opinion, elle était un « être malade », l'incarnation des maux de notre société. En mettant l'accent sur cet aspect de la vie de Holiday, les dernières parties du livre *Lady Sings the Blues* sont une suite de confessions et de sermons à propos de sa dépendance à la drogue, de sa maladie et de ses dangers. Elle se décrit, d'une façon irrésistible, comme quelqu'un qui avait plus besoin d'un traitement médical que de poursuites judiciaires. Ici l'histoire exploite un autre filon mythique dans lequel elle n'était pas seulement un pion malchanceux dans un jeu entre flics et drogués mais aussi l'estropié, l'antihéros moderne. Comme Holder Caulfield dans *L'Attrape-cœur** – ou bien, Charlie Parker – elle était malade ; elle était un bouc émissaire. Sa maladie n'était pas seulement sa dépendance à la drogue mais sa sensibilité excessive dans un monde d'indifférence grossière. Selon ce point de vue, si l'on s'identifie à elle, c'est qu'on la voit en agneau sacrifié afin d'apaiser d'étranges nouveaux dieux et de permettre au reste d'entre nous de vivre. Cette version permet d'expliquer certains appels morbides qu'elle connut durant les derniers mois de sa vie sur scène, quand elle semblait s'être désintégrée devant nos yeux.

Une lettre furieuse de Holiday adressée à Tallulah Bankhead, une relation très proche dans les années 40. "Banky" ne voulait pas voir son nom mentionné dans l'autobiographie de Holiday – et menaça d'engager des poursuites, probablement parce que Holiday était une droguée notoire et que l'actrice de cinéma craignait que l'association de leurs noms ne porte préjudice à sa carrière.

La vie de Holiday fut, à mon avis, l'invention audacieuse d'une personne qui se rendit compte très tôt qu'elle était née dans une situation d'impuissance totale. Elle était noire, femme et pauvre. Elle était une « bâtarde » dont le père fut rarement présent, et dont la mère fut rejetée par le reste de la famille, ainsi

* Roman de Jerome David Salinger (1951). *(N.d.T.)*

Jan 12 1955

Dear Miss Bankhead:

I thought I was a friend of yours. That's why there was nothing in my book that was unfriendly to you, unkind or libelous. Because I didn't want to drag you I tried six times last month to talk to you on the damn phone, and tell you about the book just as a matter of courtesy. That bitch you have who impersonates you kept telling me to call back and when I did it was the same deal until I gave up.

But while I was working out of town, you didn't mind talking to Doubleday and suggesting behind my damn back that I had flipped and/or made up those little mentions of you in my book.

Baby, Cliff Allan and Billy Heywood are still around. My maid who was with me at the Strand isn't dead either. There are plenty of others around who remember how you carried on so you almost got me fired out of the place. And if you want to get shitty, we can make it a big shitty party. We can all get funky together.

I don't know whether you've got one of those dam lawyers telling you what to do or not. But I'm writing this to give you a chance to answer back quick and apologize to me and to Doubleday. Read my book over again. I understand they sent you a duplicate manuscript. There's nothing in it to hurt you. If you think so, let's talk about it like I wanted to last month. It's going to press right now so there is no time for monkeying around.

Straighten up and fly right, Banky. Nobody's trying to drag you.

BILLIE HOLIDAY
% Dufty
43 West 93rd St
Apt. 17

Miss Tallulah Bankhead
Hotel Elysee
60 E. 54th St.

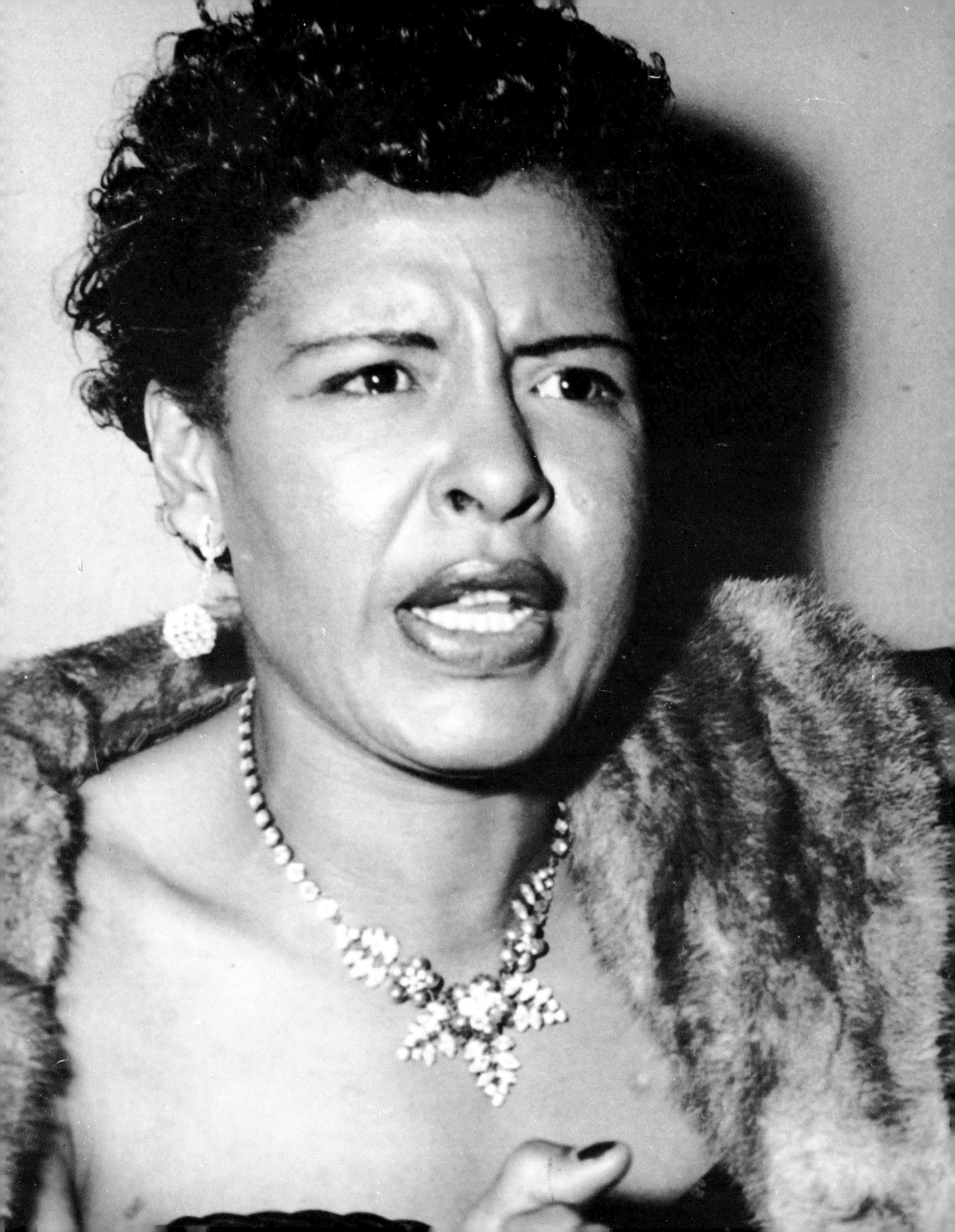

qu'elle-même. Elle était une paria. Le culte de la Vraie Féminité lui était quasi imposé, avec des modifications taillées sur mesure pour sa condition spéciale de femme noire : si elle était une bonne fille qui travaillait dur, « un bon boulot » comme domestique et épouse/mère lui serait accordé. Elle pouvait gagner le droit de montrer qu'elle était meilleure que la plupart des représentants de sa race et de son sexe, meilleure que sa vilaine mère.

Tout à fait inconsciemment au début, Eleanora Fagan commença à détruire le modèle conventionnel de ce que devrait être sa vie. Elle était un garçon manqué ; elle refusait d'être Eleanora, la gentille fille de Sadie. Elle était Bill ou Billie, la fille dure de l'impétueux Clarence.

Elle ne voulait pas aller à l'école et choisit des amis qui étaient comme elle, « j'm'en foutiste ». Elle commença à traîner du côté des maisons de prostitution de l'est de Baltimore à la fois pour entendre de la bonne musique et pour observer de près un monde de rechange où les femmes noires avaient certaines des choses qu'elle désirait : des vêtements et des bijoux de fantaisie, de l'argent. Ce monde à part ne se souciait pas des valeurs conventionnelles et était persuadé que le monde honnête n'était là que pour être exploité. Les femmes de la nuit chez Alice Dean et Ethel Moore étaient des femmes d'affaires et des reines protégées à l'intérieur d'un groupe résolument aristocratique dans ses goûts et son mode de vie. Holiday était la bienvenue dans ce monde parce qu'elle était jolie, intelligente, coriace, et qu'elle chantait. C'était une cour aristocratique qui aimait son « Impératrice du blues », Bessie Smith, tout comme ses autres membres titrés.

Dans le dangereux milieu à travers lequel elle évoluait, Holiday choisit des hommes rudes comme petits amis/proxénètes parce qu'elle avait besoin de partenaires durs comme le roc. En échange de son argent et de ses faveurs sexuelles, elle reçut une plus grande liberté de mouvement et plus de pouvoir. C'était un royaume rapide et violent où les alliances entre les femmes de la nuit et leurs souteneurs ne signifiaient pas exploitation mais mutuelle coopération dans une situation où le pouvoir, tant pour le souteneur que pour la prostituée, était en cause.

Chanter lui donnait du pouvoir. Elle avait quelque chose de rare, quelque chose de grand prix dans le groupe. De son propre point de vue, cela lui donnait la possibilité d'accéder aux maisons les plus privées de la scène nocturne, et quelque chose de plus encore que « l'estime de soi ». Cela lui procurait l'art, une manière de donner un sens aux folles années 20, au Baltimore dingue, à sa famille dingue et à sa vie dingue. Cela lui permettait d'ordonner son expérience, de poser sa touche particulière sur le passé et même de styliser le présent. Tous les artistes fabriquent

Holiday à Paris, 1954 *(page ci-contre).*

un monde nouveau pour y vivre. Dans ce sens, ils ressemblent à des dieux, comme le proclamaient les Romains. Comme nous l'avons vu, Holiday était incroyablement exigeante quant à ce qu'elle devait faire en tant que chanteuse de jazz. A partir des rebuts de Tin Pan Alley ou même de l'or d'Ellington, elle se créait une nouvelle couronne à porter. Elle s'était trouvé une histoire à raconter à sa manière ; elle avait trouvé une source de pouvoir transcendant.

On se souvient de l'affirmation de Bernice Johnson Reagon durant le mouvement pour les droits civiques de 1960 : les activistes qui étaient emprisonnés chantaient souvent un chant de liberté du fond de leur prison. La fusion de leurs voix non seulement les rapprochait mais d'une certaine manière l'élévation du chant lui-même semblait modifier l'équilibre du pouvoir à l'intérieur de la prison. Parfois, rapportent les activistes, ces chants mettaient de la terreur dans les yeux des geôliers. La musique elle-même a un pouvoir insondable. C'est la transformation de la puissance en art que Holiday découvrit, et c'est le secret de son appel immortel – ce que le poète Michael Harper appelle un « pouvoir au-delà de toute définition ».

• • •

Le 25 mai 1959, Billie Holiday fut engagée pour un concert de bienfaisance au Phoenix Theater à Greenwich. Son corps était une carte topographique de marques d'aiguilles et de cicatrices. Dès le réveil, elle buvait, chaque jour, un quart de bouteille de gin. Elle avait peu d'appétit mais se préoccupait toujours de son travail. *Lady in Satin* lui avait énormément plu. Elle était heureuse d'avoir des violons de fantaisie jouant derrière *elle,* et pour une fois *elle* était capable de s'entendre dans ce tranquille arrangement musical.

Elle prit un taxi en haut de Manhattan et arriva en avance au théâtre. Elle aimait se trouver sur les lieux assez tôt pour se reposer et subir la routine du maquillage qui devenait plus difficile depuis qu'elle devait se maquiller non seulement le visage mais aussi les bras et les jambes. Le comédien Steve Allen, qui était l'animateur, arriva dans les coulisses du Phoenix peu après Billie. Il se souvient :

> *Il y avait peut-être un musicien sur la scène préparant sa batterie, et il y avait quelqu'un dans les coulisses, un responsable ou un machiniste. J'ai demandé : « Où est-ce que je dois aller ? Je suis Steve Allen, je fais partie du spectacle de ce soir. » Et il a dit : « Allez où vous voulez. » Alors je suis entré dans une pièce, et j'ai trouvé une petite négresse toute vieille*

Holiday photographiée par Carl Van Vechten *(page ci-contre).*

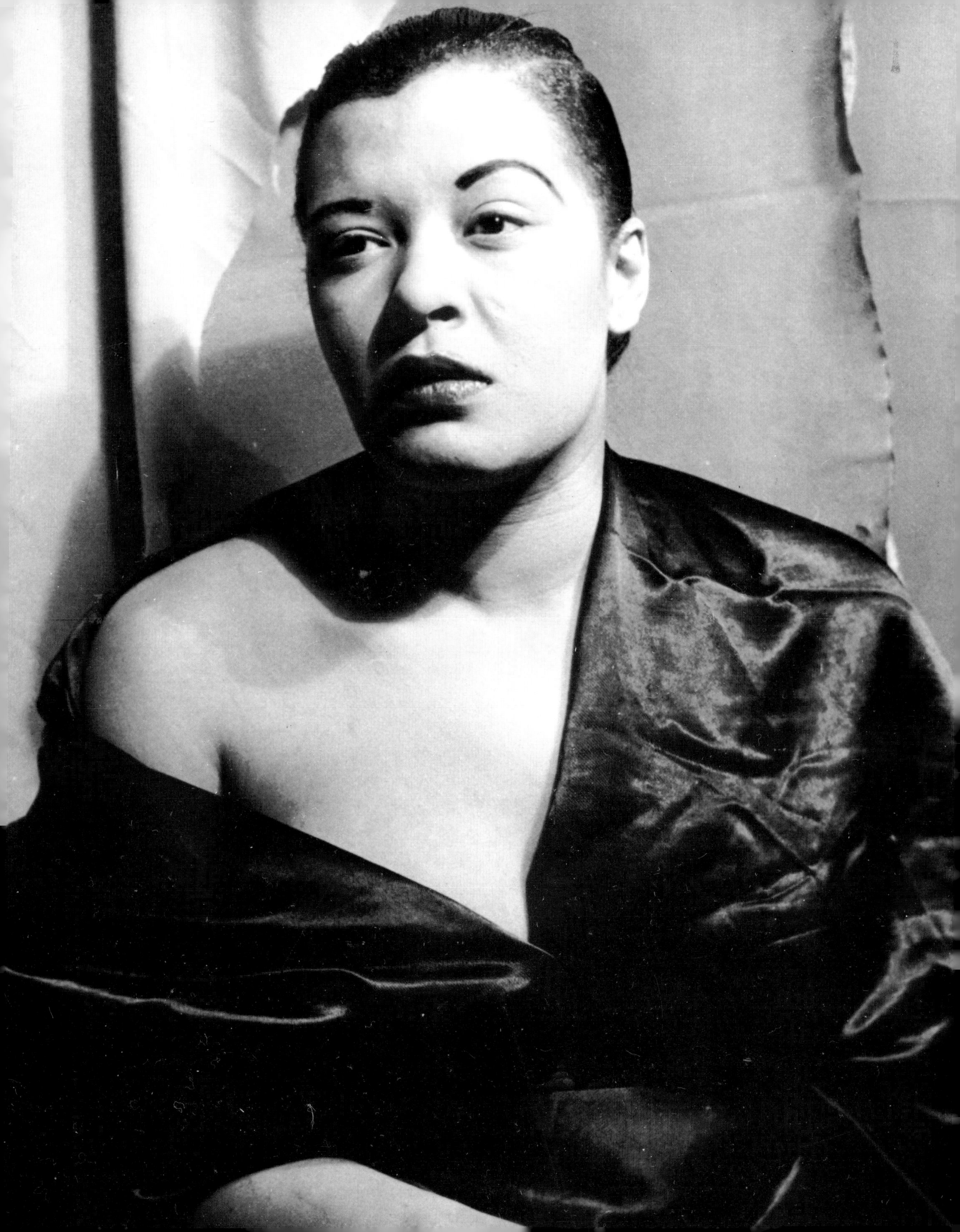

Le passeport de Holiday pour sa tournée européenne. Notez que Holiday indiqua Philadelphie comme lieu de naissance. Pour obtenir ce passeport, son agent dut faire les vérifications nécessaires auprès de la maison du Bon Pasteur où elle fut détenue à l'âge de dix ans.

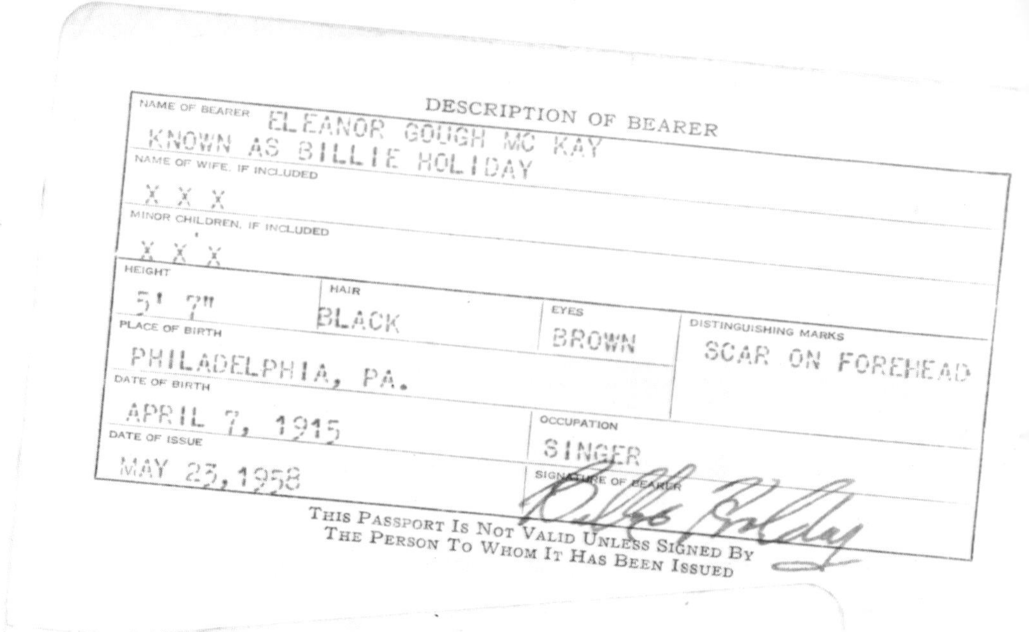

DESCRIPTION OF BEARER

NAME OF BEARER ELEANOR GOUGH MC KAY KNOWN AS BILLIE HOLIDAY			
NAME OF WIFE, IF INCLUDED X X X			
MINOR CHILDREN, IF INCLUDED X X X			
HEIGHT 5' 7"	HAIR BLACK	EYES BROWN	DISTINGUISHING MARKS SCAR ON FOREHEAD
PLACE OF BIRTH PHILADELPHIA, PA.			
DATE OF BIRTH APRIL 7, 1915		OCCUPATION SINGER	
DATE OF ISSUE MAY 23, 1958		SIGNATURE OF BEARER Billie Holiday	

THIS PASSPORT IS NOT VALID UNLESS SIGNED BY THE PERSON TO WHOM IT HAS BEEN ISSUED

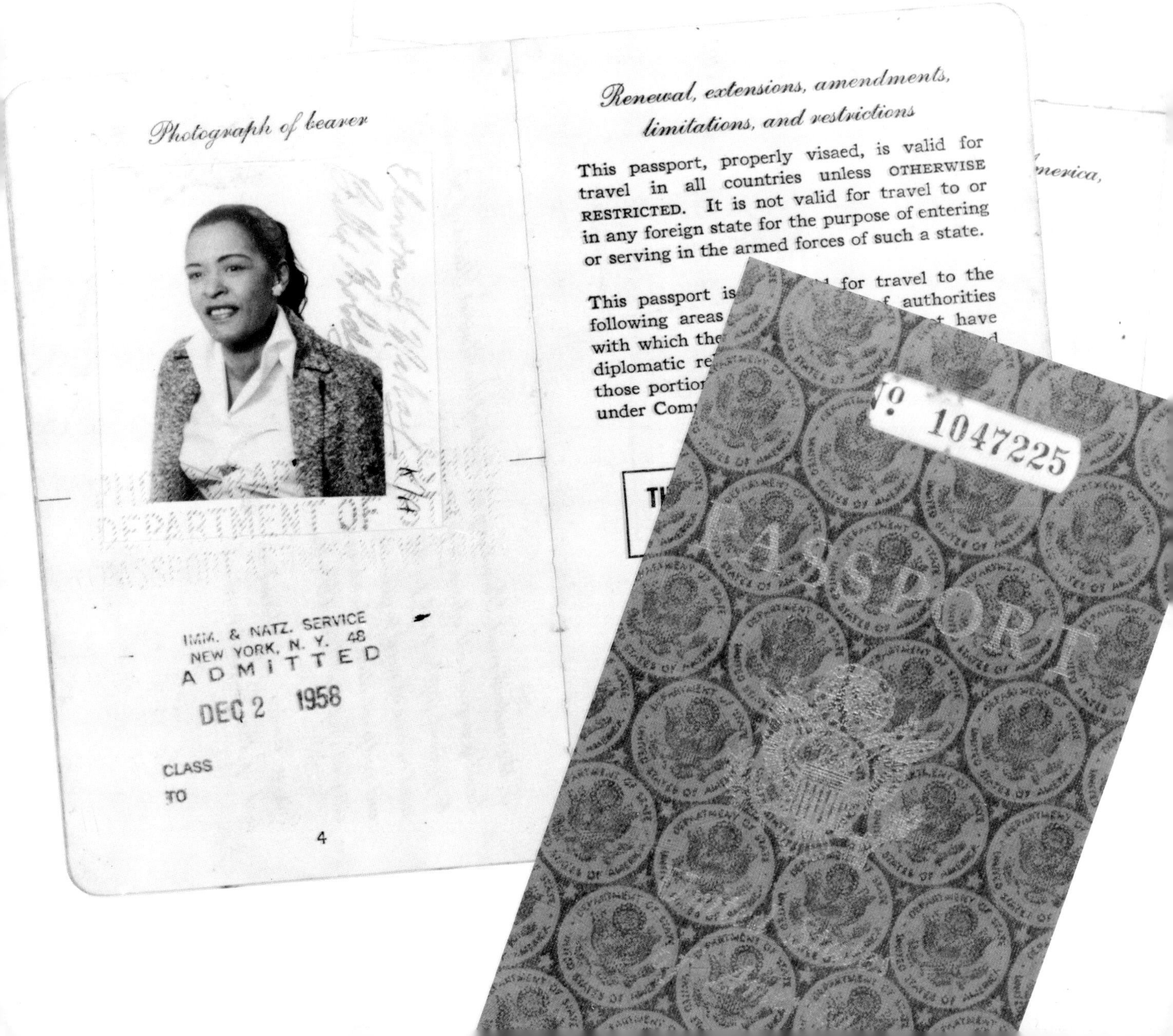

assise sur un petit lit ou quelque chose du même genre dans un coin. Pour être poli, j'ai dit : « Bonjour, comment allez-vous ? » Elle a répondu : « Bien, comment ça se prépare ? » J'ai dit : « Bien. » Et comme je ne la connaissais pas, j'ai été à l'autre bout de la pièce. Et soudain j'ai eu comme la chair de poule : la petite vieille était Billie, de quarante ans plus âgée que je ne m'attendais à la voir. La dernière fois elle avait cinquante livres de plus et était une personne agréable à regarder... La voyant aussi maigre qu'un clou – ressemblant à quelqu'un qu'on voyait sur les photographies de Dachau, très maigre, avec des bras très maigres, très vieille. Je ne sais pas quelle sorte de vêtements elle avait, mais ils étaient très bon marché, comme ceux qu'un pauvre pourrait porter. Il faisait sombre dans la pièce, il y avait peut-être une seule lampe, c'était un très vieux théâtre. Quand le moment d'exécuter son tour de chant est arrivé, je l'ai présentée comme nulle autre que la grande Billie Holiday. Et on a dû l'aider sur l'estrade – Leonard Feather et moi. On l'a amenée finalement devant le micro et nous l'avons laissée là et elle a chanté de façon atroce, bien sûr, sa voix était tout éraillée. Il n'y avait aucune vitalité, aucun volume, rien.

Leonard Feather, qui avait aidé à la préparation du spectacle, fut choqué de la voir si émaciée et si faible. « Je suis presque tombé en larmes quand je l'ai vue », dit-il plus tard à un journaliste. Holiday tourna son visage vers le sien. « Quel est le problème, Leonard, tu as vu un fantôme où quelque chose de ce genre ? » demanda-t-elle en le regardant durement.

Feather l'avait vue deux mois plus tôt lors d'une réception qu'elle avait donnée pour célébrer son quarante-quatrième anniversaire. Elle semblait aller mieux alors, se souvenait-il, mais les images de la réception étaient mélancoliques. « Je pense qu'elle avait renoncé à vivre. Elle donnait cette réception d'anniversaire parce qu'elle sentait que ce serait son dernier. » Des amis vinrent de toute la ville. En plus de Feather, se trouvaient là les Dufty, George Wein, Jo Jones, Tony Scott et sa femme, Ed Lewis, Annie Ross, et beaucoup d'autres. Elle vivait sur la 87e Rue, tout près de Columbus Avenue. Situé dans un endroit agréable, c'était un « appartement-jardin » – une grande pièce avec une cuisine équipée d'un côté, une chambre à coucher de l'autre, et une baie vitrée surplombant une cour et un jardin. Pour la réception elle avait mis des petites tables garnies de nourriture devant la fenêtre.

Elle semblait très faible et malade mais elle était encore enthousiaste. Elle était vêtue d'un ensemble étonnant et avait préparé un repas – William Dufty l'appela

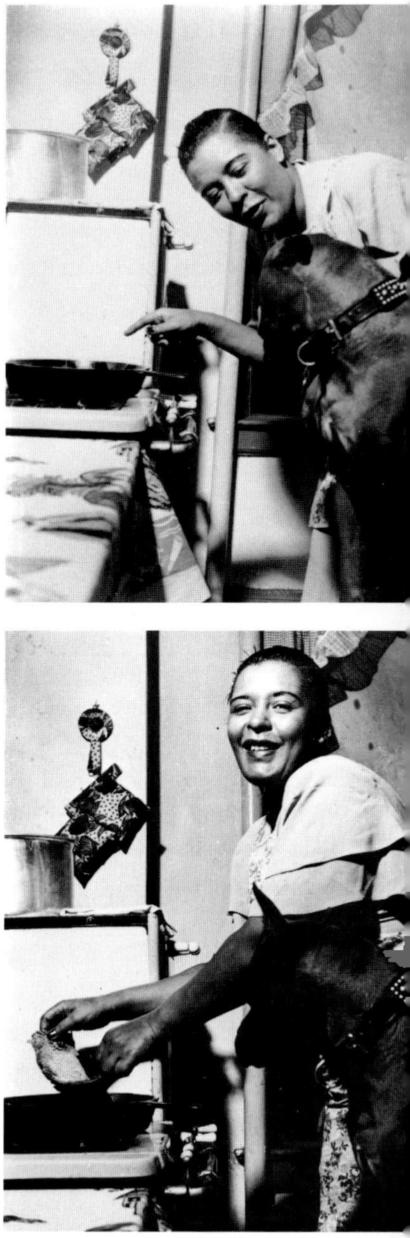

Holiday chez elle, sur la 87e Rue Ouest. En posant, elle joue à faire croire à son chien que le dîner est dans la poêle.

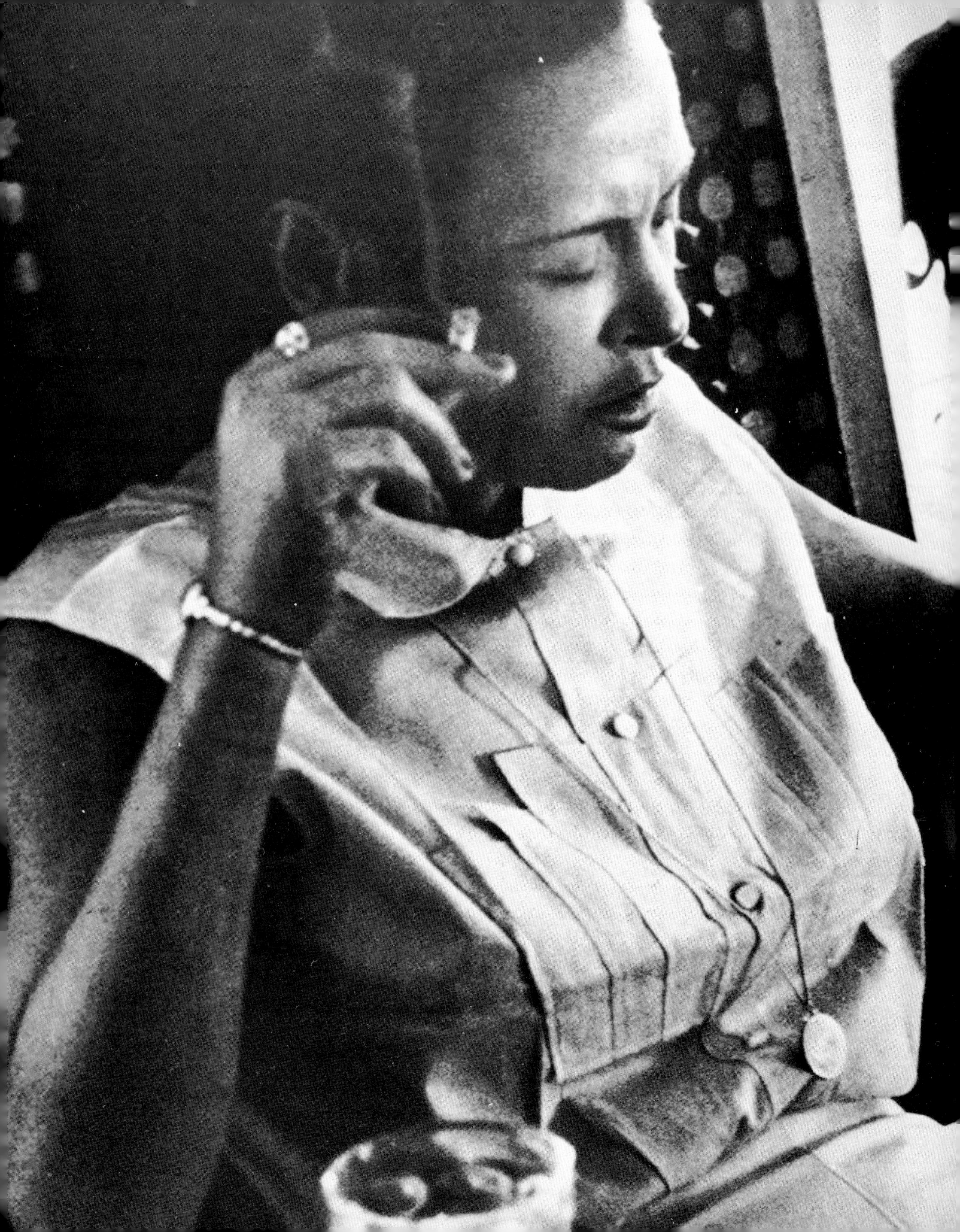

un « régime d'orphelin affamé » – composé de poisson farci de viande hachée et de poivrons, avec de la salade, du poulet, des légumes verts, qui rappelaient les jours anciens quand Sadie Fagan était en vie et qu'elle s'occupait de tous les amis de Billie. Feather lui suggéra de passer un examen complet dans un hôpital et se reposer. Elle lui répondit qu'elle n'irait pas à l'hôpital ; elle ne leur faisait pas confiance. (Certaines personnes qui la connaissaient ont dit qu'elle avait peur des hôpitaux parce qu'elle ne pouvait pas facilement y obtenir de l'héroïne.) Elle préférait mourir chez elle. De toute façon, elle n'avait pas l'intention de mourir. Elle avait une idée pour un nouvel enregistrement et elle avait des engagements à respecter.

Après le spectacle perturbant de Phoenix, Feather appela l'agent de Holiday, Joe Glaser, et lui dit qu'il fallait faire quelque chose pour elle. Il appela également Allen Morrison, un rédacteur d'*Ebony* en qui, il le savait, Holiday avait confiance. Tous trois arrivèrent ensemble dans son appartement. Ce fut surtout Glaser qui parla. « Elle était couchée sur un divan », se souvient Feather, « et Glaser faisait tout ce qu'il pouvait pour la convaincre qu'elle devait aller à l'hôpital immédiatement et qu'elle n'était pas en condition pour travailler encore. Elle répondit qu'elle commençait un spectacle à Toronto le lundi suivant, qu'elle n'était pas malade et qu'elle serait en forme. Après environ une heure de conversation, comme on ne pouvait rien faire de plus, eh bien, nous sommes partis. »

Après tout, elle s'était déjà soignée elle-même auparavant, avec de l'héroïne ou du gin. Quelques mois plus tôt, en octobre 1958, elle et Mal Waldron s'étaient réunis avec Benny Carter, Buddy DeFranco et Gerry Mulligan ; ils avaient formé un groupe pour le festival de jazz de Monterey où ils eurent un nombre incalculable de rappels. Comme l'enregistrement de ce concert le montre, elle était en voix et le groupe était en vogue. Pourquoi laisser tomber pour entrer à l'hôpital ? Elle avait son propre médecin, des amis proches qui l'aidaient à rester en vie. Alice Vrbsky, qui était l'une d'entre eux, faisait la plupart des courses pour Lady. Et elles regardaient la télévision ou écoutaient des disques en se reposant. Le jeune chanteur Frankie Freedom donnait aussi un coup de main, et la ravitaillait probablement en drogues. Quand Annie Ross était en ville, elle venait fréquemment ; parfois elle la coiffait ou lui donnait un bain.

Une nuit où Freedom passa vérifier si Holiday allait bien, il la trouva évanouie sur le sol. Il savait qu'il n'était pas supposé appeler l'hôpital – elle lui avait toujours dit de ne pas le faire – mais quand il la souleva pour la poser sur le lit, il eut l'impression de porter un cadavre. Il appela une ambulance, donna l'adresse et dit que Mme Eleanora McKay était extrêmement malade ; c'était une urgence.

Cette photo, prise chez Holiday au printemps 1959, est l'une des dernières connues de la chanteuse.

Holiday, 1958, à la séance d'enregistrement de *Lady in Satin.* Mal Waldron, le pianiste de certains titres de ce disque, dit que cette célèbre photo de Milt Hinton – et une autre photo où elle tient ce qui semble être un verre d'eau mais rempli d'une boisson plus forte – présente sous un faux jour la Billie de cette époque et même de cette séance. Selon Waldron, elle était plutôt heureuse d'enregistrer avec ses vieux amis et les violons de Ray Ellis. « Cette photo aurait été prise quinze secondes plus tard, vous l'auriez vue étreindre un de ses potes et rire comme une folle » *(pages suivantes).*

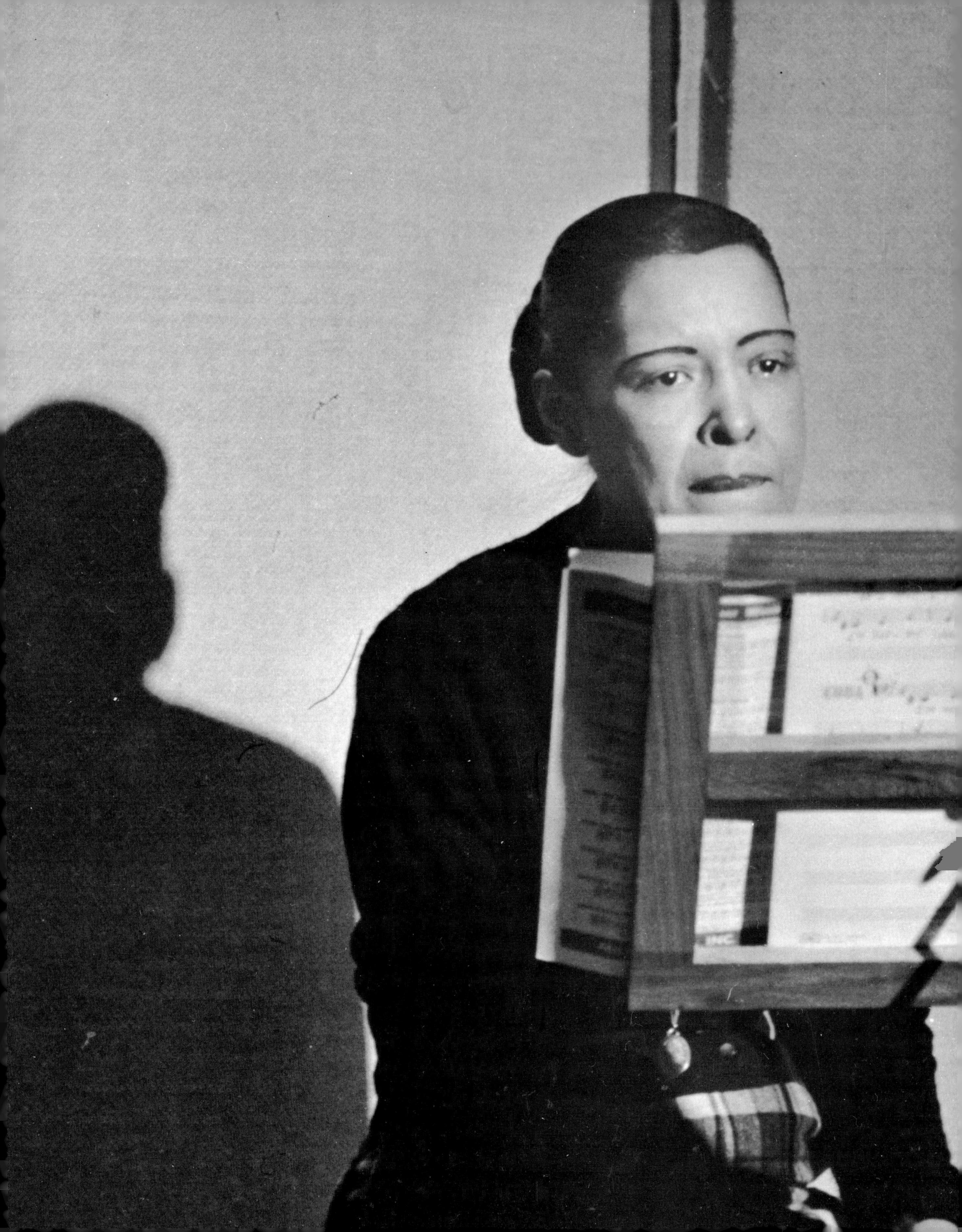

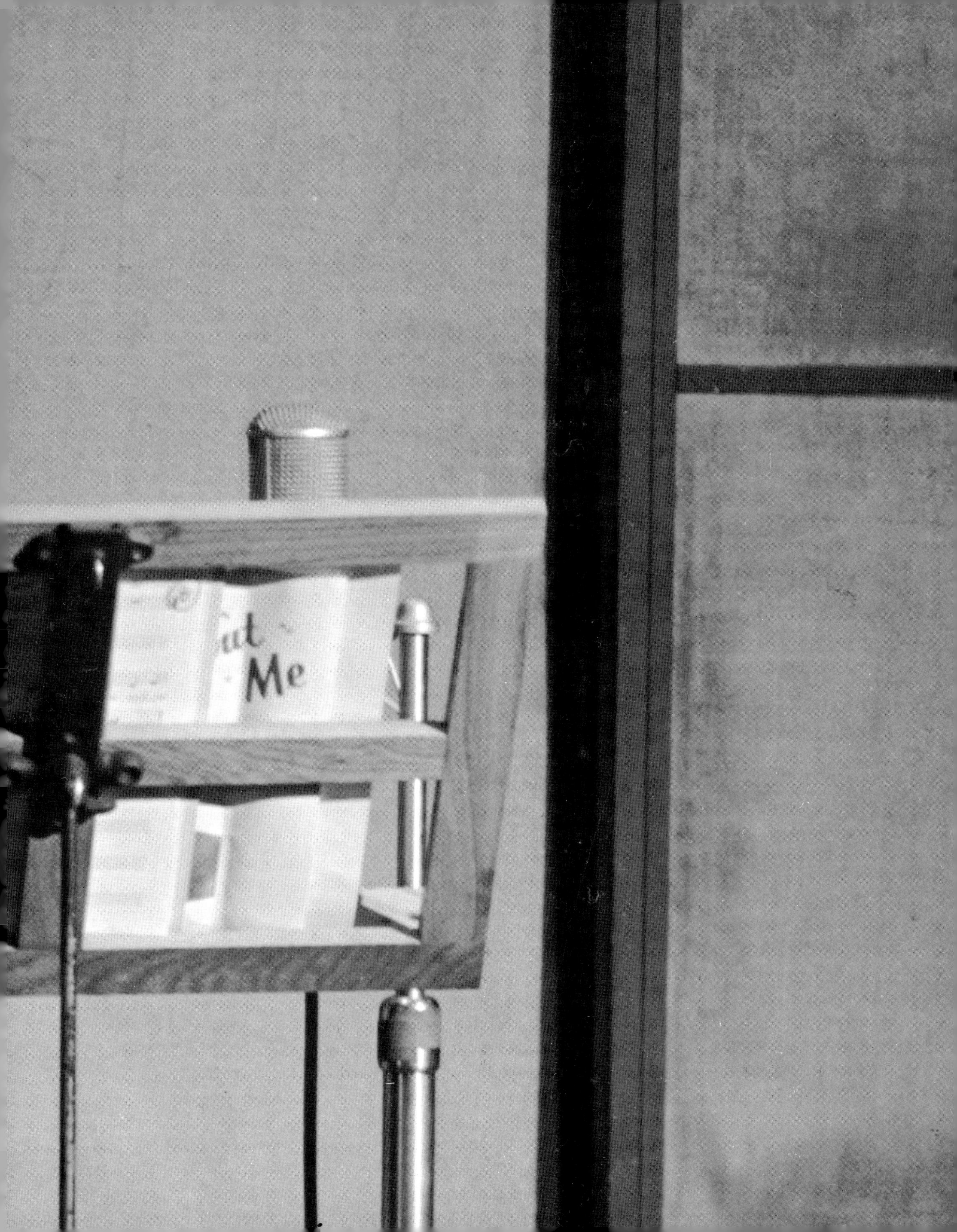
Me

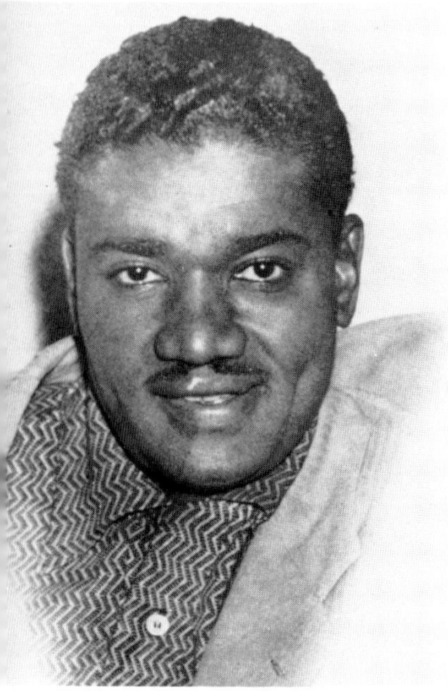

Louis McKay, vers 1953.

Le personnel du service des urgences de l'hôpital Knickerbocker jeta un coup d'œil au réseau de marques d'aiguilles qui parsemaient son corps et décida qu'elle avait une sorte de crise due à la drogue. Ils n'avaient jamais entendu parler de « Mme Eleanora McKay », et elle ne reçut donc aucun traitement particulier. Elle était juste une autre pauvre femme noire qui se droguait. Ils la déposèrent sur un petit lit, la garèrent dans un couloir, et continuèrent leur travail.

Quelqu'un appela enfin son médecin, Earl Caminer, qui la fit transporter au Metropolitan Hospital – d'abord dans une salle commune puis, comme ses amis qui avaient de l'argent et des appuis commençaient à comprendre la gravité de la situation, dans une chambre particulière. Au début, personne ne pouvait la voir, car la politique de l'hôpital ne permettait, aux malades dans son état, que les visites de la famille. Kay Kelly, la fille de Phil Gough (le premier mari de Sadie), ne lui était pas apparentée par le sang, mais elle insista sur le fait qu'elle était la sœur de Holiday et fut admise. (Kelly savait que certains des amis intimes de Holiday lui en voulaient, mais elle savait aussi qu'en plus d'une occasion elle avait été celle qui avait sorti Holiday des ennuis financiers.) William Dufty montra sa carte de presse et put entrer. Joe Glaser utilisa une ruse et envoya à McKay un billet d'avion. Celui-ci était toujours l'époux légal de Holiday, bien que depuis longtemps séparé. Glaser pensa que McKay pourrait peut-être aider à faire sortir Holiday de cet endroit.

Dufty avait vu la chanteuse peu avant son hospitalisation. Cette nuit-là il avait reçu un coup de téléphone où elle avait seulement dit : « Peux-tu venir ? »

« Oui », avait-il répondu avant de raccrocher et se précipiter chez elle. Lady Day était là, visiblement très perturbée mais heureuse que Dufty soit venu l'aider. Une autre femme était présente, probablement Elaine Swayne. Holiday la présenta comme la petite amie de Lester « Prez » Young. Young était mort deux mois auparavant, et Holiday l'avait très mal supporté. A ses funérailles, elle avait dit à plusieurs de ses amis qu'elle serait la prochaine. Elle avait été heureuse d'entendre parler de cette femme qui avait pris soin de Young ; « Prez » avait eu quelqu'un pour l'aimer. « Quelque chose que je n'ai jamais pu avoir », dit Holiday à Dufty. Mais aux funérailles, c'est l'épouse légale de Prez, Mary Young, qui se chargea de tout, laissant totalement en dehors la femme qui était restée avec lui à la fin. A présent, Holiday voulait que Dufty racontât la réelle histoire de cette femme « d'une famille de la haute » qui avait tout sacrifié pour Young, le réconfortant et lui apportant ce qu'il désirait. « C'est une sacrément belle histoire d'amour », dit Holiday à Dufty. Et elle pleura amèrement. *« C'est une sacrément belle histoire d'amour.* » Dufty ne voulait pas l'écrire, mais ce n'était pas le moment de discuter.

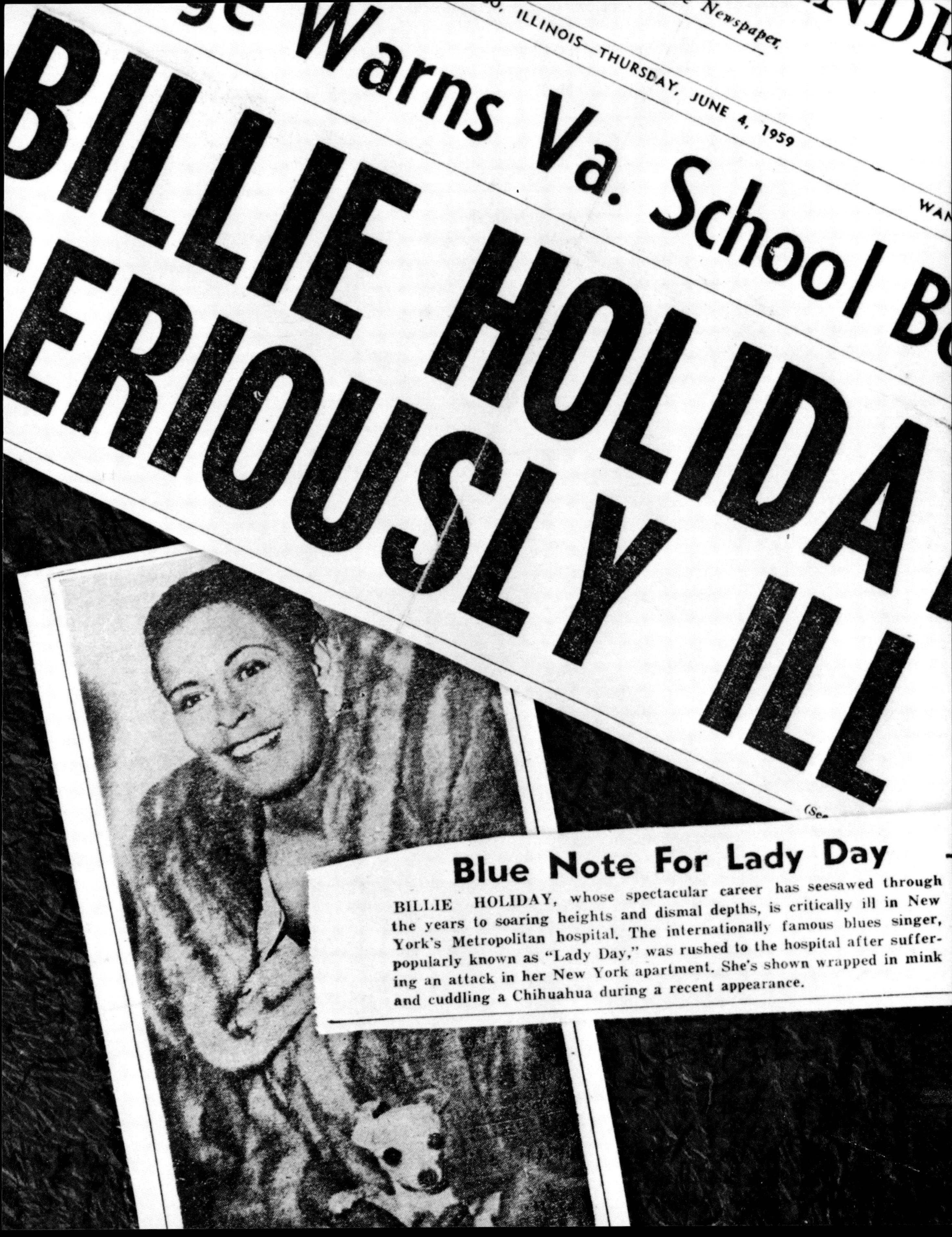

...ge Warns Va. School Bo...

...Newspaper.

...NDE...

...o, ILLINOIS—THURSDAY, JUNE 4, 1959

WAN...

BILLIE HOLIDA...

...ERIOUSLY ILL

(See...

Blue Note For Lady Day

BILLIE HOLIDAY, whose spectacular career has seesawed through the years to soaring heights and dismal depths, is critically ill in New York's Metropolitan hospital. The internationally famous blues singer, popularly known as "Lady Day," was rushed to the hospital after suffering an attack in her New York apartment. She's shown wrapped in mink and cuddling a Chihuahua during a recent appearance.

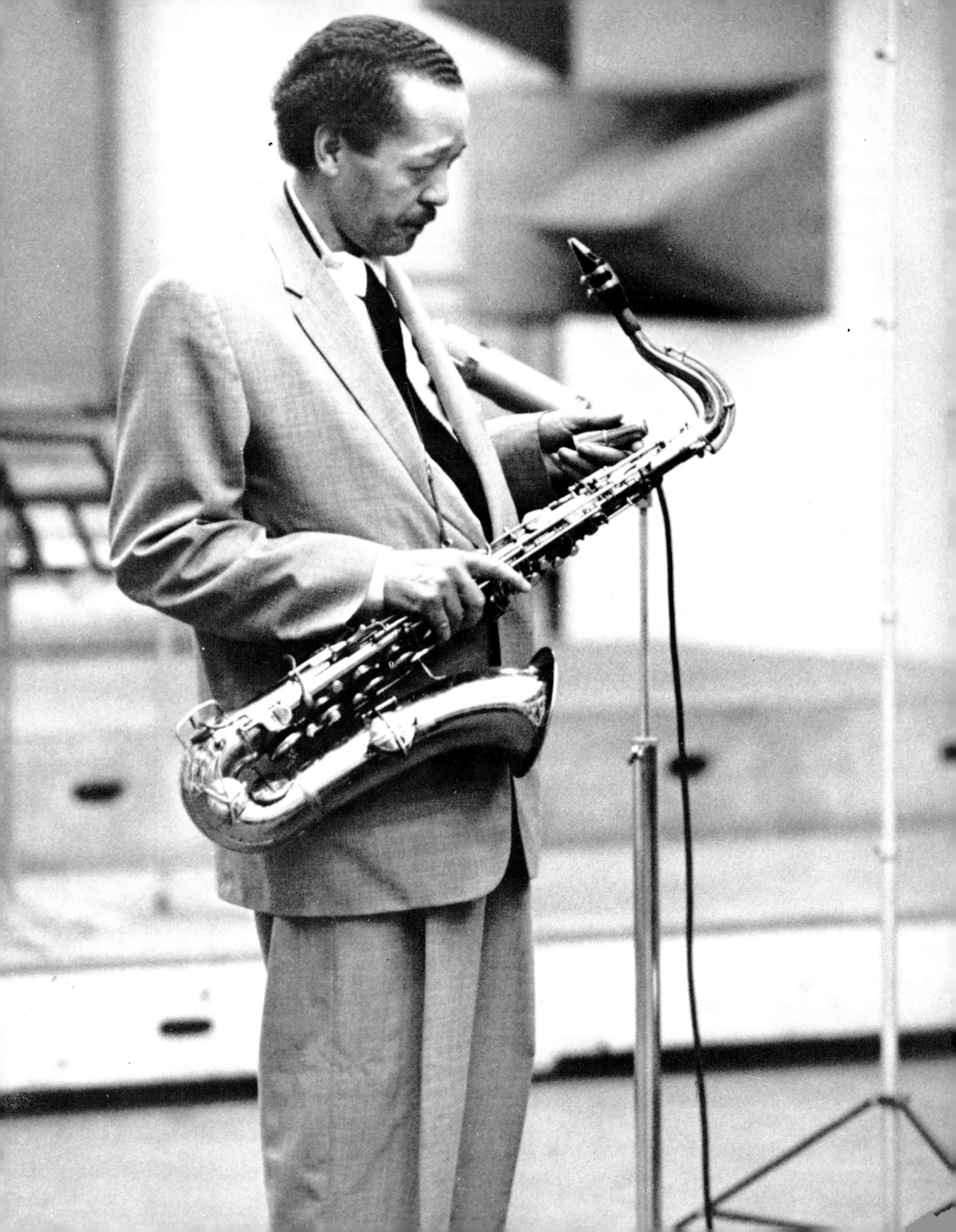

Il s'en alla disant qu'il doutait que le public souhaitât entendre cette histoire mais qu'il essaierait d'en arranger la publication.

C'était en 1959, William et Maely Dufty venaient juste de rentrer du Memorial Day* passé hors de la ville quand quelqu'un du *New York Post* appela pour lui parler d'une ligne dans la colonne des potins annonçant fortuitement que Lady Day était au Metropolitan Hospital. La première question qu'ils se posèrent, une fois qu'ils découvrirent qu'elle était toujours en vie, était : « Comment va-t-elle pouvoir recevoir ses drogues ? » Ils craignaient qu'elle ne meure du manque avant que quiconque n'ait une chance de soigner les autres maladies.

Dans un entretien de 1973 Dufty dit qu'il fut « terrifié » quand il la vit pour la première fois à l'hôpital :

> *La chose dont je me souviens c'est qu'elle avait un creux là, au niveau des tempes. Et cela vous donne un aspect oriental, et c'était effroyable. Elle était faible, mais totalement consciente. Elle n'avait jamais été du genre à parler pour ne rien dire, de toute façon ; toujours la poigne et l'économie... Et elle dit quelque chose ce jour-là à propos d'un retour. « Ils vont appeler cela un retour. » Elle ne ressemblait pas à quelqu'un de mourant. La tente à oxygène était là, mais elle n'était pas utilisée.*

De toute évidence, elle était de bonne humeur, et elle disait qu'elle se sentait bien. Elle avait apporté des drogues avec elle. Ensuite, elle fut mise à la méthadone, pour qu'elle ne souffrît pas de symptômes de manque tant qu'elle serait à l'hôpital. Mais ce dont elle avait besoin, c'était de cigarettes et personne ne voulait lui en donner. Dufty laissa celles qu'il avait et changea sa marque pour celle qu'elle fumait, des Pall Mall, et chaque jour il faisait semblant d'oublier son paquet. Elle avait aussi besoin d'argent, dit-elle. Il ne demanda pas pourquoi. Si elle voulait de l'argent, probablement pour de la drogue, il lui en trouverait.

Il commença immédiatement une série d'articles pour le *Post* sur l'hospitalisation de Holiday. Mais c'était son boulot et ne représentait pas d'argent supplémentaire. Il commença donc à chercher quels magazines pourraient acheter un papier sur la maladie de Holiday. Au début personne n'en voulut. *Playboy* dit non. *Esquire* avait déjà quelqu'un. Puis un jour, alors que Dufty était dans la chambre de Holiday, il remarqua sur la table une pile de *Confidential,* ses préférés. Par

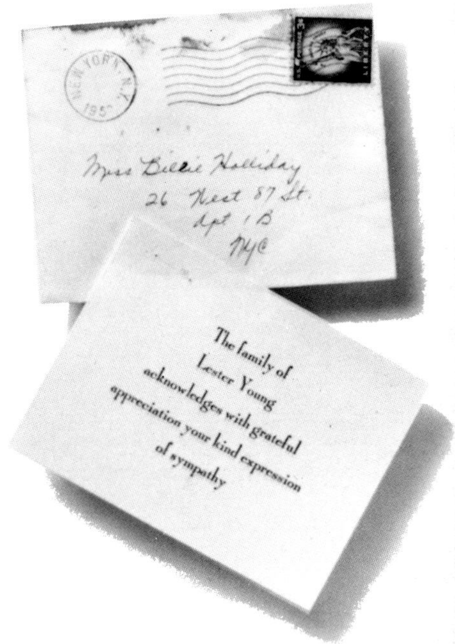

Craignant une scène, la veuve de Lester Young ne permit pas à Holiday de chanter à ses funérailles. Ne pouvant rendre un dernier hommage à son vieil ami et collaborateur, Holiday s'effondra en larmes tandis que ses amis musiciens l'emmenaient. Consolée par la suite, dans un bar proche, sa tristesse se transforma en colère d'avoir ainsi perdu le contrôle d'elle-même. « Peu importe ce qu'ils ont fait », dit-elle une fois à Hazel Scott, « ne les laisse jamais te voir pleurer ! »

* Jour des morts au champ d'honneur (dernier lundi de mai). *(N.d.T.)*

l'intermédiaire d'un agent, Dufty proposa l'article à *Confidential*. Un rédacteur en chef fut d'accord s'il proposait une vision différente et pouvait être publié avant la mort de Holiday. Ils ne faisaient pas de notices nécrologiques.

Dufty avait déjà un article prêt. Comme angle nouveau, il proposa le titre « Comment l'héroïne a sauvé ma vie ». Le structurant comme une confession autobiographique, il récrit ce qu'il avait déjà fait, cette fois dans le style « je vais tout vous raconter » du *Confidential*. Le magazine changea le titre en « J'avais besoin de l'héroïne pour vivre » et récrit largement le papier pour le rendre plus haletant et sentimental. Mais Dufty fut payé rubis sur l'ongle, et rapporta à Holiday les 840 dollars qu'il avait gagnés. Elle lui en donna 90 pour sa peine.

Pendant ce temps, Louis McKay était arrivé de Californie. Entre ses visites quotidiennes à l'hôpital, il s'activa à d'autres projets. D'après Carl Drinkard, McKay était à l'origine juste l'un des jeunes gars qui s'étaient crus amoureux de Holiday et aimaient flirter avec elle. McKay avait duré parce qu'il était irrésistiblement beau,

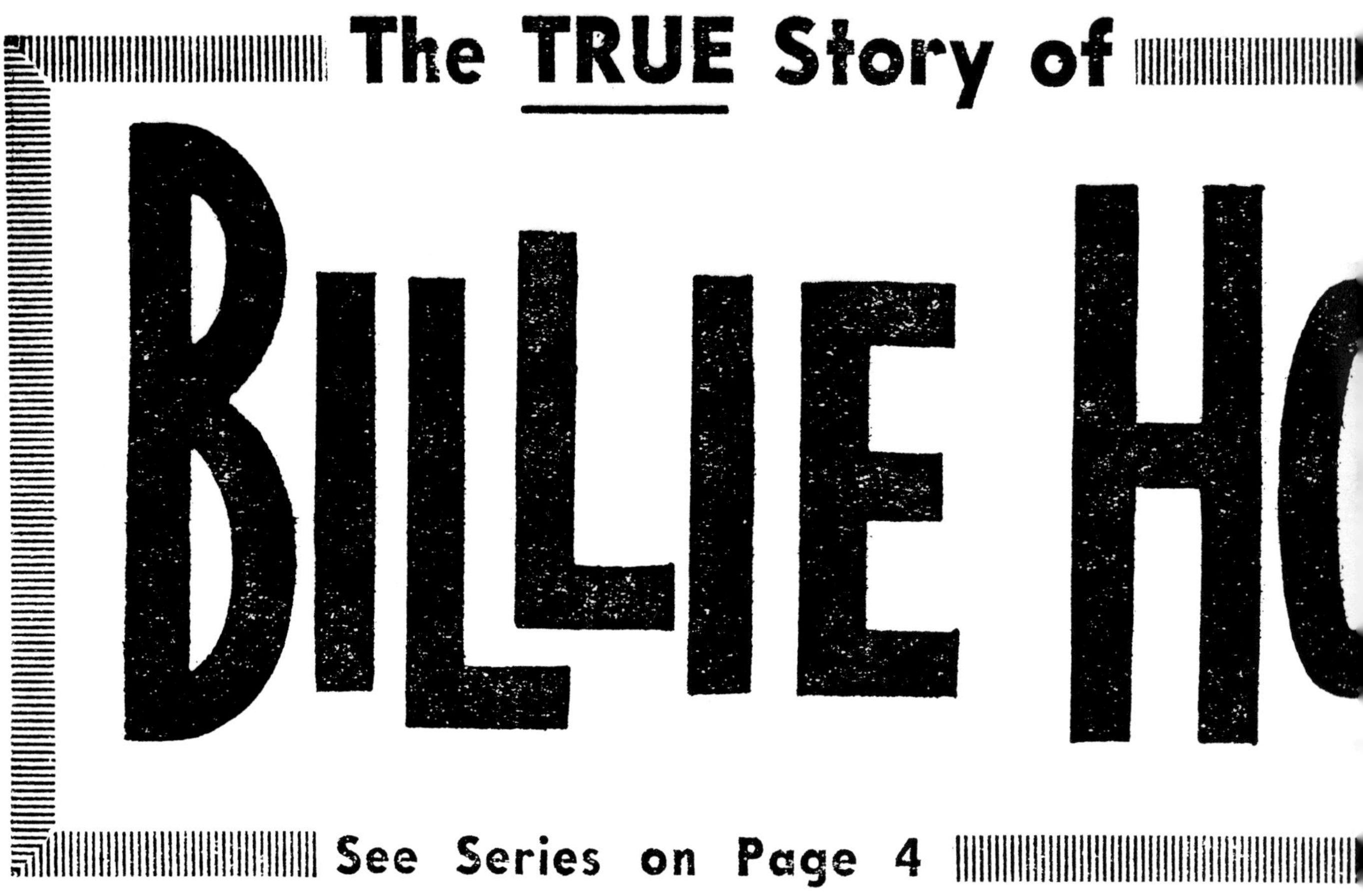

romantique comme un jeune homme, plaisant au lit, et très costaud. Le jeune McKay ne semblait pas trop mal après sa relation cauchemardesque avec John Levy, décrit par tous les récits comme étant le pire de tous (Levy était un homme d'une violence exceptionnelle, qui lui prenait tout son argent et puis, quand il l'eut utilisée, s'arrangea pour la faire arrêter en possession de drogues qui en fait lui appartenaient). Mais leur relation fut aussi orageuse et très violente. Comme Drinkard le raconta, Holiday se sentit finalement piégée par les deux hommes. Le schéma qu'elle avait toujours connu – des relations amoureuses comme transaction ou mutuelle exploitation – s'était brisé sous la main de fer de Levy parce que, droguée, elle fut chaque jour plus dépendante de lui. Et chaque jour provoquait un nouveau drame, à savoir si elle aurait sa dose à temps et ce qu'elle devrait faire pour l'avoir. En fait McKay ne changea pas grand-chose à cette situation.

En tant que spécialiste de la quête du pouvoir, Holiday essaya de renverser le piège. Par exemple, elle insistait pour que Levy ou McKay se bagarrent avec des

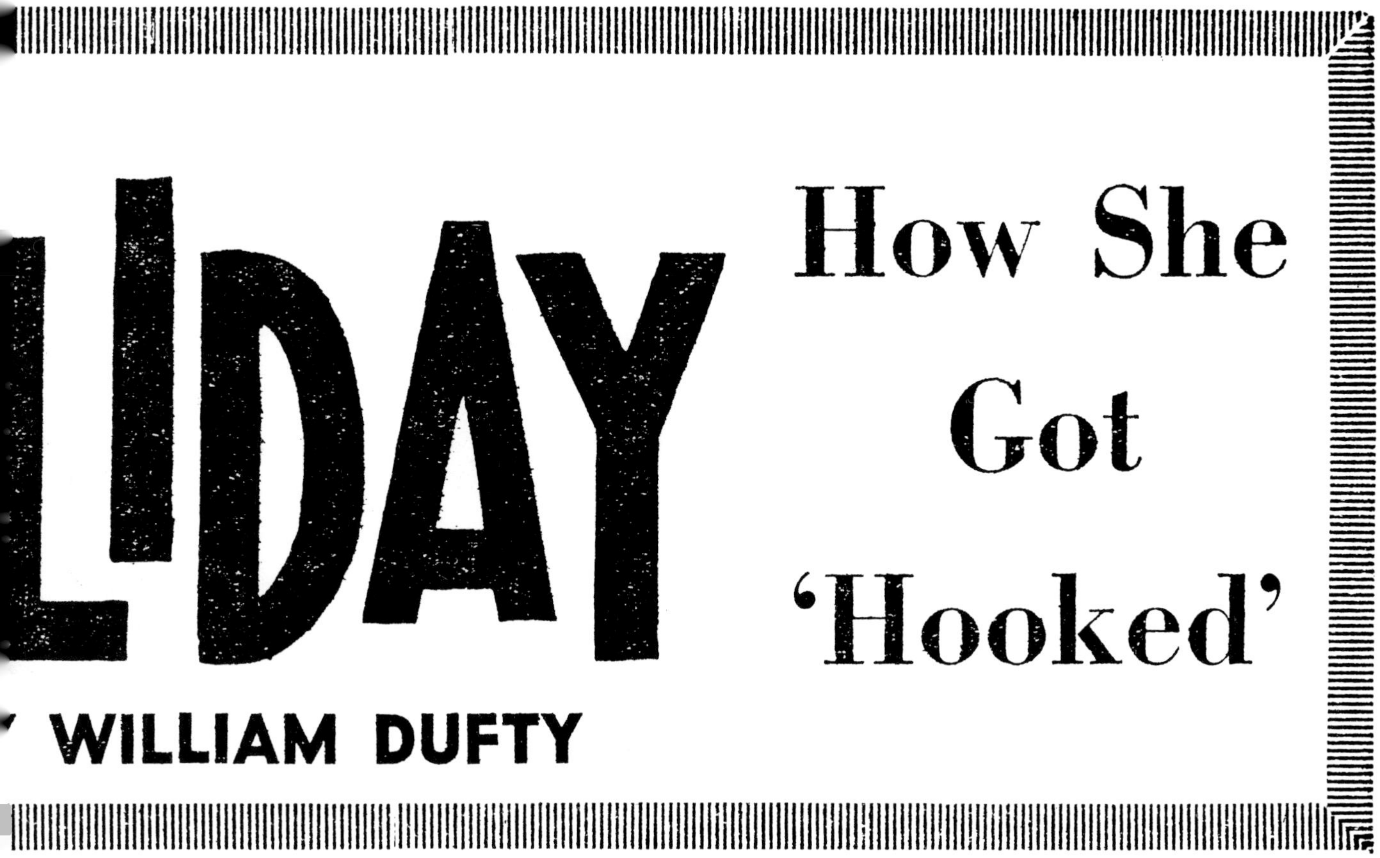

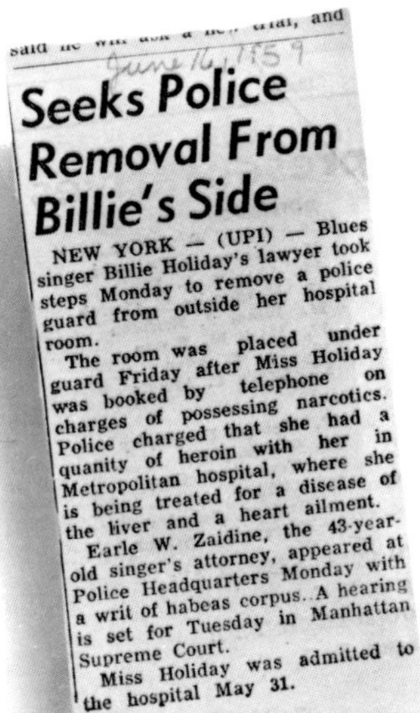

June 16, 1959

Seeks Police Removal From Billie's Side

NEW YORK — (UPI) — Blues singer Billie Holiday's lawyer took steps Monday to remove a police guard from outside her hospital room.

The room was placed under guard Friday after Miss Holiday was booked by telephone on charges of possessing narcotics. Police charged that she had a quanity of heroin with her in Metropolitan hospital, where she is being treated for a disease of the liver and a heart ailment.

Earle W. Zaidine, the 43-year-old singer's attorney, appeared at Police Headquarters Monday with a writ of habeas corpus. A hearing is set for Tuesday in Manhattan Supreme Court.

Miss Holiday was admitted to the hospital May 31.

Holiday, juin 1959. À la fin, les médias citaient Holiday comme une « chanteuse de blues », à sa grande consternation, et semblaient se délecter en rapportant ses malheurs. Ce qui n'est pas souligné dans cet article, c'est que l'une des plus grandes chanteuses du pays fut arrêtée dans son lit d'hôpital.

gens qui, affirmait-elle, l'avaient insultée, puis restait en arrière et les regardait se battre, parfois pour leur vie. « Tout allait bien », disait Drinkard, « c'est alors que Lady provoquait des problèmes. » Holiday frappait, comme beaucoup de femmes abusées qui ne pouvaient plus penser par elles-mêmes et dont chaque décision était fondée sur ce qu'elles imaginaient que l'homme-maître voulait. Elle se querellait avec Levy ou McKay, et même si elle était durement battue (souvent elle ne pouvait pas monter sur scène parce qu'elle avait des marques de coups), elle avait la satisfaction de voir celui qui dominait sa vie perdre tout contrôle, grâce à ses machinations inattendues. Elle mentionnait intentionnellement des sujets tabous, comme l'argent qu'elle gagnait et où il allait, ou elle les nommait de noms tabous (McKay détestait quand elle l'appelait « enfoiré »), et alors l'enfer se déchaînait. Si l'une de ces bagarres était provoquée en public, McKay l'entraînait dans une autre pièce, tournait sa bague vers l'intérieur, et la frappait assez fort pour l'assommer. Ensuite il la laissait dormir.

Holiday sentait sans doute que, même si pour ces imprésarios/souteneurs elle était une chanteuse/prostituée – qui n'arpentait pas les rues mais jouait dans des clubs ou sur scène six à sept nuits par semaine –, elle leur rappelait au moins qu'elle n'était pas dupe de leurs vantardises et de leurs ruses. Elle savait sûrement que McKay l'avait épousée non par amour ou pour l'argent mais parce qu'en étant sa femme elle ne pourrait pas témoigner contre lui au tribunal s'il se faisait prendre en vendant de la drogue ou en violant la loi d'une autre manière.

Holiday dut avoir des sentiments mitigés lorsqu'elle vit McKay à sa porte au Metropolitan Hospital. Il n'était pas là depuis longtemps qu'il lui montrait déjà un contrat en sa faveur à propos des droits de *Lady Sings the Blues*. Il avait également besoin de la signature de Dufty qui refusait mais ne voulait pas mettre McKay en colère de crainte qu'il ne quitte la ville et ne ruine les chances de Billie de sortir de l'hôpital. Il gagna donc du temps, disant qu'il y pensait, et recommanda à Holiday d'agir de même. Elle aimait l'idée, dit-elle à McKay, mais pensait qu'il devrait signer pour le double de la somme. Son moral remonta au fil des jours et elle parla avec Dufty et tous ses visiteurs de son idée de faire un nouveau disque. Quelqu'un dit qu'elle semblait si bien remise que peut-être elle pouvait en faire un depuis sa chambre d'hôpital : « Appelle-le Lady au Met ! » Elle aima cette idée et la présenta comme son nouveau projet.

A ce moment, la malchance de nouveau s'acharna sur elle. Une infirmière trouva un paquet d'héroïne dans sa chambre et rapporta qu'elle avait vu des traces de poudre blanche autour du nez de Holiday. La chanteuse nia avec véhémence que la drogue lui appartînt. Dufty et d'autres dirent qu'elle ne prenait plus d'héroïne et que quelqu'un devait l'avoir laissée là comme une faveur mal placée ou dans un intérêt malveillant. En dépit de ces efforts, Holiday fut arrêtée dans son lit d'hôpital. Comme elle ne pouvait pas être transportée, un garde fut placé devant sa porte. La police s'arrangea même pour lui supprimer sa radio et son tourne-disque, ses bandes dessinées et ses *Confidential*. Chaque jour, dans des articles à la une du *New York Post,* Dufty demanda que le maire ou quelqu'un d'assez puissant protège Lady Day de cette ultime indignité, mais sans résultat.

Seules quelques personnes contactèrent Holiday à l'hôpital – les Dufty, Leonard Feather, Alice Vrbsky, Detroit Red, Louis McKay, sa « sœur » Kay Kelly, Joe Glaser, Francis Church (l'assistant de Glaser), des avocats et quelques autres. Dufty fit paraître un article dans le *Post* annonçant que des cartes arrivaient en abondance et que la pièce était pleine de fleurs. Il donna même les noms d'amis dont elle n'avait pas entendu parler, essayant de les faire réagir. La ruse fonctionna et d'autres personnes appelèrent ou envoyèrent des fleurs.

Bien que désormais en permanence sous une tente à oxygène, « elle était courageuse », rapporte Nat Hentoff (d'après Dufty). « Au plus léger frémissement de la tente elle faisait un mouvement brusque en avant, montrait le poing et aboyait des ordres, intimant à ceux qui l'entouraient de ralentir à son rythme.   Ne soyez pas si pressés !   » Progressivement, Lady s'enfonça dans ce que l'hôpital appelait le coma. « Elle n'était pas inconsciente », se rappelle Dufty. « C'était la version officielle de la réalité. Elle était juste semi-comateuse et se reposait ; elle aurait peut-être des périodes de réveil et c'était comme si elle retenait son énergie... Ils la soutenaient en quelque sorte... Elle respirait avec de grandes difficultés... elle serrait ma main. Tant qu'elle ne combattait pas la douleur, elle était belle. Elle avait repris du poids. Elle paraissait belle. »

Elle était hospitalisée depuis quarante-quatre jours quand un aumônier vint lui administrer les derniers sacrements. Une heure avant sa mort, une infirmière vint voir Dufty et lui dit qu'elle avait trouvé les 750 dollars de l'article du *Confidential* ; la chanteuse avait dit que quelqu'un nommé Bill devait les avoir. « Êtes-vous Bill ? » demanda l'infirmière. Holiday avait enroulé l'argent bien serré, comme une cigarette, et l'avait tout aussi bien caché. L'infirmière le trouva, non coincé entre ses jambes comme Dufty décida de le dire dans la presse à ce moment, mais dans son vagin. Il répondit à l'infirmière : « Emportez-le au bureau avec le reste de ses affaires. » Pour la première fois, Dufty sentit qu'elle allait mourir, qu'elle le savait, et qu'il n'y avait rien à faire.

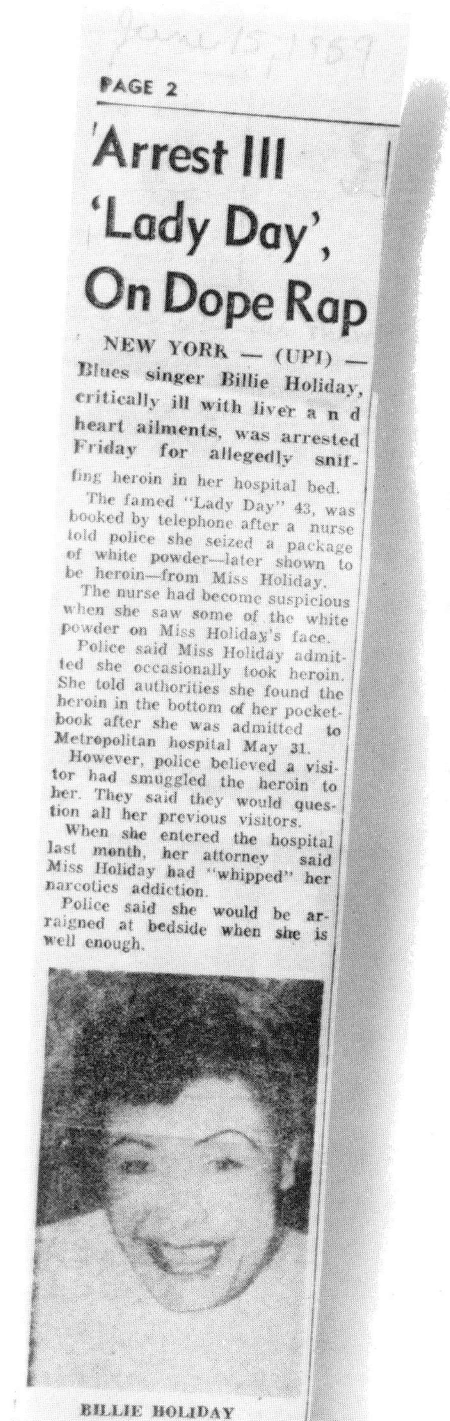

PAGE 2

'Arrest Ill 'Lady Day', On Dope Rap

NEW YORK — (UPI) — Blues singer Billie Holiday, critically ill with liver and heart ailments, was arrested Friday for allegedly sniffing heroin in her hospital bed.

The famed "Lady Day" 43, was booked by telephone after a nurse told police she seized a package of white powder—later shown to be heroin—from Miss Holiday.

The nurse had become suspicious when she saw some of the white powder on Miss Holiday's face.

Police said Miss Holiday admitted she occasionally took heroin. She told authorities she found the heroin in the bottom of her pocketbook after she was admitted to Metropolitan hospital May 31.

However, police believed a visitor had smuggled the heroin to her. They said they would question all her previous visitors.

When she entered the hospital last month, her attorney said Miss Holiday had "whipped" her narcotics addiction.

Police said she would be arraigned at bedside when she is well enough.

BILLIE HOLIDAY

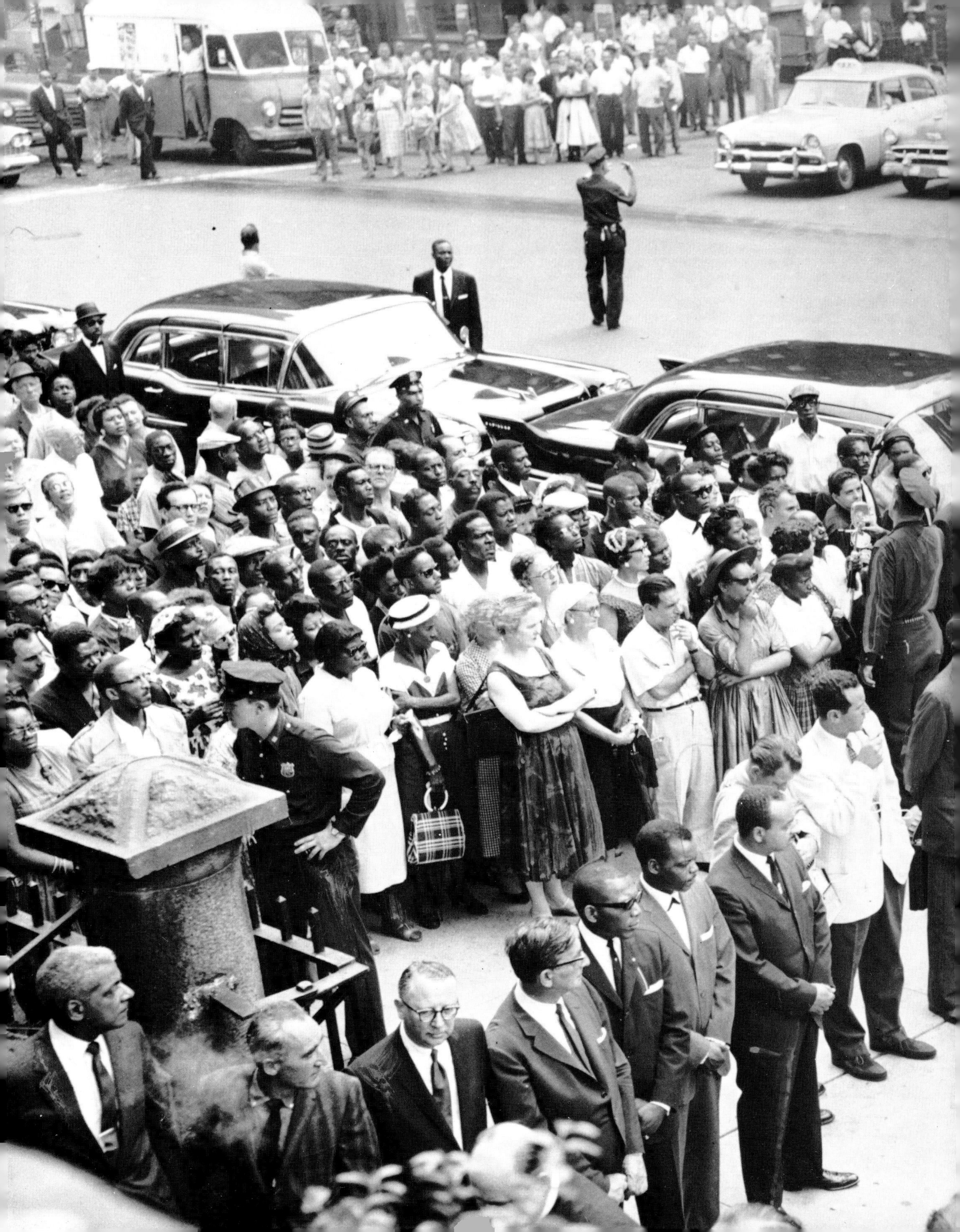

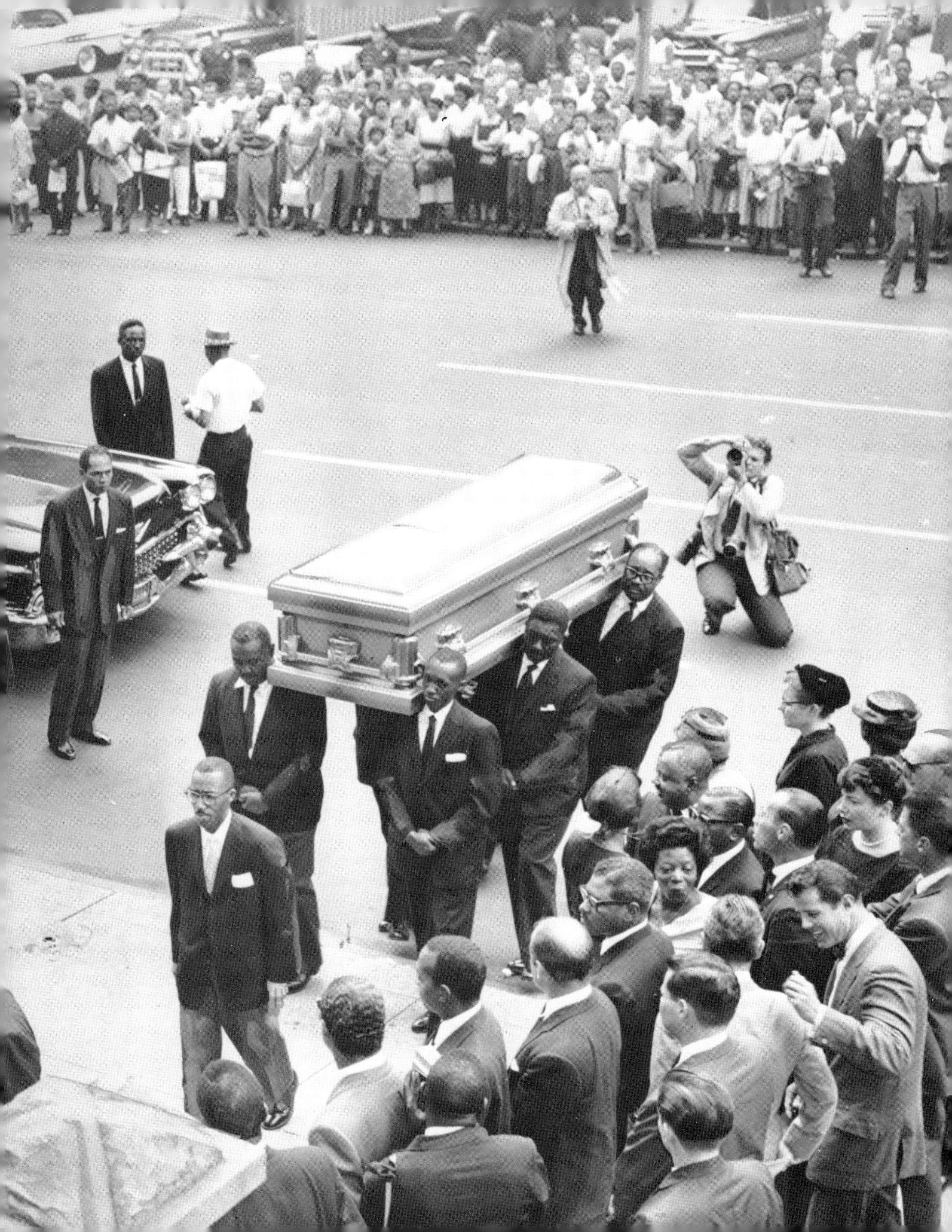

Elle était endormie mais semblait se remettre, dit Dufty. Deux infirmières la surveillaient. L'une d'entre elles dit qu'aussi longtemps qu'elle respirait, elle luttait pour la vie. Il pouvait voir le combat sur sa figure. Elle semblait belle. Puis sa figure se détendit. L'infirmière prit son pouls. « Elle est partie », dit-elle. Selon le rapport officiel, elle avait eu une sérieuse attaque cardiaque, une maladie des reins et du foie qui s'était compliquée d'un blocage fatal des poumons.

Dufty pensa à la cathédrale St. Patrick pour les funérailles mais la cérémonie eut lieu à la cathédrale St. Paul, au coin de la Sixième Rue et de la Neuvième Avenue. A la différence de beaucoup de funérailles de grandes figures du jazz, celles de Holiday ne nécessitaient pas de modifications à la grand-messe de requiem avec le chœur de la cathédrale au complet. Il y eut le jour précédent une veillée avec Lady Day habillée de sa robe rose de scène et de ses gants.

Trois mille personnes assistèrent au service funèbre. Cinq cents autres se tenaient dehors. Quand tout fut terminé, les musiciens qui la connaissaient bien ne

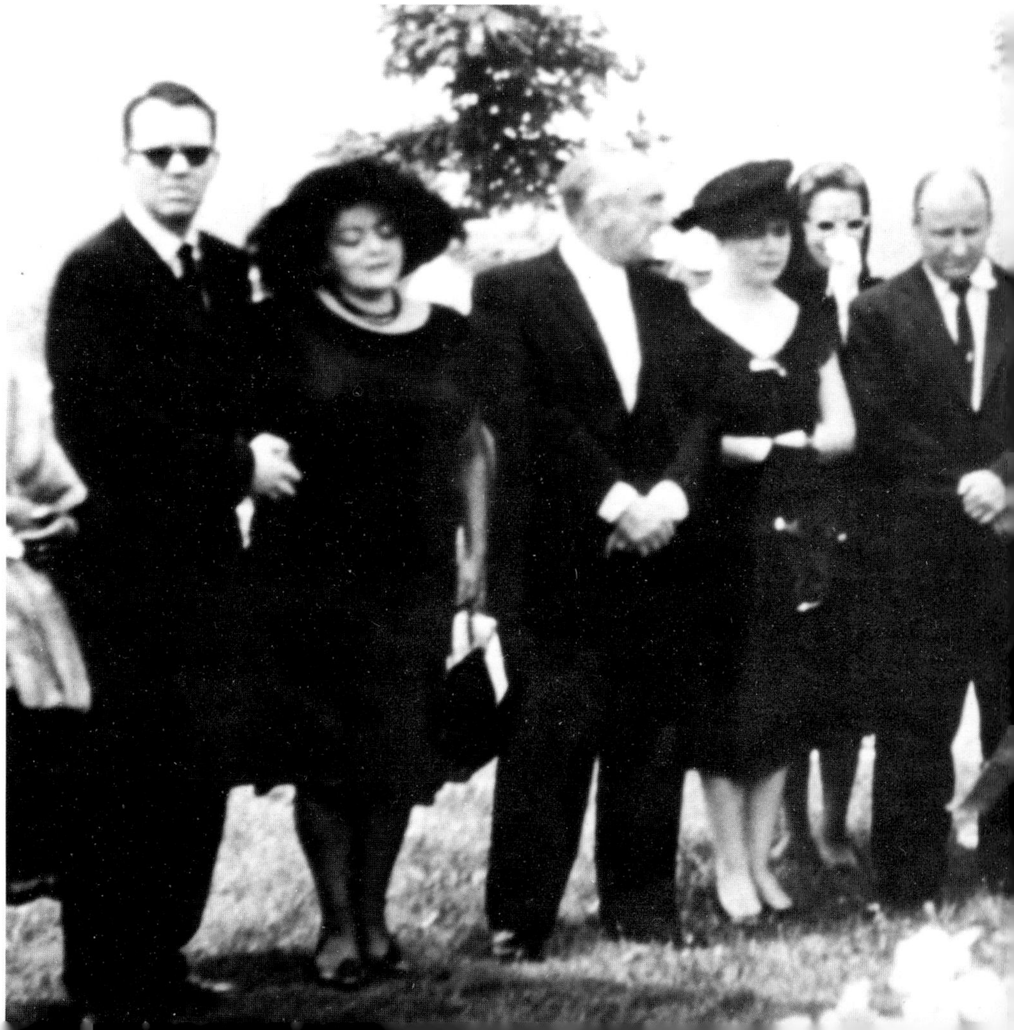

Les funérailles de Holiday, le 21 juillet 1959, à l'église St. Paul de New York *(pages précédentes).*

Ceux qui étaient présents sur la tombe de Holiday : *de gauche à droite*, William Dufty, Maelly Dufty et Joe Glaser parmi d'autres personnes, dont Little Jimmy Scott.

se rassemblèrent pas comme d'habitude dans un bar proche pour offrir un toast style New Orleans et célébrer le mort. Ils se tinrent simplement dans la rue devant l'église. Il y eut un grand silence où l'on n'entendit que le frottement des pieds. Puis chacun retourna chez lui.

• • •

Jusqu'à la fin les gens négocièrent la façon dont son histoire devait être racontée. Elle avait accordé à Dufty la permission d'écrire ce qui lui convenait pour gagner de l'argent. Et, typiquement, l'histoire était rendue sensationnelle, vraie dans sa substance mais ciblée pour une audience populaire se souciant plus de voir le mythe se confirmer que d'être confrontée à la vérité. Bien qu'elle semble avoir évité de donner à Louis McKay les droits de porter son autobiographie au cinéma, il les obtint cependant. Elle mourut sans testament (son avocat avait insisté auprès d'elle,

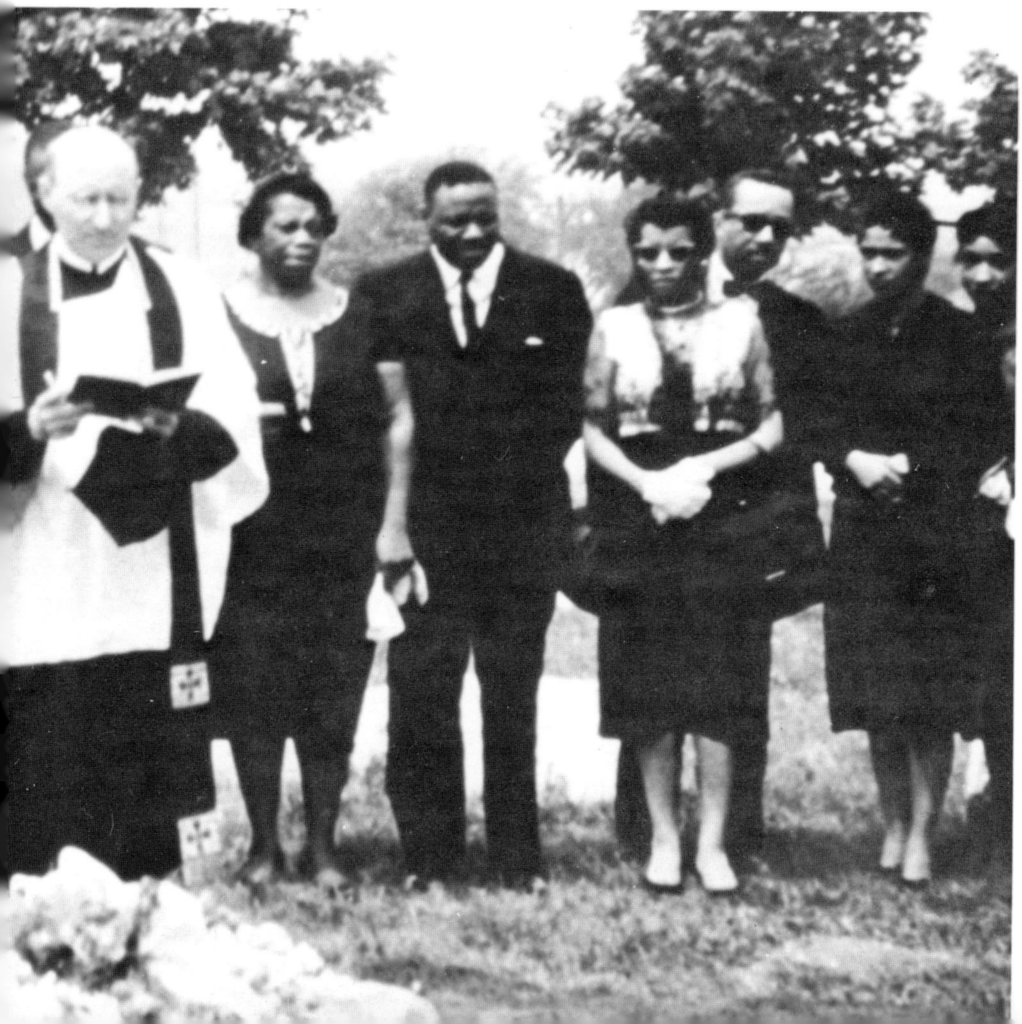

Associated Booking Corp.

JOSEPH G. GLASER, PRESIDENT

745 FIFTH AVENUE
NEW YORK 22, N.Y.
Phone PLAZA 9-4600

203 NORTH WABASH AVE
CHICAGO ILL
Phone CENTRAL 6-9451

407 LINCOLN ROAD
MIAMI BEACH FLA
Phone JEFFERSON 8-0383

8619 SUNSET BOULEVARD
HOLLYWOOD 46, CALIF
Phone OLYMPIA 2-9940

CABLE ADDRESS: STARBOOK NEW YORK

FROM NEW YORK OFFICE

August 18-1959

Mr. William Dufty,
43 W. 93rd St.,
New York City.

Dear Bill -

I just returned to the office, having been ill periodically for the past two weeks, and was amazed when Frances Church advised me that Mele had been in an automobile accident and was in the Flower Hospital. I sincerely hope it is nothing serious and that she will be back feeling her usual self very shortly.

I greatly appreciate your sending me the correspondance with Barry Shear, and am writing him that I will be in California in the next few days, and available to see him at his convenience, however, it is a pleasure to advise you that I have personally been talking to Otto Preminger whom I have known for many years, with regard to doing Billie's story with the understanding he would work from your book, and in my conversation with Otto, he was thrilled to learn that we now exclusively represent Dorothy Dandridge who would be most happy to portray Billie, which I believe you would agree should really be something, especially with Otto Preminger doing it. however, Billy, I am not disregarding exploring other possibilities, and hope to have word for you when I return from the West Coast.

Frances will be in touch with Mele and if you want to get a message to me, I can be reached in care of my California Office, or Frances will convey anything you wish.

With every good wish to Mele and yourself,

As ever,

Joe Glaser.

JOE GLASER.

jg-c

mais elle pensait qu'un testament attirait la malchance) ; McKay hérita de ses biens et vécut le reste de sa vie des droits d'auteur et de ses royalties ; ses fils, qui n'ont aucune relation avec Holiday, reçoivent maintenant cet argent.

La biographe Phyllis Rose a dit que les femmes sont souvent violemment protectrices envers l'histoire de leur vie. Parfois leur histoire est tout ce qu'elles possèdent, et même si elles l'ont inventée (peut-être *spécialement* si elles l'ont inventée), elles essaient fortement d'empêcher quiconque de la raconter sauf elles-mêmes.

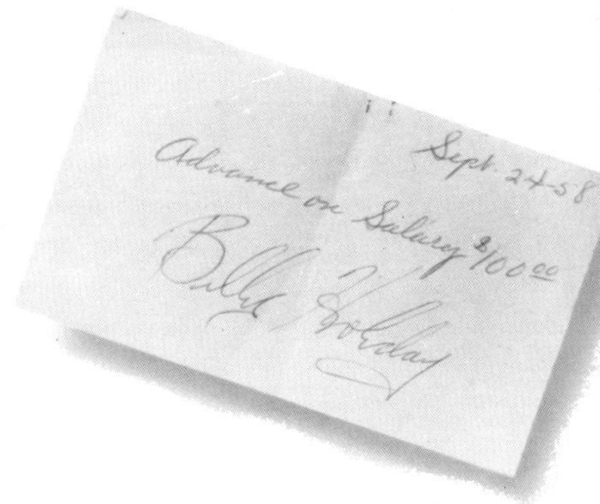

Celle de Billie Holiday était sûrement inventée, assemblée à partir de mythes et de rêves autant que de souvenirs. Et cependant elle accepta de vendre son histoire bien souvent. A partir du moment où elle était payée, elle ne semblait pas se soucier de l'histoire qui était racontée en son nom. Comment son attitude manifestement insouciante cadre-t-elle avec la théorie de Rose ?

Je pense que la réponse réside dans un autre aspect fascinant de ses derniers jours. Jusqu'à la fin, elle prévoyait l'engagement suivant, préparait le prochain disque. La plaisanterie « Lady au Met » révélait son intention de continuer de se produire en tant qu'artiste. Sa véritable histoire n'était pas dans les articles à jeter ou dans les livres, même si on prétendait qu'ils étaient écrits par elle. Mon opinion est que, malgré la banalité et la complète fausseté du film *Lady Sings the Blues,* elle l'aurait aimé. C'était une histoire touchante qui lui faisait de la publicité et rapportait de l'argent.

Mais l'histoire pour laquelle elle se serait battue était dans sa musique. C'était « tout ce qu'elle avait », tout ce qui comptait réellement – la chose précieuse qui était, comme Ralph Ellison le disait des esclaves et de leur musique, ce qu'elle possédait en guise de liberté. Très jeune chanteuse, elle avait développé un talent pour regarder les paroles d'une chanson, écouter sa mélodie, et les transformer jusqu'à ce qu'elles soient siennes. Elle était une artiste créant un rôle qui incluait la critique de ce rôle même, de sa propre histoire.

Un mois après la mort de Holiday, Joe Glaser travaillait sur un projet cinématographique basé sur sa vie. Est exposée ici l'une des nombreuses idées de film qui furent effleurées. *Lady Sings the Blues* (1972), avec Diana Ross dans le rôle de Holiday, a été le seul film prétendant raconter l'histoire de Billie Holiday *(page ci-contre).*

Quelle histoire racontait sa musique ? Parfois elle parlait de romance, elle rendait les plus ardentes histoires d'amour assez complexes et sincères pour être convaincantes. D'autres fois elle contait des histoires d'amour ratées, et elle pouvait être calme ou alors brûlante de colère. Presque toujours, son histoire était rendue avec un vocabulaire musical sobre. Qu'elle utilisât des éléments de parodie, de farce ou de tragédie, elle racontait son histoire de la manière la plus minimale.

Elle était une héroïne du blues parce que, quelles que soient les paroles de ses chansons, même quand elle s'apitoyait sur elle-même, sa voix était *toujours* l'héroïne de l'histoire dans sa musique. Avec son élégance, son swing sans défaut, son timbre qui sonnait comme un cornet, et sa brillante force de réinvention, elle emportait le blues au loin.

Elle tourna ses visages comme des masques contre les démons du blues et les dispersa aux quatre vents. Elle maquilla son esprit et maquilla son visage. Elle porta les masques non seulement pour cacher et protéger son moi secret mais aussi dans la tradition du masque rituel africain, qui, comme André Malraux l'a observé, peut offrir la protection d'un talisman contre l'entropie, contre l'humeur appelée le blues. Bernice Johnson Reagon nous rappelle, également, que dans de nombreuses sociétés africaines, le masque porté dans les cérémonies rituelles est une figure créée, une figure stylisée qui est « omniprésente, toute-puissante, au-delà des frontières humaines ». Il est porté, dit-elle, par « celui qui a des faiblesses morales et qui s'offre aux pouvoirs des dieux pour que sa voix puisse trouver l'air ». Ainsi le masque est à la fois une protection et un médium.

En esprit, elle ne fut jamais très loin des maisons de plaisirs où elle avait débuté. « Je n'ai pas une voix authentique », dit-elle à un groupe de musiciens qu'elle faisait répéter. Ce qu'elle avait à la place était la plus grande voix de jazz du siècle. Et vers la fin, elle reçut le pouvoir qu'elle avait cherché à travers sa vie brève, souvent malheureuse. L'histoire très exploitée de sa vie à Baltimore, New York et sur la route est poignante et a un certain intérêt. Mais l'histoire racontée dans sa musique enregistrée – ce masque s'il en est – a un pouvoir transcendant et durera aussi longtemps que les gens s'intéresseront aux tristes et belles vérités de la vie et à l'art durement acquis pour les conter.

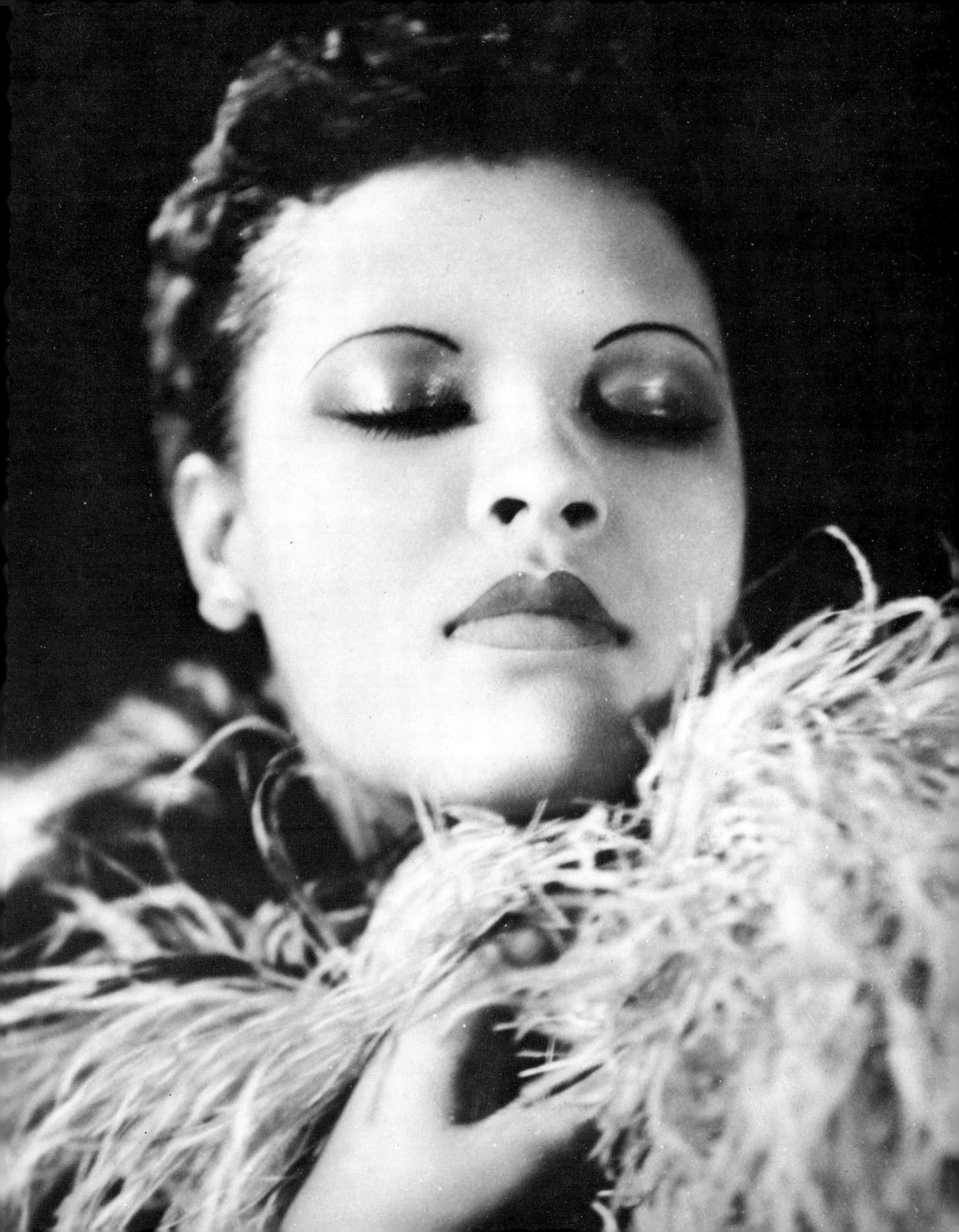

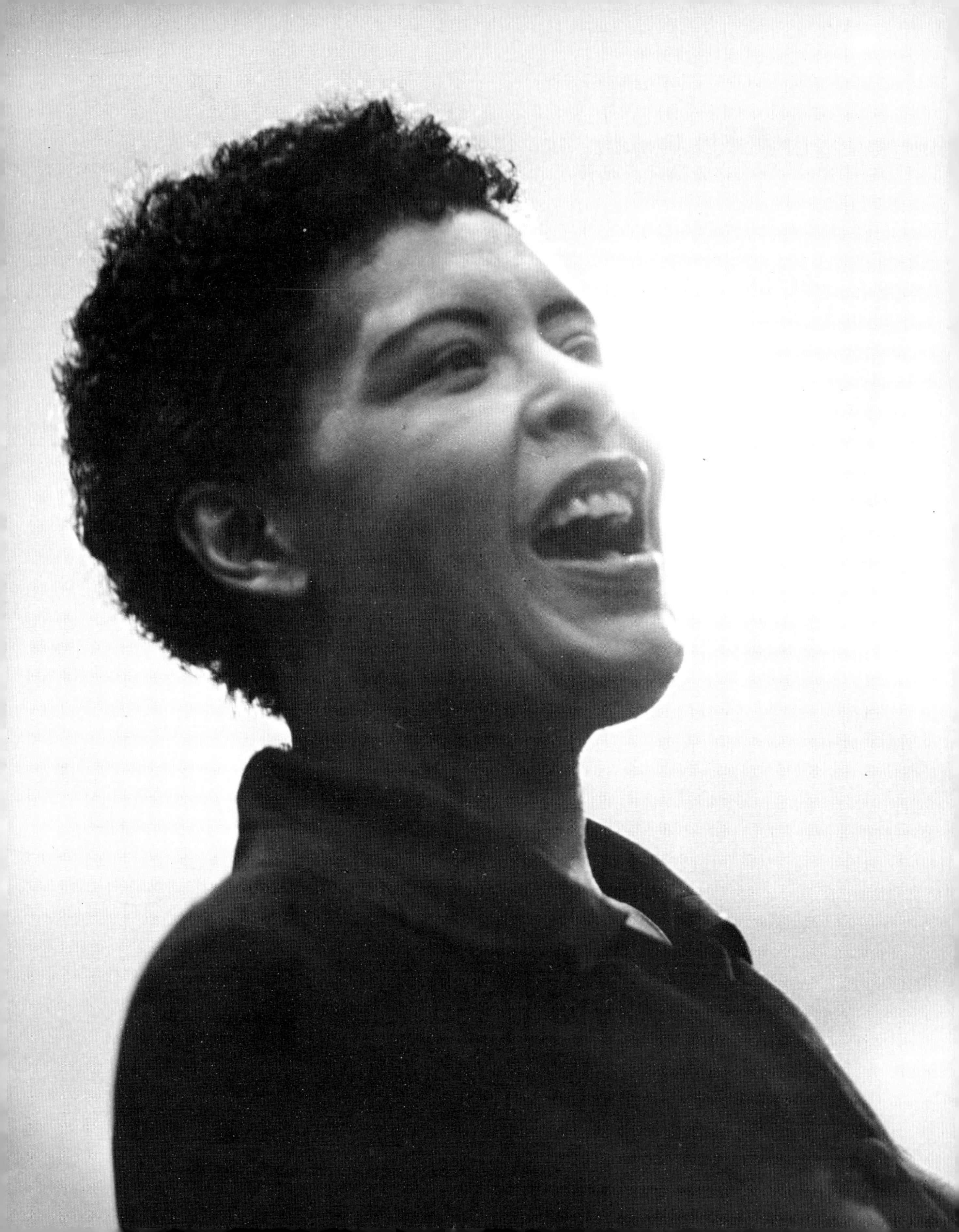

BIBLIOGRAPHIE

Ouvrages disponibles en langue française

Billie Holiday, *Lady Sings The Blues*, autobiographie de Billie Holiday (propos recueillis par William Dufty) traduite de l'américain par Danièle Robert, éditions Parenthèse 1984, 3e réimp. 1992.

Marc-Édouard Nabe, *L'Ame de Billie Holiday*, Denoël 1986, réimp. 1992.

Ouvrages américains

Albertson, Chris. *Bessie.* New York : Stein & Day, 1972.

Balliett, Whitney. *Dinosaurs in the Morning : Forty-One Pieces on Jazz.* New York : Lippincott, 1962.

Balliett, Whitney. *Ecstasy at the Onion : Thirty-One Pieces on Jazz.* New York : Bobbs-Merrill, 1971.

Balliett, Whitney. « Night Clubs » (Portraits de Max Gordon et Barney Josephson). *The New Yorker*, 9 octobre 1971.

Balliett, Whitney. *Such Sweet Thunder.* New York : Bobbs-Merrill, 1966.

Baraka, Amiri. *Black Music.* New York : William Morrow & Co., 1968.

Bigard, Barney. *With Louis and the Duke : The Autobiography of a Jazz Clarinetist.* Édité par Barry Martyn. New York : Oxford, 1986.

Brooks, Michael. Brochures faisant partie du coffret CD *The Quintessential Billie Holiday.* Vols. 1-8. CBS (1990-91).

Buchmann-Moller, Frank. *You Just Fight for Your Life : The Story of Lester Young.* New York : Praeger, 1990.

Carby, Hazel V. *Reconstructing Womanhood : The Emergence of the Afro-American Woman Novelist.* New York : Oxford, 1987.

Carter, Benny. Notes de présentation de *Sam Cooke : Tribute to the Lady.* Keen LP A2004 (c. 1963).

Chilton, John. *Billie's Blues : The Billie Holiday Story, 1933-1959.* Londres : Quartet, 1975.

Chilton, John. *Who's Who of Jazz.* New York : Time-Life, 1978.

Clayton, Buck. *Buck Clayton's Jazz World.* Londres : Macmillan, 1986.

Condon, Eddie. *We Called It Music.* New York : Henry Holt, 1947.

Coulter, Glenn. « Billie Holiday. » In *The Art of Jazz : Essays in the Nature and Development of Jazz.* Édité par Martin Williams. New York : Oxford, 1959.

Crouch, Stanley. Notes de présentation pour le 33 t de Billie Holiday « All or Nothing at All » Verve LP 2610-053 (1978).

Dance, Stanley. *The World of Count Basie.* New York : Scribner's, 1980.

Dance, Stanley. *The World of Swing.* New York : Scribner's, 1974.

Dance, Stanley. Notes de présentation pour *Teddy Wilson and His All-Stars.* Columbia LP KG 31617 (1973).

Davis, Francis. *Outcats : Jazz Composers, Instrumentalists, and Singers.* New York : Oxford, 1990.

Deveaux, Alexis. *Don't Explain : A Song of Billie Holiday.* New York : Harper & Row, 1980.

Down Beat, 1936 à 1991.

Ellison, Ralph. *Shadow and Act.* New York : Random House, 1964.

Ellison, Ralph. *Going to the Territory.* New York : Random House, 1986.

Feather, Leonard. *The New Edition of the Encyclopedia of Jazz.* New York : Horizon, 1960.

Feather, Leonard. « Billie Holiday : A Love Revisited. » Brochure faisant partie du coffret 33 t *Billie Holiday : « The Golden Years. » Vol. 2.* Columbia C3L 40 (c. 1970).

Feather, Leonard. Notes de présentation pour « Billie Holiday : Strange Fruit. » Atlantic SD 1614-0598 (1972).

Feather, Leonard. *From Satchmo to Miles.* New York : De Capo, 1984.

Finkelstein, Sidney. *Jazz : A People's Music.* New York : Citadel, 1948.

Floyd, Samuel, ed. *Black Music in the Harlem Renaissance.* New York : Greenwood, 1990.

Giddins, Gary. *Rhythm-a-Ning : Jazz Tradition and Innovation in the 80s.* New York : Oxford, 1985.

Gleason, Ralph J. *Celebrating the Duke & Louis, Bessie, Billie, Bird, Carmen, Miles, Dizzy, and Other Heroes.* New York : Little, Brown, 1975.

Gourse, Leslie. *Louis'Children : American Jazz Singers.* New York : Quill, 1984.

Hammond, John, with Irving Townsend. *John Hammond on Record : An Autobiography.* New York : *Summit*, 1977.

Hardwick, Elizabeth. « Billie Holiday ». *New York Review of Books.* 4 avril 1976.

Harper, Michael. Notes de présentation pour *John Coltrane.* Prestige LP PR 24003 (c. 1972).

Harriott, Frank. *PM.* 2 septembre 1945.

Harrison, Daphne Duval. *Black Pearls ; Blues Queens of the 1920s.* New Brunswick, N.J. : Rutgers, 1988.

Hentoff, Nat. « Billie Holiday : Ain't Nobody's Business If I Do. » Brochure faisant partie du coffret 33 t *Billie Holiday : Ain't Nobody's Business If I Do.* Book-of-the-Month Records 90-5652.

Hentoff, Nat. *Jazz Is.* New York : Ridge, 1976.

Hentoff, Nat. « The Real Lady Day. » *New York Times Magazine*, 24 décembre 1972.

Hoefer, George. « The Sound of Harlem. » Brochure faisant partie du coffret 33 t *The Sound of Harlem.* Columbia C3L 33 (1962).

Holiday, Billie, with William Dufty. *Lady Sings the Blues.* New York : Doubleday, 1965.

James, Burnett. *Billie Holiday.* New York : Hippocrene, 1984.

Kaminsky, Max. *My Life in Jazz.* New York : Harper & Row, 1963.

Kernfeld, Barry. *The New Grove Encyclopedia of Jazz.* New York : Macmillan, 1988.

Kliment, Bud. *Billie Holiday, Singer.* New York : Chelsea House, 1990.

Kouwenhoven, John A. *The Beer Can by the Highway.* New York : Doubleday, 1961.

Lewis, David Levering. *When Harlem Was in Vogue.* New York : Knopf, 1981.

Lyttelton, Humphrey. *The Best of Jazz. Vol. 2 : Enter the Giants, 1931-1944.* New York : Taplinger, 1983.

Malraux, André. *Picasso's Mask.* New York : Holt, Rinehart & Winston, 1976.

Melody Maker, 1933 to 1959.

Mezzrow, Milton « Mezz », and Bernard Wolfe. *Really the Blues.* New York : Random House, 1946.

Morgenstern, Dan. « The Commodore Story : An Interview with Milt Gabler. » Brochure faisant partie du coffret 33 t *The Complete Commodore Jazz Recordings Vol. 1.* Mosaic Records 22-123 (1987).

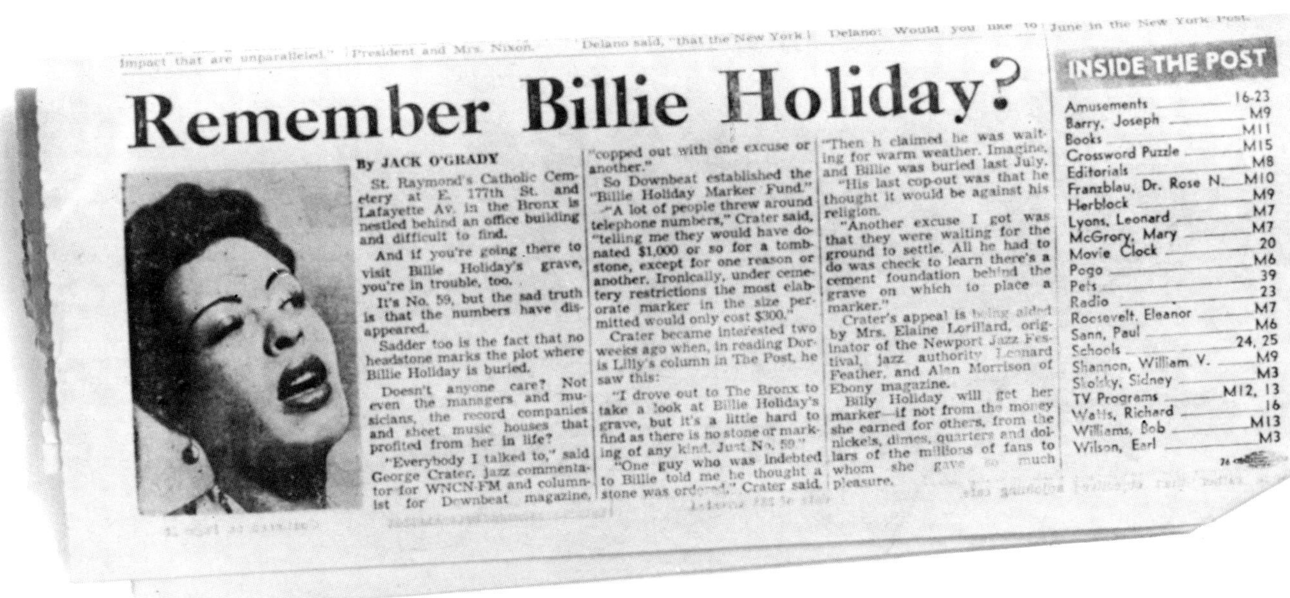

Remember Billie Holiday?

By JACK O'GRADY

St. Raymond's Catholic Cemetery at E. 177th St. and Lafayette Av. in the Bronx is nestled behind an office building and difficult to find.

And if you're going there to visit Billie Holiday's grave, you're in trouble, too.

It's No. 59, but the sad truth is that the numbers have disappeared.

Sadder too is the fact that no headstone marks the plot where Billie Holiday is buried.

Doesn't anyone care? Not even the managers and musicians, the record companies and sheet music houses that profited from her in life?

"Everybody I talked to," said George Crater, jazz commentator for WNCN-FM and columnist for Downbeat magazine, "copped out with one excuse or another."

So Downbeat established the "Billie Holiday Marker Fund."

"A lot of people threw around telephone numbers," Crater said, "telling me they would have donated $1,000 or so for a tombstone, except for one reason or another. Ironically, under cemetery restrictions the most elaborate marker in the size permitted would only cost $300."

Crater became interested two weeks ago when, in reading Doris Lilly's column in The Post, he saw this:

"I drove out to The Bronx to take a look at Billie Holiday's grave, but it's a little hard to find as there is no stone or marking of any kind. Just No. 59."

"One guy who was indebted to Billie told me he thought a stone was ordered," Crater said. "Then h claimed he was waiting for warm weather. Imagine, and Billie was buried last July.

"His last cop-out was that he thought it would be against his religion.

"Another excuse I got was that they were waiting for the ground to settle. All he had to do was check to learn there's a cement foundation behind the grave on which to place a marker."

Crater's appeal is being aided by Mrs. Elaine Lorillard, originator of the Newport Jazz Festival, jazz authority Leonard Feather, and Alan Morrison of Ebony magazine.

Billy Holiday will get her marker—if not from the money she earned for others, from the nickels, dimes, quarters and dollars of the millions of fans to whom she gave so much pleasure.

INSIDE THE POST

Amusements	16-23
Barry, Joseph	M9
Books	M11
Crossword Puzzle	M15
Editorials	M8
Franzblau, Dr. Rose N.	M10
Herblock	M9
Lyons, Leonard	M7
McGrory, Mary	M7
Movie Clock	20
Pogo	M6
Pets	39
Radio	23
Roosevelt, Eleanor	M7
Sann, Paul	M6
Schools	24, 25
Shannon, William V.	M9
Slokky, Sidney	M3
TV Programs	M12, 13
Watts, Richard	16
Williams, Bob	M13
Wilson, Earl	M3

Murray, Albert. *Good Morning Blues : The Autobiography of Count Basie.* New York : Random House, 1985.

Murray, Albert. *Stomping the Blues.* New York : McGraw-Hill, 1976.

Reed, Joseph W. *Three American Originals : John Ford, William Faulkner, and Charles Ives.* Middletown, Conn. : Wesleyan, 1984.

Rose, Al. *Eubie Blake.* New York : Schimer, 1979.

Rose, Phyllis. *Jazz Cleopatra : Josephine Baker in Her Time.* New York : Doubleday, 1989.

Schuller, Gunther. *The Swing Era : The Development of Jazz, 1930-1945.* New York : Oxford, 1989.

Shapiro, Nat, and Nat Hentoff. *Hear Me Talkin' to Ya : The Story of Jazz by the Men Who Made It.* New York : Rinehart, 1955.

Shaw, Arnold. *The Street That Never Slept : New York's Fabled 52nd Street.* New York : DaCapo, 1971.

Shaw, Artie. *The Trouble with Cinderella : An Outline of Identity.* New York : Farrar, Straus & Young, 1952.

Smith, Charles Edward. « The Street. » Brochure faisant partie du coffret 33 t *Swing Street.* Epic SN 6042 (1962).

Stewart, Rex. *Jazz Masters of the Thirties.* New York : Macmillan, 1972.

Taylor, Arthur. *Notes and Tones.* Liège, Belgique : Arthur Taylor, 1977.

Ulanov, Barry. *A Handbook of Jazz.* Londres : Hutchinson, 1958.

Ulanov, Barry. « What is Jazz ? » In *Culture and the Arts,* édité par James Hall and Barry Ulanov. New York : McGraw-Hill, 1967.

White, John. *Billie Holiday.* New York : Universe Books, 1987.

Williams, Martin. *Where's the Melody ? A Listener's Introduction to Jazz.* New York : Pantheon, 1966.

Williams, Martin. « Actress without an Act. » *Jazz Journal,* octobre 1968.

Williams, Martin. « The Smithsonian Collection of Classic Jazz. » Brochure faisant partie du coffret 33 t *The Smithsonian Collection of Classic Jazz,* éd. revue (1987).

Yamato, Akira. « Billie Holiday on Verve. » Brochure faisant partie du coffret 33 t *Billie Holiday on Verve : 1946-1959.* Verve OOMJ 3480/9 (1985).

CRÉDITS PHOTOGRAPHIQUES

Page *8* : **Robin Carson,** avec l'aimable autorisation de Avalon Archives.
Page *11d., 12b., 34h.g., 34b., 34h.m., 35b., 35h., 95g.* : **Alain Chevrier,** avec l'aimable autorisation de Francis Paudras.
Page *36, 46d., 47g* : **Maurey Garber Studio,** avec l'aimable autorisation de Avalon Archives.
Page *79* : **Fred Hess & Son,** avec l'aimable autorisation de Avalon Archives.
Page *182-183* : **Milt Hinton.**
Page *4, 22, 49, 54, 90, 98, 130, 164b., 164, 164h., 166, 179h., 179b., 186* : **Herman Leonard,** avec l'aimable autorisation de Francis Paudras.
Page *37* : **Bill Mark,** avec l'aimable autorisation de Avalon Archives.
Page *39, 42, 43, 143m., 143b., 143h.* : **Daniel Nilva.**
Page *44* : **Robert Parent.**
Page *53, 106b., 108, 109, 110, 111, 132b., 132m., 132h.* : **Charles Peterson.**
Page *104, 122d., 122g., 123d., 123g.* : **Timme Rosenkrantz,** avec l'aimable autorisation de Avalon Archives.
Page *26, 28, 29, 32* : **Aaron Siskind.**
Page *12m., 93, 171, 177* : **Carl Van Vechten.**
Page *2, 10d., 10g., 11g., 125., 14g., 14d., 15d., 15g., 16-17, 19, 30, 31, 40, 41, 46g., 47d., 55, 58, 61, 62-63, 64, 65, 66, 68h., 68b., 69, 70-71, 72, 80, 92, 94d., 94g., 96, 102, 103, 105, 107, 114, 115, 118-119, 120, 126h., 126b., 127h., 127b., 129, 137h., 137b., 138, 139, 140, 141, 144, 145, 145b., 146b., 146h., 147, 148, 149, 150-151, 152b., 152h., 153, 154b., 154m., 154h., 155, 156, 157h., 157b., 158, 162, 163, 168d., 168g., 169, 170, 172, 173, 184, 185, 190, 191, 192-193, 195, 197* : avec l'aimable autorisation de Avalon Archives.
Page *25, 57, 60, 73, 106h., 165* : avec l'aimable autorisation de Frank Driggs Collection.
Page *145h., 161h., 161b., 178, 187, 188-189, 196* : avec l'aimable autorisation de the Estate of Billie Holiday.
Page *20* : avec l'aimable autorisation de Robert O'Meally.
Page *6, 33, 160, 174, 180* : avec l'aimable autorisation de Francis Paudras.
Page *76, 77, 84, 85* : avec l'aimable autorisation de Peale Museum, Baltimore.
Page *50, 51, 86, 89, 95d., 113, 116, 124, 134-135, 199* : avec l'aimable autorisation de Ken Whitten Collection.

Après un délai et une agitation considérables, une simple marque fut placée sur la tombe de Holiday dans le Bronx. Ses disques sont ses véritables monuments ; ils seront toujours là lorsque les pierres s'effriteront.

DISCOGRAPHIE

Discographie américaine

La discographie la plus sérieuse de la musique de Billie Holiday est celle d'Akira Yamato, publiée en 1985 avec le livret d'accompagnement du coffret de dix L.P., *Holiday on Verve, 1949-1959*. Cette liste n'est disponible que chez les marchands de disques rares ou en prêt dans les bibliothèques spécialisées, mais Yamato a promis pour bientôt une discographie remise à jour.

Recommander un choix d'albums ou de C.D. de Holiday pose un problème particulier. Elle ne fit pas des albums à la manière Duke Ellington ou Frank Sinatra, dont les morceaux étaient consciemment rassemblés sur un support thématique ou selon des principes d'unité formelle. En enregistrement, sa forme n'était pas l'album mais la chanson – les deux minutes trente ou trois minutes taillées, même plus tard dans sa carrière, pour le juke-box ou la radio – ou le concert. Certains de ses disques les plus mémorables des années 50 ont été enregistrés en concert.

Tous ses albums et C.D. sont donc des compilations de chansons enregistrées en studio ou live, parfois les deux. Ils peuvent être classés en « œuvres complètes » (avec parfois les essais), « greatest hits » de toutes sortes (centrés sur des périodes particulières, des labels, des genres comme le blues ou les « torch songs »), concerts enregistrés, ou collections d'œuvres de studio réunies sous des titres généraux tels que *Songs for Distingué Lovers* ou *Velvet Mood*.

PREMIÈRE PÉRIODE (1933-1938)

Pour cette période, les collectionneurs passionnés choisiront la compilation américaine ou la japonaise des « œuvres complètes » de Holiday chez Columbia. L'américaine, intitulée *The Quintessential Billie Holiday*, comprend huit C.D. ou L.P. (le neuvième et dernier est prévu pour fin 1991). Le coffret japonais, composé de dix C.D., est désormais complet et comporte tous les essais disponibles. En ce qui concerne les enregistrements avec Teddy Wilson, très intéressants pour comparer le travail de Wilson avec d'autres ou sans vocalistes, je recommande le *Chronological Classics : Teddy Wilson and His Orchestra* (Classic Records, Paris, France). Cette collection complète est la seule bonne en vente actuellement depuis que le superbe L.P. *Teddy Wilson and His All-Stars* est épuisé. L'un des meilleurs ensembles des « greatest hits » de Holiday concernant cette époque est l'extraordinaire *Lady Day : A Collection of Classic Jazz Interpretations by Billie Holiday with All-Star Accompaniments*, un L.P. Columbia désormais disponible en C.D. japonais qui inclut quatre morceaux de plus.

Pour ceux qui souhaiteraient un disque ou deux parmi ce matériel remarquable, je recommande les Columbia *The Quintessential Billie Holiday*, volumes 2 et 4.

SECONDE PÉRIODE (1939-1949)

Comme ce livre l'indique, la seconde période de Holiday s'est distinguée non par un changement de label – elle reste chez Columbia Records jusqu'en 1942 – mais par un changement dans son style. En ce qui concerne la première partie de cette seconde période, il faut se tourner vers les derniers volumes des œuvres complètes mentionnées ci-dessus. Il est impératif d'acquérir tous les enregistrements Commodore également réalisés à cette époque. Mosaic Record les a fait paraître en L.P., secondes prises et autres sous le titre *The Complete Commodore Jazz Recordings*. A part du reste du catalogue, les Billie Holiday Commodore (moins les secondes prises) sont disponibles en C.D. chez Commodore Records et, avec un meilleur son, sur un L.P. japonais. De cette époque viennent les premiers enregistrements disponibles de Holiday en concert. Une belle collection de ces « live » : *Billie Holiday, Masters of Jazz*, volume 3. Les enregistrements Verve des concerts au Philharmonic en 1946 et à Carnegie Hall en 1947 font partie du coffret « complet » intitulé *Billie Holiday on Verve, 1946-1959*. Une sélection de ces concerts est également disponible sur le C.D. Verve *Compact Jazz Live*. Le coffret M.C.A./G.R.P. contenant le catalogue complet de Holiday sous ce label, y compris les secondes prises et les chansons jamais publiées auparavant, est attendu sur le marché à la fin 1991. Je recommande le double C.D. *Lady's Decca Days*.

TROISIÈME PÉRIODE (1950-1959)

Les Verve s'imposent pour cette période : il existe un coffret de dix L.P. qui comprend tout. La bonne nouvelle, c'est qu'un coffret de dix C.D. de Polygram, à qui appartiennent les masters de Verve, est prévu très prochainement. Pour ceux qui ne peuvent pas attendre, il faut savoir qu'aucune collection « greatest hits » de Polygram/Verve en C.D. n'a encore rendu justice à ce matériel ; alors cherchez les rééditions en C.D. des albums originaux. Dans cette catégorie, je conseillerai trois rééditions américaines disponibles chez Polygram/Verve : *Songs for Distingué Lovers*, *Lady Sings the Blues* et *The Essential Billie Holiday : Carnegie Hall*. A noter également les rééditions en C.D. de *All or Nothing at All* (désormais disponible en L.P.), *Solitude* (également sur le double L.P. *First Verve Sessions*) et *Ella Fitzgerald and Billie Holiday : The Newport Years*. Pour un excellent enregistrement d'un live de Holiday en Allemagne en 1954 : le C.D. Blue Note *Billie's Blues*. Et je recommande chaudement l'avant-dernier enregistrement studio de Holiday, *Lady in Satin* (chez Columbia).

DIVERS

Les collectionneurs apprécieront les quatre coffrets (triples) *Billie Holyday* [sic] *Live and Private Recordings in Chronological Order* (New Sound Planet). On trouve ici le seul enregistrement avec Duke Ellington, la bande originale de « Big City Blues (The Saddest Tale) » du film *Symphony in Black*. Cette collection comprend également des enregistrements de radio et de télé, ainsi que des enregistrements privés de concerts, de prestations dans des clubs ou des bals et des soirées privées.
Pour ceux qui n'ont pas la série de New Sound Planet, le L.P. épuisé *Billie Holiday Songs and Conversations* (Paramount Records) sera (presque !) suffisant. Les collectionneurs moins obsédés voudront néanmoins l'exceptionnel enregistrement télévisé de « Fine and Mellow » paru sur un Pumpkin L.P. intitulé *The Real Sound of Jazz*. Son « Big City Blues (The Saddest Tale) » est également disponible sur le L.P. Sandy Hook *Black Jazz and Blues : The First Sound Films*. Son live avec Count Basie est sorti sur un Sagapan L.P., *Count Basie at the Savoy Ballroom 1937*. Et la bande originale du film *New Orleans* avec Billie Holiday et Louis Armstrong se trouve sur un L.P. Giants of Jazz.

Discographie accessible en France

établie par Frédéric Goaty *(Jazz Magazine)*

Compact Discs
Nous présentons ici quatre intégrales / coffrets / compilations de référence qui couvrent toute la carrière de Billie Holiday et sont disponibles dans tous les magasins spécialisés de France :

The Legacy (Columbia Jazz Masterpieces 47724 / Sony Music). Coffret-compilation de trois compacts. 70 chansons (avec Teddy Wilson, Lester Young, etc.) + livret de 60 pages. L'intégralité des cessions Columbia est également disponible en neuf volumes séparés.

The Complete Commodore Recordings, The Greatest Interpretations of Billie Holiday (King Records KICJ 43-44 / Import Japon). Avec la première version de *Strange Fruit* que Columbia avait refusée.

The Complete Original American Decca Recordings (GRP Records 26012 / BMG). Avec *My Man (Mon homme)* + livre détaillé.

Le Blues de Billie (Verve 849222-2 / Polygram). Double CD compilation des faces Verve de 1946 à 1959. Avec Oscar Peterson, Ben Webster, Ray Brown, etc.

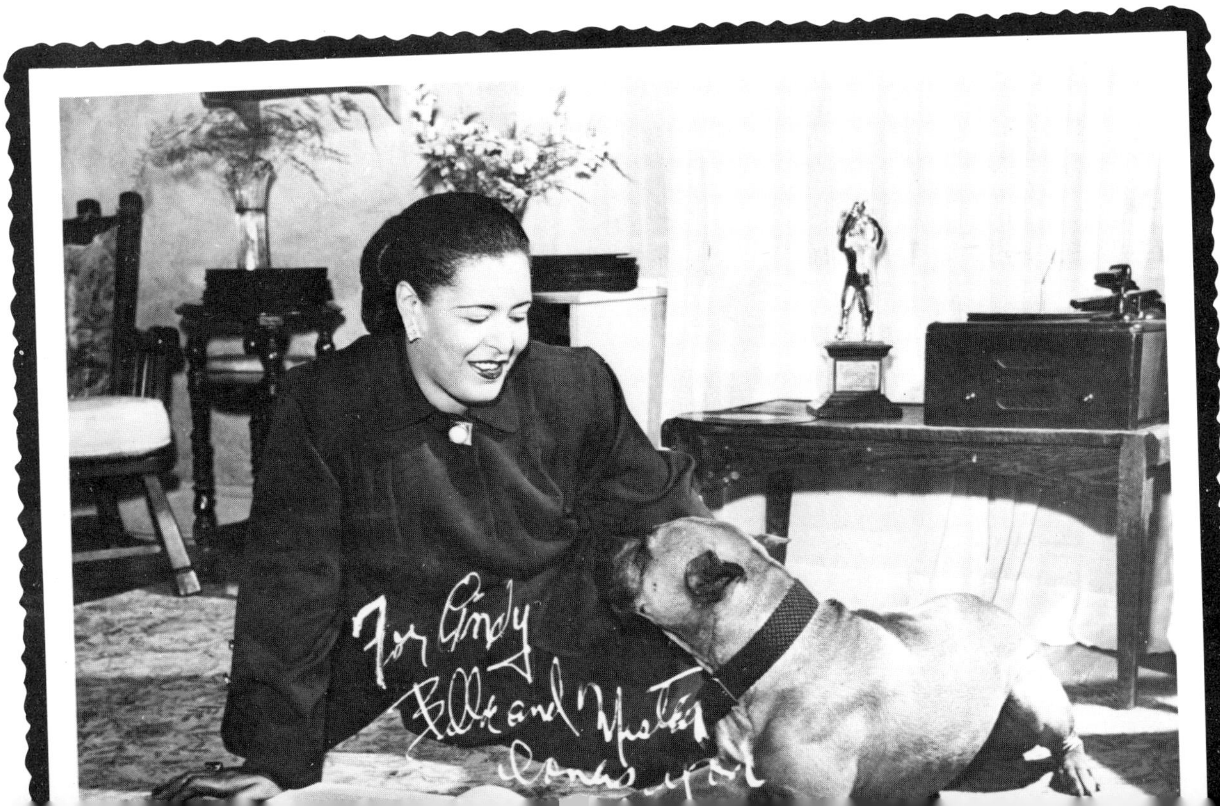

REMERCIEMENTS

Ma première dette est pour Linda Kuehl, l'étudiante passionnée de Billie Holiday qui, au début des années 70, commença à collectionner à plein temps toutes les informations concernant son idole. Kuehl rassembla des volumes de matériaux sur Holiday : photos, coupures de presse, rapports de tribunal, documents officiels, lettres, carnets de comptes, même les listes de commissions (Billie était une fabuleuse cuisinière) et des mémos concernant l'ordre des chansons données lors d'une soirée.

Mieux que tout, Kuehl interrogea des dizaines de gens qui avaient connu Holiday : des collègues musiciens, des membres de la famille, des voisins, des amants, des amis, des médecins, des avocats, des agents de la brigade des stupéfiants. Plus rares et surprenantes sont ses interviews de personnes qui avaient vécu à Baltimore dans les années 20 et 30 et se souvenaient de Holiday comme d'Eleanora Fagan ou Eleanora Gough. Le matériel collecté par Kuehl jette une lumière nouvelle sur certaines parties de la vie de Holiday.

Linda Kuehl est morte en 1973 ; son livre resta inachevé. Par bonheur, sur les recommandations de l'historien du jazz Martin Williams, Toby Byron racheta à la famille de Kuehl la montagne d'informations sur Holiday, y compris le dossier de travail de Linda. A Linda Kuehl, avec qui je ressens une profonde affinité, et à sa famille, j'offre mes remerciements. (Je tiens à préciser que ce présent ouvrage n'est pas une mise à jour ou une révision de celui de Kuehl ; j'ai utilisé ses informations et non pas ses références, ni ses conclusions ni le texte.)

J'étends ma gratitude à tous ceux qui ont connu Billie Holiday et ont passé du temps dans les interviews, que ce soit avec moi ou Linda Kuehl : Willard Alexander, Steve Allen, Vernon Alley, Callye Arter, Al Avola, Eddie Barefield, Lee Barker, Maisy Barnes, Count Basie, Eddie Beal, Tony Bennett, Johnny Blowers, Oscar Bradley, Mal Braverman, Chlora Bryant, Marie Bryant, Guido Cacianeti, Red Callendar, Mike Cantarino, Robin Carson, Benny Carter, Al Casey, Doc Cheatham, Buck Clayton, Maxwell Cohen, Cozy Cole, Charles « Honi » Coles, John Collins, Bea Colt, Eddie Condon, Willie Cook, Jimmy Crawford, James Cross, Ruby Davis, Dave Dexter, Carl Drinkard, William Dufty, George Duvivier, Milt Ebbins, Billy Eckstine, Harry Edison, Roy Eldridge, Ray Ellis, Jake Erlich, Leonard Feather, Lorenzo Flenoy, Jimmy Fletcher, Helen Forrest, Pops Foster, Hank Freeman, Milt Gabler, Vivian Garry, Mike Gould, Norman Granz, Freddie Green, Tiny Grimes, Lee Guber, Corky Hale, Al Hall, Chico Hamilton, Dr. James Hamilton, Jimmy Hamilton, John Hammond, Bernie Hanighen, Roy Harte, Bobby Henderson, Arthur et Delores Herzog, J.C. Higginbotham, Willima Hill, Milt Hinton, Fanny Holiday, Kenneth Holdon, Arthur Jarwood, Mrs. Hilton Jefferson, Betty Jerome, George Jessel, Greer Johnson, Walter Johnson, Jimmy Jones, Jo Jones, Lee Josephs, Barney Josephson, Linda Keene, Barney Kessel, Andy Kirk, Irene Kitchings, Chuck Landis, Cliff Leeman, John Levy, John Lewis, Claire et Aaron Liebenson, Melba Liston, Laura « Detroit Red » Livingston, Elain Lorillard, Al Lucas, Lawrence Lucie, Jimmy Lyons, John Magnus, Pigmeat Markham, Herb Marks, Al McKibbon, Carmen McRae, Memry Midgett, Gilbert Millstein, Charles Mingus, Red Mitchell, Toots Mondello, Bob Phillips, Gil Pincus, Specs Powell, Vinnie Puleo, Les Robinson, Gil Rodin, Ned Rorem, Annie Ross, Jimmy Rowles, Jimmie Rushing, Father Scanlon, Franck Schribman, Christine Scott, John Simmons, Art Smith, Elmer Snowden, Alvin Stoller, Robert Sylvester, Sylvia Syms, Billy Taylor, Mel Torme, Irving Towsend, Bobby Tucker, Dick Vance, Sarah Vaughan, Alice Vrbsky, Stan Webb, George Wein, Sid et Mae Weiss, Dickie Wells, Al West, Col. George White, Lee Wiley, Mary Lou Williams, Sandy Williams, Gerald Wilson, Teddy Wilson, Clara Winston, Dorothy Winston, Lee Young, Marl Young et Earl Zaidins.

Aux collègues et amis qui ont ou n'ont pas connu Billie Holiday mais qui m'ont aidé à comprendre son art et son histoire, tous mes remerciements : Herbert Hill, Stanley Crouch, Paula Giddings, John Clement, Tom Piazza, Bill Lowe, Mary Gordon, Morris Hodara, Robert Palmer, William Ferris, John Wright, David Blight, Michel et Geneviève Fabre, Hazel Carby, Clarence Walker, S. Marquette Foley, Bernice Johnson Reagon, Nellie McKay, Andrew Szegedymaszak, Cholly Atkins, Clarence E. Walker, William Stowe, Werner Sollers, Quandra Prettyman et Leroy Williams.

Un remerciement tout particulier à Albert Murray, pour son exemple, sa générosité intellectuelle et son amitié.

A mes chers amis et camarades, Joseph Reed et Phyllis Rose, qui ont lu le manuscrit et m'ont aidé à travailler le sens et le style.

Je suis également reconnaissant aux excellentes bibliothèques de recherches du Barnard College et de l'université de Columbia ; le Schomburg Center for Research in Black Culture ; le Moorelan-Springarn Center for Research, Howard University ; le James Weldon Johnson Memorial Collection et les Carl Van Vechten Papers, Collection of American Literature, Beinecke Rare Book and Manuscript Library, Yale University ; la Hatch-Billops Collection ; l'Institute for Jazz Studies, Rutgers University ; le Performing Art Research Center au Lincoln Center ; New York Public Library, Forty-second Street Branch ; l'Enoch Pratt Free Library of Baltimore.

Merci aux chercheurs étudiants de Barnard, Anne Jamison, Shobha Varughese, Megumi Yamamoto et Soo Ji Min.

Au Barnard College, qui a soutenu mes recherches entre autres avec un congé sabbatique. Et pour son soutien généreux, je suis heureux de manifester ma gratitude à la Fondation John Simon Guggenheim.

Merci aussi à ma mère, Ethel O'Meally, qui a fait certaines recherches en bibliothèque pour ce livre et a été une source constante d'encouragement et d'inspiration.
Toute ma reconnaissance enfin à ma partenaire et meilleure amie, Jacqueline Malone.

R.O.

• • •

Je remercie plus particulièrement Martin Williams et Albert Murray :
Martin, qui le premier me fit part de l'existence des papiers de Linda Kuehl, pour m'avoir fourni les pistes qui m'aidèrent à localiser ses recherches volumineuses et pour l'inspiration de ses écrits au cours des années. Et Albert, qui me recommanda Bob O'Meally pour écrire ce livre, et pour ses précieux conseils sur le monde du jazz. Albert est un phare et le temps qu'il m'a généreusement accordé est inestimable.

Merci à Jimmy Monroe, pour son temps et sa dévotion envers Billie Holiday.

A Jeannet Seaver, Dick Seaver, Cal Barksdale, Jane Donahue et Allison Davis chez Arcade Publishing pour leur patience et leur engagement.

A Wayne Rosso et Rob Pennock pour m'avoir aidé à tenir parole.

A Eric Baker, mon ami, et son équipe, Patrick Seymour et Susi Oberhelman (vous êtes les meilleurs !).

En complément à tous les noms que Bob a déjà mentionnés, aux autres qui tout au long du chemin ont contribué à la réalisation de ce livre. Sans leur générosité en temps et en énergie, ce livre n'aurait pas été possible : la famille de Linda (en particulier Myra Luftman et sa mère Mrs. Lipnack), Alice Vrbsky, Benton Levy, Chris Albertson, Bob Shamis, Sheldon Greenbaum, Matthew Seig, Mal Waldron, Milt Gabler, Carmen McRae, Buck Clayton, Nancy Elliot, Lorraine Gordon, Rhonda Harrision, Dan Morgenstern, et l'Institut des Études de Jazz à Rutgers University, Mif Hayes, Phil Schapp, Gary Giddins, Peter Matson, Nan Wise, Francis Paudras, Todd Berry, Steve Byron, Yasmin Byron, Miranda Ottewell et Barbara Jatkola. Rick Taylor – merci mille fois pour vos responsabilités particulières, votre talent éditorial et votre humour.

Mes efforts sont dédiés ici à Lilian et Bryna Fitzgerald et à la mémoire de Lindsay Gaye Rothchild.

T.R.B.

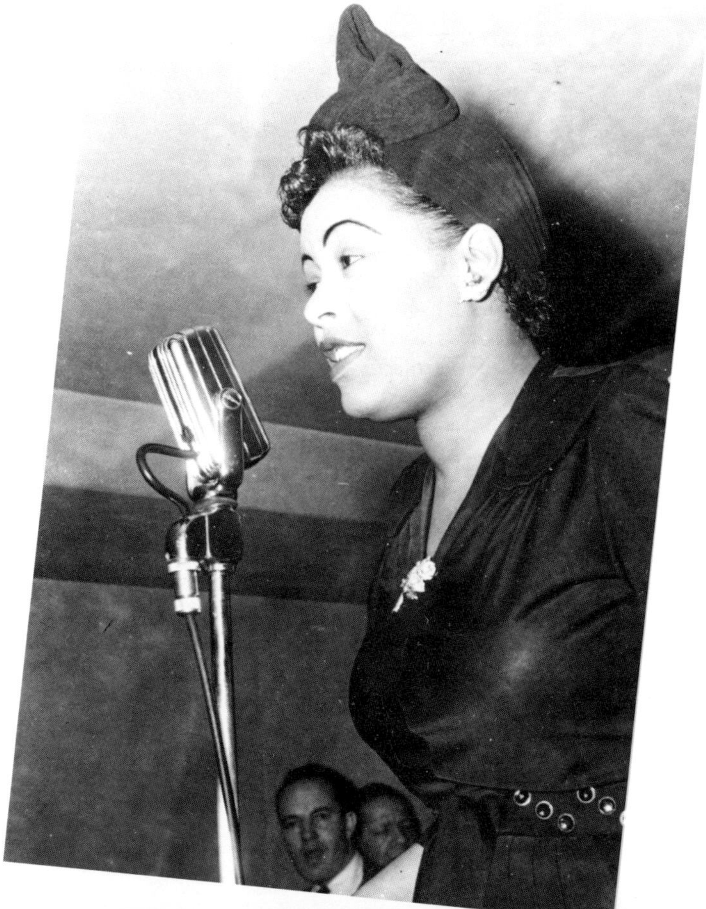

Achevé d'imprimer en octobre 1992
Impression et reliure :
Pollina s.a., 85400 Luçon - n° 15425

N° d'édition : 3766. Dépôt légal : novembre 1992